21 世纪高等学校金融学系列教材

商业银行管理

主　编　刘惠好

副主编　唐青生　王建华

中国金融出版社

责任编辑：彭元勋　左文静
责任校对：张志文
责任印制：尹小平

图书在版编目（CIP）数据

商业银行管理（Shangye Yinhang Guanli）/刘惠好主编．—北京：中国金融出版社，2009.10
（21世纪高等学校金融学系列教材．货币银行学子系列）
ISBN 978-7-5049-5263-9

Ⅰ．商…　Ⅱ．刘…　Ⅲ．商业银行—经济管理—高等学校—教材　Ⅳ．F830.33

中国版本图书馆CIP数据核字（2009）第173454号

出版发行　中国金融出版社
社址　北京市丰台区益泽路2号
市场开发部　（010）63272190，66070804（传真）
网上书店　http：//www.chinafph.com
（010）63286832，63365686（传真）
读者服务部　（010）66070833，82672183
邮编　100071
经销　新华书店
印刷　松源印刷有限公司
装订　东兴装订厂
尺寸　185毫米×260毫米
印张　17
字数　380千
版次　2009年10月第1版
印次　2009年10月第1次印刷
印数　1—5000
定价　27.00元
ISBN 978-7-5049-5263-9/F.4823

21世纪高等学校金融学系列教材
编审委员会

主编简介

刘惠好，女，1962 年出生，湖南衡阳市人。经济学博士，教授，博士生导师。现任中南财经政法大学金融研究所所长，中国民主建国会中央委员会委员，民建中央妇女委员会副主任、民建中央监督委员会委员，民建湖北省委经济委员会主任。丹麦哥本哈根商学院访问学者（1994—1995 年由国家公派），曾短期进修于世界银行学院、韩国经济发展研究院和新加坡管理学院。

主要研究方向为银行经营管理和国际金融，先后主编、参编著作 10 余部，在《管理世界》、《财贸经济》、《宏观经济研究》、《经济日报》等权威或主流报刊发表学术论文近百篇。曾主持世界银行和亚洲开发银行等国际金融机构委托研究课题，主持或参与国家级、省部级社科基金课题以及其他横向课题 10 余项。科研成果获省部级及其他奖项 6 项，多项课题中的改革建议被省部级机关采纳应用。

编写说明

商业银行作为经营货币信用业务的金融企业，是一国金融体系最主要的组成部分，通过其媒介市场资金的配置，对社会经济发展发挥着重要的推动作用。随着经济全球化和金融自由化的发展，以及计算机和网络技术在银行经营管理中的广泛应用，商业银行经营既面临着更多的拓业机会，也面临着更为复杂的风险。为应对经营环境的变化，各国商业银行在管理理念、管理方法、业务经营范围和经营方式等方面，均通过多维创新谋求改革。在当前的新形势下，我国商业银行如何借鉴国际商业银行的管理方法与经验参与市场竞争，如何在拓展新业务的同时建立和健全风险防范机制，迫切需要我们对以往的理论重新梳理，并把反映商业银行改革与发展的新观点和新做法吸收到教科书中来。正是基于这种考虑，我们决定与时俱进编写一本商业银行管理的新书，以适应当前金融人才培养新目标的要求。

本书追踪国际商业银行以及我国商业银行改革与发展的最新动向，在编写中力求突出以下特点：(1) 充分反映商业银行经营管理的新理念、新方法、新业务；(2) 强调商业银行经营管理的核心问题——风险管理问题；(3) 注重根据我国国情探索商业银行改革与发展的具体做法；(4) 理论性与应用性有机结合。本书共设 15 章，内容大致可分为三大板块：第一板块为基础理论部分，包括商业银行组织结构及发展趋势（第一章）、商业银行财务分析与业绩评估（第二章）、资产负债管理理论与方法（第三章）；第二板块为业务管理部分，包括资本管理（第四章）、存款管理（第五章）、非存款负债及表外融资管理（第六章）、资金来源的成本管理（第七章）、银行资金运营概述（第八章）、贷款管理（第九章）、投资管理（第十章）、中间业务管理（第十一章）；第三板块为风险管理部分，包括信用风险管理（第十二章）、流动性风险管理（第十三章）、市场风险管理（第十四章）、操作风险管理（第十五章）。

本书适合高等院校经济、管理类专业本科学生使用，也可作为财经类专业研究生的教学参考书以及商业银行从业人员的培训辅导书。任课老师可根据教学对象和授课课时安排的不同，灵活选择相关章节作为教学的重点。

本书作者皆有多年相关的教学与研究经验，主编刘惠好教授曾于 20 世纪 90 年代初与人合著《现代商业银行入门》。参与本教材编写的人员及各章分工具体如下：中南财经政法大学刘惠好（第一、四、十一章）、胡娟（第三、十三章），湖北经济学院王建华

(第二、六章)、方五一（第五、七章)，云南财经大学张建友（第八章)、陈爱华（第九章)、唐青生（第十章)、樊永勤（第十二章)，湖南大学伍伟（第十四、十五章)。本书由刘惠好教授担任主编并负责全书的修订和总纂，唐青生教授和王建华副教授担任副主编。

在编写过程中，编者参考或引用了大量相关文献，限于篇幅恕未一一列出，在此对相关作者表示感谢。尽管我们作出了较大的努力，书中可能仍有疏漏和瑕疵，恳请读者及时批评指正，以便再版或重印时予以完善。

《商业银行管理》编写组
二〇〇九年八月

目　　录

1 第一章　商业银行组织结构及发展趋势

1 第一节　商业银行的功能

1 一、商业银行的产生

4 二、商业银行的作用

5 第二节　商业银行的组织结构

5 一、商业银行组织制度

8 二、商业银行治理结构

10 第三节　商业银行的发展趋势

10 一、业务经营混业化

12 二、业务经营电子化

14 三、业务经营国际化

17 第二章　商业银行财务分析与业绩评估

17 第一节　银行财务报表分析

17 一、资产负债表

20 二、利润表

24 三、所有者权益变动表

26 四、现金流量表

29 五、财务报表分析方法

30 第二节　商业银行业绩评估

30 一、财务比率法

36 二、杜邦分析法

37 三、经济增加值与 RAROC

40 第三章　资产负债管理理论与方法

40 第一节　资产负债管理理论

40 一、资产管理理论
42 二、负债管理理论
43 三、资产负债综合管理理论
45 四、资产负债外管理理论
45 第二节 资产负债管理方法
45 一、商业银行资产负债管理的原则
47 二、早期的资产负债管理方法
49 三、利率敏感性缺口管理
53 四、持续期缺口管理
57 五、模拟模型

60 **第四章 资本管理**
60 第一节 资本的构成与作用
60 一、银行资本的界定
61 二、银行资本的构成
63 三、资本的作用
64 第二节 银行资本充足率
64 一、银行资本充足率衡量方法的历史演变
65 二、资本充足率国际标准
70 三、中国的银行资本充足率
72 第三节 银行资本筹措
72 一、资本筹措计划
74 二、银行资本筹措方式的选择

78 **第五章 存款管理**
78 第一节 存款种类
78 一、交易账户
80 二、非交易账户
82 第二节 存款经营管理
82 一、影响存款的因素
84 二、存款经营策略
85 三、存款的稳定性分析与管理
86 第三节 存款定价
86 一、存款定价原则

87　二、存款定价方法

91　**第六章　非存款负债及表外融资管理**
91　第一节　非存款负债管理
91　一、非存款负债资金来源
96　二、非存款负债资金管理
98　第二节　表外融资管理
98　一、资产证券化的定义
99　二、资产证券化的类型
100　三、资产证券化的一般运作程序
103　四、资产证券化的意义
103　五、资产证券化的风险及其管理

106　**第七章　资金来源的成本管理**
106　第一节　银行资金成本的构成
106　一、商业银行的负债成本
107　二、商业银行的资本成本
108　三、存款成本的管理策略
108　四、非存款性负债成本管理
110　第二节　银行资金成本的分析方法
110　一、成本分析方法概述
111　二、成本分析方法
115　第三节　商业银行成本的控制方法
115　一、定额成本控制法
115　二、指标成本控制法
116　三、相对成本控制法
116　四、弹性成本控制法

118　**第八章　银行资金运营概述**
118　第一节　银行资金运营原则
118　一、商业银行资金运营的一般性原则
121　二、商业银行资金运营的特殊性原则
122　第二节　资金运营政策
123　一、外部政策

124 二、内部政策
125 第三节 信用分析
125 一、对借款人一般情况的调查和了解
128 二、对借款人财务报表的项目分析
130 三、财务比率和现金流量分析

136 **第九章 贷款管理**
136 第一节 贷款种类及程序
136 一、贷款分类
137 二、几种创新的贷款产品
139 三、贷款程序
140 第二节 主要贷款业务经营要点
140 一、信用贷款
141 二、消费贷款
142 三、担保贷款
144 四、票据贴现
145 五、项目贷款
146 六、国际贷款
148 第三节 贷款定价
149 一、贷款定价的原则
149 二、影响贷款定价的因素
150 三、贷款定价方法

156 **第十章 投资管理**
156 第一节 投资对象与原则
156 一、投资目的
158 二、投资对象
160 三、投资原则
161 第二节 投资收益与风险
162 一、银行证券投资的收益
164 二、银行证券投资的风险
167 第三节 证券投资策略
167 一、有效证券投资组合法
168 二、梯形投资法

168 三、杠铃投资法
169 四、计划投资法
171 五、趋势投资法

173 **第十一章 中间业务管理**
173 第一节 中间业务概述
173 一、中间业务的界定
174 二、中间业务的特点
175 三、中间业务的分类
176 第二节 服务类中间业务
176 一、结算性中间业务
179 二、管理性中间业务
183 三、服务性中间业务
185 第三节 或有类中间业务
186 一、担保业务
187 二、承诺业务
189 三、金融衍生工具交易

193 **第十二章 信用风险管理**
193 第一节 信用风险监测
193 一、风险预警信号
195 二、贷款风险指标
197 三、信用风险测量模型
204 第二节 信用风险管理
204 一、不良资产处置
206 二、信用衍生产品交易
206 三、计提贷款损失准备金

209 **第十三章 流动性风险管理**
209 第一节 流动性与流动性风险
209 一、商业银行流动性的含义
210 二、商业银行流动性风险
211 三、商业银行流动性管理
212 第二节 商业银行流动性预测

212 一、资金来源和运用法
215 二、资金结构法
217 三、流动性指标法
219 第三节 流动性管理策略及有效性
219 一、流动性管理策略
221 二、流动性管理效果的衡量

224 第十四章 市场风险管理
224 第一节 利率风险
224 一、利率的定义与分类
225 二、利率风险的形成原因
227 三、利率风险的敏感性缺口管理
228 四、利率风险的久期缺口管理
229 五、远期利率协议
230 六、利率互换
231 七、利率期权
232 第二节 汇率风险
232 一、商业银行汇率风险的一般表现形式
233 二、外汇风险敞口管理
236 三、外汇资产负债配对管理
237 四、外汇衍生品交易管理

243 第十五章 操作风险管理
243 第一节 操作风险概述
243 一、操作风险的定义
247 二、操作风险的来源
252 第二节 操作风险的管理
252 一、操作风险管理的组织框架
253 二、操作风险管理程序

第一章

商业银行组织结构及发展趋势

20世纪80年代以来，以放松对利率、业务经营管制为主要内容的金融自由化风靡全球。在这一浪潮中，商业银行筹资成本增加，存贷款利差缩小，大客户逐步流失，传统的存贷款业务经营环境趋于恶化，市场份额下降。借助于科技的进步和金融产品的创新，证券公司、保险公司、共同基金等其他金融机构提供的金融服务品种在不断增加，拥有的客户群在不断扩大，在全社会金融资产总额中所占的份额在稳步增长。商业银行市场份额及其地位的下降，迫使许多国家政府管理者重新检讨相关政策，赋予商业银行更多的经营自主权，确保商业银行在经济中的作用。银行经营者则使出浑身解数，通过混业经营、电子化、国际化等创新方式来适应新的经营环境。事实表明，商业银行金融资产的市场份额虽然在减少，但商业银行作为金融中介体系主体力量的地位并没有动摇，在市场经济中仍有着举足轻重的作用。

第一节　商业银行的功能

在货币兑换商基础上产生的现代商业银行，经过三百多年的发展，在支付中介、信用中介、信用创造和金融服务等方面仍然起着主导作用，是社会经济发展不可缺少的重要力量。

一、商业银行的产生

现代商业银行是在早期银行业的基础上发展壮大的，随着经营环境的变化，其业务经营内容不断丰富，成为提供多元化金融服务的金融机构。

（一）早期的银行

商业银行的起源可谓源远流长，但具体源于何时却难以考证。银行的原始形态在古代巴比伦和希腊历史上可寻出端倪，根据考古发现，早在公元前2000年，就有巴比伦寺庙贷款的记录，公元前575年，巴比伦有一家经营贷款和存款业务的伊基比（Lijibi）银行；公元前400年，希腊也有许多寺庙、公共团体及私人商店从事融资活动；公元前

200年，罗马的私人银行业不仅经营货币兑换业务，还经营贷放、信托业务，并有明确的管理银行业的法律条文。

人们公认的早期银行业萌芽于文艺复兴时期的意大利，“bank”（银行）一词即源于意大利文banca。在意大利文中，banca是“长凳”之意。早期的经营者在市场上人各一凳，据以经营货币兑换业务，若经营失败，无力支付债务，就会招致债主们群起砸坏其长凳，英文“bankruptcy”（破产）一词亦源于此。

早期银行业的产生与国际贸易的发展密切相关，中世纪欧洲地中海沿岸各国对外贸易十分繁荣，由于各国铸币的重量、成色和形状各不相同，地处国际贸易中心的意大利货币兑换商顺势而起，成立了以收取手续费为目的的专营货币兑换的银行。随着国际贸易规模的不断扩大，银行业迅速发展到欧洲其他国家。为避免长途携带和保存大额货币的不便，商人们开始把货币委托给货币兑换商保管及代理收付。在货币保管和汇划业务的数量与规模不断增长和扩大的情况下，兑换商手中经常聚集着大量暂时闲置的货币，他们就开始承做货币的贷放业务。当时银行的贷款大部分是贷给政府，并具有高利贷性质，基本上剥夺了商人获得贷款的可能。加之政府常常滥用权力不归还贷款，使得当时的银行业极不稳定。特别是在1567年，由于法国、西班牙、葡萄牙的国王同时宣布停止对银行的支付，造成中世纪私营银行业的全面衰落。因此，在商界和城市管理者中间产生了将银行变为在城市当局管理下的合法企业的设想，以公立银行取代私人银行，并于1580年在意大利威尼斯成立了这种类型的银行，1587年成立的皮雅兹·利亚图银行被认为是世界上最早的银行。此后在欧洲其他城市相继成立了此类银行，如1593年成立的米兰银行、1609年成立的阿姆斯特丹银行、1619年成立的汉堡银行、1621年成立的纽伦堡银行等都是欧洲早期著名的银行。这类银行通常被称为“划拨银行”，最初只是接受商人存款及替商人办理划拨清算业务，而后开始办理贷款业务，贷款对象由政府逐步发展到工商企业，贷款仍具有高利贷性质。

在英国，早期的银行是由金匠发展而来的。17世纪中叶，英国的金匠业极为发达，客户常将金银贵金属交由金匠代为保管，取得一纸收据，这些收据辗转流通逐渐演变为一种支付工具，开辟了近代银行券的先河。金匠同时还根据客户的书面指示，将金银划拨给第三者，这种书面指示成为支票的前身。随着保管的金银数量不断增加，金匠开始允许客户透支，进而将一部分金银贷放出去以获取高额利息收入。至此，金匠的业务性质发生变化，由货币处理业发展为银行。

中国兑换业与信用机构发源于何时，难以考证。在南北朝以前的发展状况，文献记载均很简略。根据记载，南北朝时期有寺庙经营典当业，隋唐时代典当业已十分流行，唐宪宗时出现了类似于汇票的“飞钱”，表明兑换业开始发展。北宋真宗时，由16户富商创办的“交子铺”于1008年发行的“交子”成为我国最早的纸币，然而典当铺仍然是当时主要的信用机构。直到明代末期，一些经营银钱兑换业的钱铺才逐步发展成为钱庄，这些钱庄除继续经营兑换业务外，还办理贷款业务；到了清代，存款汇兑业务得以开办。20世纪初，专营汇兑结算及存贷款业务的票号出现并获得发展。中国早期银行业的发展是以明代钱庄的兴起为标志的，明末及清代是早期银行业发展的主要时期。

（二）现代银行的产生

早期银行高利贷性质的贷款不能满足资本主义经济发展对信用的需求，新兴的资产阶级工商业者既无法得到足够的信用支持，又难以承受较高的借款利率，客观上迫切需要建立能汇集闲置货币资本并按适度利息率向资本家提供贷款的资本主义银行。1694年，英国商人以允诺向政府贷款120万英镑为条件，获得发行银行券的特许，共同出资创办了世界上第一家股份制银行——英格兰银行。其贴现率一开始就规定为4.5%～6%，大大低于早期银行业的贷放利率。它的成立宣告了高利贷性质的银行业在信用领域的垄断地位被打破，标志着适应资本主义生产方式要求的现代银行制度的确立和商业银行的产生。继英格兰银行之后，欧洲各国也先后建立了类似的股份制商业银行。因此资本主义银行的产生基本是通过两种途径：一是按股份公司形式组建的股份制商业银行；二是旧的高利贷性质银行逐步适应新的经济条件，转变为资本主义银行。

资本主义商业银行的发展，受各国工业化时间和程度不同的影响，其业务经营发展呈现出两种特征，体现了商业银行发展的两条道路：一是以英国为代表的以“真实票据理论”为理论指导的商业银行，其贷放业务主要集中在以真实商品交易为基础的短期商业资金的融通，贷款具有生产性、短期性的特点，安全性较好。二是以德国为代表的综合性商业银行，商业银行不仅提供短期商业贷款，而且从事长期资金的融通，还参与企业股票、债券投资及其经营决策活动。

我国现代银行是在半殖民地半封建社会产生的，第一家银行是1845年英国人开设的丽如银行，此后其他资本主义国家纷纷来华设立银行。为摆脱外国银行的支配，清政府于1897年在上海成立了中国人自办的第一家银行——中国通商银行，标志着中国现代银行的产生。后来，户部银行（1905）、浙江兴业银行（1907）、交通银行（1908）等相继成立。

（三）商业银行的定义

关于商业银行的定义，在不同国家和时期是不同的。各国银行法对商业银行较多地从其业务范围来界定，如美国1970年《银行持股公司法》规定，商业银行是指收受活期存款和承做商业贷款的金融机构；法国1984年《银行法》将商业银行定义为向公众吸收资金、开办信贷业务、为客户提供服务或经营付款方式的信贷机构。我国2003年的《商业银行法》规定商业银行是依法设立的吸收公众存款、发放贷款、办理结算等业务的企业法人。

上述定义都强调了商业银行经营存贷款业务这一特征，这是分业经营模式下商业银行的典型业务，因而可以说是对传统商业银行的定义。历史上，商业银行的贷放业务是以办理商业票据贴现为主，商业票据贴现银行这一事实，使它在19世纪初的金融市场上获得了商业银行这一称呼；而因为贴现业务的短期性特征，商业银行又被视为办理短期授信业务的银行。随着资本主义经济的发展，商业银行的业务范围已超出早期的短期贷款范围。为了适应商业经济及自身发展的需要，商业银行不仅融通短期生产性资金，而且提供生产性与非生产性中长期信贷资金以及租赁、信托等其他金融服务。随着20世纪末期金融业分业经营法律防线的逐步崩溃及新兴银行业务的全面发展，现代商业银行已非以前意义上的商业银行，它是提供包括存款、贷款、支付服务、保险信托、证券经纪、投资银行等业务在内的金融服务功能最全的金融百货公司。因此现代商业银行是以获取利润为目的，能够办理存贷款等信用业务，并提供多元化金融服务的金融机构。

二、商业银行的作用

商业银行作为一国金融中介体系的主要机构，在媒介资金供求、创造信用、提供金融服务等方面发挥了重要的作用，是社会经济顺利运行和发展的保障。

（一）支付中介

代客户收付货币资金是商业银行对早期银行业务的继承与发展。通过存款资金在客户活期存款账户之间进行转移代理客户收付，为客户兑付现款，充当企业或个人的货币结算、保管和支付的代理人。银行的支付中介作用使一些大额交易的货币收付通过银行转账结算完成，大大减少了现金的使用，节约了社会流通费用，缩短和简化了结算过程，加速了货币资金的周转，促进了社会再生产的发展。随着电子支付系统在银行的运用，银行的支付中介作用进一步得以强化。

（二）信用中介

商业银行通过吸收存款聚集社会闲散货币资金，通过贷款和投资活动将货币资金提供给资金需求者，充当资金最终贷出者与借入者双方的中间人，是商业银行最基本的特征。通过借者和贷者的集中，商业银行可以调剂企业、个人的资金余缺，并在不改变资金所有权的情况下，通过改变资金的使用权，调节社会经济活动，提高资金使用效率。

通过信用中介作用，银行一方面能把社会小额闲散货币集中起来，形成足够多的、可用来贷款和投资的货币资金，将社会消费资金转化为生产资金，增加社会资本总量，推动社会再生产的进一步扩大。同时可把再生产过程中暂时游离出来的闲置资金变为可用资金，在不改变社会资本总量的条件下，通过改变资本的使用量来调节再生产的规模。另一方面，银行可把部分短期货币资金转化为长期货币资金，把货币资金从低效益部门导向高效益部门，起到调节社会经济结构的作用。

（三）信用创造

在支票流通和转账结算的前提下，商业银行利用其所吸收的存款发放贷款，贷款转化为银行的派生存款，在这种存款不被提现或不完全提现的条件下，就增加了商业银行的存款来源。如果把初始吸收的存款称为原始存款的话，商业银行通过这种不断的贷款转存款就可形成比原始存款大若干倍的派生存款。商业银行在信用中介和支付中介基础上产生的创造派生存款的能力就是其信用创造作用。

商业银行信用创造能力的大小主要取决于以下因素：一是原始存款的规模。银行的贷款必须以存款为基础，没有存款就谈不上贷款，对整个银行体系而言，原始存款的数量决定了派生存款基数的大小。二是法定存款准备金率和现金备付率的高低。中央银行的法定存款准备金率和现金备付率越高，银行可贷资金率越低，信用创造能力越小。三是社会对银行信贷需求量的大小。一般而言，社会对银行的信贷需求要受到经济金融政策和经济周期等因素的影响，如果经济处于萧条时期，贷款需求就会下降。因此，当没有足够的信贷需求时，存款无法贷放，也就难以派生存款；相反，贷款的收回则会引起派生存款的减少。

商业银行的这种信用扩张与收缩能力，从某种意义上说是其区别于专业银行和其他金融机构的典型特征之一。在过去相当长一段时期，商业银行是唯一能够吸收活期存款、办理支票转账业务的金融机构，专业银行和其他金融机构一般不能吸收活期存款，只能办理储蓄存款和定期存款，这两种形式的存款账户不能供转账结算之用，不像活期存款那样可以随时支取。因此，办理支票活期存款的商业银行在新增贷款时可不必减少自身储备金，而专业银行和其他金融机构增加贷款必然减少自身的储备。因此，一些学者认为商业银行是可贷资金的创造者，专业银行和其他金融机构只是可贷资金的经纪人。其他金融机构随着业务创新和服务范围的扩大，纷纷涉足商业银行传统的活期存款业务，也具备了一定的派生存款能力。

（四）金融服务作用

银行业作为第三产业，为社会提供多种多样的金融服务。随着市场经济的不断发展，企业和个人对银行的服务质量与数量都提出了更高的要求，对银行的服务需求急剧增长，银行只有不断开发新的服务产品，满足日益变化的市场需求，才能在竞争中立于不败之地。一方面，银行利用其联系面广、信息灵敏的优势，把部分信息进行加工整理，转化为金融产品出售，为客户提供多元化的服务；另一方面，银行利用金融服务，可以增加银行的非利息收益，增强银行竞争力。

第二节　商业银行的组织结构

商业银行的组织结构可以从其外部的组织制度和内部的公司治理结构两方面来分析。由于各国政治经济发展的不平衡，其商业银行的组织结构各具特色。但在效率至上的原则下，各商业银行的组织结构不断地随着社会经济发展需要而调整，从而使各国商业银行的组织结构存在许多共性。

一、商业银行组织制度

商业银行组织制度在这里是指商业银行外部机构的设置方式，从各国商业银行的组织制度看，银行的种类、规模大小、业务特点及政府监管法规等因素决定了商业银行的组织制度。

（一）分支行制度

分支行制度是指一国法律允许商业银行在其总行之下于国内外各地普遍设立分支机构的银行组织制度，形成以总行为中心的庞大的银行网络。分支行制度为世界多数国家所采用（包括我国），但典型代表国家是英国。分支行制度按总行职能的不同，可细分为总行制和总管理处制。前者指总行不仅管理和监督分支机构，本身也直接对外办理业务；后者的总行只负责管理和监督所辖分支机构，本身并不对外营业。

采用分支行制度的国家，其商业银行体系的总体格局是银行的家数并不多，但每个商业银行都有自己的分支机构，且银行规模越大，分支机构数越多，各商业银行都尽可能地把自己的“触角”伸到其力所能及的地区。同时，实行分支行制度的国家存在少数大规模的商业银行在整个银行体系中占据垄断地位。如英国的巴克莱银行、劳合银行、米德兰银行和国民西敏寺银行，法国的巴黎国民银行、里昂银行和兴业银行，德国的德意志银行、德累斯顿银行和商业银行，我国的四家大商业银行等，均在本国的银行体系中占据着重要地位。

作为一种银行组织制度，分支行制度的优势主要体现在以下方面：第一，分支行制度可以使银行规模随着经济的发展和业务活动量的增加而不断扩大，从而取得规模经济效益。第二，银行的分支机构遍布国内外，业务活动分散在各个地区和产业部门。这样，整个银行的经营状况就不容易被某个地区、某个产业部门的经济状况所左右，可以降低银行经营的平均风险。第三，银行规模越大，越有利于引进先进的技术手段和管理经验，有助于提高银行工作效率。第四，有利于提供多元化的金融服务和金融创新，一些新的金融产品，需要一定的经营规模才能产生效益。第五，在分支行制度下，众多的分支机构能广泛吸收存款，扩大信贷资金来源，跨地区、跨国界灵活调剂资金和有效运用资金。第六，虽然分支行制度会助长银行的兼并和垄断，但事实表明必要的竞争和适当的兼并可以激发银行经营活力，促进银行业的发展。从宏观上看，银行家数少，便于金融管理部门的监管。

采用分支行制度的银行，其可能存在的问题主要是：第一，银行内部金字塔式的管理层次结构复杂，一些重要项目可能因审批程序繁杂而错失良机。总行对各分支行所在地客户的情况不熟悉，在审批时只能依据有关规定，会影响到银行经营的灵活性。第二，内部管理难度较大，这种制度要求总行拥有完善的信息管理系统、标准的业务流程、严格的成本核算和内部控制制度、员工激励与约束机制设计等管理手段，否则将可能引起内部管理的失控，造成银行效益下降，甚至危及银行的生存。对整体银行业的影响而言，分支行制度容易形成大银行垄断市场，使小银行在竞争中处于劣势，不利于维护金融市场的自由竞争；大银行一旦经营不善，出现破产倒闭的话，对一国金融市场的冲击非常大，严重的可危及信用制度的稳定；而许多国家金融管理部门对有问题大银行的鼎力相救，又有可能增加银行经营的道德风险。

随着银行业务传输渠道的高科技化，店内分行、家庭银行、网络银行业务获得较大的发展，传统分支行的概念得以延伸和发展。

（二）单元银行制度

单元银行制度又称独家银行制度或单一银行制度，是指银行业务由各自独立的商业银行经营，法律禁止或限制银行设立分支机构的银行组织制度。美国和印度等少数国家实行过这种制度。

独家银行制度在美国的历史最为悠久，曾经是美国非常普遍的银行组织制度。美国作为一个联邦制国家，在历史上各州经济发展不平衡，尤其是东西部地区经济发展水平悬殊。落后的西部各州为防止发达的东部各州的经济“入侵”，力图保持州内经济均衡发展和中小厂商的利益，其他各州的地方势力又担心全国性大银行的建立会损害它们的利益，因此各州都制定了反渗透内容的银行法，明文规定禁止或限制银行设立分支机构，尤其是跨州分支机构，以此来限制金融权力过分集中和银行业的兼并。随着经济金融形势的发展，各州对设立分支机构的限制逐步出现松动，至 20 世纪 80 年代中期，大约有 1/3 的州允许商业银行在本州内设立分支机构，1/3 的州允许商业银行在总行所在地设立分支机构，1/3 的州仍然限制银行分支机构的设立。到 1992 年，已有 39 个州完全取消了在州内设立银行分支机构的限制；至 1993 年，有 49 个州通过了跨州银行法。1994 年，美国国会通过《里格—尼尔银行跨州经营及设立分行效率法》，允许包括本国银行和外国银行在内的所有银行跨州设立分行。至此，美国商业银行在法律上已由独家银行制度进入分支行组织制度。

长期采用单元银行制度的美国商业银行体系的一个显著特点是银行家数众多，成为世界之最。自 20 世纪 30 年代大危机之后到 20 世纪 80 年代中期，美国商业银行一直保持在 14 000 家左右。随着跨州银行法的实施及大量的银行收购兼并活动，美国商业银行家数迅速减少，至 2005 年，银行数目减为 7 527 家，而且未来仍将继续减少。与此同时，美国商业银行拥有的分支机构数量却在不断增加，在 20 世纪 30 年代平均每 5 家银行有 1 家分行，2005 年则为平均每家银行有近 10 家分行，分行的数目则由 3 000 家增加到 7 万多家。

至 2005 年，美国的独家银行仍然有 2 043 家。独家银行制度之所以在美国受到青睐，主要是因为其有利于发挥银行对地方经济的促进作用，有利于银行自由竞争和中央银行监管。对银行而言，因管理层次少，该制度有利于发挥银行在经营决策上的独立性和灵活性优势。然而其缺陷在银行经营中也表现得非常明显，银行经营规模小，分散风险、调度资金的能力受限，采用高新技术设备和创新产品受资金实力和使用范围的限制，不适应现代经济横向发展的需要。

（三）银行持股公司

银行持股公司又称集团银行制或控股公司制，是指由某法人集团注册成立一家公司，再通过该公司以持股方式控制其他独立银行的银行组织制度。从表面上看，持股公司下的各成员银行是彼此独立的法人，但从业务经营的归属来看，它们都是由持股公司所操纵和控制，成为持股公司的附属银行。这种银行组织制度在美国最为流行，包括单一银行持股公司和多银行持股公司，前者指持股公司仅控股一家独立银行，后者指持股公司控股两家或两家以上的独立银行。

银行持股公司是美国在二战后分支行制度与独家银行制度相抗衡的基础上发展起来的一种银行组织制度。一些银行为了绕过法律对银行设立分支机构的限制，采用了迂回进攻策略，组织起集团银行。在集团银行中，持股公司就相当于总行，它所控制的若干银行则发挥分支机构的作用，它是商业银行组织制度的一种创新，是银行监管部门和商业银行在管制—创新—再管制之间博弈的结果。

20 世纪 90 年代，随着银行业混业经营在全球的快速发展，美国、日本等主要国家允许商业银行以银行持股公司制的组织形式从事混业经营，如花旗银行集团、中国银行集团和交通银行集团等，银行持股公司制开始在全球流行。

（四）连锁银行制度

连锁银行制度又称联合制，是指某个人或某集团通过持股方式控制两家或两家以上独立银行的一种银行组织制度。被控股的银行在法律上是独立的，但其业务经营管理决策权为某一个人或某一集团所掌握。这种银行组织制度主要流行于美国西部地区，各银行为规避立法对分支机构的限制，往往以本地区的某大银行为中心，由联合董事参与各银行的管理，形成集团内部的各种联合，以取得分支行制度的经营优势。随着美国跨州银行法的实施，许多连锁银行逐步转化为银行分支机构。

（五）跨国联合制度

跨国联合制度又称国际财团制，是指不同国家的大商业银行共同出资组建跨国银行，专门经营境外货币和国际资金存放业务的银行组织制度。如1971年建立的欧洲联合银行就是由荷兰、意大利、比利时、法国、英国和德国的大商业银行合资成立的。随着跨国公司和经济全球化的发展，这种银行组织的数目有可能增加。

二、商业银行治理结构

商业银行治理结构是指银行内部各部门的设置及其相互合作与制约的组织管理体系。银行的资本结构影响银行组织管理的有效性，进而影响银行经营效率。

（一）商业银行的资本结构

从商业银行的自有资本构成看，有国有商业银行和私营商业银行。

1. 国有商业银行。商业银行资本金全部或大部分为国家政府提供，为国有独资或国家控股商业银行，这类银行往往冠以国营银行、公营银行、国家银行的名称。商业银行自诞生之日起就与国家政府有着千丝万缕的关系，政府作为早期银行的主要借款人促进了早期银行业的发展，第一家现代银行——英格兰银行更是在政府的直接扶持下产生的。然而在发达的市场经济国家里，政府直接出资参与商业银行组建的情形仅存在于少数国家，在发展中国家则较为普遍。

在发达的市场经济国家中，法国和意大利的商业银行的国有化程度最高。第二次世界大战结束后，为了尽快医治战争创伤，恢复国家经济实力，各国政府加强了对经济的干预，把一部分重要的工业部门收归国有，建立了一批国家垄断资本企业。同时，为确保金融部门更好地配合政府经济政策的要求，对部分银行实行了国有化。1945年12月，法国颁布法令，将法兰西银行和当时的四大私营商业银行收归国有，尔后发展成为巴黎国民银行、里昂信贷银行和兴业银行三大银行集团；1982年2月，法国政府进一步将36家私营商业银行收归国有。通过两次国有化，法国政府事实上将全国163家商业银行直接或间接地控制起来，其中对存款规模在10亿法郎以上的39家银行全资国有，其余银行则受这39家或其他官方机构控制，形成了银行存款的90%和信贷业务的85%在政府控制之下的局面。意大利的国有商业银行包括政府直接出资的6家公立银行和由国家控股公司控制的意大利商业银行、意大利信贷银行、罗马银行三家国民利益银行。

随着20世纪70年代货币学派和供应学派的兴起，经济自由化思潮日益发展，它们强调以市场机制实现社会经济目标，减少国家对经济的干预，鼓励自由竞争。因此从20

世纪80年代开始，各国为加强竞争、扩大市场，纷纷放松了对经济金融业的各种管制，并在全球范围内掀起了将国有企业私有化的发展浪潮。1986年，法国总统希拉克上台后，即推行了以国有企业包括国有银行民营化为主要内容的经济自由化政策，对国有商业银行进行了大规模的改革，将巴黎国民银行、兴业银行、法国信贷银行和东方汇理苏伊士银行等银行成功地实行了私有化。意大利政府于1991年颁布法令，将国有全资企业转化为股份制公司，1993年宣布对民间企业和个人出售意大利商业银行、意大利信贷银行、意大利国家控股公司的49%的股份。上述举措使法国和意大利商业银行的国有化程度大大降低。

作为发展中国家的一员，我国商业银行的国有化程度是很高的。拥有全国金融资产70%的中国工商银行、中国农业银行、中国银行和中国建设银行是国有控股商业银行，20世纪80年代中期和90年代设立的全国性股份制商业银行和地方性股份制商业银行中，多数银行直接或间接地为各级政府财政所控股，仅少数银行是非国有控股。

2. 私营商业银行。自有资本由不同的私营企业和/或个人共同出资组成的商业银行，为多数国家商业银行所采用。按组成形式的不同，这类商业银行又分为私人银行、合伙银行与股份制银行。

私人银行、合伙银行：早期的商业银行都是私人银行，私人银行资本是由某个人出资，因而只有资本实力雄厚的个人、家族或私人公司才有能力投资银行业，其典型代表是既从事金融又从事贸易的私人公司。随着社会化大生产的发展和股份制银行的普及，私人银行和合伙银行逐步趋于衰落，大部分国家的银行法禁止私人办银行，仅荷兰、法国等少数国家仍允许私人设立银行，但条件非常严格。我国银行法则明文禁止私人办银行。一些国家目前仍然存在少量的私人银行和合伙银行，大多数是早期银行历史发展过程中遗留下来的（如德国）。私人银行和合伙银行在整体银行业中是微不足道的，其发展也受到限制，业主对银行负无限责任，股权往往不得自由转让。

股份制银行：指以股份形式筹集资本组建起来的商业银行。历史上第一家股份制商业银行虽然是英格兰银行，但当时的英国国家法令却限制股份制银行的组建，即使是私人合伙经营银行，人数也不得超过6个。在随后的历次政治经济波动中，私人银行因资本实力不足、抗风险能力差而出现大规模的破产倒闭，迫使英国政府于1833年放宽限制，允许在伦敦市内设立股份制银行。此后股份制以其资本、收益、风险和监督的社会化，银行的资产所有权与使用权相分离，管理中的委托代理制度等优势，逐步为多数国家的商业银行所采用。一些国家的银行法则规定商业银行必须以股份制形式组建。

（二）商业银行的治理结构

商业银行的资本结构不同，其内部治理结构呈现较大差别。私人银行和合伙银行的所有者往往同时是银行的业务经营管理者和监督者，集所有者与经营者于一身，其治理结构简单而直接。股份制商业银行和国有独资商业银行则采取所有者与经营者相分离的管理模式，但国家控股和国有独资商业银行由于终极所有者的缺位，而可能出现代理成本增加、银行内部人控制等问题。鉴于现代商业银行大都是按公司法组建的股份制商业银行，故以股份制银行为例介绍商业银行的内部组织结构。

股份制商业银行，不管是私人控股还是国家控股，其内部组织机构一般分为决策机构、执行机构和监督机构三部分。

决策机构：包括股东大会和董事会。由商业银行普通股股东组成的股东大会是商业银行的最高权力机构，银行的一切业务报告、发展计划、分配方案等都必须提交股东大会讨论通过，每位股东都可在股东大会上对银行业务经营方针、政策、具体措施等提出质询和建议，选举董事会和监事会成员，并根据各自拥有的股份进行投票表决。股东大会有年度大会、临时大会和特种股东会议。

董事会是商业银行的首脑机构，由经股东大会选举产生的董事组成，代表股东实施股东大会的建议和决定。董事会的工作直接对股东负责，包括制定银行经营目标和政策、挑选和聘任银行高级职员、建立董事会下属的各种常设委员会、监督银行贷款和投资、对高级职员提供咨询和帮助、组织力量研究开拓市场以及对银行进行常规检查等。作为董事，必须有丰富的学识和经验，熟知有关金融法规条例和银行经营。

执行机构：包括行长、各种常设委员会、各业务职能部门和分支机构。银行行长是银行内部的行政总裁，其主要职责是执行董事会的决定，组织管理银行的日常业务经营活动，聘任各业务职能部门的主管工作人员等。各种常设委员会由董事会设立，旨在协调各部门的业务经营关系，沟通银行内部信息，通常包括常务委员会、贴现委员会、考评委员会和信托委员会等。各业务职能部门是银行业务的执行部门。业务部门是直接提供信贷产品和其他金融服务的部门，包括存款部、贷款部、投资部、信托部等；职能部门则主要负责银行内部事务和外部交往，如财务部、人事部、教育培训部、审计部等。分支机构是商业银行的基层组织，直接面向客户服务，分支机构的数目由银行规模和业务特点决定。

监督机构：包括监事会和总稽核。监事会由股东大会选举产生，代表股东对董事会的业务决策、政策制定及其职责履行情况进行检查，对银行的业务经营活动进行监督，防止违背股东意愿，损害股东利益。总稽核是由董事会聘用，负责对行长及各业务职能部门的业务进行合规性检查，以防止业务执行人员滥用职权、挪用公款和浪费等情形的发生。如检查银行的财务账目，核查会计、信贷等业务开展是否符合有关法令规定，是否执行董事会的方针政策等。

第三节　商业银行的发展趋势

20 世纪末金融自由化和经济全球化的发展，以及通信和计算机技术在银行经营管理中的运用，使商业银行的业务经营品种、经营范围、经营方式等方面均发生了深刻的变革，突出表现为业务经营的混业化、电子化和国际化发展趋势。

一、业务经营混业化

商业银行业务的专业化与混业化经营经历了融合—分离—融合的发展历程，这一过程在美国表现得最为显著，且以银行业与证券业的分合为典型。

（一）商业银行的两种经营模式

历史上，商业银行存在职能分工型和混业型两种经营模式。所谓职能分工型商业银行模式，是指法律限定商业银行主要经营短期工商信贷业务，长期金融业务及证券买卖、信托业务等由其他专门的金融机构来经营。在这种模式下，商业银行的业务范围基本上被限定在货币市场范畴之内，几乎不允许涉足资本市场业务。

采用职能分工型商业银行模式的国家以英国、日本、美国为代表。英国是西方工业化最早的国家。19 世纪后期迅速发展起来的英国银行业，在当时英国产业已经很发达且不少企业已经积累了相当规模的长期资金的情况下，商业银行仅仅需要对企业提供短期流动资金贷款，即可满足工商企业对资金的需求，从而形成了开始就以办理短期金融业务为主的商业银行经营传统，并根深蒂固地一直保持下来。日本的商业银行是比照英国模式建立起来的。20 世纪初，随着产业的急剧发展，日本也曾经吸收过德国式全能银行模式的经验，但在 1915—1925 年数次金融恐慌之后，日本再次倡导英国式的职能分工型模式，实行银证分离制度。美国在 20 世纪 30 年代以前实行过几十年的全能银行制，在 1921—1932 年的银行倒闭风潮中，有 10 000 多家银行倒闭。1933 年，美国国会通过了《格拉斯—斯蒂格尔法》，严格禁止商业银行从事投资银行业务，实行银证分业管理，人为地在资本市场与货币市场之间竖起了一堵“防火墙”。以美国为代表的西方国家一直固守着这种银行管理模式将近半个世纪。

商业银行的混业化经营以德国为典型。德国的工业化较英国要晚，加上资本市场的发展也较英美等国落后，其工商业不但在短期资金上，而且在长期资金方面都高度依赖银行。所以德国商业银行一开始就把短期商业或周转资金、长期固定资本、证券投资等业务作为己任，几乎可以经营所有银行业务。经济学家们把这种经营传统称为德国式全能银行制，一些资本市场发展较晚的后起资本主义国家也基本遵循了这一经营传统。德国式全能银行制的主要特点是：（1）业务范围几乎没有什么限制，有利于商业银行与其他金融机构展开合理的竞争和金融创新，有利于银行降低业务经营单位成本，取得范围经济效益。（2）业务的多元化符合资产分散化的御险原则，商业银行用多种资产形式运用资金，有利于降低业务经营的平均风险。

（二）商业银行业务的混业发展

20 世纪 80 年代以来，金融自由化的浪潮席卷全球，实行职能分工型的国家的金融监管部门对相关的金融法规进行了重大调整，其主要内容之一就是大规模地放宽对银行业经营范围的限制，允许银行业与证券业、信托业、保险业进行业务交叉，使银行业在经历了长期的分业经营后呈现出多元化、混业化的发展趋势。

英国的存款银行早在 20 世纪 70 年代就被允许发行可转让大额定期存款单，吸收定期存款，发放中长期贷款；贴现公司可以购买存款单，进入银行同业市场。1986 年 10 月的金融大改革法案则改变了英国近百年来的保守政策，允许本国银行、外国银行、保险公司和证券公司申请成为交易所会员，交易所之外的银行和金融机构可以购买持有交易所会员 100% 的股份。英国专业化的商业银行开始走向多元化。欧洲经济共同体（欧盟）则于 1992 年颁布银行指令，决定在欧共体范围内全面推行全能制银行和分支银行制模式。

日本1982年实行的银行法允许银行包销、买卖政府公债，证券公司则可从事可转让大额定期存款单交易及公债抵押贷款。1985年推行了以金融自由化为主要内容的大规模改革，放宽了银行业经营长期信贷及证券业务的限制。1992年6月通过的金融制度改革法案进一步明确银行可经营公债、私募债、住宅贷款、债权信托等业务，可通过成立或收购子公司的方式与信托业、证券业进行业务的交叉。1996年底更是推出了名为“大爆炸”的金融改革计划，该计划在已经准许商业银行从事部分投资银行业务的基础上，继续推进日本银行业向全能制商业银行过渡，并于2001年前全面实现银行、证券公司和保险公司业务的相互交叉。

从1987年开始，美国联邦储备委员会先后批准一些银行持股公司经营证券业务，1989年又批准花旗银行等五大商业银行直接包销企业债券和股票。1991年美国通过《1991年联邦存款保险公司改进法》，允许商业银行持有相当于其自有资本100%的普通股和优先股，这表明长期以来限制商业银行与工商企业相互渗透的禁区被突破。1994年，美国又通过了《1994年跨州银行法》，允许商业银行充当保险和退休基金的经纪人，这就意味着当局对商业银行涉足保险业的限制也已被突破。1998年4月，美国花旗银行与旅行者集团合并，合并后的花旗集团将花旗银行的业务与旅行者集团的投资、保险业务集于一身，成为全球最大的全能化金融服务公司。1999年11月，美国通过《金融服务现代化法》，允许商业银行、证券公司和保险公司以控股公司的方式相互渗透，实行混业经营，彻底结束了银行、证券、保险分业经营的局面，这标志着全能化经营成为全球商业银行发展的趋势。

根据1995年的《商业银行法》等有关法律条例的规定，我国金融机构实行严格的分业经营，银行业不得涉足证券业、保险业及信托业。1999年开始，特别是2003年《商业银行法》修订以来，金融监管部门先后出台允许证券公司和保险公司进入银行同业市场、保险资金可以进入股市、银行可以办理股票质押贷款等措施，表明我国分业经营的规定有所改变。银行控股公司的出现则表明我国已经采用控股公司的组织形式实行混业经营。

混业经营使银行业务获得了巨大的拓展空间，投资银行及其表外业务的发展给一些银行带来的丰厚利润和新的生机，吸引了众多大银行跨入混业经营的行列。然而，混业经营所需要的规模效应和技术支持表明，并非所有类型的银行都适宜从事混业经营。实际中，一些银行选择了宜于发挥自身经营特长的专业化经营发展道路，如渣打银行先后出售了其证券、信托和私人银行业务，而专注发展按揭贷款、信用卡和公司业务。因此，商业银行的发展方向将是提供全能化业务的金融百货公司型银行和提供专门服务的专卖店型银行同时并存。

二、业务经营电子化

高新技术的运用在现代商业银行经营中占有重要地位，借助于先进的通信和计算机技术，银行不仅可以降低业务经营成本，提高管理效率，而且先进的通信和计算机技术还是银行开拓市场、提升竞争力不可缺少的手段。

（一）高新技术在银行的运用

高新技术在银行的运用早在20世纪60年代就已开始，以电子计算机取代人工操作为特征，并随着电子计算机技术的发展而不断升级换代，大体经历了以下发展阶段：20世纪60年代，随着电子计算机运用的逐步普及，银行在会计部门使用计算机，用于更新账目、打印财务报表，从而加快记账速度，降低经营成本，以后台电子化运作为标志。70年代，计算机运用于柜台服务，实现前台电子化。即以银行内部的主机处理系统为中心，连接柜台的终端机，在终端机上输入客户的交易指令，由计算机替代人工自动完成客户的转账、支付账目处理，提高柜台服务效率。80年代，银行计算机与银行同业、商业公司联网，为客户提供多元化服务。这一时期，商业银行开始投入大量资金开发网络系统，银行电子网络不仅连接后台处理中心、分行，而且连接其他银行的网络系统、商业公司的财务部、超级市场，ATM、POS、电话银行此时也随着网络的兴建而迅速发展，银行经营开始突破时空限制。

20世纪90年代，网络银行业务的异军突起对传统银行业提出了挑战。1995年10月18日，世界第一家网上银行——安全第一网络银行（Security First Network Bank）在美国诞生，这家没有地址、没有营业柜台，只有网址的银行，提供一年365天，一天24小时的开户、存款、转账、办理信用卡、购买保险、买卖金融投资商品、贷款申请等金融服务。随后，许多国家的商业银行先后开通自己的网上银行业务。网上银行已覆盖了除现金以外的所有零售银行业务和部分投资银行业务。我国招商银行于1998年率先开通了面向企事业单位的网上银行业务，其他商业银行也开始大力发展网上银行业务。

银行的服务管理以及金融产品的开发越来越依赖信息技术的支撑，为确保自己在信息技术中的领先地位，各商业银行采取了许多方法来提高自己在计算机网络技术方面的竞争力。

商业银行直接投资于计算机软件与硬件的开发与运用。在不同的发展时期，商业银行投资的重点有所不同。早期阶段，商业银行倾向于自己开发设计各种银行业务的专门应用软件，购买电脑体系结构、系统软件等；目前银行的开发重点则放在反映客户需求和信息技术相结合的部分，是决策、销售和业务的分析与管理，这已成为商业银行在竞争中制胜的关键。信息技术的高速发展，使得银行在新技术上的投资不断增加。

采用联营方式，共同投资建立网络系统，分享技术资源。如MasterCard网络和处理大额支付的CHIP网络，由于网络投资巨大，需银行联合起来兴建。我国的银联卡工程改变了各银行在网络建设上各自为政、单打独斗的局面，使各商业银行能够实现在ATM和POS机具上的业务联营及设备共享，从而极大地降低了各银行的投资成本，提高了管理效益。

购并也是商业银行提高新技术运用效益的方式之一。一些大银行为避免在新技术方面耗费巨额投资与同业竞争，便通过兼并收购的方式来实现投资及技术设备的共享，以相对降低投资成本。

将部分信息技术外包也是发达国家商业银行较为流行的做法。现代社会的信息技术发展日新月异，银行自己开发和维护信息技术产品已不具有比较优势，且费时费力。将一些低附加值的信息处理业务外包给外部专业服务公司处理，不仅可以节省投资支出，发挥资源的杠杆作用，而且可以减少开发风险，对市场作出快速反应。如美国68%的信用卡业务处理和10%的ATM处理是由非银行机构来做的，最大的储蓄账户处理中心属于非银行的信息技术厂商。

（二）电子化对银行经营的影响

电子计算机在银行的运用，对传统银行的经营方式、经营思想、业务内容、管理机制等方面均产生了巨大的影响，具体表现在以下方面。

银行能突破传统银行的限制，提供基于新的应用系统的一揽子金融服务产品。银行可以利用网络的信息技术处理优势，为客户提供具有高度灵活性和个性化的高附加值的金融产品，信息技术成为银行开发产品的手段。

银行业务流程的人工处理环节逐步为计算机所替代，极大地降低了银行业务的经营成本，为陷入困境的传统银行业提供了一条降低成本、提高经营绩效的新的发展道路。据美国一家顾问公司调查，与传统银行分行服务的平均单位成本相比，电话银行服务可降低成本50%，使用银行本身的电脑联线服务可降低成本76%，互联网系统可降低成本88%。

网上银行改变了客户与银行的联系方式，突破了银行服务的时空限制，对传统银行分行的地位和作用提出了严峻的挑战。随着新技术在银行的运用，电子计算机逐步取代了银行人工的账户处理，网上银行业务则进一步取代了银行的柜台服务，技术的进步使传统分行网络作为金融服务传递渠道的作用下降。在竞争中，传统商业银行的分支机构数量、地理位置优势将不复存在，拥有的信息获取及分析处理能力和为客户提供个性化、贴身化、便利化的金融服务将成为银行竞争实力的表现，传统分行面临角色转换和生存危机。

许多国家的商业银行采取收缩分行网络以降低经营成本和转变分行功能的方式来调整银行经营。一些商业银行分行利用信息技术优势，采取提供一揽子银行服务的方式，提高分行服务的附加值，如提供包括基金、保险销售、按揭贷款审批、财务顾问、信息咨询、投资咨询等多元化银行服务，满足零售银行客户资本市场产品和顾问服务的需求。

三、业务经营国际化

20世纪90年代以来，经济金融的全球化发展趋势促进了商业银行经营的国际化发展。为顺应资本流动国际化及跨国公司发展的要求，也为了在WTO条款下获得更多对外拓展业务的机遇，增加在国际金融市场上的份额，商业银行经营的国际化趋势加强，并呈现出以下发展特征。

商业银行国际化发展战略由20世纪70～80年代的互补型向占领型转变。许多银行采取了参股他国银行、组建合资银行或进行跨国收购的方式推行国际化经营，一些跨国银行以购并方式组建世界级超大银行，实现金融业务的全能化服务和全球金融连锁店经营，达到在世界市场上的抢滩目的，以稳固其在国际金融市场中的竞争地位。尤其是在亚洲金融危机后，亚洲地区的银行遭受重创，股票市场的大幅下挫为他国银行低价收购有发展潜力的银行创造了时机，一些大银行乘机纷纷进入亚洲市场。如德国商业银行注资韩国外汇银行，成为该行第二大股东；汇丰银行出资7亿美元收购汉城银行70%的股权；美国银行拥有美韩银行30%的股份；美国万国宝通银行购入第一曼谷市立银行51%的股权。

商业银行国际化以投资银行业务为发展重点。20世纪70～80年代商业银行国际化是以资产负债表内业务的扩张为特征，为转移国内剩余资金，将传统的信贷业务扩展到海外市场。随着第三世界国家债务危机的爆发，各大银行不得不收缩了其海外信贷业务。20世纪末，各国监管部门纷纷放松或取消对银行业务经营范围的限制，世界贸易组织达成的开放金融市场协议等，为商业银行开展海外投资银行业务奠定了基础。如德意志银行收购摩根建富、荷兰国际银行收购巴林银行、德累斯顿银行收购克莱沃特—本森（Kleinwort Benson）、瑞士银行收购华宝银行等，都是以跨国收购方式进行多元化和国际化扩张的典型。

业务的国际化使一些银行的海外资产占比增加。据英国《银行家》杂志2001年调查，在那些业务范围涉足全球各地的众多大银行中，有30家银行海外资产占全部资产的比率超过1/3。其中，巴林的阿拉伯银行集团海外资产占全部资产的比例高达86.37%，美国运通银行以84.1%的比例名列第2，瑞士联合银行UBS以80.5%名列第3，英国的渣打银行则以80.0%排名第4，瑞士信贷集团以78.7%位居第5，德意志银行以71.9%位居第6，法国BNP银行以61.6%位居第10，英国汇丰银行以55.6%位列第11，花旗银行以36.4%位列第28。大型银行机构的海外资产已占到其资产总额相当大的比重，一些银行海外资产增加较快，表明银行业的国际化发展进程加快。

近年来，我国商业银行的国际化步伐也明显加快。2006年，中资银行在海外设有47家分支机构，海外机构总资产为2 267.9亿美元，比2003年增加469.6亿美元。到2007年末，共有5家中资银行控股、参股9家外资金融机构，有7家中资银行在海外设立60家分支机构，海外总资产达2 674亿美元。

本章小结

1. 以股份制形式组建的现代商业银行经过300多年的发展，已经成为能够提供包括存款、贷款、支付服务、保险信托、证券经纪、投资银行等业务在内的金融服务功能最全的金融百货公司。它是以获取利润为目的，能够办理存贷款等信用业务，并提供多元化金融服务的金融机构，在社会经济中发挥支付中介、信用中介、信用创造和金融服务的作用。

2. 从各国商业银行的组织制度看，银行规模大小、业务特点及政府监管法规等因素决定了商业银行外部机构的设置方式，但分支行制是最为普遍的形式，持股公司制则是商业银行从事混业经营的一种组织形式。按公司法组建的股份制商业银行，其内部组织机构一般由决策机构、执行机构、监督机构组成。

3. 商业银行业务经营由分业到混业经历了半个世纪的发展而成为全球趋势，电子技术在银行的普遍运用改变了银行传统的经营方式并成为银行提升竞争力的不可缺少的手段，国际化则是银行顺应经济金融市场全球化发展需求的必然结果。

本章重要概念

商业银行　信用创造　信用中介　支付中介　金融服务　分支行制度
单元银行制　银行持股公司　连锁银行制　跨国联合制

本章思考题

1. 简述商业银行在社会经济中的作用。
2. 比较分支行制与单元银行制的优劣。
3. 简述股份制商业银行的内部治理结构。
4. 何谓商业银行的混业经营?
5. 电子技术的运用对银行的经营产生了哪些影响?
6. 银行如何利用电子技术提升自身竞争力?
7. 简述商业银行业务国际化的特点。

本章参考书

[1] [美] 彼得·S. 罗斯:《商业银行管理》，中文版，北京，经济科学出版社，2000。
[2] [美] 艾伦·加特:《管制、放松与重新管制》，中文版，北京，经济科学出版社，2000。
[3] 黄宪、赵征、代军勋:《银行管理学》，武汉，武汉大学出版社，2004。

第二章

商业银行财务分析与业绩评估

了解银行经营状况的最有效途径是利用银行财务报表获取相关信息。通过银行财务报表，借助于一套完整的指标体系和相关方法将报表信息结合起来，就可从多个角度分析银行的经营状况，并对银行的经营状况作出评价。

第一节　银行财务报表分析

银行财务报表提供了一家银行一段时期经营状况的基本信息。对于银行管理者来说，财务报表不仅是银行上一期经营情况的总结，也是其进行下一步决策管理的基础。通过财务报告，银行经理可以发现银行存在的问题，在正确判断的基础上进行战略调整，以便在下一期获得更好的经营绩效。

由于各国会计制度的不同，各国银行编制出的财务报表准则、体例及内容有所不同。我国商业银行现行的财务报表是按照财政部颁布实施的《企业财务通则》、《企业会计准则》、《金融企业财务规则》及其补充规定的要求编制的。根据《企业会计准则》的要求，银行财务报表主要由资产负债表、利润表、所有者权益变动表、现金流量表及其报表附注组成。

一、资产负债表

资产负债表（Balance Sheet）反映了在某一特定时点（季度末、年中或年末）商业银行的资产负债及所有者权益构成情况。它是一个存量表，反映的是银行静态的财务状况。由于商业银行利润的形成及良好的现金流量很大程度上是由于资产运用的效果，因此对资产负债表的分析是商业银行经营分析的重点。

资产负债表所反映的信息是双重的，它既是一定时期商业银行经营业绩的直接反映，又可以配合利润表的分析，间接反映出商业银行的经营效率和成本效益状况。现行的资产负债表是根据“资产 = 负债 + 所有者权益”的原理编制的账户式报表，其左方反映的是资产总额及其构成，右方反映的是负债和所有者权益总额及其构成。下面以国内某上市公司A银行2008年度资产负债表为分析对象，说明资产负债表的主要组成部分（见表2－1）。

表2－1 **资产负债表** 会商银01

编制单位：A银行 2008年12月31日 单位：人民币百万元

资产	期末余额	年初余额	负债和所有者权益（或股东权益）	期末余额	年初余额
资产：			负债：		
现金及存放中央银行款项	140 489	86 994	向中央银行借款		
存放同业款项	12 934	16 239	同业及其他金融机构存放款项	160 297	68 854
贵金属			拆入资金	4 585	1 512
拆出资金	35 482	49 173	交易性金融负债	1 025	16
交易性金融资产	9 588	7 960	衍生金融负债		
衍生金融资产	5 627	2 384	卖出回购金融资产款	3 775	6 237
买入返售金融资产	87 550	38 998	吸收存款	844 571	773 757
应收利息	3 129	2 806	应付职工薪酬	3 152	2 557
发放贷款和垫款	611 840	549 420	应交税费	3 250	3 409
可供出售金融资产	125 829	109 428	应付利息	3 906	3 451
持有至到期投资	57 327	54 065	预计负债		
长期股权投资	48	48	应付债券	13 509	14 769
投资性房地产	5 000	5 000	递延所得税负债		
固定资产	7 572	7 376	其他负债	11 470	4 380
无形资产			负债合计	1 049 540	878 942
递延所得税资产	1 955	2 260	所有者权益（或股东权益）：		
其他资产	4 405	1 951	实收资本（或股本）	14 703	14 703
			资本公积	27 450	27 731
			减：库存股		
			盈余公积	3 700	3 088
			一般风险准备	6 500	6 500
			未分配利润	6 882	3 138
			所有者权益（或股东权益）合计	59 235	55 160
资产总计	1 108 775	934 102	负债和所有者权益（或股东权益）总计	1 108 775	934 102

（一）资产项目

资产项目表明商业银行资金的运用情况以及银行对其他经济单位的债权。银行资产一般分为五大类：现金资产、贷款、证券投资、固定资产及其他资产。根据财政部《企业会计准则》的规定，银行资产分为以下9类：

1. 现金资产。现金资产是银行资产中流动性最强的部分。一般包括：（1）库存现金，即银行保险箱中的现钞和硬币，主要是为了应付客户的现金需要；（2）存放中央银行款项，包括法定准备金存款和超额准备金存款；（3）存放同业款项，主要用于同业间业务往来的需要；（4）在途资金，指签发支票送交中央银行或同业银行但相关账户尚未贷记的部分，也就是签发给其他金融机构的支票而未到账的支票款。

现金资产是唯一可作为法定准备金的资产项目，为银行提供了最基本的流动性供给，因而被称为一级准备。由于现金资产基本上是无收益的，商业银行在确保资产流动性的前提下，要尽可能地减少现金资产的持有。

2. 交易性金融资产。交易性金融资产是指银行为了近期内出售而持有的金融资产。这类资产持有期限一般在 1 年以内，比如以赚取价差为目的而持有的债券、股票、基金等。

3. 买入返售金融资产。买入返售金融资产指银行按照返售协议约定先买入再按固定价格返售的票据、证券、贷款等金融资产所融出的资金。其持有时间一般不超过两个完整会计年度。

4. 发放贷款和垫款。贷款和垫款（应收账款）是指在活跃市场中没有报价、回收金额固定或可确定的非衍生金融资产。银行贷款和垫款可划分为个人贷款和垫款、企业贷款和垫款。贷款是银行资产中比重最大的一项资产，是银行主要盈利资产。企业贷款可进一步划分为工商业贷款、农业贷款、不动产贷款等。

贷款在目前绝大多数银行的资产组合中处于最主要的地位，是银行获取利润的主要资产，同时也是面临着最高违约风险和流动性风险的资产。A 银行 2008 年贷款占总资产的比例达到了 55%。银行为了弥补可能发生的贷款损失或已经发生的贷款损失，满足稳健性经营的要求，必须按规定要求拨备贷款损失准备。

5. 可供出售金融资产。可供出售金融资产是指没有划分为以公允价值计量且其变动计入当期损益的金融资产、持有至到期投资、贷款和应收款项的金融资产。比如银行购入的在活跃市场上有报价的债券、基金等，没有划分以公允价值计量且其变动计入当期损益的金融资产或持有至到期金融资产，可归为此类资产。银行对此类资产通常没有明确的持有期限，但持有时间一般不超过两个完整会计年度。

6. 持有至到期投资。持有至到期投资是指到期日固定、回收金额固定或可确定，且企业有明确意图和能力持有至到期的非衍生金融资产。持有至到期投资通常具有长期性质，但期限较短（1 年以内）的债券投资，比如银行从二级市场上购入的固定利率国债等，符合持有至到期投资条件的，也可归为此类资产。

7. 长期股权投资。投资是指企业为了获得收益或实现资本增值向被投资单位投放资金的经济行为。企业对外进行的投资可以有不同的分类。从性质上分，可划分为债权性投资与权益性投资；按管理层持有意图划分，可分为交易性投资、可供出售投资、持有至到期投资等。

长期股权投资主要包括以下三方面：一是投资企业能够对被投资单位实施控制的权益性投资，即对子公司投资；二是投资企业与其他合营方一同对被投资单位实施共同控制的权益性投资，即对合营企业投资；三是对被投资单位具有重大影响的权益性投资，即对联营企业投资。

8. 固定资产。固定资产包括使用期限在1年以上的房屋、建筑物、机器、运输工具和其他与经营有关的设备。不属于经营主要设备的物品，单位价值在2 000元以上，且使用期限超过2年的，也可作为固定资产。这些项目的账面数额都是扣除折旧后的净值，因而一般较小。因为商业银行的主要功能是融通资金，所以固定资产较一般企业少，西方商业银行固定资产与总资产的比值一般不足2%。由于这部分资产不能直接产生收益，因而算做非盈利资产。

9. 无形资产、递延所得税资产及其他资产

无形资产是指企业拥有或控制的没有实物形态的可辨认非货币性资产。商业银行的无形资产包括专利权、非专利技术、商标权、著作权、土地使用权等。

递延所得税资产是指银行确认的可抵扣暂时性差异产生的递延所得税资产，包括开办费、以经营租赁方式租入的固定资产改良支出等。

其他资产主要包括存出保证金、应收股利、其他应收款、抵债资产等。

（二）负债项目

负债是其他经济单位和个人对商业银行的债权，是商业银行的主要资金来源，主要包括存款、借款、其他负债和或有负债等。

1. 存款。这是商业银行最主要的负债，有时占全部资金来源的70%～80%。包括：（1）储蓄存款，分为活期储蓄存款和定期储蓄存款；（2）企业单位存款，分为活期企业存款和定期企业存款；（3）其他存款。在表2－1中，A银行存款占全部负债的80%，支持了约76%的总资产，可见银行经营对存款的依赖程度之深。

2. 借款。借款也是商业银行的重要资金来源。包括短期借款和长期借款。短期借款主要包括同业拆入、向中央银行的再贷款或再贴现、卖出回购金融资产款以及商业银行通过发行票据借入的短期资金。长期借款包括商业银行在国内外金融市场上借入的长期资金。

3. 其他负债。一般有应付职工薪酬、应交税费、应付利息、预计负债、递延所得税负债等。

4. 或有负债。或有负债是指那些一旦某种情况出现就会使银行承担一定债务的业务。其主要内容有：开出信用证、承兑票据、背书票据、将要承做的远期证券、买卖远期外汇可能发生的损失等。这些科目一般不在表中体现，而是作为表外科目在附注中说明，分析时要格外注意。

（三）所有者权益项目

所有者权益又称资本净值，是股东对银行资产的所有权部分，是银行资产与负债账面价值的差额。内容包括如下科目：实收资本、资本公积、盈余公积、未分配利润等。

从表2－1可以看出，现行的资产负债表在项目的编排上，资产是按照流动性的高低分别反映了资产的构成，负债也是按照偿债期限的长短分为流动负债和长期负债。

二、利润表

利润表又称损益表，是商业银行最重要的财务报表之一。与资产负债表不同，利润

表是流量表，是银行在报告期间经营活动的动态体现。利润表着眼于银行的盈亏状况，提供了经营中的收支信息，总括地反映出银行的经营活动及成果。利用利润表提供的信息，分析其盈亏原因，可以进一步考核银行的经营效率和管理水平。银行利润表包括三个主要部分：收入、支出和利润。

编制利润表所依据的平衡公式是“收入 - 支出 = 利润”，编制方法分单步式和多步式，各科目的设置处理取决于银行所采取的会计核算方法及当时的管理法规，也取决于它所开展的业务。尽管不同国家的银行的利润表有一定差别，但报表的基本结构、编制方法是相同的。

（一）收入项目

商业银行收入主要包括营业收入和非营业收入。

1. 营业收入。营业收入即银行直接从事各项经营活动所获得的收入。这部分收入应计算缴纳营业税。银行根据其营业收入，按税法规定的税率，向财政部门上缴营业税。银行的营业收入主要包括利息收入、金融机构往来收入、手续费收入和其他营业收入。

（1）利息收入。即银行确认的利息收入。包括银行各项贷款的利息收入，与其他金融机构之间发生往来业务、买入返售金融资产等实现的利息收入等。

利息收入是银行的主要收入来源。如表 2 - 2 所示，A 银行利息收入约占全部收入的 87%。从趋势上讲，随着中间业务和衍生金融交易的收入增加，银行利息收入的比重会有所下降，但利息收入仍将是银行收入的主要来源。为银行创造利息收入的资产主要是各种类型的贷款，另外还包含各种金融资产利息收入和其他利息收入，包括银行持有的各种债券利息收入、同业拆借利息收入、应收租赁利息收入、外汇存款利息收入和存放同业利息收入等。

表 2 - 2 **利润表（简表）** 会商银 02

编报单位：A 银行 2008 年 12 月 单位：人民币百万元

项　目	本期金额	上期金额
一、营业收入		
利息净收入	14 696	9 428
利息收入	22 284	15 270
利息支出	7 588	5 842
手续费及佣金净收入	2 664	1 124
手续费及佣金收入	3 012	1 322
手续费及佣金支出	348	198
投资收益（损失以“ - ”填列）	9	26
其中：对联营企业和合营企业的投资收益		
公允价值变动收益（损失以“ - ”填列）	101	126
汇兑收益（损失以“ - ”号填列）	18	258
其他业务收入	128	358

续表

项　目	本期金额	上期金额
二、营业支出		
营业税金及附加	1 052	700
业务及管理费	5 916	4 148
资产减值损失	1 579	1 698
其他业务成本	128	410
三、营业利润（亏损总额以“－”号填列）	8 941	4 364
加：营业外收入	80	43
减：营业外支出	14	12
四、利润总额	9 007	4 395
减：所得税费用	2 887	1 618
五、净利润（净亏损以“－”号填列）	6 120	2 777
六、每股收益		
（一）基本每股收益	0. 42	0. 23
（二）稀释每股收益	0. 42	0. 23

会计主管：　　　　复核：　　　　制表：

银行利息收入受多种因素制约，既取决于市场需求、法定准备金率、利率政策等外部因素，又受银行自身经营策略的影响。总的说来，利率越高，生息资产比重越大，则所获利息收入也越多。

（2）手续费及佣金收入。这是银行为客户提供服务所取得的收入，包括办理结算业务、咨询业务、担保业务、代保管等代理业务及办理受托贷款及投资业务等取得的手续费及佣金。如银行为客户办理结算手续费收入，如汇款、业务代办的手续费收入；对外保证业务收取的手续费；承销债券或股票收取的佣金；代客户买卖证券或贵金属收取的佣金；咨询业务收入；银行卡的费用，等等。

（3）投资收益或损失。这是指银行确认的投资收益或投资损失。

（4）公允价值变动损益。这是指交易性金融资产、交易性金融负债，以及采用公允价值模式计量的投资性房地产、衍生工具、套期保值业务等公允价值变动形成的应计入当期损益的利得或损失。

（5）汇兑损益。这是指商业银行发生的外币交易因汇率变动而产生的汇兑损益。

（6）其他业务收入。这是指银行所得的信托收入、融资租赁收入、表外业务收入、证券销售（或发行）的差价收入、无形资产转让净收入以及其他各种非利息营业收入。随着银行业竞争的加剧和经济金融环境的变化，银行利差收入的增长有限且波动较大，而各种非利息收入有助于银行开拓收入来源，减弱利差收入波动带来的负面影响。

2. 非营业收入。非营业收入即营业外收入，指银行在业务经营活动之外所获得的收入。这部分收入与银行的业务经营活动没有直接联系，不属于银行应计算纳税的业务范围。这类收入主要包括：固定资产盘盈、出售固定资产净收益、债务重组利得、政府补助、出纳长款收入、证券交易差错收入、捐赠利得、因债权人的特殊原因确实无法支付的应付款项等。

（二）支出项目

商业银行支出包括营业支出和非营业支出。

1. 营业支出。营业支出即银行在业务经营过程中与业务经营有关的成本支出，包括各项利息支出、手续费及佣金支出、营业税金及附加、业务及管理费、资产减值损失及其他业务成本支出。

（1）利息支出。在银行支出中，利息支出是最主要部分，表2－2中A银行的利息支出约占其营业支出的46%。它反映了银行从社会获取资金的成本。其中绝大部分是存款利息支出，少数为借款利息支出。20世纪60年代以来，西方商业银行推行主动型负债业务，更加注重利用购买资金来获得资金来源，借款利息比重呈上升趋势，其中短期借款利息主要指向中央银行借款、同业拆借、证券回购、发行短期商业票据等所支付的利息。长期借款利息包括银行发行的金融债券，特别是附属资本债券所支付的利息，这种支出性质上接近于支付优先股股息，但能起到抵税作用。

（2）手续费及佣金支出。包括与银行经营活动相关的各项手续费和佣金支出。

（3）营业税金及附加。这是指银行经营活动发生的营业税、消费税、城市维护建设税、资源税和教育费附加等相关税费。

（4）业务及管理费。业务及管理费用反映银行在业务经营和管理过程中发生的电子设备运转费、安全防范费、物业管理费等费用。包括薪金与福利支出（支付给经营管理人员和职工的工资、奖金、津贴补贴、福利费、住房公积金、社会保险费、失业保险费、医疗保险费、工会经费和职工教育经费等）、各种资产使用费用（包括银行固定资产的维修费用、折旧费用、租赁费用等）、其他营业费用（广告费用、办公用品的开支、诉讼费、业务招待费、技术转让费、房产税、车船使用税、土地使用税、出纳短款损失等）。

（5）资产减值损失。这是指银行计提各项资产减值准备所形成的损失，包括坏账准备、贷款损失准备、持有至到期投资减值准备、长期股权投资减值准备、固定资产减值准备、无形资产减值准备等。

（6）其他业务成本。这是指除主营业务活动以外的其他经营活动所发生的支出，如出租固定资产的折旧额、出租无形资产的摊销额等。

2. 非营业支出。非营业支出即营业外支出，是指与银行业务经营无直接关系的各项支出，包括固定资产盘亏和毁损报废的净损失、公益性捐赠支出、赔偿金、违约金等非常损失。

（三）利润

由于核算口径不同，银行利润有多个层次。我国现行会计制度规定，银行利润分为营业利润、利润总额和净利润（税后利润）。

净利润反映银行当期实现的盈利或亏损情况。“－”表示亏损。其计算公式为

$$净利润 = 利润总额 - 所得税费用$$

其中：利润总额 = 营业利润 + 营业外收入 - 营业外支出

营业利润 = 营业收入 - 营业支出

金融保险企业利润表多采用上下加减的报告式结构，本期利润是通过多步计算求出的，以显示收入与费用之间不同的内在联系。

三、所有者权益变动表

所有者权益变动表又称股东权益变动表或资本账户报表，反映了一定时期内银行资本账户的变动情况。由于银行资本是抵御风险的基本保障，关系到银行的竞争力和业务开展能力，因此，它的变动不仅为银行管理者所关注，更为债权人、客户和银行监管当局所密切重视。

根据金融企业的特点，其利润分配情况不再列入利润表，而是通过编制所有者权益变动表来单独反映。所有者权益变动表（如表2－3）与利润表一起总括反映了银行在一定时期内所取得的经营成果及其分配情况。

表2－3 **所有者权益变动表** 会商银04表

编报单位：A银行 2008年度 单位：人民币百万元

项目	本年金额							上年金额（略）
	实收资本（或股本）	资本公积	减：库存股	盈余公积	一般风险准备	未分配利润	所有者权益合计	
一、上年年末余额	14 703	27 380		3 088	6 500	3 489	55 160	
加：会计政策变更		351				-351		
前期差错更正								
二、本年年初余额	14 703	27 731		3 088	6 500	3 138	55 160	
三、本年增减变动金额（减少以“-”号填列）								
（一）净利润						6 120	6 120	
（二）直接计入所有者权益的利得和损失								
1. 可供出售金融资产公允价值变动净额								
（1）计入所有者权益的金额		-281				281	0	
（2）转入当期损益的金额								
2. 现金流量套期工具公允价值变动净额								
（1）计入所有者权益的金额								
（2）转入当期损益的金额								

续表

项目	本年金额							上年金额（略）
	实收资本（或股本）	资本公积	减：库存股	盈余公积	一般风险准备	未分配利润	所有者权益合计	
（3）计入被套期项目初始确认金额中的金额								
3. 权益法下被投资单位其他所有者权益变动的影响								
4. 与计入所有者权益项目相关的所得税影响								
5. 其他								
上述（一）和（二）小计								
（三）所有者投入和减少资本								
1. 所有者投入资本								
2. 股份支付计入所有者权益的金额								
3. 其他								
（四）利润分配								
1. 提取盈余公积				612		-612	0	
2. 提取一般风险准备								
3. 所有者（或股东）的分配								
4. 其他								
（五）所有者权益内部结转								
1. 资本公积转增资本（或股本）								
2. 盈余公积转增资本（或股本）								
3. 盈余公积弥补亏损								
4. 一般风险准备弥补亏损								
5. 其他								
四、本年年末余额	14 703	27 450		3 700	6 500	8 927	61 280	

会计主管：　　　　　　　　　　复核：　　　　　　　　　　制表：

所有者权益变动表反映了构成所有者权益的各组成部分当期的增减变动情况，不仅包括所有者权益总量的增减变动，还包括所有者权益增减变动的重要结构性信息，特别是要反映直接计入所有者权益的利得和损失，让报表使用者能准确理解所有者权益增减变动的根源。

所有者权益变动表在一定程度上体现了银行的综合收益情况。综合收益的构成包括两部分：净利润和直接计入所有者权益的利得和损失。其中，前者是银行已实现并已确认的收益，后者是未实现但根据会计准则的规定已确认的收益。用公式表示如下：

综合收益 = 净利润 + 直接计入所有者权益的利得和损失

其中：净利润 = 收入 - 费用 + 直接计入当期损益的利得和损失

四、现金流量表

现金流量表又称现金来源运用表，是反映商业银行在一个经营期间的现金流量来源和运用及其增减情况的财务报表，是反映银行经营状况的主要报表之一。

经过一段时期的经济活动，银行的财务状况会发生变化，即资产、负债、权益的规模及内部结构会产生一定的变动，变动的结果可以通过银行资产负债表中相关科目的期初、期末情况得以展现。财务状况变动的原因最终可归结为银行现金流量的来源、运用及增减变动，现金流量表反映这一动态过程。资产负债表是静态存量报表，不能揭示财务状况变动的原因。虽然利润表是一张动态报表，但其着眼点是银行盈亏状况，不能反映银行资金运动全貌，也不能揭示银行财务状况变动的原因。现金流量表沟通了资产负债表和利润表，弥补了二者的不足，将银行的利润同资产、负债、权益变动结合起来，全面反映了报告期内银行资金的来源和运用情况，指出了银行财务状况变动的结果及原因，具有其他两张报表不可替代的作用。

现金流量表是以现金及现金等价物为基础编制的反映企业在一定时期内的现金流入量、现金流出量和现金流量净额的报表。现金流量表中的“现金”是流动性最强的、随时可用的货币资金，对于商业银行来说，其现金除了库存现金外，还包括现金等价物。现金等价物是指银行持有的期限短（一般从购买之日起 3 个月内到期）、流动性强、易于转换为已知金额现金、价值变动风险很小的投资，主要包括存放中央银行款项、存放同业款项、拆出资金以及短期债券投资等。

根据财政部颁布的《企业会计准则——现金流量表》的规定，自 1998 年 1 月 1 日起，企业年报中要按规定编报现金流量表，我国企业采用直接法编制现金流量表。直接法是按照现金流入和现金流出的项目反映企业经营活动、投资活动和筹资活动产生的现金流量的一种编表方法。在直接方法下，现金流量表分别为现金流量主表及补充资料两部分。主表分别按照经营活动产生的现金流量、投资活动产生的现金流量、筹资活动产生的现金流量、汇率变动对现金及现金等价物的影响、现金及现金等价物净增加额以及期末现金及现金等价物余额等六部分内容列示，如表 2 - 4 所示。在补充资料中反映三部分内容：一是将利润调节为经营活动的现金流量，二是不涉及现金收支的重大投资和筹资活动，三是现金及现金等价物净变动情况。

现金流量表实际上是依据“资产 = 负债 + 所有者权益”原理编制而成的。如果将资产分为现金（含现金等价物）和非现金资产，则上述公式变换如下：

现金 = 负债 + 所有者权益 - 非现金资金

由上述公式可知，现金的变动额（期末减期初余额）是由负债的变动、所有者权益的变动和非现金资产变动引起的。其相互间关系如表 2 - 4 所示。

表 2－4　　　　**现金流量表**　　　　会商银 03 表

编制单位：A 银行　　　　2008 年 12 月　　　　单位：人民币百万元

项目	本期金额	上期金额
一、经营活动产生的现金流量		
客户存款和同业存放款项净增加额	162 257	88 479
向中央银行借款净增加额		
向其他金融机构拆入资金净增加额	5 369	3 470
收取利息、手续费及佣金的现金	21 494	14 552
收到其他与经营活动有关的现金	5 810	4 276
经营活动现金流入小计	194 930	110 777
客户贷款及垫款净增加额	63 851	59 417
存放中央银行和同业款项净增加额	23 023	6 155
支付手续费及佣金的现金	7 470	5 374
支付给职工及为职工支付的现金	2 893	2 242
支付的各项税费	3 832	2 793
支付其他与经营活动有关的现金	15 942	8 687
经营活动现金流出小计	117 011	84 668
经营活动产生的现金流量净额	77 919	26 109
二、投资活动产生的现金流量		
收回投资所收到的现金	74 689	50 425
取得投资收益收到的现金	2 280	1 945
收到的其他与投资活动有关的现金	50	132
投资活动现金流入小计	77 019	52 502
投资支付的现金	103 191	54 142
购建固定资产、无形资产和其他长期资产所支付的现金	738	540
支付其他与投资活动有关的现金		
投资活动现金流出小计	103 929	54 682
投资活动产生的现金流量净额	－26 910	－2 180
三、筹资活动产生的现金流量		
吸收投资所收到的现金		
发行债券所收到的现金		
收到的其他与筹资活动有关的现金		
筹资活动现金流入小计		
偿还债务所支付的现金	1 142	0
分配股利、利润或偿付利息支付的现金	7	971
支付的其他与筹资活动有关的现金	31	31
筹资活动现金流出小计	1 180	1 002
筹资活动产生的现金流量净额	－1 180	－1 002
四、汇率变动对现金的影响额	－842	－191
五、现金及现金等价物净增加额	48 987	22 736
加：期初现金及现金等价物余额	118 246	80 700
六、期末现金及现金等价物余额	167 233	103 436

续表

补充资料	本期金额	上期金额
1. 将净利润调节为经营活动的现金流量		
净利润	6 120	2 777
加：资产减值准备	12	162
固定资产折旧	492	439
无形资产摊销		
长期待摊费用摊销	4	3
处置固定资产、无形资产和其他长期资产的损失（减收益）		
固定资产报废损失（收益以"－"号填列）		
公允价值变动损失（收益以"－"号填列）		
财务费用（收益以"－"号填列）		
投资损失（收益以"－"号填列）	－316	97
递延所得税资产减少（增加以"－"号填列）		
递延所得税负债增加（减少以"－"号填列）		
存货的减少（增加以"－"号填列）		
经营性应收项目的减少（增加以"－"号填列）	－94 675	－63 285
经营性应付项目的增加（减少以"－"号填列）	164 715	84 574
其他	1 567	1 342
经营活动产生的现金流量净额	77 919	26 109
2. 不涉及现金收支的投资和筹资活动		
债务转为资本		
一年内到期的可转换公司债券		
融资租入固定资产		
3. 现金及现金等价物净变动情况		
现金的期末余额	5 028	3 636
减：现金的期初余额	4 592	3 910
加：现金等价物期末余额	162 205	99 800
减：现金等价物期初余额	113 654	76 790
现金及现金等价物净增加额	48 987	22 736

总之，四份主要报表之间存在着相互依存的关系：利润表反映了商业银行一定时期的经营成果，资产负债表反映了商业银行资产的构成及效益的形成形式，而现金流量表则反映了一定时期商业银行进行经营活动、投资活动和筹资活动所实现的现金流量。利润表反映的利润是商业银行资产利用的结果，商业银行产生盈亏的原因在于资产的运营情况及获利能力的高低；现金流量表在一定程度上反映了利润表中净利润的质量；所有者权益变动表不仅反映利润的分配情况，而且能反映股东权益的变动情况。因此，财务报表的分析是以利润表为核心，以资产负债表和现金流量表为基础而进行的分析。

在财务分析中，会计报表附注也是一个重要的资料来源。四份主要财务报表通常只能揭示银行一级科目的情况，这对于某些与银行有重大财务关系的主体来说显然过于粗糙。会计报表附注则对上述报表的基本项目列示了明细情况。另外，会计报表附注还揭示了银行的主要会计政策、重要会计政策和会计估计的变更、表外业务、或有项目、资产负债表日后事项、关联方关系和交易以及重要资产转让和出售等事项。详细了解这些事项，对于客观评价银行的财务状况和经营风险是非常重要的。

五、财务报表分析方法

商业银行财务报表分析是运用一定的分析方法，使财务报表提供的信息满足决策有用性需要的一种手段。其主要目的在于：评价商业银行的财务状况和经营成果，揭示财务活动中存在的矛盾和问题，为改善经营管理提供方向和线索；预测商业银行未来的报酬和风险，为债权人、投资者和经营者的决策提供帮助；检查商业银行的预算完成情况，考核管理人员业绩，为完善合理的激励机制提供帮助。财务报表分析的目的不在于得出分析数据，而在于发现问题，发掘潜力，缩小差距，建立科学的预测体系。财务分析的方法是达到分析目的、完成分析任务所采取的手段和措施。财务报表分析的方法包括定性分析和定量分析，最主要的分析方法是定量分析法。定量分析法主要有以下几种。

（一）比较分析法

比较分析法是对两个或几个有关的经济指标进行对比，以揭示差异和矛盾的一种方法。有比较才有鉴别，任何事物的好坏都是相比较而存在的。比较分析法是一种用得最多、最广的分析方法。

指标的对比主要有以下几种对比的标准：（1）以实际指标与普遍公认的标准进行对比，可以了解银行财务状况和经营风险的一般情况。（2）以实际指标与预期目标比较，包括本期实际与计划指标对比、与定额指标对比、与其他有关预期目标对比，可以了解预期经营目标的实现情况，为进一步分析指明方向。但在分析比较时，必须检查预定目标的先进性和合理性。（3）以本期实际指标与国内本行业平均水平对比、与本行业先进水平对比、与国际同行业平均水平对比等等。

（二）趋势分析法

商业银行各个时期的财务状况及经营成果处于不断地变化之中，这种变化表现为同一指标在不同时期具有不同的结果。通过对同一指标不同时期资料的对比分析，就可以分析评价财务状况的变化趋势和发展前景。这种变化趋势对预测未来是非常有用的。在实际工作中，趋势分析可以通过编制不同时期的对比表来进行。

对同一经济指标在历史不同时期的发展趋势进行预测主要是了解某项经济指标在不同时期的走向，以便利用这种变化趋势来预测银行未来年度的发展情况。这种分析方法往往要收集若干年度的财务资料，然后将某个年度的该项经济指标数据作为基数，把其他各年底的数据与基数进行比较，分析该项经济指标的发展变化趋势。

（三）结构分析法

在财务报表分析中，需要了解某项经济指标对总体指标的影响程度，通过对个别指标占总体指标比重的分析，可以了解个体对总体的影响程度，并根据影响程度的大小采取不同的对策。以收入分析为例，商业银行的收入来源分为贷款利息收入、金融机构往来利息收入、其他营业收入、投资收益和营业外收入等，通过对各项收入占全部收入比重的分析可以了解收入管理的侧重点。同样道理，商业银行的成本费用也是由多个项目组成的，通过对各个费用项目占总成本费用比重的分析，可以找出成本费用控制的重点；将不同时期各项指标占总体指标的比重进行对比分析，可以了解工作重点的转向及变化情况，以便及时分析原因，采取相应的对策。

（四）比率分析法

财务报表中某些财务数据之间存在着某种联系。比率分析法就是将不同的相关经济指标进行比较，分析其相关关系，如将负债总额与资产总额进行对比，可以分析商业银行的资产负债率。比率分析法计算简便，通俗易懂，容易判断，在财务报表分析中运用最多，它对于寻找产生财务状况和经营成果的原因很有用。在国内外商业银行的财务管理中，财务分析方法中的比率分析法具有较高的价值。

（五）因素分析法

因素分析法是依据分析指标与其影响因素之间的关系，按照一定的程序和要求，从数值上测定各因素对有关经济指标差异影响程度的各种分析方法的总称。

经济活动是一个有机整体，每个指标的高低都会受到若干因素的影响。如商业银行贷款利息收入变化的原因就受到贷款规模、贷款期限、贷款利率变动、贷款回收率等多种因素的影响。运用因素分析法，可以测定各因素对指标的影响程度，帮助人们抓住主要矛盾，分清原因和责任，更有说服力地评价经济状况，并可作为制定措施、挖掘潜力的参考。

第二节 商业银行业绩评估

业绩评估是商业银行运用一系列财务指标和一定的评估方法，对其经营目标实现程度进行考核、评价的过程。银行绩效评价方法主要有财务比率法、杜邦分析法、经济增加值法和经风险调整的资本收益方法。

一、财务比率法

比率分析法以指标体系为核心，从盈利能力、流动性、风险性和清偿力与安全性四个方面对银行经营业绩分别作出评价；商业银行业绩评价采用财务比率形式，可以将银行财务报表中的原始信息有机结合起来，剔除银行规模差异对绩效分析的干扰，更准确地反映银行绩效。

商业银行绩效评价指标按实现银行经营总目标过程中所受的制约因素分为几类，即盈利性指标、风险指标、清偿力及安全性指标。完整的财务比率指标体系可以综合地反映商业银行的经营状况。

（一）盈利性指标

盈利性指标被用来衡量商业银行运用资金赚取收益同时控制成本费用支出的能力。盈利性指标的核心是资产收益率和股本回报率，利用这两个财务指标及其他派生财务比率指标可以较准确地认识银行的获利能力。

1. 资产收益率。资产收益率（Return on Assets，ROA）又称投资报酬率，是银行净利润与全部资产总额的比率。其计算公式为

$$资产收益率=\frac{净利润}{资产总额}\times100\%$$

资产收益率集中体现银行运用其全部资金获取利润的能力。式中的资产总额可以选用总资产的期末余额，也可以选用总资产期初余额与期末余额的平均数，前者可以方便地从资产负债表中取得，后者能准确地反映银行在整个报告期内的经营获利能力。这一指标越高，说明银行盈利能力越强。在国际银行业中，资产收益率一般保持在1%左右。根据表2－1、表2－2列示的数据，A银行2008年的净利润为61.20亿元，资产总额11 087.75亿元，资产收益率为0.55%，比上年同期（0.29%）有较大提高。

2. 资本收益率。资本收益率（Return on Equity，ROE）又称自有资金收益率、所有者权益报酬率、净资产收益率等，是银行税后净利润与资本总额的比率。其计算公式为

$$资本收益率=\frac{税后净利润}{资本总额}\times100\%$$

该指标反映银行所有者投入资本的获利程度，是银行资金运用效率和财务管理能力的综合体现。该指标比率越高，说明银行盈利能力越强。A银行2007年资本收益率为5.03%，2008年提高至10.33%。

3. 银行净利差率。银行净利差率是净利息与盈利资产的比率。利息收入是银行的主要收入来源，利息支出是银行的主要成本支出项目，因此利差收入是影响商业银行经营业绩的关键因素。其计算公式为

$$银行净利差率=\frac{利息收入-利息支出}{盈利资产}\times100\%$$

盈利资产是指那些能带来利息收入的资产。银行资产中，除去现金资产、固定资产外，均可看做盈利资产，在计算中也应采用期初余额与期末余额轧差后的平均值。该指标可以有效地反映出银行在筹资放款业务中的获利能力。A银行2008年净利息收入146.96亿元，利差率为1.32%，2007年同期利差率则为1%。表明A银行资产盈利能力提高。

4. 非利息净收入率。该指标是非利息净收入与资产总额的比率，其计算公式为

$$非利息净收入率=\frac{非利息收入-非利息支出}{资产总额}\times100\%$$

非利息收入与非利息支出的差额即为银行非利息净收入。任何一家银行为了提高利润，都竭力增加非利息净收入，但是从目前银行经营的规律来讲，往往是非利息支出要高于非利息收入，即非利息净收入表现为负值，因此，银行研究者常把该项目称为银行负担。A银行2008年非利息收入为32.68亿元，非利息支出为73.16亿元，非利息收入率为－0.36%；2007年非利息收入为18.32亿元，非利息支出为50.46亿元，非利息收入率为－0.34%。

从利润表中可知，银行非利息收入主要来自手续费和佣金收入，较高的非利息净收入会明显提高银行的资产收益率。员工薪金福利支出是银行非利息支出的主要部分，此外还包括银行自有建筑与设备的维修费、折旧费及建筑设备租赁费，办公费、广告宣传费、提取贷款损失准备等间接费用。较高的非利息净收入意味着相对较低的各类间接费用开支，表明银行管理效率良好。总的说来，非利息净收入率的提高是银行盈利能力和管理效率良好的表现。但有时也意味着经营中潜在风险的提高，因为非利息收入中的较大部分是通过中间业务取得的，常伴随着一定的或有负债及其他风险。

5. 银行利润率。银行利润率是银行税后利润与总收入的比率。其计算公式为

$$银行利润率=\frac{税后净利润}{收入总额}\times 100\%$$

该指标反映了银行收入中有多大比例被用做各项开支，又有多大比例可用于发放股利以再投资的利润形式保留下来。银行的利润率既考虑了利息支出，又考虑了非利息支出部分，该比率越高，银行的获利能力越大。

6. 财务杠杆比率。财务杠杆比率也叫资本乘数或权益乘数（Equity Multiplier，EM），是指资产总额与所有者权益的比例。其计算公式为

$$财务杠杆比率=\frac{资产总额}{所有者权益}$$

这一比率反映了银行资本的营运效率，即一定量的资本可以推动多少资产。与一般企业相比，银行的这一比率要高得多，因为银行是依赖于负债经营的，其资金来源绝大部分是存款和借款。银行资本杠杆作用的放大使银行的经营风险增大，它既可能提高银行的资本收益率，也可能因把握不好而成倍地降低资本收益率，降低资本充足率，削弱资本基础，威胁银行的安全性，具有收益和风险“放大器”的作用。在评价资本收益率和资产收益率指标时，最好结合财务杠杆比率进行分析评价。

7. 普通股每股盈余。普通股每股盈余简称每股盈余或每股利润，是由银行的税后净利扣除优先股股利后的余额与普通股流通在外股数进行对比所确定的比率。其计算公式为

$$每股盈余=\frac{税后净利-优先股股利}{普通股流通在外的股数}$$

每股利润是股份制银行发行在外的普通股每股所得的利润。每股利润越高，说明股份制银行的获利能力越强。如果银行采用股本扩张的政策，大量配股或以股票股利的形式分配股利，就必然摊薄每股利润，使每股利润减少。

（二）风险指标

风险是指预期收入的不确定性。追求利润，使银行财富价值最大化是商业银行经营的最终目标。但盈利总是与风险相联系的，一般盈利大的资产，其风险也大。商业银行在追求利润的同时应努力平抑风险。

1. 流动性风险比率分析。商业银行的流动性风险是指银行无法在不增加成本或资产价值不发生损失的条件下及时满足客户流动性需求的可能性。流动性指标反映了银行的

流动性供给和各种实际的或潜在的流动性需求之间的关系。银行的流动性供给在资产方和负债方均可存在，如银行拆入资金或出售资产都可以获得一定的流动性。流动性需求也可存在于资产负债两个方面：如申请贷款和提取存款等。因此，在设计流动性指标时应综合考虑资产和负债两方面的情况。

（1）流动性风险比率。主要指银行能否满足客户的提取存款、增加贷款等方面的流动性需求，特别指突然增加的流动性需求。用公式表示为

$$流动性风险比率=\frac{交易性金融资产}{存款总额}\times 100\%$$

交易性金融资产（过去习惯称短期投资）代表银行对流动性的供给，存款总额代表对流动性的需求，这一指标比较简明地表现了流动性来源与流动性需求之间的比率关系。虽然流动性的来源中除了随时可以变现的短期投资外，还有现金、同业存款和购买负债（主动型负债），但由于现金和同业存款主要用以满足存款的准备性要求，不能提供额外的流动性，而购买负债又通常难以准确预测，再加上流动性需求中除了偿还到期存款外还包括满足客户贷款的需求，且新贷款需求又是潜在的，难以准确预测，所以，商业银行一般习惯于用交易性金融资产与存款总额的比例高低来说明流动性风险的大小。该比率越高，说明银行流动性来源越多，承担风险的能力越强；反之，说明银行抗流动性风险的能力越弱。

（2）核心存款比率。它是指核心存款与资产总额的比率。用公式表示为

$$核心存款比率=\frac{核心存款}{资产总额}\times 100\%$$

银行存款按其稳定与否可分为核心存款（Core Deposit）和非核心存款（Non-core Deposit）。核心存款是指那些相对稳定、对利率变化不敏感的存款，季节变化和经济环境对其影响也较小。非核心存款亦称为易变存款（Volatile Deposit），是指那些不稳定的，易受利率、汇率、股价指数等经济因素影响而变动的资金来源，如大额可转让定期存单、国外存款以及证券账户上的存款等。当市场利润或其他投资工具的价格发生对银行不利的变化时，这一部分资金来源很容易流失。核心存款数据在报表附注"吸收存款"中有所披露。

该比率在一定程度上反映了银行的流动性能力。一般来说，地区性的中小银行的该比率较高，而大银行特别是国际性大银行的这一比率较低。但这并不表明大银行的流动性风险就一定比小银行高，这也正是此指标的局限性。不过，对同类银行而言，该比率高的银行的流动性能力也相应较高。

（3）流动资产比率。它是指流动资产与总资产的比率。用公式表示为

$$流动资产比率=\frac{流动资产}{资产总额}\times 100\%$$

流动资产是指运用期限不超过 1 年、信誉好且变现能力强的资产，包括现金资产、银行短期放款、短期有价证券、短期拆出资金、即将到期的长期投资等。该指标反映了银行流动资产占总资产的比重，比率越高，流动性越强，清偿力也越强。一般来说，规

模较小的银行此比率高于规模大的银行的此比率，因为小银行应付潜在流动性需求的能力较弱，流动性的获得主要依赖于流动资产。

2. 利率风险比率分析。市场利率的波动往往会引发银行利差收入以至全部营业收入的波动，这就是利率风险。资金配置不同的银行面对相同的利率波动所受到的影响是不同的，即利率风险暴露不同。这种差别可以通过以下两个利率风险指标来度量：

（1）利率风险缺口。又称资金缺口，是指利率敏感性资产与利率敏感性负债的差额。其计算公式为

$$利率风险缺口 = 利率敏感性资产 - 利率敏感性负债$$

（2）利率敏感系数。利率敏感性资产与利率敏感性负债之比，也叫利率风险率。其计算公式为

$$利率敏感系数 = \frac{利率敏感性资产}{利率敏感性负债}$$

当资金缺口为零或系数为1时，银行不存在利率风险暴露，利差收益不受利率波动影响。不过这个结论只有在借、贷利率变化完全一致时才正确，因为只有在这种情况下，不管市场利率如何变化，负债所增加或减少的利息支出都可以由资产利息收入的相应增加或减少来抵补或冲销。

当利率风险缺口不等于零、利率敏感系数不为1时，则意味着存在利率风险暴露，且缺口和系数的绝对值越大，银行承担的利率风险越大。由于市场利率的变化难以预测，银行为减少利率风险，一般都尽量使缺口接近于零或系数接近于1。当然如果银行对利率走势预测正确的话，缺口越大，系数越偏离于1，则收益越大。

3. 信用风险比率分析。银行的信用风险是指银行贷款或投资的本金、利息不能按契约规定得到偿付的风险。银行实际的和潜在的信用风险程度可用以下指标进行衡量。

（1）信用风险比率。它是指不良贷款与资产总额（或贷款总额）的比率。用公式表示为

$$信用风险比率 = \frac{不良贷款额}{贷款总额} \times 100\%$$

（2）贷款净损失率。它是指贷款净损失与贷款余额的比率。其计算公式为

$$贷款净损失率 = \frac{贷款净损失}{贷款余额} \times 100\%$$

贷款净损失是指已被银行确认并冲销的贷款损失与其后经一定的收账工作而重新收回部分的差额。该指标反映了信用风险所造成的贷款资产的真实损失情况，该比率值越大，说明银行贷款资产质量越差，信用风险程度越高。经验数据表明，规模大的银行应将该比率控制在0.3%～0.5%，中小银行可放宽至0.4%～0.8%。

（3）贷款损失准备率。即贷款损失准备金与贷款损失净值的比率。用公式表示为

$$贷款损失准备率 = \frac{贷款损失准备金}{贷款损失净值} \times 100\%$$

贷款损失准备来自银行历年税前利润，用于弥补贷款损失。该比率越高，说明银行

抗信用风险的能力越强。相关数据可从报表附注“发放贷款和垫款”明细披露中得到。

（4）贷款损失保障倍数。该指标是当期利润加上贷款损失准备金与贷款净损失之比。计算公式为

$$贷款损失保障倍数 = \frac{当期利润 + 贷款损失准备金}{贷款净损失}$$

该指标倍数越大，说明银行应付贷款损失的实力越强。

上述指标集中考察了银行贷款资产的风险状况，并未对证券投资信用风险进行评估，这是因为银行所持有的证券以政府债券为主，信用风险相对较低。

（三）清偿力与安全性指标

银行偿债能力是指银行运用其全部资产偿付债务的能力，反映了银行债权人所受保障的程度，偿债能力充足与否也极大地影响着银行的信誉高低。

1. 短期清偿力分析。短期偿债能力是指以流动资产偿还流动负债的能力，反映银行偿付日常到期债务的实力。反映商业银行短期偿债能力的指标主要有：

（1）现金资产比率。即银行所持有现金资产与全部资产之比。该比率越高，银行即期偿债能力越强，抗流动性风险能力越强。然而，现金资产是非盈利资产，比例过高，会影响收益。

（2）流动比率。流动比率是流动资产与流动负债之比。流动资产是指可以在短期内（不超过 1 年）变现或运用的资产，包括现金资产、短期放款、短期证券、短期拆出资金、应收利息、1 年内到期的长期投资等。流动负债是指偿还期不超过 1 年的债务，包括短期存款、短期借入资金、应付票据、应付工资、应缴未缴税金、发行短期债券、1 年内到期的长期负债等。

该比率是评价银行清偿力的重要指标。该比率越高，银行清偿力越强；该比率越低，则会影响银行的信誉。但也不是说该比率越大越好，因为资产流动性与其盈利能力成反比。有的国家为了加强对银行清偿力的管制，对该比率有明确规定。

（3）预计现金流量比率。预计现金流量比率是指预计现金流入量与预计现金流出量之比。银行现金流入包括贷款收回、证券到期所得或转让、各类借款和存款增加等。现金流出包括贷款发放、证券的购买、支付提存及预计的或有负债一旦发生需要支付的部分。

2. 长期清偿力分析。长期偿债能力是指银行偿还长期负债的能力。长期偿债能力的强弱是反映商业银行财务状况稳定与安全程度的重要标志。常用的主要指标有：

（1）资产负债率。又称负债比率，是指银行负债总额对资产总额的比率。该比率说明总负债占总资产的比重，反过来也可说明资金来源的运用程度。该比率越低，银行的偿债能力越强，银行债权人的风险越小，债权的保障程度越高。

（2）所有者权益比率。即所有者权益与资产总额的比率。这一比率反映了在银行的全部资产中银行资本所占的比例。该比率与资本乘数互为倒数，这一比率越高，表明商业银行的长期偿债能力越强，债权人权益（银行存款者及投资者权益）的保障程度越高；该比率越低，表明银行财务杠杆比率越高，风险越大。

二、杜邦分析法

银行的经营业绩是包括多个因素的完整系统，其内部因素相互依存、相互影响，比率分析方法将银行业绩分为几个方面，割裂了相互间的联系。杜邦分析法作为一种典型的综合分析法弥补了这种不足，它将银行的经营业绩看做一个系统，从系统内盈利能力和多风险因素的相互制约关系方面进行分析，将银行盈利能力和风险状况结合起来对银行业绩作出评价。其核心是净值收益率（ROE）。

（一）两因素的杜邦财务分析

两因素的杜邦财务分析是杜邦分析的基本出发点，集中体现了其分析思想，其模型为

$$净值收益率=\frac{纯利润}{净值}=\frac{纯利润}{资产}\times\frac{资产}{净值}$$

即 ROE = ROA × EM，EM 称为股本乘数。ROE 是股东所关心的与股东财富直接相关的重要指标。上面的两因素模型显示，ROE 受资产收益率、股本乘数的共同影响，资产收益率是银行盈利能力的集中体现，它的提高会带来 ROE 的提高。也就是说，在 ROE 指标中间接反映了银行的盈利能力。

ROE 指标也可体现银行的风险状况。提高股本乘数，可以改善 ROE 水平，但也容易带来更大的风险。一方面，股本乘数加大，银行净值比重降低，清偿力风险加大，资产损失较易导致银行破产清算；另一方面，股本乘数会加大资产收益率的波动幅度，较大的股本乘数会导致 ROE 的不稳定性增加。

两因素模型以 ROE 为核心，揭示了银行盈利性和风险性之间的制约关系，从这两个角度可以对银行绩效进行全面分析评价。

（二）三因素及四因素的杜邦分析方法

银行资产收益取决于多个因素，将其分解可以扩展为三因素分析模型，能更好地从 ROE 指标出发分析评价银行业绩。

$$\begin{aligned}ROE &=\frac{纯利润}{资产}\times\frac{资产}{净值}\\&=\frac{纯利润}{总收入}\times\frac{总收入}{资产}\times\frac{资产}{净值}\\&=银行利润率(PM)\times资产利用率(AU)\times股本乘数(EM)\end{aligned}$$

模型显示，银行的 ROE 指标取决于上面这三个因素，其中银行利润率和资产利用率也包含着丰富的内容。

首先，银行利润率的提高要通过合理的资产和服务定价来扩大资产规模，增加营业收入，同时控制费用开支，使其增长速度小于收入增长速度，因而该指标是银行资金运用能力和费用管理效率的体现。其次，资产利用率体现了银行的资产管理效率。银行的资产组合既包括周转快、收益低的短期贷款和投资，又包括期限长、收益高的长期资产，还包括一些非盈利资产。各类资产在经营中都起一定作用，不可或缺。良好的资产

管理可以在保证银行正常经营的情况下提高资产利用率，导致 ROA 指标的上升，最终给股东带来更高的回报率。

通过上面的分析，可以将三因素模型理解为

$$\text{ROE} = \text{资金运用和费用管理效率} \times \text{资产管理效率} \times \text{风险因素}$$

采用这种分析方法，可以从这三个方面理解 ROE 指标的决定及其变化原因，准确评价银行业绩。

银行利润率不只是同其资金运用以及费用管理效率相关，也同银行的税赋支出有关。

$$\text{PM} = \frac{\text{纯利润}}{\text{总收入}} = \frac{\text{纯利润}}{\text{税前利润}} \times \frac{\text{税前利润}}{\text{总收入}}$$

银行税前利润是其营业中的应税所得，不包括免税收入和特殊的营业外净收入。纯利润/税前利润越高，反映银行的税赋支出越小，税赋管理较为成功。税前利润/总收入也反映了银行的经营效率是银行资金运用和费用管理能力的体现。将 PM 分解后，可得到四因素的杜邦分析模型：

$$\text{ROE} = \frac{\text{纯利润}}{\text{税前收入}} \times \frac{\text{税前利润}}{\text{总收入}} \times \text{资产利用率} \times \text{股本乘数}$$

由此可以将 ROE 指标理解为

$$\begin{aligned}\text{ROE} &= \text{税赋支出管理效率} \times \text{资金运用和费用控制管理效率} \\ &\quad \times \text{资产管理效率} \times \text{风险因素}\end{aligned}$$

从杜邦分析模型中可以看出，ROE 指标涉及了银行经营中的方方面面，杜邦分析法透过综合性极强的净值收益率指标，间接体现了银行经营中各方面情况及其制约关系，以此对银行业绩进行全面的分析评估。

三、经济增加值与 RAROC

经济增加值（Economic Value Added，EVA）指标是美国 Stern Stewart 咨询公司在 20 世纪 80 年代建立起来的。从计算角度说，EVA 等于税后净营业利润减去债务和资本成本后的剩余收入，即经济学中的经济利润。或者说，是净营业利润与投资者用同样资本投资其他风险相近的有价证券的最低回报相比，超出或低于后者的量值。即

$$\text{EVA} = \text{税后净营业利润（依据 EVA 规则调整后）} - \text{资本总额} \times \text{加权平均资本成本}$$

税后净营业利润等于税后净利润加上利息支出部分；资本总额是指所有投资者投入商业银行的全部资金账面价值，包括债务资本和股本资本；加权平均资本成本是指债务资本的单位成本和股本资本的单位成本根据债务和股本在资本结构中各自所占权重计算的平均单位成本。

EVA 作为一种新型的获利性衡量指标，一定程度上克服了现有盈利性财务指标不考虑权益资本成本的缺陷，能够比较客观地反映商业银行一定时期内为所有者创造的价值，反映资本净收益的真实状况和资本运营的增值效益。根据上述公式，如经济增加值为正值，说明收入在弥补各项成本费用支出及资本成本后仍有剩余，是银行在满足股东

最低资本回报要求后赚取的超额利润，说明经营者为银行增加了价值。

EVA 指标最具特点和最重要的方面是考虑了银行的资本成本；在计算时将会计利润转换为经济利润，可以消除或减少经营者对盈利的操纵，消除会计准则对经营业绩产生的扭曲；鼓励经营者进行能够给银行带来长远利益的投资决策，如新产品的研发和人力资源的培养等；同时，EVA 业绩的改善是与银行价值的提高相联系的，给经营者带来了创造价值的驱动力，为了增加银行市场价值，他们就必须表现得比竞争对手更好。但是，EVA 作为考察银行最终经营成果的一个绝对值指标，不利于不同规模银行业绩的比较。于是经营者结合一种测度银行价值创造相对贡献度的指标来评价银行业绩，这便是美国信孚银行设计的 RAROC 指标。

RAROC（Risk - Adjusted Return On Capital，风险调整后资本回报率）是一种风险调整后的业绩考核指标。该指标本质上是 EVA 的一种变形形式，其优点是将收益和风险纳入了一个评估体系，符合风险和收益对称原则。它可以将具有不同收益、不同风险的机构和部门的业务绩效进行比较，因而成为银行内部绩效测评的主要指标。其计算公式为

$$RAROC = \frac{\text{收益（依 RAROC 规则调整）－预期损失（EL）}}{\text{经济资本（EC）}}$$

在 RAROC 计算过程中，收益调整类似于 EVA 的计算，未来可预期的损失量化为当期成本直接对当期利润进行调整，经济资本是根据银行所承担的风险计算的最低资本需要，用以衡量和防御银行实际承担的超出预计损失的那部分损失。EC 的实质是非预期损失资本化，两者在数值上相等，根据资本的功能，这一虚拟资本是用来抵御银行的非预期损失的。RAROC 的优越性在于使银行风险管理和业务发展的成果体现为一个简单的数值，使业务人员可以通过控制 RAROC 水平来建立一个高效的、自动运转的风险控制机制。

EVA 和 RAROC 同传统评价指标的最大区别就是充分考虑到了风险因素的影响和资本的成本，其核心原理是商业银行在评价其盈利状况时，必须考虑在盈利的同时承担了多大的风险，在计算 EVA 时把风险因素计入减数，而在计算 RAROC 时把风险因素计入分母，这样一来，提高绩效指标数值的手段就不单单取决于扩大被减数和分子，同时应充分考虑控制减数和分母的膨胀。即银行可以通过扩展 EVA 较高业务的规模和缩减 EVA 较低业务的规模来引导信贷资源，同时还要注意控制风险。

本章小结

1. 财务报表为分析评价银行经营状况提供了必要信息。资产负债表静态反映银行经营活动；利润表动态反映银行业绩；现金流量表将两种不同性质的报表信息联系起来；所有者权益变动表不仅反映利润的分配情况，而且能反映股东权益的变动情况。财务报表分析评价有不同的方法，最主要的有比较分析法、趋势分析法、结构分析法、比率分析法和因素分析法。

2. 商业银行经营业绩可以通过财务比率法、杜邦分析法、经济增加值法和 RAROC 等方法进行评估。财务比率法从盈利能力、流动性、风险性和清偿力与安全性四个方面

评价商业银行的经营状况；杜邦分析法将银行的经营业绩看做一个系统，从系统内盈利能力和多风险因素的相互制约关系进行分析；经济增加值和 RAROC 则综合考虑了风险因素的影响和资本成本来评价资本的使用效益。

本章重要概念

现金资产　盈利资产　核心负债　资本乘数　清偿力　净利润　资产收益率
资本收益率　经济增加值　RAROC

本章思考题

1. 商业银行财务报表有哪几类，各自反映什么内容？
2. 盈利能力分析为什么对银行的经营格外重要？盈利性指标间存在什么内在联系？
3. 如何分析商业银行的偿债能力？
4. 四因素的杜邦分析模型主要考虑了哪四个因素？

本章参考书

[1] 郑鸣:《商业银行管理学》，北京，清华大学出版社，2005。
[2] 杨正才:《商业银行业务与经营》，西安，陕西人民出版社，2001。
[3] 王红梅、吴军梅:《商业银行业务与经营》，北京，中国金融出版社，2007。
[4]《企业会计准则——应用指南 2006》，北京，中国财政经济出版社，2006。
[5]《企业会计准则 2006》，北京，中国财政经济出版社，2006。

第三章

资产负债管理理论与方法

商业银行在其300多年的漫长历史演变过程中，资产负债管理理论和方法随着经济环境和经营条件的变化以及金融业务创新而不断地发展并且日益丰富。

第一节　资产负债管理理论

综观全球商业银行的发展轨迹，商业银行经营管理理论大致经历了资产管理理论、负债管理理论、资产负债综合管理理论和资产负债外管理理论四个发展阶段。

一、资产管理理论

这是资本主义自由竞争阶段的商业银行所奉行的管理理论。该理论主张银行将精力主要投入到资产负债表中资产方的管理中去，认为银行管理的关键在于如何将资产进行合理的运用。资产管理理论又经历了商业性贷款理论、可转换理论和预期收入理论三个不同的发展阶段。

（一）商业性贷款理论

商业性贷款理论（Commercial Loan Theory）又称为真实票据理论（Real Bill Theory）。该理论早在1776年亚当·斯密的《国民财富的性质及其原因的研究》中即有阐述。该理论产生于商业银行的发展初期。当时商业银行的存款以活期存款为主，存款的流动性很强，存款人对环境的变化和银行的经营状况都十分敏感。这就要求商业银行保持充足的流动性。在商业银行资金运用渠道有限、无法通过金融市场从外部购买流动性的情况下，银行通过发放短期自偿性贷款是保持高度流动性的有效方法。短期自偿性贷款是指工商企业具有自我清偿能力的贷款，具体是指工商企业的流动资金贷款，并且通常以商业票据作为抵押，能够随着商品的周转和产销过程的完成从销售收入中获得偿还。因此这种理论又被称为真实票据理论。

商业性贷款理论认为银行只能被动地接受存取款，无法预知客户的提款行为，因此银行必须保持资产的高度流动性以满足顾客随时可能的提款要求；商业银行应该将吸收的存款用来发放短期自偿性贷款。该理论认为银行不适宜发放不动产贷款和消费贷款或长期性的设备贷款及农业贷款，更不能发放购买证券的贷款。在相当长的时期内，这种典型的资产管理理论一直支配指导着商业银行的业务经营。

这一理论在资本主义自由竞争时期对于稳定银行经营有一定的积极作用。该理论使银行充分意识到流动性对企业生命延续的关键作用，可以避免资金的盲目投放，适应了商品交易对银行信贷资金的需要；短期自偿性贷款能够随生产和贸易的发展需要自动伸缩，对货币流动和信贷规模具有自动调节作用。

但是随着经济的发展和银行经营环境的变化，该理论的不足也显现出来。首先，商业性贷款理论忽略了贷款需求的多样化。在这种理论指导下，银行把资金集中到短期商业性贷款上，无法满足其他类型的贷款需求。其次，该理论过分强调银行存款的流动性，没有注意到银行存款的相对稳定性。事实上，这部分稳定的存款余额不一定非要用来发放短期贷款；并且因为主观认为银行对于存款没有丝毫的控制力，银行只能被动地接受存取款，从而彻底放弃了对银行负债业务的管理。再次，该理论缺乏对贷款自我清偿外部条件的考虑。贷款能否自动清偿不但取决于贷款的性质，而且取决于市场状况，如果出现市场萧条和经济危机，贷款就难以自动清偿。最后，从宏观调控角度来看，短期商业性贷款与经济周期是顺循环的。即经济繁荣，贷款随之增加；经济衰退，贷款随之减少。因此，商业性贷款理论可能会加剧经济波动的幅度。

（二）可转换理论

可转换理论（Shiftability Theory）最早是美国 H. G. 莫尔顿在其发表于 1918 年《政治经济学杂志》上的《商业银行及资本形成》一文中提出来的。其中心思想是把一种资产的市场流通性作为其流动性的主要标志，并把这种特性作为银行之所以持有这种资产的主要原因。第一次世界大战以后，美国为支付战争开支，发行了大量的政府债券，使得美国公债从 10 亿美元猛增到 260 亿美元。美联储为了鼓励银行购买这些债券，修改了《联邦储备法》，允许银行将这些债券作为抵押品，向联邦储备银行借款；同时，当时证券市场的快速发展使商业银行持有的短期国库券和其他证券大量增加。在这种情况下，资产转移理论也就应运而生并且很快流行起来。该理论认为，银行可以将资产用来购买一定数量的信誉高、期限短的容易出售的证券作为流动性储备。当银行的现金无法应付流动性需求时，银行可以将这部分证券抛售以保持流动性。政府发行的国库券，由于信誉较高，期限较短，利息免缴所得税，银行又可以主动将其变现，所以成为银行流动性资产的首选。

可转换理论突破了商业性贷款理论中资产运用的局限性。在该理论中的资产运用范围已经不仅仅是流动性贷款，证券投资成为银行资产运用的重要方向。银行资产运用的范围得以扩展，业务经营更加灵活多样，除经营短期贷款外，还大量从事有价证券买卖，并腾出一部分资金用于长期贷款，既不影响流动性，又可获得更大收益。可转换理论开拓了满足流动性需求的新渠道，即持有证券能够比发放流动性贷款更加灵活地满足流动性需求，并且银行可以因此减少非盈利资产的持有量，减少银行为保持流动性而损失的机会成本。

可转换理论和商业性贷款理论一样忽略了对负债的管理，只重视资产的运用方面，仍然只是被动地接受负债。另外，除了要有充足的短期证券为条件外，证券投资还容易受到证券市场波动的影响。银行能否顺利地在二级市场上转让证券取决于市场供求，当银根抽紧时，银行可能不得不承担一定损失才能获得资金，这样就难以实现流动性和盈利性的预期目标。

（三）预期收入理论

预期收入理论（Anticipated-income Theory）产生于第二次世界大战后美国的经济复苏阶段。这一阶段，经济的发展带来了多样化的资金需求，一方面短期流动性贷款需求有增无减，另一方面又产生了大量的设备和投资贷款的需求；同时，其他金融机构与商业银行的竞争也日趋激烈。这些都迫使商业银行的放款标准不能仅仅停留在期限方面，而要更多地放在贷款和投资项目的预期收入方面，以放款的预期收入来保证银行资产的安全性和流动性。

美国经济学家普鲁克诺 1949 年在他的《定期放款与银行流动性理论》一书中提出了预期收入理论。该理论的主要观点是，贷款本息能否如期偿还才是银行保持流动性的根本，银行的呆账和坏账才是导致银行流动性不足的根源；贷款的如期偿还最终取决于顾客的未来预期收入，而不是贷款期限的长短。即使贷款期限较长或者不具有自偿性，只要贷款企业拥有稳定的预期收入，仍然可以保证贷款本金的偿还和利息的支付。因此银行应该重点审核贷款企业的预期收入，判断顾客未来一定时期是否有充足的现金流来偿还债务。预期收入理论强调的是贷款偿还与借款人未来预期收入之间的关系，而不是贷款期限与贷款流动性之间的关系。

预期收入理论揭示了银行资产流动的经济原因，深化了对银行贷款清偿的认识，突破了银行原来的经营范围，既不受银行资产期限和类型的限制，也不必过多考虑资产转让的性质，只要项目的未来收入有保障，就可以经营。因此，预期收入理论为银行其他贷款业务的开展提供了理论依据。

该理论的不足之处在于企业未来的预期收入具有不确定性，很容易受外部环境的影响。企业自身可能都无法准确预测未来的现金流，更何况独立于企业之外的银行了。尤其是长期贷款，银行预测的企业未来收入可能与实际情况相去甚远。因此预期收入理论的应用可能会在无形之中增加银行的信贷风险。

二、负债管理理论

20 世纪 60 年代，随着主要资本主义国家经济的发展，企业对银行信贷资金的需求急剧增加，银行贷款业务的开展逐渐受到资金来源这一瓶颈的约束。为了寻求资金来源，负债管理理论（Liability Management Theory）应运而生，即商业银行可以通过积极主动地管理负债，实现银行资产规模的扩张，实现“三性”目标的最佳组合。负债管理理论按其历史发展阶段可以划分为传统负债管理理论（包括银行券理论和存款理论）和现代负债管理理论（包括资金购买理论和金融产品销售理论）。

（一）传统负债管理理论

负债管理理论发展的早期阶段，其理论基础主要是银行券理论和存款理论。银行券理论认为：在人们将金银或铸币存入银行时，银行可以通过发行银行券允诺持票人凭票兑取现金或铸币，发行的银行券就成为银行的负债。因为持券人不会同时要求兑现，所以就不需要百分之百的金银作保证。因此，发行银行券成为银行获利的主要手段，构成银行的基本负债。

各国建立起中央银行制度后，商业银行丧失了发行银行券的权利，存款理论成为银行负债管理的主要理论。其主要内容是：存款是银行最重要的资金来源，银行应当支付存款利息从而使客户愿意放弃流动性。存款理论强调依照客户的意愿组织存款，遵循安全性原则管理存款；根据存款的状况安排贷款，通过贷款的收益支付利息。

但无论是银行券理论还是存款理论，都属于银行的被动负债理论，它们只注重负债的安全性问题，在考虑资金的流动性时，往往只设法调整资产结构，基本不考虑调整负债结构。因此，这两种负债理论只是在银行资产管理理论占主导地位时期指导负债业务的基本原则。直到20世纪60年代资金购买理论兴起之后，银行经营管理才开始真正实施负债管理。

（二）现代负债管理理论

1. 资金购买理论

该理论产生于20世纪60年代，其主要观点是：银行可以通过主动性负债从市场上购买资金来增强流动性、扩张资产业务。银行流动性不仅可以储存在资产负债表内，而且可以从外部购买获得。资金购买理论意味着银行负债思想的创新，其主要内容包括：(1) 银行购买资金的基本目的是增强流动性。这种负债方面的购买行为比银行资产方面的管理行为主动灵活得多。(2) 购买对象非常广泛。除一般公众既可作为存款者又可作为金融债券的持有者外，同业金融机构、中央银行、财政部门乃至国际金融市场均可被视做商业银行的购买对象。(3) 购买负债是为了适应银行资产规模扩张需要的积极行动。

通过资金购买，商业银行更加积极主动地吸收资金，银行减少了持有大量流动性储备的机会成本，增强了商业银行的竞争能力；但是，资金购买可能刺激商业银行盲目扩大信贷规模，加重资金短借长贷的矛盾，一旦不能从市场上借到相应资金，就难免陷入流动性困境。

2. 金融产品销售理论

该理论产生于20世纪80年代，认为商业银行生产的产品是金融产品，商业银行只有将这些产品销售出去才能获得资金来源，从而通过资金运用实现盈利目标。因此商业银行必须针对顾客的需求设计金融产品，并且加强广告宣传，做好各个方面的销售管理，从而使产品为客户所接纳，银行也从中获得了需要的资金。金融产品销售理论贯穿着一种市场概念，它要求银行确认客户究竟需要什么，应当在什么时候、以什么方式告诉客户银行将提供给他们什么样的产品和服务。该理论反映了金融业和非金融业的彼此竞争和相互渗透，标志着商业银行正朝着功能多样化和复合化的方向发展。

三、资产负债综合管理理论

20世纪70年代，全球经济增长放缓，主要资本主义国家经济呈现滞胀状态，企业对银行的信贷需求大幅下降，同时利率高企及不规则的频繁波动，加大了银行资金的成本管理难度。随着直接融资市场的发展，资金出现脱媒现象，使得银行单一的负债管理或单一的资产管理难以立足。为了实现商业银行流动性、安全性、盈利性之间的平衡，需要改变过去只偏重于资产或负债的管理方式，对资产负债两方面业务进行全方位、多层次的管理，将资产管理、负债管理有机结合起来进行统一协调，保证资产负债结构调整的及时性、灵活性，以此增强流动性供给能力。

资产负债综合管理（Asset-Liability Management）被定义为对净资产利息率（NIM）或净利息收入（NII）的综合管理，目标是使 NIM 或 NII 的水平和波动性与银行的风险收益目标一致。资产负债综合管理远不是对单个资产项目和负债项目的管理。它是对整个银行的综合财务管理，需要同时对银行持有的资产、负债的种类和数量作出决策，并且对银行参与的各类金融市场有深刻的理解，同时能够正确认识利率决定、利率变化的规律、利率变化对净利息收入以及银行资产和负债价值的影响等问题。此外，资产负债综合管理也要求不能忽略银行的非利息收入和非利息支出，并且应尽可能减少收益的波动性。

资产负债管理可以分成三个层次（如表 3－1 所示）。资产负债管理包括计划、指导、控制资产负债表中各个项目的水平和变化（第二层次）以及在此基础上综合协调资产、负债资本之间的关系（第一层次）。在一定利率水平下，导出银行的损益表（第三层次）。

表 3－1　资产负债管理

资产负债管理三层次	
第一层次（整体）	
资产管理	负债管理
	资本管理
第二层次（具体）	
准备金头寸管理	负债管理
流动性管理	联邦基金负债管理（包括回购协议、同业拆借）
投资/证券管理	一般负债头寸管理（CD）
贷款管理	长期负债管理（票据和证券）
固定资产管理	资本管理（普通股）
第三层次（损益表）	
利润＝利息收入－利息支出－坏账准备金＋非利息收入－非利息支出－税收	

资产负债管理的资产管理几乎包括对所有盈利性资产的管理，即根据不同利率水平对不同资产进行组合和搭配，具体包括准备金头寸、流动性管理、投资证券管理、贷款管理。

资产负债管理的负债管理包括两个方面：第一，为了满足存款提取以及临时性贷款需求，银行需要充分利用短期负债工具如回购协议、同业拆借来补充已存储在资产负债表中的流动性。第二，一般负债头寸的管理如可转让大额存单的发行。

第三层次损益表的计算不仅包括了资产负债表内的内容，而且也反映了银行资产负债表外的活动。银行可以通过利差管理、贷款质量管理、创造佣金收入和其他服务收入来控制非利息支出，通过税收管理、资本充足率管理来影响损益表中的各个项目，从而实现其经营目标。

四、资产负债外管理理论

20 世纪 80 年代末，在各国放松金融管制和金融自由化的背景下，银行业的竞争更加激烈，来自传统存贷业务的利差收入越来越少。银行必须开发新的利润增长点。在金融创新浪潮的推动下，新的融资工具、新的业务方式层出不穷，为银行业务的拓展创造了条件，资产负债外管理理论悄然兴起。

资产负债外管理理论提倡从传统的资产业务和负债业务以外的范围去寻找新的业务领域，开辟新的盈利源泉。如以信息处理为核心的服务，就是银行在资产负债以外发展业务的广阔领域，它与信息时代的到来是密切相连的。同时，各种服务费收益在银行盈利中的地位也正日益上升。这种理论认为，存贷业务只是银行经营的一条主轴，除此之外，可以延伸发展起多样化的金融服务，如期货、期权等多种衍生金融工具的交易。同时，这种理论也提倡将原本资产负债表内的业务转化为表外业务。例如，将贷款转让给第三者，将存款转售给急需资金的单位等。这种转售都只单纯地在资产和负债表上分别销账，使表内经营规模缩减或维持现状，而银行仅收取转让的价格差额。

资产负债外管理理论的兴起不是对资产负债综合管理的否定，而是资产负债综合管理理论的扩展和延伸。前者用以管理银行表外业务，后者用以管理银行表内业务，从而极大地丰富了资产负债管理的内容。

第二节 资产负债管理方法

资产负债管理方法是商业银行为解决流动性、安全性和盈利性问题而采用的对资产负债进行合理配置的传统的具体操作方法，它随着商业银行的经营发展而发展。

一、商业银行资产负债管理的原则

流动性、安全性和盈利性是商业银行业务经营的基本原则，它贯穿于商业银行业务经营活动的始终。当然，在不同的业务活动中，商业银行“三性”原则的具体要求也不同。以资金来源制约资金运用、保持资产负债结构和偿还期对称以及通过资产分散有效减少银行风险，就是“三性”原则在资产负债综合管理中的具体体现。

（一）规模对称原则

规模对称也叫总量对称，这一原则要求银行的资产规模和负债规模相互对称。商业银行以各种形式筹集资金，形成资金来源，然后通过贷款的发放或证券投资将其加以运用，并在资产收益大于负债成本的条件下获取盈利。在商业银行的资金来源中，资本金和以负债形式获得的资金构成了商业银行可运用的资金总量。“资产 = 负债 + 所有者权益”的原理要求在商业银行资金来源既定的条件下，其资产规模、资金运用总量也是既定的，资金来源的规模决定了资产的规模。因此，对一家商业银行来讲，要想扩大其资产总量，增加盈利总额，就必须采取多种办法，尽可能多地组织资金来源。

（二）结构对称原则

结构对称原则要求资产各项目与负债各项目之间的相互对称和统一平衡。在商业银行的资金来源中，既有短期的资金来源，也有中长期的资金来源；既有波动性较大的资金来源，也有稳定程度较高的资金来源；既有成本较低的负债，也有成本较高的负债。在商业银行的资产运用中，既有短期资产，也有中长期资产；既有流动性较好的资产，也有流动性较差的资产；既有收益较低的资产，也有收益较高的资产。商业银行业务经营，就是要根据资金来源的期限结构、流动性大小、成本的高低等合理安排资产的结构，使资产的结构与资金来源的结构相对应。

（三）偿还期对称原则

偿还期对称原则也称速度对称原则，是指银行的资金运用应由资金来源的流通速度所决定，即银行资产和负债的偿还期要在一定程度上相互对称，如活期存款与现金资产相对应，定期存款和中长期贷款相对应。这样做的目的是为了减少资产项目和负债项目期限上的错配，以减少流动性风险。通过资产平均到期日与负债平均到期日之比的 K 值可以粗略估计银行的资产和负债的偿还期是否对称。

$$K = \frac{\text{全部资产平均到期日}}{\text{全部负债平均到期日}}$$

$K = 1$，说明资产和负债的偿还期基本对称。$K < 1$，说明资产的平均偿还期短于负债的平均偿还期，银行的流动性可能闲置，银行可以将多余的流动性充分运用，因为保持太多流动性会降低盈利水平。$K > 1$，说明资产的平均偿还期比负债的平均偿还期长，银行可能在未来不得不仓促变卖长期资产以应付短期的流动性需求，因此银行应该采取措施增加流动性资产的存量。但是对偿还期的分析不可以完全依赖 K 值，因为 K 值在资产负债期限明显不对称的情况下也可能等于 1，这可能会导致银行作出错误的决策。

（四）目标替代原则

目标替代原则也称为目标互补原则，是指流动性、安全性、盈利性三大基本目标的均衡协调。银行的流动性、安全性和盈利性之间具有相互消长的关系，如流动性增强，银行的盈利性就要减弱；银行的安全性越强，盈利性也会减弱。银行无法使“三性”目标同时达到最优，但是可以协调这“三性”目标，使它们的综合效果达到最佳。不妨将银行的资产根据其“三性”的特征倾向分为流动性资产、安全性资产和盈利性资产。商业银行不可以过度偏爱流动性，将所有的资产都分配在流动性资产上，也不可以盲目地追求高盈利的资产。如何在这些资产中进行配置取决于对流动性、安全性和盈利性的权衡。

（五）资产分散原则

资产分散原则是指银行资产要在不同客户、不同行业、不同资产种类中进行适当分散，防止资产过于集中，以降低信用风险。每个企业都会因所处行业、市场环境等因素的不同而有自己特有的风险，将资产在不同企业之间分散，可以有效地使不同企业的特有风险在一定程度上相互抵消，从而减少银行面临的风险。

二、早期的资产负债管理方法

早期商业银行的经营管理重心放在资产方，所以其管理方法主要是各种资产管理的方法。

（一）资金汇集法

资金汇集法也称资金池法（Pool of Fund Approach，简称 POF 法），其主要内容是：银行将来自各种渠道的资金汇集起来，包括活期存款、定期存款、储蓄存款和自有资金（资本），将它们无差别地视为同质的单一资金来源，然后根据流动性和盈利性的要求在现金、证券和贷款等资产项目上进行分配。一般先保证第一储备，即法定储备金、存款提现以及申请贷款时所需现金的需求；其次安排第二储备，主要表现为一些短期政府证券，如国库券、政府机构债券和高信用短期证券如商业银行承兑票据和商业票据等；再次满足贷款需求；最后考虑其他证券投资。资金汇集法可用图 3－1 表示。

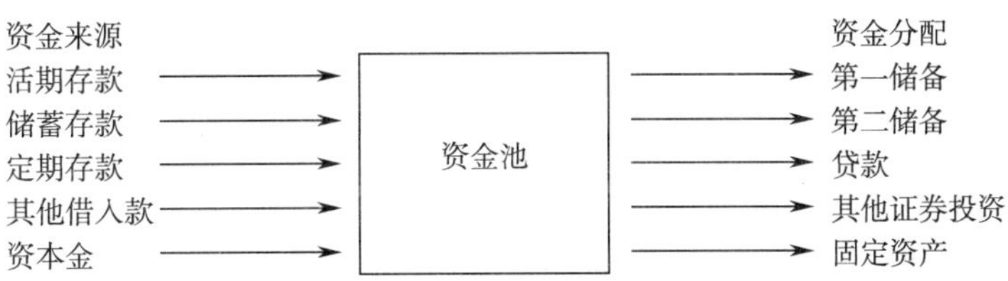

图 3－1 资金汇集法

资金汇集法比较简单，便于操作，它大致规定了资产分配的准则。其存在的不足主要是：（1）过分强调了资产的流动性。在实际执行中总是以第一、第二储备为重点保证项目，这会影响商业银行的另一目标即利润最大化的实现。（2）第一、第二储备只是经济学上的概念，资金汇集法并没有提供各种资产分配比例的具体标准，实际上也没有完全解决利润最大化和资产流动性这一矛盾。实际操作中这一矛盾主要是通过商业银行管理人员的经验和判断来解决的。（3）没有考虑各种资金来源变动而引起的流动性需求。

（二）资金分配法

资金分配法（Assets Allocation Approach，简称 AAA 法）也叫资金配置法，认为商业银行的流动性需求同各种资金来源有直接关系，因此，商业银行的资产分配应根据各种资金来源的周转速度来确定。周转速度快的资金来源主要投放于短期资产，如从活期存款吸收的资金来源应主要投放于第一和第二储备，小部分投放于贷款；周转速度慢的资金来源应主要投放于长期资产，如自有资金主要用于商业银行固定资产及贷款，小部分投放于其他证券。周转速度介于活期存款和自有资金之间的资金来源如储蓄和定期存款则主要分配于第一、第二储备以及贷款和其他证券。资金分配法可用图 3－2 表示。

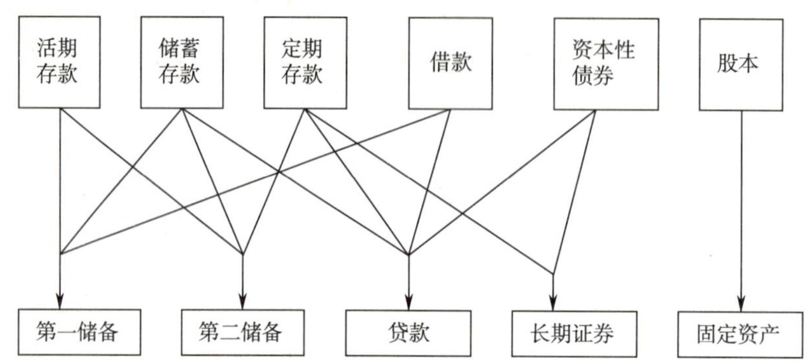

图 3-2　资金分配法

资金分配法的特点是根据各类资金来源的不同流动性需求来分配资产，从而提高了商业银行的利润水平。资金分配法反映了负债和资产之间的联系，因而比资金汇集法更为合理，但它仍然存在一些不足：(1) 以资金来源的周转速度而不是实际变动额来决定资金的分配，会高估银行资金的流动性需求并降低银行的盈利性。实践证明，周转速度和资金的实际变动额并无直接联系。比如，活期存款的周转速度虽然很快，但在一个较长的期限内，活期存款会存在一个相对稳定的余额，可用于长期资金使用。(2) 该方法将贷款组合当做非流动性资产来对待，高估了银行的流动性需求。实际上，贷款本息的陆续到期也可以为银行提供流动性。(3) 该方法假定资产决策与负债决策相互独立地作出，简单地按资金来源的周转速度和流动性来划分资金的使用范围，从而割裂了资产和负债业务之间的联系。(4) 该方法没有明确给定银行的目标。资金分配法无法体现商业银行的目标及在各种限制条件下的利润最大化，因此带有较多的主观因素。

（三）线性规划方法

线性规划方法（Linear Programming Approach）也称管理科学方法，是一种在某些限制条件下使目标函数最大（小）化的数学模式。它广泛应用于工商管理，20 世纪 70 年代初开始应用于商业银行资产管理。现代线性规划已经计算机化，管理人员只需把资料输入计算机便可得出结果。

线性规划模型在银行资金管理中的运用主要包括三个步骤，即先建立模型目标函数，再确定约束条件，最后求出线性规划模型的解。

(1) 建立模型目标函数。确定银行的目标是要实现利润最大化还是风险最低。银行也可以选择一组目标建立多目标模型。根据目标函数变量再选择与目标变量具有因果关系且呈线性关系的自变量，然后确定因变量系数（直接用明确的指标表示就可以了，收益最大或风险最小）。

(2) 确定约束条件。在银行业务经营中，存在着许多限制性因素，如法律限制、流动性要求、资本充足率要求等。因此在线性规划模型中，银行应当确定各种限制性因素的范围和极限值。

(3) 求出线性规划模型的解。把各项数值输入计算机进行运算，求出银行以何种比例分配资金，才可以使银行利润最大化或风险最小。

假设某商业银行资产负债如表 3 -2 所示。

表 3 -2 某商业银行资产负债表 单位：万元

资金运用（资产）			资金来源（负债 + 权益）	
贷款	X_1	年利率为 8%	活期存款	80
证券	X_2	年利率为 4%	定期存款	80
			自有资金	40
合计	200		资金来源合计	200

根据以往经验，商业银行应至少持有占总资产 20% 的短期证券才能满足银行的流动性需求。同时，商业银行还需满足主要客户的 25 万元的贷款需求。求银行的贷款和证券投资额应如何安排可使银行收益最大。

步骤一：建立模型目标函数。假设该银行目标为利息收入最大化，则目标函数定义为

$$\max R = 0.08X_1 + 0.04X_2$$

步骤二：确定约束条件。该银行面临的限制条件是：（1）资金运用总量限制 $X_1 + X_2 \leqslant 200$（万元）；（2）流动性限制 $X_2 \geqslant 0.2 \times (X_1 + X_2)$；（3）贷款需求约束 $X_1 \geqslant 25$（万元）。

$$\begin{cases} X_1 + X_2 \leqslant 200 \\ X_2 \geqslant 0.2 \times (X_1 + X_2) \\ X_1 \geqslant 25 \end{cases}$$

步骤三：求出线性规划模型的解。解上式，得

$$X_1 = 160 \qquad X_2 = 40$$

将 X_1、X_2 值代入目标函数可得

$$\max R = 0.08 \times 160 + 0.04 \times 40 = 14.4$$

结果表明，在上述约束条件下，商业银行将全部资产中的 160 万元投放于贷款，40 万元投放于证券，可实现最大利息收入为 14.4 万元。

运用线性规划方法可以对银行资产负债状况进行全面、综合的考察，能够更加精确地计算出分配到各种资产上的资金数量。但是这种方法也有一些缺陷：（1）使用线性规划法在将现实数据量化的过程中可能会掺杂一些主观因素，致使建立的各种数据并不可靠。（2）管理人员有时很难准确找出限制条件。（3）线性规划模型缺乏自动随金融环境变化而变化的能力，只适合在稳定的金融形势下应用，一旦各种限制条件发生较大的变动，模型就无法体现这些变化。

三、利率敏感性缺口管理

利率敏感性缺口管理是资产负债管理基本方法之一，是银行根据对利率变动趋势的预测，相机调整利率敏感性资金的配置结构，以实现利润最大化目标或扩大净利息差额率的方法。这种方法简单明了，是 20 世纪 80 年代商业银行衡量和管理利率风险时运用

最为广泛的分析工具。

（一）利率敏感性资产和负债

大多数银行的利润主要来源于利差收入，即利息总收入与利息总支出之间的差额。因为利息收入和支出受利率变动的影响，所以利率的变动将影响利差，即净利息收入，也就最终影响商业银行经营目标的实现。但是，当市场利率发生变化时，并非所有的资产和负债都受到影响。首先，利率变动不影响那些不生息资产（如库存现金等现金资产）和不计息负债（如不付息的活期存款账户），这类资产和负债既不产生利息收入，也没有利息支出。其次，在一定的考察期内（期限相对较长），利率固定的资产和负债虽然计息，但其利息收入或支出在考察期内却不受利率变动的影响。这些资产和负债被称为利率不相关资产和利率不相关负债。因此，在分析利率风险时，我们只考虑那些直接受到利率变化影响的资产与负债，即利率敏感性资产（Interest Rate Sensitive Assets，IRSA）和利率敏感性负债（Interest Rate Sensitive Liabilities，IRSL）。

所谓利率敏感性资产和利率敏感性负债，是指那些在一定期限内（考察期内）到期的或需要根据市场利率重新确定利率的资产和负债。这类资产或负债的定价基础是可供选择的货币市场基准利率，主要有同业拆借利率、国库券利率、银行优惠贷款利率和大额可转让存单利率等。例如，同业拆借、短期证券、利率可变动的各种贷款等属于利率敏感性资产，短期存单、可转让支付命令账户、利率可变动的各种存款等属于利率敏感性负债。利率敏感性资产和负债还是与时间长短相关的概念，因为资产与负债的利率调整期限决定了利率调整是否与考察期内利率相关。例如，一笔浮动利率贷款，合同约定每3个月调整一次利率，那么，在考虑未来6个月的利率敏感性资产时，此笔贷款就属于利率敏感性资产；而若合同约定每6个月调整一次利率，则在考虑未来3个月的利率敏感性资产时，它就应被排除在外。两者的分类可参见表3－3。

表3－3　可重新定价的银行资产与负债和不可重新定价的银行资产与负债

可重新定价资产	可重新定价负债	不可重新定价资产	不可重新定价负债
1. 政府与私人借款者发行的短期证券（即将到期） 2. 银行向借款者提供的短期贷款（即将到期） 3. 可变利率（浮动或可调整利率）贷款与证券	1. 货币市场借款（如联邦资金或回购协议借款） 2. 短期储蓄账户 3. 货币市场存款（其利率通常每隔几天就会调整） 4. 可变利率（浮动或可调整利率）存款	1. 银行库存现金或在中央银行的存款（法定准备金） 2. 按固定利率提供给借款者的长期贷款 3. 以固定（息票）利率计息的长期证券 4. 银行建筑物、设备和其他非营利性资产	1. 活期存款账户（无息或固定利率） 2. 长期储蓄与退休金账户 3. 银行业主提供的股权资本

资料来源：彼得·S. 罗斯：《商业银行管理》，第5版，中文版，143页，北京，机械工业出版社，2004。

（二）利率敏感性缺口

利率敏感性缺口（Interest Rate Sensitive Gap，IRSG）是一定时期内利率敏感性资产与利率敏感性负债的差额。用公式表示为

利率敏感性缺口（IRSG）＝利率敏感性资产（IRSA）－利率敏感性负债（IRSL）

如果某个考察期内（周、月、年等）利率敏感性资产额超过利率敏感性负债额，我们就认为银行存在正缺口，是资产敏感型银行；当利率敏感性资产小于利率敏感性负债时，称为负缺口，该银行属于负债敏感型；当利率敏感性资产恰好等于利率敏感性负债时，缺口为零，称为零缺口。

1. 利率敏感性缺口与净利息收入的关系。当市场利率变动时，敏感性缺口的数额将直接影响银行的净利息收入。

下面通过例子说明利率变动是如何影响银行的净收入的。假设有 A、B、C 三家银行，它们在未来 6 个月内的利率敏感性资产和利率敏感性负债如表 3－4 所示，并假设其资产与负债的利率变动幅度一致。

表 3－4　假设的三家银行未来 6 个月内的利率敏感性资产和利率敏感性负债

单位：万元

	A 银行	B 银行	C 银行
利率敏感性资产	800	500	300
利率敏感性负债	700	600	300
利率敏感性缺口	100	－100	0

以 ΔNII 表示银行净利息收入的变动，IRSG 表示利率敏感性缺口，Δi 表示利率水平的变动，则有 $\Delta NII = IRSG \times \Delta i$。如果在未来 6 个月内市场利率上升了 1%，则 A、B、C 三家银行净利息收入（NII）的变动分别为

$$\Delta NII_A = 100 \times 1\% = 1(\text{万元})$$

$$\Delta NII_B = -100 \times 1\% = -1(\text{万元})$$

$$\Delta NII_C = 0 \times 1\% = 0(\text{万元})$$

如果在未来 6 个月内市场利率下降了 1%，则 A、B、C 三家银行净利息收入（NII）的变动分别为

$$\Delta NII_A = 100 \times (-1\%) = -1(\text{万元})$$

$$\Delta NII_B = -100 \times (-1\%) = 1(\text{万元})$$

$$\Delta NII_C = 0 \times (-1\%) = 0(\text{万元})$$

上述计算结果中的正数表明银行净利息收入的增加，负数表示银行净利息收入的减少。当利率敏感性资产等于利率敏感性负债、处于零缺口时（C 银行），银行利率风险为零，此时，无论市场利率是上升还是下降，它的净利息收入将不受任何影响；当利率敏感性资产大于利率敏感性负债、处于正缺口时（A 银行），处于利率敞口的该部分资金使得银行在利率上升时获利，在利率下降时利益受损；当利率敏感性资产小于利率敏感性负债、处于负缺口时（B 银行），利率风险敞口部分使得银行在利率上升时利益受损，在利率下降时获利。

2. 利率敏感性缺口的计算方法

（1）累积缺口与增量缺口。利率敏感性资产与负债的划分取决于考察期的选择，考

察期不同则利率敏感性不同，从而导致缺口值也不一样。增量缺口（Incremental Gap）将考察期划分为若干连续的子期间，分析单个时期内敏感性资产与负债的对比情况。累积缺口（Cumulative Gap）则考察整个计划期内资产与负债的匹配情况，累积缺口等于考察期内各个子期间增量缺口之和。表3－5为某假设银行的缺口状况。

表3－5　　某假设银行的缺口状况　　单位：万元

计划期（月数）	0～3	3～6	6～9	9～12	12～24	24～36
利率敏感性资产	290	140	190	90	185	170
利率敏感性负债	600	290	150	0	25	0
增量缺口	－310	－150	40	90	160	170
累积缺口	－310	－460	－420	－330	－170	0

（2）标准化缺口。标准化缺口是将利率敏感性资产和利率敏感性负债分别乘以它们对市场利率变动的反应程度后的差额。简单以利率敏感性资产与负债的差额作为衡量银行利率风险的标准，实际上内含着这样的假定：利率敏感性资产与负债对市场利率变动的反应程度是一样的。但在现实的金融市场上，两者的利率调节基准往往是不一样的；即使它们的利率调节基准一致，资产和负债的反应程度也会不一样。

例：某银行在未来6个月内可重新定价的资产负债有：600万元大额可转让定期存单，60天商业票据贴现280万元，利率均以90天国库券利率为基准，前者与国库券利率相对变动比率为105%，后者为30%。则

不考虑标准化情况下的利率敏感性缺口为

$$IRSG = 280 - 600 = -320(\text{万元})$$

考虑标准化的情况下的利率敏感性缺口为

$$IRSG = 280 \times 30\% - 600 \times 105\% = -546(\text{万元})$$

可见，标准化缺口能够更为准确地反映银行资产与负债的利率敏感性匹配程度。

（三）利率敏感性系数

利率敏感性缺口反映的是缺口绝对金额，而利率敏感性系数则反映资产、负债利率敏感性不相匹配的相对状况；它表示为利率敏感性资产与利率敏感性负债的比值。

$$\text{利率敏感性系数} = \frac{\text{利率敏感性资产}}{\text{利率敏感性负债}}$$

利率敏感性系数只不过是利率敏感性缺口的另一种表现方式，两者在本质意义上是相同的。两者的区别在于利率敏感性缺口表示了利率敏感性资产与利率敏感性负债之间的绝对差额，而利率敏感性系数反映了它们之间相对量的大小。所以，在分析利率变动对银行净利息收入的影响时，利率敏感性系数只能反映影响的方向，而不能具体反映影响的程度大小。

在假定存贷款利率变动完全一致的前提下，对利率敏感性缺口、利率敏感性系数、利率变动和净利息收入之间的关系可以总结如表3－6所示。

表 3-6　利率敏感性缺口、利率敏感性系数、利率变动和净利息收入之间的关系

利率敏感性缺口	利率敏感性系数	利率变动	利息收入变动	变动幅度	利息支出变动	净利息收入变动
正值	>1	上升	增加	>	增加	增加
正值	>1	下降	减少	>	减少	减少
负值	<1	上升	增加	<	增加	减少
负值	<1	下降	减少	<	减少	增加
零值	=1	上升	增加	=	增加	不变
零值	=1	下降	减少	=	减少	不变

（四）利率敏感性缺口管理

在实际运用中，利率敏感性缺口管理包括积极型缺口管理和防御型缺口管理两种方法。

1. 积极型缺口管理。积极型缺口管理是银行结合未来市场利率变动趋势，调整利率敏感性缺口以减小风险或提高净利息收入的方法。采用这种方法要求银行管理人员预测利率的变动方向，然后根据具体情况调整利率敏感性资金的配置。

当预期利率将上升时，银行应扩大正缺口值。这可以从增加利率敏感性资产或减少利率敏感性负债两个方面着手，常用的手段有出售长期证券并购入短期证券、发放浮动利率贷款、发行长期 CDs、置换同业拆入资金以及利用衍生金融工具调节资产和负债结构等。一旦利率如愿上升，银行净利息收入就会增加。当预期市场利率将下降时，则应扩大负缺口规模。运用这种积极型策略，如果利率走势与预期相反或利率变动不及预测来得那么快，可能给银行带来更大的风险。此外，即便利率走势预测准确，但利率实际变动幅度较小，采用积极型策略就可能得不偿失，因为调整资产组合是要付出代价的。

2. 防御型缺口管理。一些较稳健的银行家或小规模银行由于缺乏利率预测能力或调整资产组合的手段，往往采用防御型策略，也称为免疫策略。其核心在于保持利率敏感性资产与利率敏感性负债之间的平衡，尽可能将利率敏感性缺口调整为零或很小，以减少银行净利息收入的预期易变性。防御型策略并不表明银行在管理中处于无为状态，事实上，资产负债每天都会发生意外的变动（例如定期存款的提前支取，贷款的提前偿还等），保持零缺口需要大量的补偿性操作。

（五）利率敏感性缺口管理的局限

首先，商业银行在进行利率敏感性缺口分析时，合理设计利率敏感考察期非常关键。考察期不同，敏感性缺口的大小也是不同的。这就加大了银行管理者管理的难度。

其次，利率敏感性缺口管理是建立在银行对利率走势准确预测的基础之上的，但现实中市场利率的变动是单个银行所无法控制的。一旦银行对利率走势预测失败，敏感性缺口不仅不能起到规避风险的作用，反而会加大银行的利率风险。

再次，银行即使对利率走势预测准确，但还需要对其资产负债结构进行合理调整，才能达到缺口管理的预期效果。然而现实中资产负债结构的调整并非一件轻而易举的事。

最后，利率敏感性缺口管理没有考虑利率变动时对银行净值产生的影响。

四、持续期缺口管理

利率敏感性缺口管理仅仅针对利率敏感性资产和负债。当市场利率变化时，不只是

利率敏感性资产与负债的收益和支出会发生变化，非利率敏感性资产和负债的市场价值也会随利率的变化而变化。为此，持续期缺口管理将全面考虑利率变动对银行净值的影响，并且根据利率变动调整持续期缺口，以控制银行利率风险或实现银行净值增值。

（一）持续期

持续期（Duration，又译久期）概念是美国经济学家弗雷德里克·麦考利（Frederick Macaulay）1938年在题为《美国1856年后的利息率、债券收益率和股票价格运动显示的理论问题》一文中提出的。20世纪80年代以后，它被广泛地应用于财务、金融与投资领域，成为分析利率变动对银行净值影响的重要工具。持续期是固定收入金融工具未来的现金流量在其价格变动基础上计算的平均时间。它考虑了收益资产的所有现金流入和与负债相关的所有现金流出的时间，衡量了预期现金流的平均期限。其数学表达式为

$$D = \frac{\sum_{t=1}^{n} t \frac{CF_t}{(1+i)^t}}{\sum_{t=1}^{n} \frac{CF_t}{(1+i)^t}} \tag{3.1}$$

式中：D 为持续期；t 为发生现金流量的时间；n 为发生现金流量的次数；CF_t 为 t 期末发生的现金流量的大小；i 为到期收益率或当前市场的利率水平。

假设一家银行发放了一笔5年期的贷款1 500元，贷款合同利率为10%，即每年支付给银行的利息为150元，到期后一次性归还本金。由于该笔贷款的当前到期收益率为10%，所以该笔贷款的当前市场价值即为1 500元；则这笔贷款的持续期为

$$D = \frac{\sum_{t=1}^{5} 150 \times \frac{t}{(1+0.10)^t} + 1\ 500 \times \frac{5}{(1+0.10)^5}}{1\ 500}$$

$$D = \frac{6\ 254.8}{1\ 500} = 4.17(\text{年})$$

上述计算过程可以用表3－7表示。

表3－7　持续期的计算过程　　单位：元

	预期现金流期数	贷款的预期现金流	预期现金流的现值	收到现金的时期（t）	预期现金流的现值×t
贷款的预期利息收入	1	150	136.36	1	136.36
	2	150	123.97	2	247.94
	3	150	112.70	3	338.10
	4	150	102.45	4	409.80
贷款本金偿还	5	150	93.14	5	465.70
	5	1 500	931.38	5	4 656.90
合计	—	—	1 500（分母）	—	6 254.80（分子）
D=6 254.80÷1 500=4.17（年）					

从上例中可以看到，持续期不同于偿还期。偿还期是指金融工具的存在周期，而持续期则反映了金融工具现金流量的时间价值。持续期受现金流流入的时间和数额大小的影响，较大的现金流流入的时间越早，持续期越短；反之，较大的现金流流入的时间越晚，则持续期越长。

（二）持续期缺口

持续期缺口是指资产的加权平均持续期与负债的加权平均持续期乘以总负债与总资产现值之比的积之间的差额。用公式来表示为

$$D_{GAP} = D_A - uD_L \tag{3.2}$$

式中：D_A 表示各种资产的加权平均持续期，D_L 表示各种负债的加权平均持续期，u 表示总负债现值（PV_L）与总资产现值（PV_A）之比 PV_L/PV_A。

持续期缺口有三种情况：持续期缺口为正、持续期缺口为负、持续期缺口为零。

设银行的净值变动额为 ΔNM，则有

$$\frac{\Delta NM}{PV_A} = -\frac{\Delta i}{1+i} \times D_{GAP} \tag{3.3}$$

由式（3.3）可以看出，银行净值的变动与持续期缺口、利率变动之间的关系（见表3－8）。当持续期缺口为正值时，银行的净值随着市场利率的上升而下降，随着市场利率的下降而上升；当持续期为负值时，银行的净值随着市场利率的上升而上升，随着市场利率的下降而下降；当持续期缺口为零时，总资产价值和总负债价值都以同样的幅度随着利率的变动而变动，对银行市场价值没有影响。

表3－8　　持续期缺口、利率变动与银行净值变动之间的关系

持续期缺口	利率变动	总资产价值变动	变动幅度	总负债价值变动	净值变动
正值	上升	减少	>	减少	减少
正值	下降	增加	>	增加	增加
负值	上升	减少	<	减少	增加
负值	下降	增加	<	增加	减少
零值	上升	减少	=	减少	不变
零值	下降	增加	=	增加	不变

（三）持续期缺口管理

在持续期缺口管理中，银行经理人员也采用积极型和防御型两种策略。积极型策略旨在通过对缺口值的调整增加银行股权价值，因而在利率上升时期扩大负缺口，而在利率下降时期扩大正缺口；防御型策略则旨在保持银行股权价值的相对稳定，采取零缺口或微缺口的方式避免利率风险。

持续期缺口管理与利率敏感性缺口管理有显著的不同，前者目标是股权价值最大化，关注银行市场价值受利率变动的影响；而后者则着眼于银行净利息收入受利率变动的影响，侧重于净利息收入的最大化。因此，持续期缺口管理要比利率敏感性缺口管理更加全面，能反映银行整体利率风险的大小。根据式（3.3），银行市场价值受利率变动影响的公式可表示如下：

$$\Delta NM = -D_{GAP} \times PV_A \times \frac{\Delta i}{1+i} \tag{3.4}$$

式（3.4）表明，利率变动对银行净值（市场价值）的影响取决于三个关键性的因素：

第一，持续期缺口值的大小。持续期缺口越大，表明资产与负债的持续期差异越大，银行面临利率风险的可能性越大。

第二，银行资产负债规模。规模越大，任何既定利率变动引起的净值变化量也越大。

第三，利率变动幅度。利率变动越大，则银行面临利率风险的可能性也越大。

下面以一假设银行为例，说明持续期缺口管理模型的具体运用。

假设 A 银行资产、负债的市场价值、利率及已经计算出的每项资产或负债持续期的情况如表 3 – 9 所示。

表 3 – 9　　A 银行资产与负债的持续期　　单位：百万元

资产	资产市值	资产所附利率（%）	资产的平均持续期（年）	负债与权益	负债市值	负债所附利率（%）	负债的平均持续期（年）
国库券	90	10.00	7.490	CDs	100	6.00	1.943
政府债券	20	6.00	1.500	其他定期存款	125	7.20	2.750
商业贷款	100	12.00	0.600	附属性债券	50	9.00	3.918
消费者贷款	50	15.00	1.200	总负债	275		
房地产贷款	40	13.00	2.250	股东权益资本	25		
总额	300		3.047	总额	300		2.669

则可以计算出 A 银行总资产和总负债的加权平均持续期以及持续期缺口：

$$D_A = \frac{90}{300} \times 7.49 + \frac{20}{300} \times 1.50 + \frac{100}{300} \times 0.6 + \frac{50}{300} \times 1.20 + \frac{40}{300} \times 2.25 = 3.047(\text{年})$$

$$D_L = \frac{100}{275} \times 1.943 + \frac{125}{275} \times 2.750 + \frac{50}{275} \times 3.918 = 2.669(\text{年})$$

$$D_{GAP} = 3.047 - 2.669 \times \frac{275}{300} = 0.60(\text{年})$$

如果假设市场利率从 8% 上升到 10%，那么 A 银行在利率变动后的净值变动为

$$\Delta NM = -D_{GAP} \times PV_A \times \frac{\Delta i}{1+i} = -0.6 \times 300 \times \frac{0.02}{1.08} = -3.33(\text{百万元})$$

反之，若利率下降 2 个百分点，银行的净值变化会增加 333 万元。

0.60 年的持续期缺口说明，A 银行总资产和总负债的市场价值随利率变化的程度不同，A 银行的净值在利率上升时减少，在利率下降时增加。如果市场利率上升的可能性很大，那么 A 银行的管理层就应该利用避险工具来降低银行净值面临利率风险的可能性；如果 A 银行采用积极型持续期缺口策略，就应该对市场利率作出预测，进而调整缺

口值，在此例中则应缩小缺口。

如果 A 银行的缺口不是 0.06 而是零，即 $D_{GAP}=0$，则不论市场利率是上升还是下降，A 银行净值的变化都为零。这是因为资产与负债有相似的平均持续期，所以它们对利率变动的反应也是相似的。采用防御型策略的银行可以通过保持零缺口或较小的缺口值来回避利率变动风险。

（四）持续期缺口管理的缺陷

持续期缺口管理为银行资产负债综合管理特别是为利率风险管理提供了一个综合性的指标，是保护银行资产免受利率变化影响的一个重要工具。但持续期缺口管理在实际应用中也存在一些难点。首先，计算过程中所需要的商业银行的资产、负债等项目的未来现金流量的数值较难取得，计算过程也比较复杂。其次，持续期缺口管理要预测利率变动的时间及幅度，而商业银行的管理层很难准确预测利率的变动方向和幅度，这必然会影响银行净值变动的预测。按麦考利公式的要求，持续期是随着利率变动而变动的。一旦利率变动，银行就必须调整其资产负债结构，则银行需要每周甚至每天调整其资产负债结构。即使利率相对稳定，由于持续期缺口会随着时间推移而变动，银行也需要经常对资产和负债的持续期进行调整，这就会提高银行的经营管理成本。最后，在计算持续期时所做的一些假设不可能同现实情况完全符合，这样所计算的持续期和实际的持续期就会存在偏差，从而不利于银行对利率风险的精确管理。

五、模拟模型

模拟模型是将资产负债信息输入计算机系统处理，计算出各时期利率敏感性资产、负债总额、资金缺口大小和方向、持续期缺口大小和方向等，通过不同的利率假设进行动态模拟分析，为银行资产负债管理和利率风险防范提供决策依据。掌握模拟技术不仅可以大量减少在资产负债管理中的手工计算，而且也拓宽了潜在的管理技术范围。特别是模拟资产负债管理模型使得在不同假设条件下评估各种资产负债管理战略成为可能。银行可以确定在不同管理战略下的风险/收益对比关系，具有检测不同情景的灵活性。它还可以用来进行压力测试，以预测较大的利率变化对收益和资本的影响。模拟模型主要在大银行使用，是资产负债管理中的一种高级工具。

模拟模型假设预期利率的变化水平、收益率曲线的形状、资产负债的定价战略、增长率、资产负债的数额和构成，利用计算机计算出各种预测，包括本期和预期的利率敏感性缺口、持续期缺口、资产负债表和损益表、各种业绩指标以及银行应当采取的决策建议。多数大银行主要利用模拟模型确定它们的利率风险限额，然后再检测这些限额。如：一家银行可以限制其利率风险不超过净利息收入变化的 6%。根据这一限额，当利率变化 1% 时，银行可以根据这一限额来对资产负债表进行模拟。

模拟模型的基本步骤大体上由三步构成：

1. 先判断今后 1～2 年内市场利率变化的可能结果，以此为前提来计划资产负债表和损益表。

2. 设定利率变化与基准变化线的乖离，并利用模型计算在此乖离结果之下的净利息收入等主要经营数据，进而把握这些主要经营数据与基本计划相比的变动情况，并将其转化为具体的利率风险的量化指标。

3. 利率风险的量化指标值是否超出资产负债管理委员会设定的允许变动范围。若超出，则须修改经营计划或采取相应操作对策（如买进或卖出债券、运用衍生商品交易避险等）来调整利率风险的量化指标，使其回到资产负债管理委员会设定的允许变动范围内。

本章小结

1. 商业银行经营管理理论经历了资产管理理论、负债管理理论、资产负债综合管理理论和资产负债外管理理论四个发展阶段。资产管理理论认为银行管理的关键在于如何将资产进行合理的运用。负债管理理论认为商业银行可以通过积极主动地管理负债，实现银行资产规模的扩张，实现“三性”目标的最佳组合。资产负债综合管理理论强调对净资产利息率或净利息收入的综合管理，目标是使两者的水平和波动性与银行的风险收益目标一致。资产负债外管理理论提倡从传统的资产业务和负债业务以外的范围去寻找新的业务领域，开辟新的盈利源泉，是资产负债综合管理理论的扩展和延伸。

2. 商业银行资产负债管理的原则为规模对称、结构对称、偿还期对称、目标替代和资产分散原则。早期商业银行的经营管理重心放在资产方，其管理方法主要包括资金汇集法、资金分配法和线性规划法。随着利率管制的放松和利率的市场化，利率敏感性缺口管理和持续期缺口管理成为商业银行衡量和管理利率风险时运用最为广泛的分析工具。随着计算机技术在银行经营管理中的广泛运用，资产负债信息被输入计算机系统进行处理，并通过不同的利率假设进行动态模拟分析，模拟模型成为新的资产负债管理工具。

本章重要概念

商业性贷款理论　可转换理论　预期收入理论　资产负债综合管理理论
资金汇集法　资金分配法　利率敏感性资产　利率敏感性负债
利率敏感性缺口　持续期　持续期缺口

本章思考题

1. 简要阐述资产负债管理理论发展的四个阶段及其主要特点。
2. 简要阐述资产负债管理的原则。
3. 简要阐述积极型利率敏感性缺口管理方法的主要内容。
4. 简要评述持续期缺口管理的优缺点。
5. 简要说明模拟模型的基本操作步骤。

本章参考书

[1] 哈维尔·弗雷克斯等：《微观银行学》，中文版，成都，西南财经大学出版社，2000。

[2] 唐纳德·R. 弗雷泽等:《商业银行业务——对风险的管理》, 中文版, 北京, 中国金融出版社, 2002。

[3] 约瑟夫·F. 辛基:《商业银行财务管理》, 中文版, 北京, 中国金融出版社, 2002。

[4] 彼得·S. 罗斯:《商业银行管理》, 第5版, 中文版, 北京, 机械工业出版社, 2004。

[5] 刘忠燕:《商业银行经营管理学案例》, 北京, 中国金融出版社, 2004。

[6] Timothy W. Koch, Scott MacDonald: *Bank Management* (Five Edition), 北京, 高等教育出版社, 2005。

第四章

资本管理

银行资本是银行赖以生存和发展的基础，银行的创立及正常经营均要以一定量的自有资本为前提。自有资本比率的高低不仅是银行实力的表现，而且体现了银行抗风险能力的大小。作为银行管理的重要组成部分，资本管理主要考虑如何选择合适的资本来源，保持适当的资本比率和结构。

第一节　资本的构成与作用

银行资本是银行持有的用以吸收业务损失，承担风险，以维持自身的偿付能力，进而保护存款人和一般债权人免遭损失的资金。银行资本构成主要包括核心资本和辅助资本两大类，银行资本的作用主要表现为保障作用、经营作用和监管作用。

一、银行资本的界定

不同的主体基于各自的需要，分别从不同角度对银行资本进行界定，进而形成了不同层次含义的银行资本。

（一）会计资本

按银行的账面价值来计算的银行资本量为会计资本。会计师按公认会计原则（Generally Accepted Accounting Principles，GAAP）认为资本等于总资产减去总负债，它代表了股东对企业的要求权。计算公式如下：

银行资本的账面价值量 = 银行总资产账面价值量 - 银行总负债账面价值量

会计资本就是在银行财务报表中显示的所有者权益，又称权益资本。它包括实收资本、资本公积、盈余公积和未分配利润等。这种测算方法在实际中为银行会计人员和审计人员广为使用。一般而言，银行的资产和负债是按当时的发生额记入账户，它不能反映银行资产与负债账面价值可能出现与实际价值不相符的现象，即不能反映银行所拥有的实际资本额。

（二）监管资本

由监管部门认定的资本为监管资本。它反映了监管者对资本作用的理解，是管理会计原则（Regulatory Accounting Principles，RAP）下的资本，由权益资本和债务资本两部分组成。权益资本主要由普通股和优先股组成；债务资本期限在5年或5年以上，较多地承担着银行本身的经营风险。监管资本可被视做广义的权益资本，权益资本与监管资本具有相似的特性。其计算方法如下：

RAP银行资本额 = 权益资本（普通股票、留存盈余、准备金）+ 永久性优先股票 + 贷款和租赁损失储备 + 次级债券 + 其他监管部门认可的项目

这种方法的计算口径较宽，将债务性的证券和坏账储备等全部列入资本，增加了资本总量。然而，它在衡量银行是否有足够的资本抵御风险方面的作用不明显。

（三）资本市值

这是按市场价值来计算银行资本的一种方法。经济学家从经济学的角度认为资本是资产与负债市场价值的差额，也可称为资本净值。其计算方法如下：

银行资本市场价值（MVC）= 银行资产市场价值（MVA）- 银行负债市场价值（MVL）

这里，银行资本的市场价值还可用下式计算：

MVC = 已发行和上市的普通股每股的市场价格 × 已发行上市普通股的股数

显然，用MVC计算出的资本额是一个可变数。尤其是大银行，因其上市股票交易活跃，资本额每天都在变；小银行由于其股票交易不活跃，难以建立起市场价值，所以使用MVC受限。然而，资本的市场价值在评价银行对风险的抵御能力时具有极高的参考价值。

（四）经济资本

经济资本也称风险资本，是银行用以抵御业务风险的资本，或资本中用于抵御业务风险的部分；是由商业银行的管理层内部评估而产生的配置给资产或某项业务用以减缓风险冲击的资本。

银行的经营损失可分为预期损失和非预期损失两类。预期损失由一般准备金来承担，而非预期损失则应由资本来承担。

从计量角度看，经济资本是描述在一定的置信度水平上（如99%），一定的时间内（如一年），为了弥补银行的非预计损失（Unexpected Losses）所需要的资本。它根据银行资产的风险程度来计算，也可以理解为银行为抵御业务风险所应持有的最低资本量。计算经济资本的前提是必须要对银行的风险进行模型化和量化，所以，计算银行的经济资本也是风险度量的过程，配置经济资本实际上就是让什么样的业务或机构承担多大的风险的问题。

经济资本的一个重要特点，就是它指的是所“需要的”资本和“应该有”多少资本，而不是银行实实在在已经拥有的资本。

二、银行资本的构成

对银行资本的界定虽然有所不同，但比较公认的解释是《巴塞尔资本协议》中关于银行资本的界定。按《巴塞尔资本协议》的规定，银行资本由核心资本和辅助资本两个部分组成。

（一）核心资本

核心资本或一级资本（Core Capital or Primary Capital）是银行资本中最重要的组成部分，是银行在经受金融困难时最可靠的缓冲器。其具有以下几个特点：资本的价值相对比较稳定，在公开账目中可以找到；它是市场判断资本充足比率的基础，并与银行的盈利差别和竞争能力关系极大。《巴塞尔资本协议》要求核心资本在总资本中的比例不得低于50%。一个银行的核心资本主要包括以下项目：

1. 永久的股东权益。包括按账面价值计算的普通股（Common Stock）和非累积永久性优先股（Non-cumulative Perpetual Preferred Stock）。

2. 公开储备（Disclosed Reserve）。它是以公开形式反映在资产负债表上的储备，包括资本盈余（Capital Surplus，即股票的溢价）、留存盈余或未分配利润（Retained Surplus or Undivided Profits）和其他公开储备。

3. 少数股东权益（Minority Interest）。对于合并列账的银行持股公司来说，核心资本成分中还包括附属银行公司的少数股东权益。

资本盈余、未分配利润及各种公开储备实际上均可被视为普通股股东对银行的再投资，核心资本作为银行资本的主要部分，又被称为权益资本（Equity Capital）。

（二）辅助资本

辅助资本或二级资本（Supplementary Capital or Secondary Capital）是用于补充和加强产权资本的，作为辅助性资本，其总额必须小于核心资本。辅助资本主要由以下项目组成：

1. 未公开或隐蔽的储备（Undisclosed Reserves）。它是已反映在损益表上但不公开在资产负债表上表明的储备，可以自由而及时地用于应付不可预料的损失。因缺乏透明度，许多国家不承认其作为可接受的会计概念，也不承认其为资本的合法成分，故不列入核心资本项目中。只有在监管机构接受的情况下，它才有资格被包括在附属资本之内。

2. 重估储备（Revaluation Reserves）。有些国家根据本国的监管和会计条例，允许银行和其他商业公司经常对某些资产进行价值重估，以便反映它们的真实市价，并把经过重估的储备包括在资本基础中引入资产负债表。

3. 普通准备金（General Provision）或普通贷款损失准备金（General Loan Loss Reserves）。这是指用于防备目前尚不能确定的损失的准备金或呆账准备金，在损失一旦出现时可随时用于弥补，因此可以列入附属资本成分。但是对于某项价值明显下降的特定资产或已经确认的损失而设立的准备金则必须被排除在外。

4. 混合债务资本工具（Hybrid Debt Capital Instrument）。包括一系列具有股本资本特性和债务资本特性的金融工具。由于它们与股本极为相似，特别是它们能够在不必清偿的情况下承担损失、维持经营，因而可列为附属资本。

5. 次级长期债务（Subordinated & Term Debt）。银行的债务型资本，这类资本工具通常包括普通的、无担保的、初始期限至少在5年以上的次级债务工具和不可购回的优先股。它们有固定的期限，到期要还本付息，对风险的吸收能力有限。这种债券之所以被称为“次级”，是因为持有人对其所享有的索还权仅次于存款人。

《巴塞尔资本协议》要求附属资本不得超过全部资本的50%，其中一般准备金最多不能超过风险资产的1.25%，特殊情况下可临时达到2%。在核定银行资本实力时，要从核心资本中扣除商誉，从资本总额中扣除对非并表的银行和财务附属公司的投资以及对其他银行和金融机构的资本投资。

三、资本的作用

银行业作为经营特殊商品的信用机构，其资本率一直较低。但银行资本在树立客户信心、维护银行经营安全等方面却有着十分重要的意义。其作用主要表现在以下方面。

（一）保障作用

保护存款人利益，即保障客户的存款或债权最终得以偿还。银行作为信用机构，其业务经营的资金来源大部分是客户的存款。银行通过存贷利差来获取利润收入，存贷利差愈大，银行盈利愈多。然而银行的贷款和投资活动总是处于风险之中，银行遭受贷款损失时，客户存款的安全便有可能受到威胁，而缓和这种威胁的基本手段便是银行的资本。资本不足，银行信誉可能因此而降低，甚至可能因此而被挤兑并招致破产。因此，银行资本的多寡成为吸引存款、获取公众信任的重要保障。

（二）经营作用

拥有一定量的资本是银行开业和正常经营的基础。一个新设银行需要买地建房、购买办公设施、雇用职员等。开业后，虽然会有存款的吸入和其他负债的发生，但它们均有偿还期限，银行添置永久性使用的固定资产仍必须使用自有资本。随着银行办公设备的现代化，用于购置设备的资本将有所增加。

商业银行作为信用机构，在日常业务经营中面临着信用风险、利率风险、流动性风险、汇率风险、操作风险、法律风险等多种风险因素。资本作为银行防范风险的重要手段之一，可以吸收消化银行经营的资产损失，以维护银行的正常经营。如果银行经营资产损失超过权益资本，银行则有破产危险。

（三）监管作用

银行资本可以作为金融监管部门监管和控制银行的一个手段。金融监管部门对银行开业通常有一个最低资本限额的规定；当银行因业务发展需要扩大营业场所、增设分支机构时，监管部门也有关于分支机构资本限额的规定。不仅如此，监管部门还通过规定资本与贷款和投资的比例关系来限制银行的贷款和投资规模，迫使银行在增加资产规模的同时必须相应增加资本，从而降低银行经营风险。

然而，各个国家在利用资本比例作为监管手段时，所定的比例标准不一，差异较大。随着20世纪80年代银行业国际化步伐的加快，国际银行业缺乏统一的国际资本标准，各银行不能在平等的条件下进行竞争的问题日渐突出。有鉴于此，西方12个工业国家的金融监管当局从银行公平竞争和维护银行安全的角度出发，于1988年达成共识，制定通过了国际银行资本标准《巴塞尔资本协议》，作为国际银行业监管标准，该协议此后得到了全球大多数国家的监管部门的认同。

第二节 银行资本充足率

银行持有多少资本量为充足，如何衡量银行资本的充足率，一直是见仁见智的问题。《巴塞尔资本协议》的颁布与实施，基本统一了各国监管部门的资本充足率标准。

一、银行资本充足率衡量方法的历史演变

银行的资本究竟以保持多少为充足，不同的人由于所处的地位不同，对这一问题难以达成共识。在存款人看来，资本作为存款安全的一种保障，当然是多多益善；银行股东从获取最大限度利润的角度出发，希望以尽可能少的股东资本经营；银行监管部门考虑银行经营的安全性，要求银行资本保持在官方规定的最低资本金比例水平之上。从银行业的发展历史来看，美国是最早对银行资本实施监管的国家，随着银行经营环境和经营风险的变化，其对银行资本充足度的监管处于不断发展状态。

（一）资本存款比率

资本存款比率是早期衡量银行资本充足的方法。当时人们形成一种经验看法，认为银行资本至少应等于其存款额的10%。这种看法在美国得到了监管部门的认可，并从20世纪初使用至第二次世界大战期间。该比例的特点是资本随存款额的增减而成正比例变化，不考虑资产额的情况。

（二）资本总资产比率

这一比率在第二次世界大战后为美国监管部门所采用，取代了资本存款比率指标，并把这一比例定为7%。这一指标的特点是资本随资产额的增减成正比例变化，它简单明了，在一定程度上能反映出银行应付意外损失的能力，一直沿用至今。不足方面是它不能反映银行不同资产组合所具有的风险差异。

（三）资本风险资产比率

这是指银行资本与风险资产之比，风险资产是总资产减去现金、同业存款、中央银行存款和短期证券等无风险或低风险资产后的余额。这一比例通常定在15%～20%。银行资本与风险资产的增减成正比例变化，反映了银行不同的资产结构所具有的风险区别，较前两种方法更为合理。不足的是它不能反映不同风险资产项目的风险差异程度。

（四）纽约公式

这是美国纽约联邦储备银行设计的专门用于测定银行资本充足量的方法。这一公式将银行资产按风险大小分为6类，并分别计算其资本需要量，各类资产所需资本量之和即为银行应保留的充足额。

第一类是无险资产，包括库存现金、同业存款、5年期以下的政府债券及其他性质相似和到期时间很短的资产，这类资产不需要资本作保证。

第二类是风险较小资产，包括5年期以上的政府公债、政府机构担保的贷款和债券、储蓄存款和人寿保险单担保的贷款、优惠商业票据以及其他性质相似的资产，需要有5%的资本作为保障。

第三类是普通风险资产，指不包括在第一、第二类资产之内的各种正常贷款和投资，需要有12%的资本量。

第四类是风险较大资产，包括因借款人财务状况较差、信用不好、担保品不足等原因造成的风险较大的贷款和投资，要求有20%的资本量。

第五类是疲软资产，包括被银行管理部门认定的可疑性贷款、投资和逾期贷款投资等。这类资产的风险大，一般要求银行尽快处理，规定应有50%的资本额作保证。

第六类是亏损资产和固定资产，需要有100%的资本量。

上述测定银行资本充足量的方法的共同特点是仅仅根据银行资产项目的组合情况，而不考虑利率、管理效率等其他因素的影响，测定的资本量不能全面真实地反映银行的需要。因此，一些国家采用综合评价等定性分析方法，对测定的比例值进行修正。

（五）综合评价法

资本综合评价方法包括因素法和比率比较分析法。因素法对管理质量、资产流动性、银行盈利历史、股东结构、营业成本、存款结构、经营环境等影响银行经营的因素进行全面考察，综合评定银行资本充足量。比率比较分析法是通过对普通股/总资产、总资本/总资产、贷款总额/总资产、风险较大资产/总资本、固定资产/总资本、利率敏感性净资产/总资产、净呆账/贷款总额、呆账准备金/净呆账、资产增长率/资本增长率等一组比率指标与同行业相关指标及其历史水平进行比较，综合测定银行资本是否充足。

综合分析方法是在更全面地考虑银行经营风险的基础上来衡量银行资本充足度的，但它用于银行资本充足度的计量时不易操作，故实际中往往与其他比率配合使用。

二、资本充足率国际标准

国际清算银行于1974年9月发起，美国、英国、法国、德国、意大利、日本、荷兰、加拿大、比利时、瑞典十国集团及其中央银行监督官员在巴塞尔开会，讨论跨国银行的国际监督与管理问题，并形成了一系列的文件。其中关于银行资本充足度标准的重要文件主要有两个：一个是1988年正式通过的《统一资本计量和资本标准的国际协议》，即通常所说的《巴塞尔资本协议》；另一个是2004年通过的《统一资本计量和资本标准的国际协议：修订框架》，即《巴塞尔新资本协议》。

（一）1988年的《巴塞尔资本协议》

1987年，来自12个主要工业国家的银行监管部门的代表在瑞士的巴塞尔达成了国际银行业资本标准的协议，即《巴塞尔资本协议》，这项协议统一适用于各国管辖范围内的所有银行机构。1988年7月，该协议得到正式批准并生效。

按协议规定，把银行资产负债表内和表外具有信用性质的资产分为五大类，每类资产的风险权重分别为0、10%、20%、50%、100%，按不同的风险权重计算出银行的风险资产总额，要求银行的核心资本占风险资产的比重至少应达到4%，核心资本与辅助资本之和占风险资产的比重至少应占8%，银行的资本为充足。

风险权重为0的资产包括现金、对中央政府和中央银行的债权、以现金或经济合作与发展组织（OECD）国家中央政府证券作抵押或中央政府担保的债权。对国内政府公共事业单位及由其担保的债权的风险权重，视各国情况，可核定为10%、20%或50%。风险权重为20%的项目主要包括对多国发展银行及由其担保或以其证券作抵押的债权、对OECD国家的银行或由其担保的债权、对非OECD国家政府公共部门或由其担保的债权、对非OECD国家银行期限在1年内的贷款和托收中的现金。风险权重为50%的项目包括以居住用途的住房抵押的贷款。风险权重为100%的项目主要包括对所有私人部门的债权，对非OECD国家银行期限在1年以上的贷款，对公共部门所属商业性公司的债权，房屋、设备等固定资产，不动产和其他投资等。

表外科目中具有信用性质的项目必须按一定比例换算成表内资产的信用对等额。期限在1年以内、能随时取消的信贷额度的换算系数为0；短期的与贸易有关的债权，如有担保的信用证，其换算系数为20%；履约担保书、即期信用证、票据发行便利等期限在1年以上的信贷承诺，其换算系数为50%；担保、银行承兑、回购协议、有追索权的资产销售和远期存款购买等直接信贷的替代工具，其换算系数为100%。

表外业务中，与利率、汇率相关的衍生金融工具交易合约，首先按一定系数换算成信用对等额，再乘以规定的风险权重。利率合约中，期限在1年以内的换算系数为零，期限在1年以上的换算系数为0.5%；货币合约中，期限在1年以内的换算系数为1%，期限在1年以上的换算系数为5%；风险权重通常为50%。

银行资本充足率计算过程如下：(1) 根据协议的合格资本定义和分类分别算出银行的核心资本、附属资本和总资本的账面价值。(2) 表内风险加权资产总和 = ∑表内资产额 × 对应的风险权重。(3) 表外风险加权资产总和 = ∑表外项目金额 × 信用换算系数 × 表内性质相似资产的风险权重。(4) 风险加权资产总和 = 表内风险加权资产总和 + 表外风险加权资产总和。(5) 计算资本充足率。

1988年的《巴塞尔资本协议》首次提出以资本充足率为核心的国际银行监管标准，建立了基于风险之上的资本充足率衡量方法，明确了分阶段实施计划，要求至1992年底，所有从事跨国业务的国际银行应达到《巴塞尔资本协议》规定的资本最低标准。到2003年，全球已经有107个国家不同程度地采用了1988年《巴塞尔资本协议》所确定的银行监管框架。

1988年的《巴塞尔资本协议》经过10余年的实践，在信用风险监测技术及实际应用中日益显现出其局限性，如对风险资产类别和主权国家的风险权重分类过于简化，没有考虑银行信用风险管理水平的提升和其他类型的银行风险（如操作风险）等问题。因此，根据各种风险权重计算出来的风险资产不能完全反映银行经营所面临的真实风险状况。

（二）2004年的《巴塞尔新资本协议》

鉴于1988年《巴塞尔资本协议》的局限性，巴塞尔委员会对其进行了一系列修订，其中主要包括1996年1月公布的《巴塞尔协议市场风险修正案》，主要强调市场风险管理；1997年9月推出的《有效银行监管的核心原则》，提出了比较系统的全面风险管理思路；1995年发表的《关于操作风险管理的报告》，提出了对银行操作风险管理的初步意见。这些补充和完善为巴塞尔新资本协议框架的出台奠定了基础。巴塞尔委员会于1999年6月发布了修改后的新资本协议征求意见第一稿，2001年1月发布第二稿，2003年4月发表第三稿征求意见，并于2004年6月正式通过了《巴塞尔新资本协议》的最终稿，2006年底开始实施。

《巴塞尔新资本协议》提出了国际银行业全面风险管理的监管理念，并在提高监管资本的风险敏感度、扩大资本协议的适用范围等方面作出了创新。《巴塞尔新资本协议》由三大支柱组成：一是最低资本要求，二是监管当局对资本充足率的监督检查，三是信息披露。

根据《巴塞尔新资本协议》的要求，有关资本比率的分子（即监管资本构成）的各项规定保持不变，8%的最低比率保持不变，分母项则考虑信用风险、市场风险和操作风险的资本要求。修改的内容主要反映在对风险资产的界定方面。

$$资本充足率=\frac{核心资本+辅助资本}{信用风险加权资产+12.5\times（市场风险资本要求+操作风险资本要求）}$$

1. 信用风险。对于信用风险的计量，《巴塞尔新资本协议》提供了标准法（Standardized Approach）和内部评级法（Internal Rating-Based Approach，IRB）供选择。内部评级法又分为初级法（Foundation IRB Approach）和高级法（Advanced IRB Approach）。

（1）标准法。根据标准法确定风险权重时，银行可以采用本国监管当局认定的合格的外部评级机构的评级结果，或者经过银行监管当局的正式批准的银行自身开发的内部评级体系，以标准化处理方式计量信用风险。

标准法对银行资产信用风险权重的确定作了许多修正，对主权国家债权风险不再按是否是OECD成员国划分，风险权重设置为0~150%。对于银行债权的风险权重，新框架提供了两种选择：一是以所在国政府债务的风险权重为基础，比其所在注册国债权差一个档次的风险权重；二是直接以银行自身的外部评级结果为依据来确定。对于企业债权，则视企业信用级别高低，风险权重可在20%~150%的范围内变化（如表4-1所示）。

表4-1　　标准法下的主要银行资产风险权重　　单位：%

银行债权对象		信用等级及对应的风险权重					
		AAA~AA-	A+~A-	BBB+~BBB-	BB+~B-	B-以下	未评级
主权国家		0	20	50	100	150	100
银行证券机构	方法1	20	50	100	100	150	100
	方法2	20	50	50	100	150	50
	方法2*	20	20	20	50	150	20
企业		20	50	100	150	150	100

（以标准普尔的评级符号为例）

注：*原始期限在3个月以下的银行债权的风险权重。

（2）内部评级法。内部评级法建立在银行自身内部评级基础之上，其基本思想是由于借款人可能出现违约，银行必须根据已经掌握的定性和定量信息对损失进行评估，并将评估结果与资本充足率挂钩。内部评级法考虑了不同借款者之间存在的信用质量差异和贷款组合多样化实现的降低信用风险的潜在可能性。

利用内部评级法计算信用风险和分配资本金需要四个风险因素，即违约概率（Probability of Default，PD），即特定时间段内借款人违约的可能性；违约损失率（Loss Given Default，LGD），即违约发生时风险暴露的损失程度；违约风险暴露（Exposure at Default，EAD），即对某项贷款承诺而言，发生违约时可能被提取的贷款额；期限（Maturity，M），即某一风险暴露的剩余经济到期日。内部评级法变量关系由如下四个方程式表示，括号表示函数关系：

$$R = R(PD)$$

$$b = b(PD)$$

$$K = K(LGD, R, M, b)$$

$$RWA = RWA(K, EAD)$$

式中：R 为相关性，b 为期限调整，K 为资本要求，RWA 为风险加权资产。用文字表示如下：违约概率决定相关性系数和期限调整系数，违约损失率、相关性、期限、期限调整决定资本要求，资本要求和风险暴露相结合决定风险加权资产所能达到的规模。

内部评级体系是现代商业银行风险管理的核心工具，具备并应用内部评级体系的银行有资格向本国监管当局申请实施内部评级法进行资本监管。监管部门应对银行内部评级体系实行经常性检查，以保证其符合巴塞尔协议的技术要求。根据难易程度，巴塞尔委员会将内部评级法分为初级法和高级法两个阶段，无论是初级法还是高级法，都要将借款人的 PD、LGD 和其他指标量化，并按照公布的风险权重函数转化为监管资本要求。

表 4－2　IRB 高级法和初级法对风险参数的要求

数据	IRB 初级法	IRB 高级法
违约概率（PD）	银行提供的估计值	银行提供的估计值
违约损失率（LGD）	委员会规定的监管指标	银行提供的估计值
违约风险暴露（EAD）	委员会规定的监管指标	银行提供的估计值
期限（M）	委员会规定的监管指标或者由各国监管当局自己决定允许采用银行提供的估计值（但不包括某些风险暴露）	银行提供的估计值（但不包括某些风险暴露）

2. 市场风险。市场风险是指由于市场变化导致银行遭受损失的风险，包括利率风险、股权风险、外汇交易风险、商品风险和期权头寸风险等。市场风险的管理就是在准确识别、计量风险的基础上，利用各种技术和工具对风险进行规避、分散、控制和防范的过程。新资本协议明确要求银行应有适当的资本以支持其承受的市场风险，并提出了风险测定方法：标准法和内部模型法。

（1）标准法。标准法将市场风险分成一般市场风险和特定风险两类。一般市场风险是指多种市场价格因素发生变动引起的风险，匹配头寸的多头和空头可以轧差。一般市场风险分为利率风险、股票头寸风险、外汇风险和商品风险四大类。特定风险指单一证券的价格因其发行人的原因而出现的不利波动，多头和空头头寸必须加总计算，冲销仅限于极严格的匹配条件，主要适用于计量债券利率风险和股票头寸风险。

按交易工具的不同性质，规定风险权重，计算特定风险；按交易工具的不同期限，规定不同的风险权重，计算一般市场风险。特定风险和一般市场风险之和为总的交易项目风险。

表 4－3 主要市场风险计算方法

	特定风险	一般市场风险
利率风险	按协议规定的权重，将不同种类、不同到期日的债券市值与风险权重的乘积作为该类债券的特定利率风险	按金融工具剩余到期日和息票率水平，在协议提供的“原始到期日阶梯表”中找到对应的风险权重，通过敞口的加权风险轧差，计算不同时间的风险额，最后经过垂直附加和水平附加调整，得到总风险额
股票价格风险	银行持有的所有股票（多头与空头之和）×4%	银行持有股票净头寸（多头与空头轧差）×8%
外汇风险	所有货币净多头头寸和净空头头寸中较大者×8%	
黄金风险	黄金净敞口头寸绝对值×8%	

鉴于期权业务的多样性和测算期权价格风险的难度，《巴塞尔新资本协议》对期权业务风险作了单独处理。如果银行只使用购入期权，则可以采用简化法；如果银行同时还出售期权，就必须采用中级方法，包括得尔塔＋（Delta Plus）方法以及更为先进的情景矩阵分析法。

（2）内部模型法。直接运用各国大商业银行的内部风险管理模型来计算市场风险量，再以此为基础计算出资本充足性，巴塞尔委员会认为这是监管方法上的一个创新。但由于各银行的风险管理模型的可比性较差，为了保证各模型具有足够的透明度和可比性，巴塞尔委员会规定了一系列定量标准：①风险值必须每日计算。②计算风险值的置信区间统一设定为99%。③风险值对应的持有期为10天。在实施内部模型的早期阶段，允许从1天的风险值推导10天的风险值。④采用历史数据计算风险值，样本期最短为1年，历史数据应该每个季度更新一次，更新的周期还可以进一步缩短。

3. 操作风险。操作风险是指由不完善或有问题的内部程序、人员及系统或外部事件而造成损失的风险。新资本协议中提出了三种计量操作风险资本的方法，即基本指标法、标准法以及高级计量法。这三种方法在复杂性和风险敏感度方面渐次加强。

基本指标法中银行持有的操作风险资本应等于前3年总收入的平均值乘上一个固定比例（用α表示）。资本计算公式如下：

$$K_{BIA} = GI \times \alpha$$

式中：K_{BIA}为基本指标法需要的资本，GI为前3年总收入的平均值，$\alpha=15\%$（由巴塞尔委员会设定）。

标准法用不同的指标衡量银行的不同业务，先将银行业务分为8个业务类别，再将每类业务对应的操作风险指标乘以固定比率（β 系数），计算出每类业务的资本要求，然后简单加总得到总资本要求。

高级计量法要求银行使用内部损失数据来测算所需的资本额，并根据不同的银行业务，确定该业务的操作风险大小、损失概率和损失程度值。银行可以在服从于巴塞尔委员会规定的一系列定性和定量标准的条件下，建立起自己的内部风险计量体系。目前采用的主要方法有内部计量法（Internal Measurement Approach，IMA）、损失分布法（Loss Distribution Approach，LDA）和极值原理法（Extra Value Theory，EVT）。

三、中国的银行资本充足率

中国银行业监督管理委员会参照《巴塞尔新资本协议》，于 2004 年颁布了《商业银行资本充足率管理办法》（简称《管理办法》），并于 2007 年修改了其中部分条款。《管理办法》中关于资本定义、资本充足率公式及比率（总资本充足率 8%，核心资本充足率 4%）的要求与《巴塞尔资本协议》基本一致，但分母项没有考虑操作风险的资本要求。

（一）资本定义

商业银行资本包括核心资本和附属资本。核心资本包括实收资本或普通股、资本公积、盈余公积、未分配利润和少数股权。附属资本包括重估储备、一般准备、优先股、可转换债券、混合资本债券和长期次级债务。

同时规定，对计入所有者权益的可供出售债券公允价值的正变动可计入附属资本，计入部分不得超过正变动的 50%；公允价值负变动应全额从附属资本中扣减。商业银行计算资本充足率时，应将计入资本公积的可供出售债券的公允价值从核心资本中转入附属资本。附属资本不得超过核心资本的 100%；计入附属资本的长期次级债务不得超过核心资本的 50%。

（二）信用风险加权资产

1. 表内风险资产计算。计算各项贷款的风险加权资产时，应首先从贷款账面价值中扣除专项准备，其他各类资产的减值准备也应从相应资产的账面价值中扣除。将每类资产乘以风险权重后相加即得到表内风险加权资产，表内资产的风险权重如表 4－4 所示。

表 4－4　　表内资产风险权重表

项目	权重（%）
a. 现金类资产	
aa. 库存现金	0
ab. 黄金	0
ac. 存放人民银行款项	0
b. 对中央政府和中央银行的债权	
ba. 对我国中央政府的债权	0
bb. 对中国人民银行的债权	0
bc. 对评级为 AA－及以上国家和地区政府和中央银行的债权	0
bd. 对评级为 AA－以下国家和地区政府和中央银行的债权	100

续表

项目	权重（%）
c. 对公用企业的债权（不包括下属的商业性公司）	
ca. 对评级为 AA－及以上国家和地区政府投资的公用企业的债权	50
cb. 对评级为 AA－以下国家和地区政府投资的公用企业的债权	100
cc. 对我国中央政府投资的公用企业的债权	50
cd. 对其他公用企业的债权	100
d. 对我国金融机构的债权	
da. 对我国政策性银行的债权	0
db. 对我国中央政府投资的金融资产管理公司的债权	
dba. 金融资产管理公司为收购国有银行不良贷款而定向发行的债券	0
dbb. 对金融资产管理公司的其他债权	100
dc. 对我国商业银行的债权	
dca. 原始期限 4 个月以内（含 4 个月）	0
dcb. 原始期限 4 个月以上	20
e. 对在其他国家或地区注册金融机构的债权	
ea. 对评级为 AA－及以上国家或地区注册的商业银行或证券公司的债权	20
eb. 对评级为 AA－以下国家或地区注册的商业银行或证券公司的债权	100
ec. 对多边开发银行的债权	0
ed. 对其他金融机构的债权	100
f. 对企业和个人的债权	
fa. 对个人住房抵押贷款	50
fb. 对企业和个人的其他债权	100
g. 其他资产	100

2. 表外风险资产。商业银行应将表外项目的名义本金额乘以信用转换系数，获得等同于表内项目的风险资产，然后根据交易对象的属性确定风险权重，计算表外项目相应的风险加权资产。

表 4－5　　表外项目的信用转换系数

项目	信用转换系数
等同于贷款的授信业务（包括一般负债担保、远期票据承兑和具有承兑性质的背书）	100%
与某些交易相关的或有负债（包括投标保函、履约保函、预付保函、预留金保函等）	50%
与贸易相关的短期或有负债（主要指有优先索偿权的装运货物作抵押的跟单信用证）	20%
承诺	
原始期限不足 1 年的承诺	0%
原始期限超过 1 年但可随时无条件撤销的承诺	0%
其他承诺	50%
信用风险仍在银行的资产销售与购买协议	100%

对于汇率、利率及其他衍生产品合约的风险加权资产，使用现期风险暴露法计算。利率和汇率合约的风险资产由两部分组成：一部分是按市价计算出的重置成本，另一部分由账面的名义本金乘以固定系数获得。

表 4－6 不同剩余期限的固定系数

剩余期限	利率	汇率与黄金	黄金以外的贵金属
不超过 1 年	0.0%	1.0%	7.0%
1 年以上，不超过 5 年	0.5%	5.0%	7.0%
5 年以上	1.5%	7.5%	8.0%

（三）市场风险资本要求

市场风险是指因市场价格变动而导致表内外头寸损失的风险，包括交易账户中受利率影响的各类金融工具及股票所涉及的风险、商业银行全部的外汇风险和商品风险。表内外头寸包括：商业银行从事自营而短期持有并旨在日后出售或计划从买卖的实际或预期价差、其他价格及利率变动中获利的金融工具头寸，为执行客户买卖委托及做市而持有的头寸，为规避交易账户其他项目风险而持有的头寸。《管理办法》按照利率风险、股票风险、外汇风险、商品风险和期权风险，分别制定了相应的计算市场风险资本要求的标准法。

第三节 银行资本筹措

商业银行采取增加分子项的资本总量，或者通过改变资产结构、降低风险资产额以降低分母项的方法，来达到监管部门要求的资本充足率标准。从增加资本总量而言，如何筹措资本是银行资本管理的关键环节。

一、资本筹措计划

银行在进行资本筹措前，要根据银行经营环境、业务发展规划、监管部门要求等各种因素，确定银行资本需要量及其筹措方式。一般包括三个步骤。

（一）估算资本需要量

当银行确定了它的年度盈利目标之后，其资产负债规模与结构将随之进行调整，以保证银行利润目标的实现。为满足最低资本充足率要求，资本需要量必须配合资产增长计划重新估算。

如表 4－7 所示，假设 A 银行是一家资产规模为 50 亿元、资本额为 4 亿元、其中 2 亿元为留存盈余的小银行，正好达到 8% 的最低资本充足率要求。该银行计划在下一年度提高资产增长率，使资产增长由 8% 上升至 12%。那么要达到资本充足率标准，银行资本需要量应该为多少呢？

表 4-7 A 银行资本筹措计划

项目	最初水平	8% 资产增长	12% 资产增长，提高 ROA	12% 资产增长，降低分红率	12% 资产增长，增加外源资本
资产规模（亿元）	50.00	54.00	56.00	56.00	56.00
资产增长率（%）		8.00	12.00	12.00	12.00
资产收益率（%）		0.99	1.43	0.99	0.99
分红率（%）		40.00	40.00	13.42	40.00
资本总额（亿元）	4.00	4.32	4.48	4.48	4.48
未分配利润	2.00	2.32	2.48	2.48	2.33
资本（不包括未分配利润）	2.00	2.00	2.00	2.00	2.15
资本/资产（%）	8.00	8.00	8.00	8.00	8.00

一家达到最低资本充足率要求的银行，如果要扩大资产规模，那么其资本增长率必须与资产增长率保持一致。资产增长率为 8% 和 12% 的情况下，银行资产规模分别达到了 54 亿元和 56 亿元，要保持 8% 的资本充足率，资本规模必须分别达到 4.32 亿元和 4.48 亿元，才能满足最低资本充足率的要求。

（二）估计内源资本来源

银行的资本来源有两个渠道：一是通过银行税后净利中的未分配利润增加资本，二是通过外部发行股票或债券筹集资本。在确定了资本需要量后，银行首先必须预测在资产收益率和股息分红率一定，或者资产收益率提高，或者分红率降低的情况下，通过未分配利润可以筹措多少资本。在内源资本不足的情况下，才考虑从外部筹资。

假设 A 银行的股息分红率为 40%，资产收益率为 0.99%，那么如果银行按 8% 的比率扩大资产规模，则非分配利润可以增加 0.32 亿元［54×0.99%×（1-40%）］，刚好能够满足资产扩张的需要。如果银行资产要实现 12% 的增长，在现有的资产收益率和分红率下，未分配利润可达 0.33 亿元［56×0.99%×（1-40%）］，但距离 0.48 亿元的资本需求还有 0.15 亿元的缺口。

在没有外部资本来源的情况下，银行还可以考虑降低分红率或提高收益率来增加内源资本，否则只能限制资产增长率。方法之一是提高资产收益率（ROA）。在不改变收益分配政策的情况下，ROA 提高 0.44% 达到 1.43%，即可实现 0.48 亿元［56×1.43%（1-40%）］的内源资本。方法之二是降低分红率，提高未分配利润比率。把银行分红率从 40% 降至 13.42%，也可使内源资本增加 0.48 亿元［56×0.99%×（1-13.42%）］。但在实际中，影响资产收益率的因素很多，且一些因素在银行的管理能力之外。因此，短期内大幅提高资产收益率的难度较大。另外，降低分红率还必须考虑股东的可接受程度及其对银行股票市场价格的影响，实际运用中也受到一定限制。

（三）制订外部资本筹资计划

当银行的内源融资不能满足其资本需求时，最后一种方法就是新增外源资本，即发行新的普通股、永久性优先股或次级债券等。银行应在评价比较各种外部资本来源成本及收益的基础上，选择最适合自己的融资方式。

如果 A 银行的股息分红率和资产收益率保持不变，资产又要以 12% 的速度增长，那么0. 15 亿元的资本缺口只能通过新增外部资本的方式解决。

二、银行资本筹措方式的选择

从资本来源渠道看，银行资本来源主要包括从内部筹集和外部筹措，从而形成银行的内源资本和外源资本。

（一）筹集内源资本

银行的内源资本主要来源于银行的未分配利润，指银行税后净利中用于支付普通股股息和红利后的余额。这是银行从内部积累资本的方法。

1. 银行资产持续增长模型。该模型由美国经济学家戴维·贝勒于 1978 年提出。该模型解释了银行资产收益率、股息分红率、资本充足率与资产持续增长率的关系。

一家达到最低资本充足率要求的银行，如果要扩大资产规模，则资本限制要求其资本增长率必须与资产增长率保持一致。以 SG 代表资产增长率，TA 代表总资产，EQ 代表资本额，ROA 代表资产收益率，DR 代表分红率，ΔTA 表示资产增加额，ΔEQ 表示资本增加额，0 表示基期，1 表示当期。则有

$$SG = \Delta TA/TA_0 = \Delta EQ/EQ_0$$

如果银行新增资本只有留存盈余一条来源渠道，则资产持续增长模型为

$$\frac{\Delta TA}{TA_0} = \frac{TA_1 \times ROA(1 - DR)}{EQ_0}$$

$$SG = \frac{TA_1 \times ROA(1 - DR)}{EQ_1 - TA_1 \times ROA(1 - DR)}$$

$$SG = \frac{ROA(1 - DR)}{EQ_1/TA_1 - ROA(1 - DR)} \tag{4.1}$$

公式（4.1）反映了银行资产增长率要受资产收益率、分红率和最低资本率的制约。

2. 内源资本的特点。在过去相当长的一个时期，银行资本的主要来源是留存盈余，目前它仍是众多小银行的主要资金来源。银行通过留存盈余增加资本，对于普通股股东而言，可以利用留存盈余而少纳个人所得税；可以避免因发行股票筹资造成原有股东控制权的分散，节省股票发行费用。其不足之处是，它要受到银行所不能直接控制的其他因素的影响。银行管理者要考虑制定合适的留存比率（当期留存盈余/当期税后净利）和分红比率（当期股东分红/当期税后净利）的分配政策，力争保持一个稳定增长的分红纪录，使投资者的分红收入波动的风险较小，股票在市场上更具吸引力。

在保持股息稳定的情况下，影响股东制定留存盈余率的因素主要是利率和税率。一般而言，如果留存盈余所带来的收益率能超过股东用它在其他风险相似资产上的投资收益率，则股东愿意提高留存盈余率；相反，则股东宁愿降低留存盈余率而提高分红率。股东个人所得税税率的高低，也是影响留存盈余率的一个因素。如果股东个人所得税税率高，则股东愿意降低分红率，提高留存盈余率；相反，股东个人所得税税率低，则留存盈余率低，而分红率高。总之，从内部增加资本，必须以不影响股东利益和股票市场

价格为最佳。

（二）外源资本来源

银行新增资本不仅通过内部留存盈余，而且要向外部发行股票、债券等，则资产增长率就要受限于外源资本和内源资本的增加。

假定 ΔEC 代表新增外源资本，有

$$SG = \frac{ROA(1 - DR) + \Delta EC/TA_0}{EQ_0/TA_0 - ROA(1 - DR)} \tag{4.2}$$

1. 外源资本的来源及特点。外源资本包括发行普通股、优先股、次级债券等，每种资本形式都各有利弊。

普通股是银行资本的重要组成部分，普通股的持有者——股东即为银行的所有者，股东有权参与银行的经营决策和盈利分配。由于普通股的股息收益是由银行董事会根据本银行的经营状况、盈利水平和政策考虑而决定的，故对银行而言，发行普通股筹集资本，没有固定的股息负担，可永久性占用，使得银行经营有较大的灵活性。然而普通股的发行会增加银行股东的数量，分散和打乱原有的所有者结构；同时新发行股票，在银行收益还未出现明显增加的情况下，会降低原有股东的收益。

优先股的特点就是对银行的收益有固定的或优先于普通股的要求权。优先股股东无权参与银行管理，故其发行不会分散原有的控制权，还可对普通股股东起到财务杠杆的作用。但是，优先股的股息是固定的，在银行盈利不佳的情况下，会增加银行负担，且优先股股息高于一般债券利息，又不能在税前支付。故实际中优先股在资本总额中占的比例并不高。20 世纪 80 年代初，西方国家一些银行开始发行浮动股息的优先股，其股息与公开市场利率挂钩，增加了银行经营的灵活性，优先股的比例有所提高。

次级长期债券是银行的债务型资本，有固定的期限和利率，银行虽要还本付息，但到期之前可把由此筹得的资金当做资本来使用。银行发行这种债券筹集资本，与发行股票相比，其利息计入成本，发行手续简单，发行成本较低，同时又不会分散银行的控制权，并可使普通股股东获得财务杠杆作用。其不足之处是资本不能为银行永久使用，利息负担不随盈利调整。一般而言，采用这种方式筹集资本，大银行较小银行更有优势。

混合债务资本工具是银行按合同规定发行的在一定时间内可以转换成股票的次级债券。这种债券的票面利率一般低于不可转换债券，银行在股票市价低落时常采用此方法筹集资本，因为可转换性为银行提供了按高于现行价格发行股票的可能。

2. 外源融资方式的选择。银行到底选择哪种方式来增加资本，主要取决于以下几种因素：（1）每种资本形式的相对成本、与此相关的各种费用开支、当局的监督情况等；（2）对股东收益的影响（通常用每股收益 EPS 来衡量）；（3）对股东在目前和未来对于银行所有权和控制权方面的影响；（4）每种资本形式的相对风险；（5）发行新的资本对银行资本市场的影响；（6）法规对资本量和结构的规定等。如监管部门规定银行的辅助资本不得超过核心资本额，因此，如果银行的辅助资本额已接近或等于核心资本额，再发行次级债券势必造成辅助资本额大于核心资本额。此时，银行可能要选择发行股票或股票和次级债券各发行一部分的方式。实际中，银行从外部增加资本，除了要考虑对普通股股东利益影响等因素之外，还要综合考虑外部经济金融环境。故银行增加外源资本的方式往往是在权衡利弊、考虑各种因素之后才作出抉择，既可选用某一种方式，也可多种方式并用。

下面的案例以对普通股每股收益的影响为例，说明银行如何选择外部增资方式。如表4－8所示，某银行需2 000万元的外部资本，该行当期有800万股、每股面值1.5元的普通股未分红，有总资产近10亿元、总资本6 000万元。如果银行能创造1亿元的总收入并保持营业成本不超过8 000万元，那么在34%的税率下，银行将有1 320万元的税后净利。如果银行选择发行普通股的方式增加2 000万元资本，发行每股面值10元的普通股票200万股，银行共有新老股票1 000万股，每股平均收益为1.32元。如果银行选择资本方式，主要考虑的因素是追求普通股股东收益最大化，则发行普通股增加资本就不是最好的选择；如果银行选择发行优先股，优先股的股利率为8%，那么银行税后净利中将有160万元（2 000万元×8%）作为股息支付给了优先股持有者，还剩下1 160万元给800万股的普通股持有者，则每股收入为1.45元。因此，采取发行优先股的方式增加资本，则银行普通股股东的每股收入可比发行普通股高出0.13元。如果银行选择出售利率为10%的2 000万元的次级债券，银行虽然为此要支付200万元的债息，但税后净利还有近1 200万元，使得800万普通股股东的每股收入可达1.49元。显然，在这三种增加资本的方式中，对普通股每股收益影响最小的是发行次级债券，且这种债券没有投票权，不会分散和削弱原有股东对银行的控制。

表4－8　不同外源筹资方式对银行普通股股东收益的影响　单位：百万元

收入与支出项目	发行普通股，每股10元	发行优先股，每股20元，股利率8%	发行资本债券，利率10%
估计收入	100	100	100
预计营业支出	80	80	80
净收入	20	20	20
资本债券利息支出	—	—	2
税前净收入	20	20	18
预计税款：税率34%	6.8	6.8	6.1
税后净利	13.2	13.2	11.9
优先股股息	—	1.6	—
普通股净收入	13.2	11.6	11.9
普通股每股收入（元）	1.32	1.45	1.49

不同规模的银行的外部筹资能力存在较大差异。大银行由于其信誉高，可通过在全国范围内发行股票及各种债券来筹集资本，其资产增长受资本限制较小；小银行由于信誉低，仅仅只能对小部分投资者发行股票和债券，从外部筹资难度相对较大，因而资产

增长受资本限制较大。银行如果不能通过内源资本和外源资本来增加资本量，提高资本充足率，则只能通过限制资产增长或改变资产结构，如采取增加低风险权重的政府债券的持有量等方式来提高资本充足率。

本章小结

1. 银行资本是银行持有的用以吸收业务损失，承担风险，以维持自身的偿付能力，进而保护存款人和一般债权人免遭损失的资金。银行资本构成主要包括核心资本和辅助资本两大类，银行资本的作用主要表现为保障作用、经营作用和监管作用。

2. 银行资本充足率标准经历了近百年的发展，《巴塞尔资本协议》的颁布与实施首次统一了国际银行业的资本充足率标准。《巴塞尔新资本协议》将信用风险、市场风险和操作风险一起纳入最低资本监管要求，并提供了从简单到高级的一系列风险衡量方法，使监管资本水平能够更真实、更全面地反映银行面对的风险。

3. 我国监管部门对银行资本充足率的要求主要考虑银行的信用风险和市场风险并以标准法为基础进行测算。

4. 银行制订筹资计划时，通常要在估算资本需要量的基础上，先考虑内源资本来源，然后确定外源资本量。在综合考虑市场环境和自身需要等因素后，选择最适宜的外源资本来源方式。

本章重要概念

会计资本　监管资本　经济资本　资本市值　纽约公式　资本充足率　核心资本　附属资本　风险加权资产　《巴塞尔新资本协议》　内部评级法　内源资本　外源资本

本章思考题

1. 银行资本主要由哪些项目构成？
2. 银行资本的主要作用是什么？
3. 简述银行资本充足率测算方法的演变。
4. 银行如何制订资本计划？
5. 银行如何选择从外源筹集资本的方式？
6. 银行筹集内源资本主要受哪些因素的影响？

本章参考书

[1] [美] 彼得·S. 罗斯：《商业银行管理》，中文版，北京，机械工业出版社，2001。

[2] [美] D. B. 格拉迪等：《商业银行经营管理》，中文版，北京，中国金融出版社，1991。

[3] Timothy W. Koch，S. Scott MacDonald：*Bank Management*，北京，北京大学出版社，2003。

[4] 巴塞尔委员会：《统一资本计量和资本标准的国际协议：修订框架》，中文版，北京，中国金融出版社，2004。

第五章

存款管理

存款是银行接受客户存入的款项并允诺客户可随时或按约定时间支取款项的受信业务，是银行最重要的资金来源。它能维系银行与客户之间的信用关系，为银行的贷款和投资活动提供较为可靠的资金来源，在为客户提供存放闲置资金渠道的同时，促进客户使用银行的其他信用与非信用服务，因此，对银行来说，具有最重要意义的始终是存款。

第一节　存款种类

银行存款种类十分丰富，基于不同的目的和需要，可以按不同的标准对存款进行分类。如按存款人身份划分，有行政事业单位存款、企业存款和个人存款；按行业不同，可分为工业存款、商业存款、交通运输业存款、农业存款和同业存款等；按交易的活跃程度，可分为交易性存款与非交易性存款。对存款进行适当的分类，有助于银行把握存款结构及制定相应的经营决策。

基于经营管理的需要，银行通常按存款交易的活跃性和账户的功能，将存款账户划分为交易账户和非交易账户两大类。这种划分一方面便于对存款机构需缴纳的准备金数量进行监控，另一方面也反映了存款账户的流动性、收益性等属性，便于银行对存款的管理。

一、交易账户

交易账户（Transaction Accounts）是客户出于交易目的而开设的存款账户，客户可以通过支票、汇票、自动取款机、电话、互联网和其他电子设备来提款或对他人进行支付。交易账户包括支票活期存款账户和各种类型的付息活期账户。

（一）活期存款

活期存款也称支票账户，指存款人无须事先通知，可以随时签发支票提现或转账支付的存款账户。其主要特点是：第一，存款多用于支付和交易用途，具有货币支付和流通手段的职能；第二，支付方式多样，可使用支票、本票、汇票、电话转账或其他电子设备进行支付，其中支票是最传统的支付工具；第三，对开设账户的客户和账户余额没有限制，各种商业性企业、非营利性团体、政府机构等均可开设此账户；第四，一些国家的银行对存户一般不支付利息甚至要收取手续费。

为了交易活动清算的需要，各机关、团体、企业均开设有这种账户。组织活期存款也是商业银行主要的业务活动和经营内容，营业网点的多寡和布局的科学性构成了银行在这个环节的经营优势。由于这种存款的流动性极强，因此各国中央银行都规定了较高的存款准备金。活期存款大部分来自企业、政府机关和金融机构等机构类客户，尽管家庭个人也开设有这种账户，但所占比例很小。在一定条件下，银行允许活期存款客户在其存款用完后，可超过其存款余额签发支票，这种行为称为透支。一般来说，存户欲获得向银行透支的权力，需事先向银行提出申请，经审查确定其信誉实属可靠者，方可与银行签订一份包括透支额度、期限、偿还条件、担保品处理方式以及保证人义务等要素在内的透支合同，存户只能在该合同规定的期限和金额范围内向银行透支。

在过去相当长的一段时期，许多西方国家的银行法禁止银行对活期存款支付利息，同时禁止专业银行及其他非银行金融机构经营活期存款业务。20 世纪 60 年代以来，随着西方国家经济和信用关系的发展以及竞争的加剧，一些金融机构便绕开法律的限制，陆续创造出一些可以向存户支付利息的新型的活期存款账户，极大地丰富了交易性存款的品种。

（二）可转让支付命令

可转让支付命令（Negotiable Order of Withdrawal Accounts，NOWs）最初由美国的储蓄机构面向个人和非营利性机构开立，是一种既能向第三者支付款项，又可获得一定利息收入的活期存款账户，满足了存款人流动性与收益性的双重需要。开立这种账户的客户可通过签发支付命令书的形式实现对第三方的款项支付，且支付命令书经背书后可流通转让。

可转让支付命令作为一种新型的账户类型，1980 年开始在美国的银行中全面推行。在 1986 年美国取消储蓄存款利率上限之前，银行对该账户规定了支付的最高利率，1986 年后则允许各家银行根据竞争情况自由定价，且不局限于个人和非营利性机构使用。与此同时，在可转让支付命令基础上，还派生了一种超级可转让支付命令（Super NOWs），这种账户与前者的区别在于设立了较高的门槛，即要求账户有一个较高的存款余额，从而享受到比前者更高的存款利率或其他优惠。

（三）货币市场存款账户

货币市场存款账户（Money Market Deposit Accounts，MMDAs）是商业银行为应对来自货币市场基金的竞争压力而设计的存款账户。20 世纪 70 年代，美国金融市场创设了货币市场基金。通过这种基金，小投资者可将零散资金集中起来投资于货币市场，共同分享投资收益；经营货币市场基金的金融机构也不用缴纳准备金。这种风险低、流动性高的基金对传统商业银行的存款来源形成了极大的挑战。

为应对市场竞争，银行开办了货币市场存款账户。其主要特点是：第一，有开户金额限制，开户最低限额和账户日常最低平均余额不得低于2 500美元，否则按普通可转让支付命令账户的较低利率计息；第二，支付利息并且无利率上限的限制，利率随货币市场利率随时调整，一般每周调整一次；第三，没有最短存款期限制，提取存款需提前7天通知银行，向第三者支付时，不论开出支票还是电话通知，每月可办理6次转账，其中3次可使用支票。

1980年以前，监管机构将货币市场存款账户纳入存款类账户监管范畴，开设这种账户同样需要缴纳准备金，只不过准备金比例相对较低。1980年以后，随着《金融法》的颁布，该账户无须提取法定准备金，银行能够对MMDAs支付更高的利率以吸引存款资金，并且取消了开设的最低金额和客户身份的限制。

（四）自动转账服务账户

自动转账服务账户（Automatic Transfer Service Accounts，ATS）是指客户可以同时在银行开立两个账户，一个是无息的活期存款账户，另一个是有息的储蓄存款账户。活期存款账户的余额一般保持为1美元，客户的存款平时放在储蓄账户计收利息，需要支付时，银行自动将款项从储蓄账户转到活期账户。ATS账户由电话转账服务发展而来，起初也是为了规避金融管制的一种创新（兼顾了流动性和收益性），刚推出时颇受欢迎。该账户使客户获得了活期账户和储蓄账户的双重优点，既可利用活期账户开出支票实现对外支付，又可以利用储蓄账户获取一定的利息收入。但是随着货币市场存款账户的出现和金融管制的放松，对该账户的需求大为下降。

（五）股金提款单账户

股金提款单账户（Share Draft Accounts，SDA）是由美国信用协会创办的一种可付息的支票账户，信用协会会员的存款为协会的股金入账，存户可以随时开出股金提款单用以提现或转账支付。提现前，该账户属于储蓄账户，通过股金分红方式可以取得利息收入；一旦需要支付或提现，可随即开出提款单，通知银行付款。

二、非交易账户

这是客户为获取利息收入或存取资金的安全方便等目的而开设的存款账户。该类型的账户不能签发支票，也不能透支，但可获得存款利息收入。主要包括定期存款（Time Deposits）和储蓄存款（Savings Deposits）两大类。

（一）定期存款

这是银行与客户预先约定存款期限并支付较高利息的存款类型。定期存款与定期储蓄的区别在于，前者是面向厂商的，后者是面向居民个人开设的。在利率自由化的国家，银行能够根据竞争实力对定期存款支付市场利息，并按存期的不同设置利率档次。从存在形式而言，定期存款主要有定期存单、大额可转让定期存单和公开账户等。

定期存单是定期存款的传统形式，存单金额不固定，存期也由储户自由选择，利率按照存入日挂牌公告来确定。定期存单采取记名方式，不得转让，只能由银行签发兑现，但可作为质押品从银行借款。

大额可转让定期存单（Negotiable Certificate of Deposits，CDs）是由定期存单衍生出

来的一种重要的存款创新形式，是由银行发行的记载一定金额、期限和利率的存款凭证。可以把它理解成一种经过标准化处理过的定期存单，它与定期存单的区别在于：前者是按照储户个人意愿所制定出的个性化定单，开户时间、期限和金额均按照储户个人意愿设定；后者是由银行发行，统一规定定单的发行时间、存续期限和票面金额，可采取固定利率和浮动利率，利率高于同期限的定期存款利率。CDs 由花旗银行在 1961 年首创，存单不记名，金额固定，最低起点为 10 万美元，但多数面额在 100 万美元以上。存单可以在二级市场流通转让，成为公司、养老金协会、政府和个人的重要投资对象。

公开账户是为满足储户零存整取的需求而设立的，客户为应付将来可能出现的大额支付，定期将固定数额的资金存入公开账户，一定时期后，再将其一次性全额取出用于特定支付。若客户要提前支取，则银行要收取一定的惩罚性费用。

（二）储蓄存款

储蓄存款是个人或非营利性机构在银行开设的一种付息的非交易性存款。按照存取方式分为活期储蓄存款和定期储蓄存款。活期储蓄存款没有期限和存取金额的限制，有一定的利息收入，但不能签发支票和透支。定期储蓄存款有一定时间期限的限制，利率较高。从支付载体上看，活期储蓄已经由以前的存折开始过渡到储蓄卡，但都不能流通转让；后者的载体通常都是存单或存折。在我国，定期储蓄存款一般分为零存整取、整存零取、整存整取和存本取息等类型。

关于储蓄存款的概念，国内外差异较大。在美国是指存款者不必按照存款契约的要求，而是按照存款机构所要求的任何时间，在提取日前 7 天以上的时间，提出书面申请提款的一种账户。在我国，储蓄存款则是专指面向居民个人、为居民个人积蓄货币、获取利息收入而开设的一种存款类型。政府机关、企业单位的所有存款都不是储蓄存款，公款私存已经被明令禁止。

（三）存款的创新品种

从 20 世纪 80 年代开始，商业银行推出了许多具有竞争力并兼顾了客户多种特殊需求的存款品种。存款创新应以客户的需求为导向，以改变账户的收益性、流动性、服务方式、账户载体等方式来进行；创新的基本思路是将原有账户进行合理的改造和重新组合。以下仅介绍几种成熟的创新品种：

1. 现金管理账户。随着客户拥有存款账户的增多，同一个存款人所拥有的不同期限、不同币种、不同性质的账户日益增多，这给客户带来了管理账户上的困难和不便。为对同一存款人所拥有的不同类型的账户进行统一管理，现金管理账户应运而生。现金管理账户是多种类型存款账户的集成，根据协议，客户可以将不同存款账户的资金进行自由转换，也可以委托银行在某个账户资金余额较大时进行货币市场投资，不仅减少了客户管理存款账户的困难，而且具有了投资的性质。

2. 指数定期存款。这种账户满足了某些客户不愿意享受定期存款固定收益的需求。同样是以存单的方式吸收存款，但其收益与有价证券价格、黄金价格、外汇汇率和消费物价指数或其他合适的价格指标相联系，其中较为典型的是投资类存款。这类存款的收益与股票或商品的价格变动相联系，当股票或商品价格发生正向变动时，存款人可以获得额外的收益；反之则承担相应的损失。如美国市场的指数化 CDs，这种 CDs 的收益与市场的标准普尔 500 股票指数相连。若股票指数上升，则持有者将获得双重收益，即资本利得和红利；若指数下跌，存款人则须承担相应的损失。

3. 投资账户。这是一种具有投资性、收益不确定的存款账户，投资对象通常为共同基金和年金。如美国的个人退休账户（Individual Retirement Accounts，IRA），它是一种可享受减税政策的储蓄账户，并规定每年最多可向该账户存入 2 000 美元，提取之前产生的利息收入不用缴税，也可延期到提款时缴税。投资账户的优势在于：它可以促使银行与客户的联系更为紧密，从而可以为银行带来除资金之外的附加收益，即提高账户的附加值。然而，随着终生客户营销观念的深入，几乎所有的金融机构都纷纷开展这种金融业务，竞争的同质化导致这种账户的盈利空间大为减少。

4. 结构性存款。这是将利率、汇率等金融衍生产品与传统存款业务相结合的一种收益型存款产品。它满足了对收益率要求较高、风险承受能力较强同时具备一定金融专业投资知识的客户的需要。如与汇率走势挂钩的结构性存款，该存款的收益与国际市场上某种货币汇率的未来走势相连；还有与利率走势相挂钩的结构性存款等。近年来，我国各家银行面向个人客户推出了多款结构性存款。

第二节　存款经营管理

随着商业银行外部经营环境的变化，资金来源的竞争越来越激烈。越来越多的商业银行加大了对存款的经营管理力度，并有日渐加强的趋势。

一、影响存款的因素

存款结构和规模的变化从根本上说是商业银行客户需求发生转移和商业银行经营战略发生变化的结果。客户需求的变化既有外在经济环境的因素，也有客户自身偏好等内在因素的影响，商业银行经营战略的转变则是在结合自身状况的基础上适应市场变化的结果。

（一）经济发展水平和发展阶段

国民经济或地区经济发展水平决定着一国或地区货币信用的发展程度。货币化、信用化程度越高，银行体系所能吸收的存款规模就会相应增大；反之则相反。当经济处于繁荣阶段时，人们可支配的货币收入水平较高，企业经营的资金也充裕，存款规模总体趋于上升；反之，在经济处于衰退期时，存款规模总体趋于下降。

（二）货币政策

国家会根据经济发展中存在的问题，运用货币政策对经济进行干预。因此包括对其他金融市场的调控措施和法定准备金率、公开市场操作以及信贷政策在内的各种货币政策举措，都将对存款的规模和种类产生较大的影响。扩张性的货币政策将刺激存款规模的扩大，紧缩性的货币政策则导致存款规模的减小。

（三）物价水平和通货膨胀的程度

物价水平一方面会影响公众的预期，另一方面也会影响公众的实际存款收益。当公众预期物价将持续上涨时，会将手中持有的货币换成实物。同时，在通货膨胀情况下，存款利率存在着名义利率和实际利率之分。只有当存款利率高于通货膨胀率时，存款货币才会增值；当存款利率低于通货膨胀率时，存款货币就会贬值。银行利率是考虑了通货膨胀率以后的利率（名义利率 = 实际利率 + 通货膨胀率），一般情况下，存款者为了保值和增值，必然要将存款存入定期储蓄存款账户，或购买收益率较高的其他金融资产。

（四）利率水平

利率水平直接关系着存款的收益。利率的提高一方面会吸引更多的资金流入银行，另一方面，银行通过单方面提高利率吸收资金会导致存款的恶性竞争，因此一般银行不会轻易通过提高利率的方式来吸收资金。以我国为例，自 1980 年以来我国存款利率出现多次调整，基准利率调整的结果是定期储蓄利率提高，活期储蓄利率降低。利率调整所形成的逆反差拉大了定活期储蓄的比例差距，导致居民储蓄更多地向定期储蓄集中。

（五）社会保障程度

在社会保障比较完善的情况下，人们对未来收入和支出有明确的预期，因此会增加当前消费，从而导致当前存款的减少；反之，人们则会减少当前消费，导致当前存款量的上升。

（六）消费观念和习惯

一国居民的消费观念和消费习惯也会影响该国银行的负债规模和存款结构。以我国居民为例，节约型的思想和未雨绸缪的储蓄偏好一直被人们视为美德并予以遵守，再加上保守型的消费观念根深蒂固，这使得近年来我国居民存款日益攀升。随着市场经济的发展，居民特别是新生代的消费观念有所改变，超前消费的思想、敢于冒险的思想正逐步盛行。这不仅表现在住房按揭贷款、汽车消费贷款和其他大额耐用消费品贷款的迅速发展上，也表现在近年来越来越活跃的资本市场的投资上，这种趋势正在影响着我国商业银行的负债规模和结构。

（七）市场竞争的格局

金融市场的完善程度和金融机构之间的竞争状况都将对商业银行的存款产生影响。金融市场越丰富，可替代存款的金融品种就越多，相应的分流存款的渠道和数量也就越多。金融机构间的竞争越激烈，商业银行为吸收资金所开辟的渠道也就越多，从而会导致商业银行负债结构发生变化。

（八）银行服务质量、硬件设施、规模、信誉和公众形象等因素

新技术尤其是计算机和网络的出现，不仅催生了电子银行、手机银行和网络银行等新兴的银行形态，而且这些新技术的运用大大方便了客户的存款和提款，加快了资金的划拨，促进了存款服务的自动化，直接影响着银行对存款人的吸引力大小。

银行作为服务型企业，其服务质量的好坏决定了客户的选择。如银行服务的便利快捷程度和服务环境的好坏等因素都将左右客户的选择，包括银行网点的多寡、所拥有的 ATM 的数量、电子网络的结算效率等在内的硬件设施也都将影响到客户的选择。

银行的经营规模一定程度上反映了银行抵御金融风险的能力和经济的实力，而存款

人多数都是风险厌恶者，考虑到资金的安全，一般客户会选择规模较大的银行去存款。在存在商业银行破产机制的国家，银行的经营业绩、经营规模、二级市场股票价格的走势等均会影响存款人对商业银行清偿力的判断。同时，银行作为信用机构，其信誉和公众形象也会影响客户的选择。

二、存款经营策略

存款经营关系到商业银行经营的成败，它不仅直接影响商业银行资产扩张的速度和规模，而且也直接影响商业银行的市场占有率，反映了客户忠诚度，折射出企业品牌、形象等。因此，无论是哪家商业银行，都高度重视稳定存款来源、开拓存款渠道的存款管理工作。存款管理的重要举措有以下方面。

（一）丰富存款品种

若银行开发的存款种类繁多，能满足来自不同社会阶层和群体的存款人的需要，就能够吸引众多的客户，从而占有可观的市场份额。因此，银行要细分产品，研究不同层次、不同类型客户的存款动机，针对各类客户的需求量体裁衣，量身定做满足其潜在需求的产品，将潜在需求转变成现实需求。随着金融管制的不断放松，银行自主研发的金融产品越来越多。但归根结底，金融产品的开发一定是围绕着客户的需求，从流动性、收益性和安全性的角度进行设计，从产品的载体、使用方式和附加属性等方面加以组合运用的过程。

（二）合理定价

存款定价包括存款利率、相关服务费用、优惠条件和附加服务等，制定合理的存款价格是银行占有市场的关键环节。

存款资金价格直接影响到客户的存款意愿。银行首先应该考虑存款的利率水平是否对客户具有足够的吸引力。不过，单纯靠提高存款利率来吸引存款，不仅会增加银行的资金成本，而且还会受到监管制度的制约，因此并不是一个理想的手段。在此约束下，银行往往借助降低相关服务费用、增加优惠条件和提高存款的附加值方式来吸引客户开设账户。这种组合式的变相提高存款价格的方式已经逐渐成为新世纪商业银行存款竞争的主流方式。

（三）增加服务项目和提高服务质量

依靠价格的竞争来吸引存款是比较初级的存款市场竞争方式，其弊端不仅表现在提高了银行的存款成本，而且从客户的角度而言，若公众存款是以延期消费和规避风险为目的，那么其存款需求的利率弹性也不高。因此，现代银行更注重通过提供优质服务来增强其在存款市场上的竞争力。银行可以通过推出各种新型的服务项目来满足客户的偏好，同时以更快捷、更便利、更人性化的服务来提高银行在客户中的影响力，以热忱、高效、体贴的服务来赢得客户的信赖和支持。

（四）提供以贷引存等吸收存款的附加措施

这是时下惯用的一种吸引存款的方法。银行通过承诺满足客户的资金需求来吸引其开设存款账户，并要求借款人根据贷款数量的一定比例在其账户中保持一定数量的存款，称之为补偿性余额，由此进一步强化存款增长和贷款发放之间的相互依存关系。提供授信额度是银行进行存款竞争的一种手段，但是其实质是将存款与银行提供的其他服务结合起来，通过增加存款的附加服务和附加条件来吸引存款，相信以后通过这种方法来吸引存款的手段和组合方式会越来越多。

（五）加大存款的营销力度，完善网点设置和硬件设施

银行通过推介新产品来发掘存款市场的潜力，通过营销来争取新的客户，这些都需要经过充分的市场营销来实现。传统的中国商业银行不重视这种现代化的营销理念。但是随着银行竞争的加剧和同质化，通过营销来加强对市场的渗透和占有已经为越来越多的商业银行所重视和运用。

银行服务的同质化导致分支机构、营业网点的地理位置成为传统银行进行存款竞争的一大影响因素。客户通常按照方便的原则，就近选择一家银行开户并接受其所提供的金融服务。对于银行来说，合理地设置营业网点是竞争中需要考虑的一个重要因素。但是随着信息技术的不断发展，这一影响存款竞争的重要因素的作用在不断减弱。自动存取款机的普及和电子结算网络的广泛运用，尤其是网络银行的兴起（包括传统银行业务的网络化），任何时候、任何地方、任何方式的服务优势一定程度上淡化了营业网点在存款竞争中的作用。不过在现阶段，人们的交易习惯还没完全改变，网络银行交易的风险依然存在，传统柜台业务依然占据着存款业务的相当比例，一般客户对有形交易设施仍然存在心理上的依赖。先进可靠的配套服务设施、幽雅舒适的环境依然是银行吸引客户的重要因素。

（六）提升银行信誉和公共形象

银行不仅需要有宽敞明亮、豪华气派的营业场所，更需要塑造良好的企业形象。银行营销手段、职员素质和管理层的风貌等都将体现企业文化和经营的导向，从而使公众产生不同的印象，形成对银行的综合评价。不仅如此，银行还应重视自己的社会角色，如通过参与社会事务、公益活动，致力于支持当地经济的发展，为民众提供便利的金融服务。良好的公众形象和公共关系是银行拓展存款业务的必要外在条件。

三、存款的稳定性分析与管理

银行一方面要积极地开拓存款市场，另一方面也要考察存款的稳定性，以便妥善安排资金的运用和防范流动性风险。

（一）影响存款稳定性的因素

1. 趋势性因素。社会经济的长期发展趋势，如人口迁移、技术进步、经济结构的调整和消费者行为的变化等都会影响存款的稳定性。

2. 季节性因素。社会习俗、生产运营的自然周期等也会反映到存款的稳定性上来。如节前存款支取比重通常较大，节后存款通常回流；对于在高校周边的银行，开学季节存款激增；对于以农业为主要客户的银行，农闲季节存款较为稳定，农忙季节则存款支取量大，收获季节存款激增；等等。

3. 周期性因素。在经济繁荣期，存款趋于上升；在经济萧条期，存款趋于下降。

4. 临时性因素。意想不到的因素所导致的存款规模的变化，这种因素通常来自某些突发的事件，具有不可预测性。

5. 市场价格的因素。这是指存款利率与其他金融市场收益率的对比。若基金收益率较高，则存款会流向基金市场；若债权股票市场平均收益率较高，则存款会流向债券和股票市场。它反映的是存款机会成本下存户的选择。

（二）存款稳定性管理

不同类型的存款对各种因素的敏感程度是不同的，银行往往根据存款的稳定程度将存款划分为核心存款和非核心存款进行管理。

1. 核心存款。这是指那些对利率变化不敏感，不随上述因素的改变而改变的存款。这种存款通常是通过积累财富来满足未来以长期消费为目的、追求资金安全和有特定用途的存款。一般不会提前支取，稳定性较强，通常将定期存款、可转让的存单和专项存款视为核心存款，但不同银行的核心存款构成应具体分析认定。

2. 非核心存款。也称为波动性存款和易变性存款，包括季节性存款和脆弱性存款。前者是指存款具有明显的季节性特征，后者则是指对利率、其他市场的收益率等非常敏感的游资。对于这种存款，银行需要大量的流动性储备作为支付保障。

为提高存款的稳定性，银行通常会增加核心存款的比重并延长波动性存款的平均占用时间，同时通过调整客户结构以消除对某类客户存款的过分依赖，通过提高顾客满意度维系顾客的长期忠诚，通过适当的利率调整提高存款的收益，通过提升自身的实力、资信等来稳定并扩大客户来源。

第三节　存款定价

存款定价关乎商业银行在存款市场的竞争态势，既是商业银行降低成本的需要，也是商业银行管理水平的综合体现。存款定价受制于一般的定价原则，是一种科学，也是一门竞争的艺术。

一、存款定价原则

存款定价既关系到商业银行的竞争状况，又关系到商业银行的盈利状况。一方面商业银行需要通过有竞争力的存款价格来吸引存款，另一方面又要尽可能地降低存款的成本，因此对于商业银行来说，存款定价面临资产规模扩张和盈利性的两难抉择。但是总的来说，存款定价应坚持以下几个原则。

（一）成本导向型的原则

商业银行是特殊的企业，它既具有一般企业的共性，也有其独特的个性。作为企业，商业银行是以利润最大化或者说企业价值最大化作为经营目标的。按照经济学中关于实现企业利润最大化所应满足的条件进行合理推论，存款定价应坚持存款的边际成本等于其边际收益的原则。在实际的定价过程中，这种经济原则有各种变形，如边际成本的定价方法、增量成本定价法等，不管其具体形态如何，坚持以存款成本作为定价的基本依据是定价中的基本原则。

（二）反映银行经营策略的定价原则

存款的定价中应当包含和体现银行的经营战略，如某银行是以巩固原有的市场份额、以精细化经营作为某一阶段的经营战略，并不强调银行资产规模的迅速扩大，而是要通过精细化管理和内部挖潜来提高银行的运作能力，那么在它的存款定价中更应该体现的是稳定原有客户，以附加的金融服务作为主要的手段来提高原有客户的忠诚度。若某银行是以存款规模的迅速扩大和有效占领存款市场作为经营战略，则可能采取以渗透市场为主要目的的优惠存款定价方法。可见，存款的定价过程中应该坚持与经营策略保持一致、有效体现经营策略的定价原则。

（三）区别定价的原则

商业银行存款客户众多，不同客户与银行的紧密程度、对银行的贡献大小也不相同。因此，在存款定价过程中不应该坚持一视同仁的原则，而应该采取区别定价的原则。

二、存款定价方法

存款定价是存款管理的关键环节。根据不同的产品，制定合理的价格，是银行能够在激烈竞争中取胜的重要手段。

（一）边际成本定价法

对于一个固定成本占总成本较大的行业来说，采取边际成本定价方法较为合适。这是因为：第一，通过边际成本来进行考察可以更为准确地看出产品定价的盈利状况，即某一单位价格只要大于增加一单位的变动成本，则价格即为可以接受的。如航空业机票的打折程度、旅店业房间的折扣等。对于商业银行这种追求规模经济的行业，边际定价的方法同样可以准确地看出存款利率的最高限额。第二，将边际成本和边际收益联系起来还可以决定存款的最优边界或者说最优规模。第三，即使单纯地审视存款的成本，通过边际成本的核算，还可以帮助银行决定存款的类型。即在一定的阶段情况下，继续吸收何种类型的存款都可以实现成本的最小化，从而有利于商业银行的成本控制。

如果银行采用加权平均成本定价法，就不能确切反映存款的真实价格。比如，当利率下降时，筹集新资金的追加成本会低于平均成本，某些贷款从平均成本的角度看是亏损的，但以边际成本计算则是盈利的；相反，如果利率上升，筹集新资金的边际成本大于平均成本，按照平均成本看应提供贷款，但按更高的边际成本看则可能是完全不盈利的，因此，在利率处于频繁变动的情况下，边际成本定价法尤为有效。其计算方法如下：

边际成本 = 总成本的变动

= 新利率 × 以新利率筹集的资金 − 旧利率 × 以旧利率筹集的资金

边际成本率 = 边际成本 / 筹集的新增资金额

例 1：某银行若以 7% 的存款利率可吸取 25 万元的新增存款，以 7.5% 的利率可吸取到 50 万元的新增存款，以 8% 的利率可吸取到 75 万元的新增存款，以 8.5% 的利率可吸取到100万元的新增存款，以9%的利率可以新增存款125万元。若新增存款均可以10%的利率发放出去，且贷款利率不随贷款量的增加而改变，如何据此确定最优的存款利率呢?

表5－1列出了边际成本定价方法下的边际成本率和边际收益率之间的关系，从中可以看出这种定价方法的特点。

表5－1　　存款的边际成本定价示例

存款利率（%）	新增存款量（万元）	边际成本（万元）	边际成本率（%）	边际收益率（%）	利润（万元）
7	25				
7.5	50	7.5%×50－7%×25=2	8	10	1.25
8	75	8%×75－7.5%×50=2.25	9	10	1.5
8.5	100	8.5%×100－8%×75=2.5	10	10	1.5
9	125	9%×125－8.5%×100=2.75	11	10	1.25

计算说明：

1. 边际成本=新利率×以新利率筹集的资金－旧利率×以旧利率筹集的资金
2. 边际成本率=边际成本/筹集的新增资金额
3. 利润=对应的存款数量×投资收益率－对应的存款数量×存款利率

从例1中可以看出，在边际成本率小于边际收益率时，继续提高存款利率不仅可以使存款数量增加，而且总利润在增大，故此时银行应该采取继续提高利率的策略；当边际成本率等于边际收益率时，存款数量增加，总利润达到最大；当边际成本率大于边际收益率时，虽然存款数量继续增加，但此时银行总利润已经下降了，因此此时不应该采取提高利率的策略了。可见，边际成本有助于确定存款利率的最大限额，同时确定了银行存款的最大扩张程度。

（二）有条件定价法

这种方法又称为存款费用安排定价法。在西方发达国家，商业银行对交易型账户通常采取统一定价、免费定价和有条件自由定价三种方法。自从美国商业银行出现付息交易账户以后，有条件定价法得到了广泛的运用。

1. 统一定价法，指不区分账户的活动性程度，也不论账户余额的多少，统一采取同样的固定的收费标准。

2. 免费定价法，指商业银行不向存款人收取账户维持费和结算服务费等费用，但给予账户较低的利率。在这种定价方式下，客户事实上支付了隐性费用。

3. 有条件定价法，指商业银行根据账户的实际情况来确定账户的存款利率和结算服务费标准。其定价依据主要有：第一，考察期内的账户平均余额；第二，账户结算的业务量大小。余额越大，费率越低；交易次数越多，费率越高。

（三）市场渗透定价法

市场渗透定价法是一种不考虑短期内谋求利润和收回成本的定价方法。目的是通过向客户提供远高于市场平均水平的高利率，或是以低廉的服务收费来吸引尽可能多的客户存款，以便在短时间迅速占领较大的市场份额。

高利率的政策可能因为客户的忠诚度而获得成功，也可能因此而失败。银行采用较高的利率吸引来客户后，再通过提高服务质量，增加服务品种，会培养客户对银行的忠诚度。即使银行以后采用较低的利率，客户由于不愿承担变换银行所带来的一系列代价，会继续忠诚于该银行。这种办法也可能导致高利率政策失败，因为一些客户不愿为获得利率差额收益而频繁更换开户银行。但该方法对新开户的客户一般能起作用。

（四）高层目标定价法

采用该方法的银行规定较高的收费标准或要求存款账户保持某个最低的余额，实际是只向高收入家庭或个人提供服务，将银行服务定位在高端客户。这样的定价方法可以吸收高余额、低活动性的存款，可以给银行筹集较稳定的资金来源，同时降低银行成本。银行往往通过使用精心设计的广告来加以推广，以事业有成的客户作为目标客户，通过高质量、全方位的银行服务来换取高额的回报。

（五）金融市场定价法

在金融市场发达的国家，竞争比较充分，资金的利率水平可以在市场中得到充分的展现，这给商业银行的存款定价提供了一个指引和参考。商业银行可根据国债、货币市场基金和可转让存单等货币市场工具的收益率来确定存款账户的利率；同时，金融市场的利率处于不断浮动的状态中，商业银行可根据市场利率的变化调整利率水平。在调整利率时，可以根据需要按年、按月调整，也可按日调整。这种定价方法充分地顾及了银行的资金成本，从而避免了存贷利差倒挂的现象，是商业银行规避利率风险的一种定价方法。

（六）客户关系定价法

客户关系定价法是指商业银行根据客户使用的服务数量和涉及的服务类型，从中核算出客户对商业银行所作出的利润贡献来进行定价的一种方法，实际上就是差别定价法。其特点是：对使用银行服务类型越多、服务越频繁的客户收取较低的费用甚至免除某些费用，而对那些使用服务类型较少的客户则收取较高的费用。这一方面可增强客户对银行的依赖，另一方面提高了存款的稳定性。

总之，在自主定价之后，商业银行需要根据市场和自身情况，积极稳妥地调整存款利率吸引客户，满足自身对资金的需求。

本章小结

1. 银行的存款品种十分丰富，银行存款分为交易账户和非交易账户两大类。其中交易账户包括活期存款账户、可转让支付命令、货币市场存款账户、自动转账账户、股金提款单账户等，非交易账户主要包括定期存款和储蓄存款两大类。随着竞争的加剧和客户个性化需求的增多，许多存款创新的品种层出不穷。将收益性、流动性、服务方式、账户载体等方面进行有机的结合和重新的调整是创新的基本方式。

2. 影响商业银行存款规模和结构的因素众多，既有宏观层面的因素，也有微观方面的因素。尽管在众多影响因素中，有许多因素是商业银行所不能控制的，但是商业银行仍在不断调整自己存款的经营策略，通过进行合理的存款定价、丰富存款的品种等方式赢得在存款市场中的主动地位，对存款加以科学的管理。

3. 给存款进行合理的定价是在存款市场竞争获胜的关键因素之一，存款定价不仅要反映存款的成本，而且要反映和体现商业银行在某一阶段的经营策略。存款定价的方法有边际成本定价法、有条件定价法、市场渗透定价法、高层目标定价法、金融市场定价法和客户关系定价法等。

本章重要概念

交易账户　储蓄存款　MMDAs　CDs　个人退休金账户　现金管理账户
结构性存款　边际成本定价法　有条件定价法　客户关系定价法

本章思考题

1. 任意选取身边一位同学，根据他的收入状况、消费模式和风险偏好，在了解其需求的基础上为其设计一个储蓄存款新品种（含期限、支付方式、账户载体和账户定价等基本要素），并为这一新品种的推广作一个策划。

2. 结合影响商业银行存款的因素说明应如何制订科学的存款计划。

3. 评述一些商业银行为何高度关注存款的规模及增长幅度，比较其各自的动机和目的，并思考这种做法的利弊。

4. 结合现实情况说明我国不同类型商业银行存款的经营策略。

5. 查阅相关案例，仔细体会边际成本定价法的优点和适用范围。

本章参考书

[1] 黄宪、赵征等:《银行管理学》，武汉，武汉大学出版社，2004。
[2] 庄毓敏:《商业银行业务与经营》，北京，中国人民大学出版社，2004。
[3] 郑鸣:《商业银行管理学》，北京，清华大学出版社，2005。
[4] 戴国强:《商业银行经营学》，北京，高等教育出版社，2002。
[5] 汤毅林:《现代商业银行业务管理》，北京，中国财政经济出版社，2005。

第六章

非存款负债及表外融资管理

为适应经济和政策环境的不断变化，商业银行的资金来源经历了一个充满进取和变革的发展历程。存款是商业银行的传统负债，除存款外，银行还可以通过非存款负债及表外融资获取资金。

第一节 非存款负债管理

对银行来说，非存款负债相对于存款负债而言具有较大的流动性、灵活性和稳定性，是银行的主动负债。自20世纪60年代以来，非存款负债在银行负债中的比重不断上升，逐渐成为各国商业银行重要的资金来源之一。

一、非存款负债资金来源

商业银行非存款负债种类主要包括同业借款、向中央银行借款、发行金融债券、证券回购和国际金融市场借款。

（一）同业借款

同业借款是指金融机构之间的短期资金融通活动，主要有同业拆借、转贴现和转抵押。

1. 同业拆借。同业拆借指的是金融机构之间的短期资金融通，主要用于支持日常性的资金周转，它是商业银行为解决短期资金余缺、调剂法定准备金头寸而融通资金的重要渠道。由于同业拆借一般是通过商业银行在中央银行的存款账户进行的，实际上是超额准备金的调剂，因此又称中央银行基金，在美国则称为联邦基金。

在发达国家，同业拆借市场一般为无形市场。我国1996年开通的全国同业拆借一级网络和各省、市的融资中心均为有形市场。1996年初至1997年7月，我国同业拆借市场由两级网络组成，商业银行总行为一级网络成员，银行分支行和非银行金融机构为二级网络成员；各省、市融资中心既是一级网络成员，又是二级网络的组织者和参与者，成为沟通一级网络和二级网络的桥梁。

1997 年 8 月，融资中心为加强自身风险的管理和控制，主动减少自身的交易规模，市场交易由拆借双方自行清算、自担风险，交易成员奉行“安全第一，价格第二”的原则，拆出方把防范信用风险放在首位，拆借主要在资金实力雄厚、信誉较好的商业银行总行之间进行。

1998 年 2 月以后，融资中心退出拆借市场，也就宣告拆借市场二级网络的终止。1998 年 4 月，外资银行开始进入拆借市场。1998 年 6 月，我国商业银行省级分行开始成为拆借市场成员，但拆借依然维持在商业银行总行之间。

目前我国同业拆借市场的特点是：拆借对象以银行为主，银行间拆借又以系统内和地区内为主。我国的同业拆借市场由 1 ~7 天的头寸市场和期限在 120 天以内的借贷市场组成，拆借活动以借贷市场为主，拆借期限较长。期限在 90 天的拆借占全部交易量的 50% 以上，发达国家的同业拆借多为期限在几天以内的头寸市场，如期限为 1 天的美国联邦资金市场的隔夜放款要占到同业拆借总额的 70% 以上。

同业拆借的利率以协商为主，一般系统内低于系统外，地区内低于地区外，城市低于农村。但从总体看，一般是以高于存款利率、低于短期贷款利率为限，否则拆借盈亏就不能达到保本的要求。通常情况下，拆借利率应略低于中央银行的再贴现率，这样能迫使商业银行更多地面向市场借款，有利于中央银行控制基础货币的供应。商业银行拆借额度的确定必须立足于自身的承受能力。拆出资金以不影响存款的正常提取和转账为限，拆入资金必须视本身短期内的还债能力而定。

2. 转贴现。转贴现是指中央银行以外的投资人从二级市场上购进票据的行为。商业银行通过转贴现在二级市场卖出未到期的贴现票据以融通到所需要的资金，而二级市场的投资人在票据到期前还可进一步转手买卖，继续转贴现。转贴现的期限一律从贴现之日起到票据到期日止，按实际天数计算。转贴现利率可由双方议定，也可以贴现率为基础参照再贴现率来确定。在我国，票据款项的回收一律向申请转贴现的银行收取，而不是向承兑人收取。

3. 转抵押。转抵押是指商业银行在资金周转困难时，将客户的抵押财产再抵押给其他商业银行或其他金融机构，以取得资金的一种融资方式。转抵押手续复杂、技术性强。一般情况下，商业银行为维护自己的信誉，很少采用这种方式。

（二）向中央银行借款

商业银行向中央银行借款的主要形式有两种，一是再贴现，二是再贷款。再贷款是中央银行向商业银行的信用放款，也称直接借款；再贴现是指经营票据贴现业务的商业银行将其买入的未到期的贴现汇票向中央银行再次申请贴现，也称间接借款。在市场经济发达的国家，由于商业票据和贴现业务广泛流行，再贴现就成为商业银行向中央银行借款的主要渠道；而在商业票据信用不普及的国家，则主要采取再贷款的形式。

由于中央银行向商业银行的放款将构成具有成倍派生能力的基础货币，因此各国中央银行都把对商业银行的放款作为宏观金融调控的重要手段。中央银行在决定是否向商业银行放款、何时放款、放多少款时遵循的最高原则是维护货币和金融的稳定；其利率随经济金融形势的变化而经常调节，通常要高于同业拆借利率。在一般情况下，商业银行向中央银行的借款只能用于调剂头寸、补充储备不足和资产的应急调整，而不能用于贷款和证券投资。在特殊情况下，如为满足强化国家计划、调整产业结构、避免经济滑坡和企业倒闭的资金需要，中央银行的放款也可能被不定期地展期下去，但这应当被视为一种迫不得已而采取的办法。

目前，我国商业银行向中央银行借款主要采取贷款这一直接借款形式。今后，随着我国票据贴现市场的不断发展扩大，逐步以再贴现取代再贷款，将是历史发展的趋势。

（三）其他短期借款渠道

1. 回购协议。采用回购协议方式是指商业银行在出售证券等金融资产时签订协议，约定在一定期限后按约定价格购回所卖证券，以获得即时可用资金的交易方式。回购协议中，双方协定的日期为 1 天的称为隔夜回购，超过 1 天的为定期回购，未规定日期的称为开放式回购。通常协议签订后由银行向资金供给者出售证券等金融资产以换取即时可用资金，协议期满后，再以即时可用资金做相反交易。回购协议最常见的交易方式有两种，一种是证券卖出和购回采用相同的价格，协议到期时以约定的收益率在本金以外再支付费用；另一种是购回证券时的价格高于卖出时的价格，其差额就是即时资金提供者的收益。回购协议交易通常在相互高度信任的机构间进行，并且期限一般很短，如我国规定回购协议的期限最长不得超过 3 个月。回购协议是发达国家中央银行公开市场操作的重要工具。

2. 大面额存单。大面额存单是银行负债证券化的产物，也是西方商业银行通过发行短期债券筹集资金的主要形式。大面额存单的特点是可以转让，并且有较高的利率，兼有活期存款流动性和定期盈利性的优点。在西方国家，大面额存单由大银行直接出售，利率由发行银行确定，既有固定利率也有浮动利率，期限在 1 年以内，在二级市场上的存单期限一般不超过 6 个月。有的国家也发行期限长达 2 ~ 5 年的利率固定的大面额存单，但认购者可自动换期，如换成 6 个月期限的存单，以便于在二级市场上转让。大面额存单可流通转让、自由买卖，但不能购回；存单到期还本付息，但过期不计利息。

3. 欧洲货币市场借款。欧洲货币实际是境外货币，指的是以外币表示的存款账户。交易欧洲货币的国际金融中心就成为欧洲货币市场。由于各国的国际贸易大都以美元计价结算，所以欧洲美元也就成为欧洲货币市场的主要货币。当今欧洲货币市场已从欧洲扩展到亚洲、非洲和拉丁美洲，形成一个全球统一的大市场。

欧洲货币市场的资金来自发达国家的商业银行、跨国银行的分支机构、国际银团、跨国公司、各国政府机构和中央银行、石油输出国、国际清算银行等，具有庞大的资金规模。欧洲货币市场分为短期货币市场、中期资金存放市场、政府公债和公司债券交易市场等。欧洲货币市场对各国商业银行有很大的吸引力，因为它是一个完全自由开放的富有竞争力的市场：（1）欧洲货币市场不受任何国家的政府管制和纳税限制，如借款条件灵活、借款不限制用途等。（2）其存款利率相对较高，放款利率相对较低，存放款利差较小。这是因为它不受法定存款准备金和存款利率最高额的限制，因此无论对存款人和借款人都具有吸引力。（3）欧洲货币市场资金调度灵活、手续简便，业务方式主要是凭信用，短期借款一般不签协议，无须担保品，通过电话和电传就可以完成。这里起决定作用的是借款银行的资信。(4) 欧洲货币市场的借款利率由交易双方依据伦敦同业拆借利率具体商定，其利率不受任何政府管制，具有较大的自主权。欧洲货币市场的这种自由开放、富有竞争力的特征吸引着越来越多的商业银行参与其中。由于我国对涉外金融管制较严，目前除中国银行外，国内其他商业银行对欧洲货币市场的短期借款渠道尚未真正开通。随着改革开放的不断推进，我国商业银行全面参与欧洲货币市场将成为不可阻挡的潮流。

(四) 商业银行的长期借款

商业银行的长期借款一般采用金融债券形式。当今世界的金融债券是20世纪70年代以来西方商业银行业务综合化、多样化发展和金融业务证券化的产物，它意味着商业银行负债的多样化发展已成必然趋势，进而体现了商业银行资产负债管理的许多新特点。

1. 商业银行长期借款的意义。商业银行之所以在存款之外还要发行金融债券，就是因为金融债券具有不同于存款的特点。第一，筹资的目的不同。吸收存款为的是全面扩大银行资金来源的总量，而发行债券则着眼于增加长期资金来源和满足特定用途的资金需要。第二，筹资的机制不同。存款吸收是经常性的、无限额的，而金融债券的发行则是集中性的、有限额的；吸收存款取决于存款客户的意愿，它属于买方市场，而发行金融债券的主动权则掌握在银行手中，就这一点而言，它属于卖方市场。第三，筹资的效率不同。由于金融债券的利率一般要高于同期存款的利率，对客户的吸引力较强，因而其筹资效率在通常情况下要高于存款。第四，所吸收资金的稳定性不同。金融债券有明确的偿还期，一般不能提前还本付息，资金的稳定程度高；而存款的期限则具有弹性，资金稳定程度相对要低一些。第五，资金的流动性不同。除特定的可转让存单外，一般存款的信用关系固定在银行和存款客户之间，不能转让；而金融债券一般不记名，有广泛的二级市场可以流通转让，因而比存款具有更强的流动性。

上述诸方面不同于存款的特点决定了金融债券的发行对银行负债经营的发展有较大的积极意义：首先，金融债券突破了银行原有存贷关系的束缚，它面向社会筹资，筹资范围广泛，既不受银行所在地区资金状况的限制，也不受银行自身网点和人员数量的束缚。其次，债券的高利率和流动性相结合，对客户有较强的吸引力，有利于提高和增加银行筹资的速度和数量。再次，发行债券所筹的资金不用缴纳法定准备金，这也有利于提高银行资金的利用率。最后，发行金融债券作为商业银行长期资金来源的主要途径，使银行能根据资金运用的项目需要，有针对性地筹集长期资金，使资金来源和资金运用在期限上保持对称，从而成为商业银行推行资产负债管理的重要工具。

总之，金融债券的主要功能在于拓宽了银行的负债渠道，促进了银行负债来源的多样化，增强了负债的稳定性。但与存款相比，金融债券的局限性也比较明显。第一，金融债券发行的数量、利率、期限都要受到管理当局有关规定的严格限制，银行筹资的自主性不强。第二，金融债券除利率较高外，还要承担相应的发行费用，筹资成本较高，受银行成本负担能力的制约。第三，债券的流动性受市场发达程度的制约，在金融市场不够发达和完善的发展中国家，金融债券的种类少，发行数量也远远小于发达国家。

2. 金融债券的主要种类。金融债券有资本性金融债券、一般性金融债券和国际金融债券之分。

（1）资本性金融债券。资本性金融债券是指商业银行为弥补资本不足而发行的一种债券，《巴塞尔资本协议》称之为附属资本或次级长期债务。由于在资本金管理中已有介绍，在此不再赘述。

（2）一般性金融债券。一般性金融债券是指商业银行为筹集用于长期贷款、投资等业务的资金而发行的债券。这类债券依据不同标准可以划分为不同的种类。

①担保债券和信用债券。担保债券是指有第三者担保或者以发行者本身所拥有的财产作抵押而发行的债券；信用债券是指完全以发行者本身的信用作保证而发行的债券，这类债券也称为无担保债券。商业银行尤其是大银行依据其强大的信用保证，一般发行的都是信用债券。今后，随着我国合作性和民营性中小银行的发展，担保性金融债券也必将会提上议事日程。

②固定利率债券和浮动利率债券。固定利率债券指的是在债券期限内利率固定不变，持券人到期收回本金，定期取得固定利息的一种债券。浮动利率债券则是指在债券期限内，根据事先约定的时间间隔，按某种选定的市场利率进行利率调整的债券。

20 世纪 80 年代以来，在金融自由化浪潮冲击下，市场利率变动频繁，发行银行和投资者为规避风险，浮动利率债券逐渐被广泛采用，其发行数额的增加幅度远远超过了固定利率债券的增幅。在国际上，浮动利率债券的利率通常按伦敦同业拆借市场利率（LIBOR）同方向波动，一般按事先约定的利率调整幅度，如 LIBOR 0.3，指只有当市场利率波动超过 0.3 的幅度时才加以调整。国际上通常每 3 个月或 6 个月调整一次利率，主要取决于债券期限的长短。我国商业银行发行固定利率债券和浮动利率债券。

③普通金融债券、累进利率金融债券和贴现金融债券。普通金融债券是定期存单式的到期一次还本付息的债券。这种债券的期限通常在 3 年以上，利率固定、平价发行、不计复利。这种债券有些类似于定期存单，但它具有金融债券的全部特征。

累进利率金融债券是浮动期限式、利率和期限挂钩的债券。其期限通常为 1 ~5 年，债券持有者可以在最短和最长期限内随时到发行银行兑付，但不满 1 年的不能兑付。利率采用累进制的方法计算，即按债券持有期限分成几个不同的等级，每一个时间要按不同的利率计付利息，投资期限越长，利率越高，既有利于鼓励投资，也使银行所筹的资金相对稳定。

贴现金融债券也称贴水债券，是指银行在一定的时间和期限内按一定的贴现率以低于债券面额的价格折价发行的债券。这种债券的券面上不附有息票，到期按面额还本，其利息就是债券发行价格与票面价格的差额。对贴现债券收益率的计算应使用复利到期收益率公式，按实际天数计算利息。

④附息金融债券和一次性还本付息金融债券。一次性还本付息金融债券是期限在 5 年以内、利率固定、发行银行到期一次付本息的金融债券。国际上流行的普通金融债券大多是附息债券，指的是在债券期限内每隔一定时间（半年或 1 年）支付一次利息的金融债券。这类金融债券的券面上通常附有每次付息的息票，银行每支付一次利息就剪下

一张息票，故又称剪息票债券。附息金融债券可以有较长的期限，并能有效减轻银行在债务到期时集中付息的利息负担。

（3）国际金融债券。国际金融债券指的是在国际金融市场上发行的面额以外币表示的金融债券。它不仅包容了上述所有的债券品种，而且内容更为广泛。这里我们仅从市场和货币的角度简要介绍几种通行的国际债券。

①外国金融债券。它是指债券发行银行通过外国金融市场所在国的银行或金融机构发行的以该国货币为面值的金融债券。如我国的银行通过日本的银行或金融机构在日本东京市场发行日元债券，即为外国金融债券。

②欧洲金融债券。它是指债券发行银行通过其他银行和金融机构，在债券面值货币以外的国家发行并推销的债券。如我国的银行在伦敦市场发行美元债券或在法兰克福市场发行日元债券。前者称为欧洲美元金融债券，后者称为欧洲日元金融债券。

③平行金融债券。它是指发行银行为筹措资金，在几个国家同时发行债券，债券分别以各投资国的货币标价，各债券的筹资条件和利息基本相同。实际上，这是一家银行同时在不同国家发行的几笔外国金融债券。

在以上几种债券中，欧洲金融债券通常以国际通用货币（美元）标价，所筹资金的使用范围广泛，因而是一种主要的国际金融债券。

二、非存款负债资金管理

（一）短期借款的选择

1. 时机选择。商业银行如何有效利用短期借款，有一个时机选择问题。首先，银行应根据自身在一定时期的资产结构及其变动趋势来确定是否利用和在多大程度上利用短期借款。如某一时期银行资产的平均期限较短，有相当能力应付流动性风险，且当时市场利率较高，就没有必要利用和扩大短期借款了；如情况相反，则必须注重短期借款的运用。其次，根据一定时期金融市场的状况来选择借款时机：在市场利率较低时，可适当多借入一些资金；反之，则少借或不借。最后，要根据中央银行货币政策的变化来控制短期借款的规模。如当中央银行采取紧缩的货币政策时，不但再贷款和再贴现的成本会提高，同时其他短期借款的成本也会相应提高，此时需适当控制借款；反之，则可考虑多借入一些款项。

2. 规模控制。短期借款是商业银行实现流动性、盈利性目标所必需的。但是并非短期借款越多对银行经营就越有利，因为借入资金有时比吸收存款付出的代价更高。如果利用短期借款付出的代价超过因扩大资产规模而获取的利润，则不应继续增加借款规模，而应通过调整资产结构的办法来保持流动性，或者通过进一步挖掘存款潜力的办法扩大资金来源。商业银行在资产负债管理中，必须全面权衡流动性、安全性、盈利性三者间的利弊得失，测算出一个适度的短期借款规模。

3. 结构的确定。商业银行的短期借款渠道很多，如何安排各种借款在短期借款总额中的比重，是一种重要的经营策略。从资金来源的成本结构看，一般应尽可能地多利用一些低息借款，少利用高息借款，以降低负债成本。但在资产预期效益较高、低息借款又难以争取时，也可适当借入一些利息较高的资金。从国内外资金市场的借款成本比较看，如果从国际金融市场的借款较国内便宜，可适当增加国际金融市场借款的比重；反之，则减少它的比重。从中央银行的货币政策看，如果中央银行提高再贷款利率和再贴现率，此时应减少向中央银行借款的比重；反之，则可适当增加向中央银行借款的比重。

4. 短期借款的管理。由于短期借款与存款相比具有在时间上和金额上相对比较集中的特点，短期借款的偿还期明确，从而为银行有计划地加以控制提供了方便。而且由于短期借款的期限较短，可以一般只用于调剂头寸、解决银行周转困难和临时性的资金不足。但短期借款的稳定余额是可以被长期占用的。

短期借款的以上特点决定了商业银行的管理重点：（1）主动把握借款期限和金额，有计划地把借款到期时间和金额分散化，以减少流动性需要过于集中的压力；（2）尽量将借款到期时间和金额与存款的增长规律相协调，把借款控制在自身承受能力范围内，争取利用存款的增长来满足一部分借款的流动性需要；（3）通过多头拆借的办法将借款对象和金额分散化，力求形成一部分可供长期使用的借款余额；（4）正确统计借款到期的时机和金额，以便做到事先筹措资金，满足借款的流动性需要。

（二）发行金融债券的经营管理

1. 发行申报。在金融法规比较健全的国家，对发行金融债券都有详细明确的法律规定，商业银行发行金融债券只要符合法律规定，仅向中央银行或金融监管部门备案即可；在金融法规不够健全或金融管制比较严格的国家和地区，银行则必须履行严格的申报、审批手续才能发行债券。我国对商业银行发行金融债券也有严格的规定，凡要求发行债券的商业银行，必须逐项向中国人民银行报送有关材料，经严格审查、批准后才能发行。

2. 信用评定。各国对金融债券的信用等级评定一般有三个标准，即盈利能力、资本充足率和资产质量。尤其是国际金融债券的发行，都要由专门的评级机构对发行者的偿还能力作出评价，对债券进行信誉评级，目的是为债券投资者提供参考，以保证国际债券市场的秩序和稳定。国际债券的信誉评级不是对发行者总的资信评级，而只是对发行该笔债券还本付息能力的评估。因此，同一发行者在一定时间内发行几笔债券，每笔债券的信誉等级不一定相同。

3. 发行数额和运用范围。监管部门对商业银行发行金融债券的数量一般都有相关规定，通常的做法是规定发行总额不能超过银行资本加法定准备金之和的一定倍数。对债券所筹资金的运用范围，有些国家没有明确规定，有些国家则要求用于中长期放款，也有的国家则规定只能用于专项投资。

4. 发行价格和发行费用。发行价格是以出售价格和票面金额的百分比来表示的。出售价格高于票面价格的称为高价（或溢价）发行，出售价格低于票面价格的为低价发行，出售价格等于票面价格的称为等价发行。在国际上，固定利率金融债券依其信用等级的高低大多为高价或低价发行，而浮动利率金融债券则通常都是等价发行。在我国，除少量贴水债券外，所有金融债券基本上都是等价发行。

债券发行银行除向投资者支付利息外，还要承担一定的发行费用，即利息加发行费用构成债券的发行成本。尤其是国际金融债券，其发行费用较高，包括手续费、旅费、通信费、印刷费、上市费用、律师费、债券管理费及其他服务费等。

5. 金融债券的经营要点。金融债券的发行要重视以下几方面：

（1）研究投资者心理。金融债券作为一种投资工具，能否顺利推销取决于投资者的购买心理。因此，商业银行必须研究和了解投资者对购买金融债券的收益性、安全性、流动性和方便性的心理要求，以客户为中心、以市场为导向，不断创新，并有针对性地设计和创新债券品种，不断满足投资者的需求，使金融债券具有广泛的市场购买力。

（2）做好债券发行和资金使用的衔接工作。要使债券发行数量和项目用款数量基本相等，不能发生闲置的现象；同时要搞好项目的可行性研究，进行收益成本比较，力求使项目效益高于债券成本。

（3）注重利率变化和货币选择。如预期利率有上升趋势，应采取固定利率的计息方式；反之，则采取浮动利率的计息方式。在利率有下降趋势的情况下，应考虑缩短固定利率债券的偿还年限，或在发行合同中列入提前偿还条款，这样可以较高的利率偿还旧债，以较低的利率发行新债。

国际债券的发行，原则上采用汇价具有下浮趋势的软货币作为票面货币。但在金融市场上，汇价趋势看涨的硬货币债券比较好销，而以软货币计价的债券则销售困难，要打开销路势必提高利率，这又要增加筹资成本。因此，发行银行必须对汇率和利率的变化进行全面的权衡和决策，在一定条件下并不排斥选用硬货币。

（4）掌握好发行时机。商业银行应选择市场资金供给大于需求、利率较低的时机发行债券。发行国内债券由于利率相对稳定，时机的选择主要取决于资金供给的充裕程度。由于国内债券的发行对象主要是个人，可选择第一季度末、6 月初居民无较大或集中消费的时期，每年 7 月的国债还本付息时间或在年终分配时抓紧推销金融债券。

第二节　表外融资管理

20 世纪 80 年代以来，金融创新层出不穷，商业银行除了从传统业务途径融资外，还可以通过资产证券化表外融资途径获取资金。

资产证券化是 20 世纪金融领域最重大和发展最快的金融创新和金融工具，是衍生证券技术和金融工程技术相结合的产物。资产证券化使商业银行既成了贷款的创造者，又成了贷款的出售者。资产证券化发展最完善的是美国的住房抵押贷款证券化，目前我国商业银行的贷款证券化尚处于起步阶段。

一、资产证券化的定义

资产证券化是指将缺乏流动性但却具有预期未来现金流的资产汇集起来，形成一个资金池，通过结构性重组，将其转化为可以在金融市场上出售和流通的证券，据以融通资金的过程。

从广义上讲，资产证券化包括一级证券化和二级证券化。一级证券化是指在金融市场上通过发行证券直接融资的过程，其所使用的金融工具包括商业票据、企业债券和股票，这种资产证券化属于一级证券化。我们现在所称的资产证券化属于二级证券化，它是指商业银行将已存在的贷款或应收账款等银行资产转化为可流通转让的交易工具的过程。例如，将不良贷款或小额的流动性低的住房抵押贷款汇集组合，包装成具有高流动性的证券。二级证券化是资产证券化的基本内涵。

资产证券化的核心是对银行资产中的风险与收益要素的分离与重组，使其定价和重新配置更为有效，从而使参与的关系人都受益。证券化的基础理论是证券组合理论，通过结构性重新组合，将信用质量相异的资产重组成高质量的证券，使其资产风险下降，进而提高其收益。

资产证券化的起源可以追溯到20世纪60年代末的美国。1968年，美国最早的住房抵押贷款债券问世，其发行人按一定标准把若干住房抵押贷款组合在一起，以此作为抵押发行债券。住房抵押证券的产生源于当时美国的住房金融制度。按照美国法律规定，只能由储蓄机构依靠当地居民储蓄存款提供住宅贷款，这就严重地限制了住宅金融业务的发展。为获取新的住房贷款资金来源，美国的政府抵押协会、联邦抵押协会和联邦住房贷款抵押公司开始将所持住房贷款按期限和利率进行组合，发行抵押证券（MBS）获得大量资金，用于发放住房抵押贷款，从而实现了住房抵押贷款证券化。住房抵押贷款证券化一经问世便获得了迅速发展，到了20世纪90年代，美国每年住房抵押贷款的60%以上是靠发行债券来提供资金的。

随着金融管制在欧美国家的放松和《巴塞尔资本协议》的实施，银行为提高资本充足率，纷纷降低资产风险，调整资产结构，刺激了资产证券化在世界各国的发展。

目前，资产证券化已遍及租金、版权专利费、信用卡应收账、汽车贷款应收账、消费品分期付款等领域。资产证券化市场已成为美国资本市场重要的组成部分。近年来，资产证券化开始在国际金融市场上迅速发展。欧洲、南美、亚洲的许多国家相继发行了贷款支持的证券。据美国穆迪公司预测，亚洲新兴国家证券化市场年均增长超过25%。

二、资产证券化的类型

资产证券化是以原始权益人的资产作为发行证券的基础，其发行的证券还延伸到了票据、债券、股票等有价证券。从基础资产和衍生的证券来考察，证券化资产的品种繁多。目前已被证券化的银行资产类型包括住房抵押贷款、不良贷款、汽车贷款、信用卡应收款、政府担保的中小企业贷款等。主要有以下品种：

1. 普通型资产支持证券。资产支持证券是以住房抵押贷款为基础，由接受委托的信托机构发行的转手证券。贷款出售机构将资产转移给信托机构，资产转移后对贷款出售银行有无追索权均可，贷款出售银行对证券的偿付不承担责任，由信托机构承担证券偿还义务，贷款的利息扣除管理费后都存入由委托人管理的账户，证券的利息由受托人支付。

2. 信用卡支持证券。该证券是以信用卡应收账款的出售为基础。通常情况下，该资产证券化过程中涉及的应收账款要高于信用卡支持证券的发行额。信用卡支持证券一般不会分期摊还本金，而是将应收账款已收款再投资于所涉及账户的应收账款中。例如，大通曼哈顿银行集中信用卡应收款资产集合，即信用卡持有者累积的债务，将其从资产负债表中移出，卖给受托人。大通银行保留为信用卡服务的权利，信用卡用户支付的本息，通过受托人转付给信用卡支持证券的投资者。这种证券又称为周转债务分期偿还证书（CARDS）。

3. 资产支持股票。资产支持股票亦称债权转股权，它是由特殊目的机构发行的。这个特殊机构从出售贷款银行处购买资产，如消费者贷款，这些资产经 AAA 级商业银行担保后，发行优先股或普通股。

4. 资产支持商业票据。资产支持商业票据是将金融资产以折价方式出售给一个特殊机构，这个特殊机构发行商业票据，并用从商业票据的发行中取得的收入来购买金融资产。

从理论上讲，任何产生现金流的应收债权都可以被证券化。但从资产证券化运作比较成熟的欧美等国家来看，一种可证券化的理想资产至少应具备以下几个特点：（1）债务人在地理分布和人口结构上应该具有多样性，这样便于产生比较稳定可测的现金流；（2）应有持续一定时期的较低比例的拖欠率、低违约率、低损失率的历史记录；（3）应有标准化的担保品条款，并且这些担保品具有较高的变现价值或者对债权人具有较大的效用；（4）应具有标准化和高质量的合同条款；（5）本息偿还能够分摊于整个资产的存续期。

三、资产证券化的一般运作程序

资产证券化是利用资本市场筹集资金的一种形式。资产证券化的本质是对银行产生的现金流进行分析和重组，经过复杂的技术处理转化为有价证券，将证券转移给金融市场上的投资者。资产证券化运作的独到之处是通过信用增级，使得信用等级较低的机构可以进入资本市场，通过资产的证券化来募集资金。

资产证券化运作的一般程序如下：

1. 贷款出售银行汇集资金池。基础贷款银行（原始收益人）依据自身资产负债情况和资产证券化融资需求，确定资产证券化目标。然后将自己拥有的能够产生未来现金收入流且需要证券化的资产进行清分、估算及结构性重组，汇集成资金池。可由原贷款银行和特设机构或其他大银行组成资金池管理公司，对汇集的资金流入量（原始贷款本息的归还）进行登记。

2. 组建特别目的公司作为证券化的基础。特别目的公司（Special Purpose Corporation，SPC）是为贷款资产证券化而特设的机构，它可以是一个信托投资公司、信用担保公司、投资保险公司或其他独立法人。该机构应有权威性资信评估机构评定的高资信等级；该机构也可由贷款出售银行全资控股，当贷款支持的证券还本付息完成后，这一控股特设机构将自行解体。成功地组建特设机构是资产证券化能够正确运作的基本条件和关键因素。

特设机构的核心业务就是将从原贷款银行购入的资产进行重组、打包等技术性处理，创造贷款支持证券，使贷款资产证券化。具体讲，特设机构可直接在资本市场上发行证券筹集资金，由特设机构设计并通过信用担保，由证券商组织发行证券。特设机构用贷款资产的现金流入量来清偿证券投资人的本息。

3. 特别目的公司与贷款银行签订资产转让合同。贷款银行（原始收益人）与特设机构以协议方式将银行自己的资产以及未来的现金流入量的权利转让给特设机构。转让的目的是隔断银行自身风险与贷款风险的关系。

4. 基础贷款银行出售资产。贷款银行将资金池的资产以出售的方式转让给特设机构。贷款出售业务从根本上改变了商业银行只发放贷款、不出售贷款的传统定义，并使贷款和证券具有趋同性。贷款出售主要采用参与出售、转让出售和债务更新三种形式。

（1）参与出售。参与出售是指贷款资产的买方（即特别机构）对银行贷款的借款人没有直接的权利，即对借款人还款的要求以及对借款人的检查权等贷款的附加权利不转让。通俗地讲，贷款出售银行为保持与借款人的关系，不同意特设机构与贷款的借款人有直接接触的权利。通常是在贷款出售协议中以此方式隔离贷款买方与借款人的关系，一般规定特设机构（贷款买方）对银行（贷款卖方）无追索权。因此，参与出售形式下的特设机构必须依靠贷款出售银行收集贷款信息。

（2）转让出售。转让出售是指贷款出售银行将基础贷款协议的权利和义务从法律上和实际上出售给作为卖方的特设机构。具体来讲，即通过贷款的借款人与特设机构签订转让协议或在原贷款合同上背书转让。转让形式下的贷款出售使借款人与特设机构可直接接触，有权对借款人行使协议所规定的权利，但贷款出售银行有义务提供信息中介。

（3）债务更新。债务更新是指贷款出售银行先终止与借款人的贷款合同，再由特设机构与借款人按原贷款合同条款重新签订合同，重新确立债权债务关系。

5. 特别目的公司对资产进行重组。特设机构购买资产后，以所购资产为依托设计出资产支持证券。资产支持证券的创造过程是证券化的核心技术，资产证券化的核心就是对基础贷款的现金流进行重组。因此，资产证券化的核心是资产重组技术。这样，资产重组和创造合成证券就成了特设机构的主要业务。

对需要证券化的资产进行分析、分类是资产重组的关键环节，通过分析基础资产的现金流，寻找能够为证券的偿还提供稳定、均匀现金流的资产。一般正常贷款的现金流由基础贷款利息、本金提前偿还可能性和贷款质量构成。其中，基础贷款的利息是贷款支持证券利息的组成部分；贷款本金又是证券本息的资金来源，而贷款的提前偿还又会减少基础贷款的现金流，会对由贷款支持的证券带来偿还风险，基础贷款的质量将直接影响支持证券的质量。

通过将资金池中的贷款资产现金流进行分类后，把相同性质的现金流捆在一起，通过信用增级、证券评估等技术处理，在相关法律政策、会计制度的准许下，设计、创造出以基础贷款为支撑的有价证券：抵押债券或优先股股票和普通股股票。

6. 信用增级。特设机构为吸引投资者，改善证券发行条件，或为达到证券交易所上市准入标准，需提高贷款支持证券的信用等级，即对证券进行信用增级。具体讲，就是通过资信评估机构、信用担保机构、保险公司办理证券评级、金融担保、保险等手段，提高资产支持证券的信用级别，使得发行的证券得到第三者的支持。第三者因信用支持成了资产支持证券的第二责任人，从而增加了证券的信用度并分散了风险，使投资人的投资风险降低而相对提高了收益。

除上述增级设施外，还可以通过超额抵押、对出售贷款银行行使追索权等措施来进行信用增级。

7. 证券承销商发行证券。信用增级后，特设机构委托证券承销商将创造出来的贷款支持证券，经有关证券监管部门批准后，向资本市场的投资人进行推销。证券商在推销时按照与特设机构协议规定的方式和价格，采用包销、承销或代销方式发行证券。特设机构从证券商那里获得销售收入，并按与贷款销售银行签订的合同所规定的价格，向贷款出售银行支付购买被证券化的资产的价款。有的证券在发行完成后，可申请到证券交易所上市流通转让。

8. 资金池公司进行贷款资产管理。贷款出售银行或特设机构委托资金池公司管理资金池。资金池公司一般由大银行承担，对资金池进行管理，负责收款，记录由资金池产生的现金流，用贷款资产的现金流支付贷款支持证券投资者的本息。当证券到期后，特设机构通过资金池公司向投资者还本付息，支付信用增级的各种费用。当支持证券全部偿还后，如资金有剩余，按协议规定可在贷款出售银行和特设机构之间进行分配。

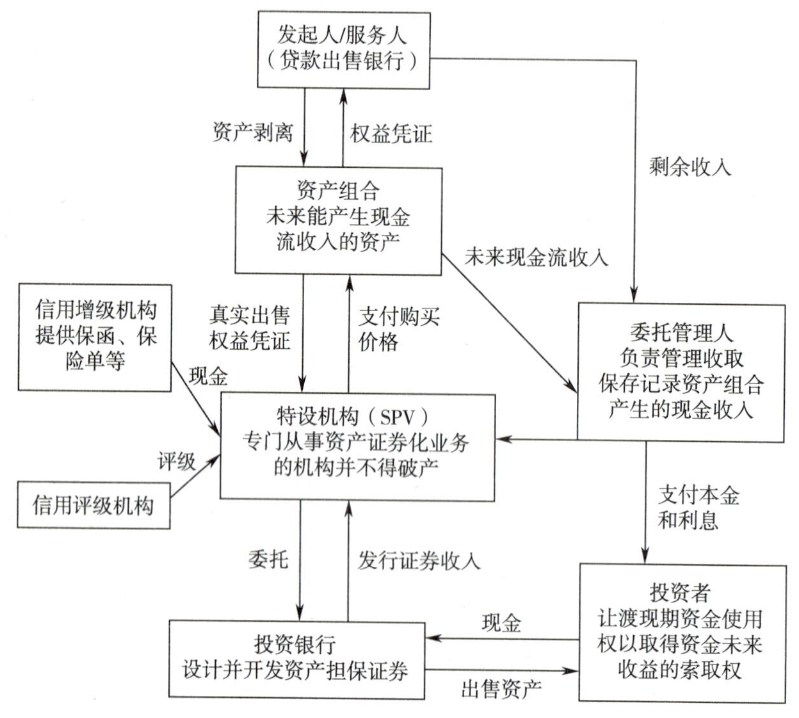

图 6－1 资产证券化的基本运作程序图

2005 年末，中国建设银行将上海、江苏、福建三家分行所持有的个人住房抵押贷款打包，设立了国内首个以个人住房抵押贷款证券化为目的的特殊信托，以信托财产为基础发行了资产支持证券（建元证券）。

四、资产证券化的意义

资产证券化可使银行将资本密集的资产转换为需要较少资本的费用收入来源，尽管增加了其发起费用和服务费用，却不用增加其资本基础。银行将贷款证券化后仍可保留服务职能，即收回贷款本息，并转交给证券化资产过程中负责向投资者支付证券本息的机构，从而产生费用收入。这样可以使银行资产发生转化，不断由表内转移到表外，既为银行带来了丰厚的服务费收入，也为银行提供了低成本的资金来源，同时在一定条件下降低了利率风险。具体表现在以下几个方面。

1. 资产证券化可以降低筹资成本。银行资产证券化即将资产组合包装后出售，证券以银行资产作抵押，其信用等级较高，比直接发行债务凭证筹措资金的成本要低。特别是对信用等级低的银行更是如此。

2. 资产证券化使银行信贷延伸到了证券市场。资产证券化是信贷的衍生，以信贷支持的证券在证券市场的发行与流通，不但解决了信用过于集中于银行的问题，同时又增加了证券市场的交易工具，有利于发展证券市场的证券组合投资。

3. 资产证券化增强了银行资金的流动性。资产证券化使非流动性或低流动性的银行资产转化成流动性强的证券，银行可依据资产负债情况及时进行调整。如果资金头寸短缺可将贷款售出，以获取资金，从而增强了资金的流动性。

4. 资产证券化提高了银行资本充足率，降低了经营风险。证券化的银行资产在金融市场上出售，这部分资产从资产负债表中移出来，使“死”资产转化为“活”资金，降低了贷款风险。相对来讲，提高了银行资本充足率，即在资本不变的情况下，资产的减少相对提高了资本的占比，这无疑是降低了经营风险，有利于增强银行的竞争力。

5. 资产证券化具有创新意义。主要表现在：（1）风险转移创新。即将高风险的不良贷款通过证券化转移给了证券投资者，证券化创造了一种新的风险转移方式。（2）信用工具的创新。即证券化创造了衍生金融工具，如贷款支持的证券、转递证券等，丰富了金融工具的种类。（3）证券化是提高银行资产流动性的创新。（4）证券化是银行职能和经营理念的创新。银行通过出售贷款转变了银行中介职能和进入投资银行业务领域的经营理念。

商业银行资产证券化的更深远意义是对商业银行的定义和职能作了重新修订，商业银行不但能发放贷款，而且可以出售贷款，并创造贷款证券；商业银行既是贷款的创造者，又是贷款的出售者，因而对金融市场产生了深远影响。

五、资产证券化的风险及其管理

作为一种结构融资方式，资产证券化给出了设计精妙的安排：它通过各利益参与方的共同参与，使得由它们各自的承诺所确立的各种合约（如转让合约、担保合约等）能够相互支持、相互牵制，犹如组成一台精密的机器，实现了风险分担、各取所需的目的。但是，由资产证券化所带来的各种金融合约，使得参与各方的权利和义务结构更加复杂化，它们之间的信用链关系直接影响到这种融资方式的风险与收益的分布情况。一般来说，资产证券化的风险主要有以下几个方面：

1. 交易结构风险。资产证券化是一种结构融资方式，其融资的成功与否及其效率大小与其交易结构有着密切的关系。从理论上说，只有参与各方恪守各自承诺所确立的合约，该结构才是一种完善的、风险分担的融资方式。

2. 信用风险。信用风险也称违约风险，它是指资产证券化参与主体对它们所承诺的各种合约的违约所造成的可能损失。信用风险产生于资产证券化这一融资方式的信用链结构。从简单意义上讲，信用风险表现为证券化资产所产生的现金流不能支持本金和利息的及时支付。

3. 法律风险。资产证券化作为商业银行重要的金融创新，其创新过程就可能会与现行法律条文发生摩擦而引发各种争议，从而使业务开展不便，甚至使商业银行利益受损。

4. 管理风险。证券化对商业银行的定义和职能作了重新修订，对商业银行传统的存贷业务经营和管理产生深远影响，加大了管理的难度，使竞争更加激烈。

证券化提高了银行和贷款机构之间的争夺最佳质量贷款的竞争；证券化使许多公司能绕过银行来获取贷款，并通过证券出售，从开放的市场中寻求贷款，因此会缩小贷款的增长率，从而会减少收入来源（贷款是大多数银行的主要收入来源）。证券化还会提高致力于吸收存款（尤其是大面额存单）的银行之间的竞争水平，增加吸收存款的成本（因为存款者会发现购买贷款抵押证券比存款的收益更高）。

为完善资产证券化的交易机构，特设机构要完成与发起人指定的资产池服务合同、与发起人一起确定托管银行并签订托管合同、与银行达成必要时提供流动性支持的周转协议、与券商达成承销协议等一系列的程序。同时，特设信托机构对证券化资产进行一定风险分析后，就必须对一定的资产集合进行风险结构的重组，并通过额外的现金流来源对可预见的损失进行弥补，以降低可预见的信用风险，完善交易结构，进行信用增级，从而控制风险。

本章小结

1. 对银行来说，非存款负债相对于存款负债具有较大的流动性、灵活性和稳定性，是银行的主动负债。20 世纪 60 年代以来，非存款负债的比重不断上升，逐渐成为各国商业银行重要的资金来源之一。非存款负债主要有同业借款、向中央银行借款、发行金融债券、证券回购和国际金融市场借款等。

2. 随着金融创新的不断涌现，商业银行除了从传统业务途径融资外，也可以更多地通过表外融资途径获取资金。资产证券化是 20 世纪金融领域最重大和发展最快的金融创新和金融工具，是衍生证券技术和金融工程技术相结合的产物。资产证券化使商业银行既成了贷款的创造者，又成了贷款的出售者。资产证券化发展最完善的是美国的住房抵押贷款证券化，目前我国商业银行的贷款证券化尚处于起步阶段。

本章重要概念

主动型负债　同业拆借　转贴现　转抵押　大面额存单　再贴现　回购协议　欧洲货币市场借款　资产证券化

本章思考题

1. 简述商业银行短期借入负债的渠道及其管理重点。
2. 简述商业银行金融债券的种类及各自特点。
3. 分析商业银行确定借入负债规模的方法，并分析影响借入负债来源的因素。
4. 为什么近年来商业银行非存款负债的规模在增加？非存款负债的获取方式有哪些？
5. 资产证券化兴起的原因是什么？对商业银行经营管理有什么影响？
6. 实施资产证券化的基本步骤是什么？

本章参考书

[1] 杨正才：《商业银行业务与经营》，西安，陕西人民出版社，2001。
[2] 刘忠燕、娄树本：《商业银行经营管理学》，北京，中国金融出版社，2002。
[3] 戴国强：《商业银行经营学》，北京，高等教育出版社，1999。
[4] 郑鸣：《商业银行管理学》，北京，清华大学出版社，2005。
[5] 龚明华：《现代商业银行业务与经营》，北京，中国人民大学出版社，2006。

第七章

资金来源的成本管理

资金来源的成本管理水平不仅直接影响着商业银行的盈利状况，而且也是商业银行的经营能力和管理实力的一个重要体现。有效地控制和降低成本是提高商业银行经营管理水平、增强核心竞争力、提高经营效益的关键。

第一节　银行资金成本的构成

银行资金不仅包括负债类资金，而且包括权益类资金。对于负债类资金来说，其成本即经济学意义上的显成本；而对于权益类资金来说，其成本则是包含了机会成本在内的隐成本范畴。综合考察银行各类资金的成本，有助于商业银行实行全面的成本管理，从而作出科学的决策。

一、商业银行的负债成本

商业银行的负债成本是指商业银行在负债经营过程中所发生的各项支出的总称，包括商业银行在筹集资金、运用资金以及回收资金的全过程中所发生的活劳动与物化劳动的耗费。商业银行负债成本反映了商业银行为开展负债经营而耗费的货币数量，是计算其经营成果的基础。从负债成本的构成上看，包括利息成本和非利息成本两大部分，其中非利息成本又包括营业费用和相关成本。

（一）利息成本

利息成本是商业银行以货币形式直接支付给资金提供者的报酬。利息成本的高低依期限的不同而不同，一般来说，期限越长，利息成本越高；期限越短，利息成本越低。利息成本的计息方式有两种：一是按照不变利率计息，二是按照可变利率计息，不变利率计息是指用负债发生时规定的利率乘以负债余额而计算出的利息；可变利率是按一定期限而调整的利率，通常以市场的某种利率为基准（例如以国库券利率为基准），加上或者乘以一定的系数确定浮动利率的值，然后以新的利率乘以负债余额而计算利息成本。由于市场利率波动频繁，如果以不变利率计息，在市场利率下降时，银行负债成本过高，会遭受损失；在市场利率上升时，银行则会受益。以可变利率计息时，可降低银行负债的利率风险，但这往往会造成银行成本预测和管理的困难。

（二）营业费用

营业费用是指花费在吸收负债上的除利息支出以外的其他一切开支，包括广告宣传费、银行职员的薪酬、设备折旧、应摊和计提费用、办公费以及其他为客户提供服务的费用等。这些成本，有的有具体明确的受益者，如为存款者提供的转账结算、代收代付以及利用电子计算机的自动化服务的开支，它实际代表银行为了吸收存款性负债而支付的除利息之外的报酬。有的则没有明确的受益者，如广告费用等。

目前，我国商业银行由于不能随意变更利率水平，所以利息成本基本上由国家规定，营业成本成为银行成本管理关注的重点。服务成本因负债的种类或形式不同而有很大的区别，不同类型负债的成本有其固有的一些特点。比如活期存款支付的利息少，而这种存款的服务成本高；大额可转让存单和一些短期借款服务成本低些，但利息成本较高。

（三）相关成本

相关成本是指与增加负债有关但并未以利息成本和营业费用形式表现出来的成本。通常包括：

1. 风险成本。它是指因负债增加引起银行风险增加而必须付出的代价。例如，存款总额的增长提高了负债对资本的比率从而导致银行的资本风险增大。对于这种变化，实际上是由于存款的变化所引起的非显性成本的增加。

2. 连锁反应成本。它是指银行对新吸收负债增加利息和服务支出而引起对银行原有负债开支的增加。这种成本在银行吸收存款的过程中表现得尤其明显：银行为争夺更多存款，往往以增加利息和提供服务的方式来吸引客户；但对新客户支付更多利息或提供更多服务的同时，原有客户也会要求获得同等的待遇，这就会增加银行的成本。

二、商业银行的资本成本

资本成本是指商业银行为筹措一定量的资本所耗费的各种开支、费用等。主要包括筹集资本的成本和因资本变化带来的其他成本，从形式上看有债券资本成本、优先股资本成本、普通股资本成本和留存收益资本成本，从核算上看有单个成本的计算和加权资本成本的计算两种方法。个别资本成本是指各种资本来源的成本，包括债务成本和股本成本等。

（一）债券资本成本

商业银行可以将一部分附属债务、次级债务视为资本，这是商业银行不同于一般企业的地方。因此，考察商业银行的资本成本应当将商业银行以债券形式筹集资本的各种耗费纳入资本成本的考察范围。债券资本的成本不仅要考虑发行债券的显性耗费，而且要考虑债券融资的机会成本。

（二）股票资本成本

股本的股利可以看做是一种永续年金。从筹资的角度看，优先股资本成本就是优先股股东所要求的报酬。考虑到筹资银行实际能够使用的资本等于总价格减去资本发行费，所以，严格的股本资本成本还应该考虑发行费用等。

三、存款成本的管理策略

商业银行的负债有存款性负债和非存款性负债两种。两种成本的核算方法并无什么区别，但是这两种成本的管理策略却有所不同。对存款成本的管理，一般要注意以下两个方面。

（一）注意存款结构与成本的控制

单纯审视利息成本，存款期限越长，利率就越高，其成本也就越高；若综合审视，情况则有所变化。例如，活期存款的利率虽然很低，但它的营业成本却很高，因此活期存款的总成本不一定低于定期存款。一般来说，商业银行在经营实践中对存款结构的成本选择需要把握以下几个方面：第一，尽量扩大低息存款的吸收，降低利息成本的相对占比。第二，正确处理不同存款利息成本和营业成本的关系，力求不断降低营业成本的支出。第三，活期存款的发展策略必须以不减弱银行的信贷能力为前提。第四，定期存款的发展不应以提高自身的比重为目标，而应与存款的派生能力相适应。

（二）注意存款总量与成本的控制

存款总量和成本的关系可概括为四种不同的组合：第一，逆向组合模式，即存款总量增加，成本反而下降。这是最佳组合模式。第二，同向组合模式，即存款总量增加，成本也随之上升。这种组合模式也不错，但要进一步分析。第三，总量单向变化模式，即存款总量增加，成本不变。这也是较理想的组合模式。第四，成本单向变化模式，即存款总量不变，成本增加。这是最差的组合模式。

以上四种组合表明，存款成本不但与存款总量有关，而且与存款结构、单位成本内固定成本和变化成本的比例以及利息成本和营业成本占总成本的比例都有密切的关系，从而形成各种不同的组合。它要求银行经营在不断增加货币投入的情况下，尽量组织更多的存款，不能单纯依靠提高存款利率、增设营业网点、增加内勤和外勤人员等办法去扩大存款市场，应该在改变存款结构、创新存款品种、提高工作效率和完善服务质量方面下工夫，走内涵扩大再生产之路。

四、非存款性负债成本管理

商业银行的借款业务又称商业银行的主动负债，是指商业银行主动通过金融市场或直接向中央银行融通资金。借款业务更具有主动性、灵活性和稳定性。

（一）短期借款的成本管理

短期借款的基本形式有同业拆借、中央银行借款（一般包含再贴现和再贷款）和转贴现、转抵押、回购协议等形式。根据短期借款的特点和资金用途，在对这部分借款成本进行管理时应注意以下问题：

1. 选择适当的时机。首先，商业银行要根据自身在一定时期的资产结构及变动趋势来确定是否利用和在多大程度上利用短期负债。如果某一时期银行资产的平均期限较长，面临较大的流动性风险，而当时市场利率较低，就需要借入短期负债。其次，要根据一定时期金融市场的状况来选择时机，在市场利率较低时适当多借入一些资金；反之，则少借或不借。最后，要根据中央银行货币政策的变化来控制借入短期负债的规模。当中央银行采取扩张的货币政策时，短期借入负债的成本相对较低，此时可以适当多借入一些资金；反之，则应少借一些。

2. 确定合理的负债结构。从成本方面来看，一般情况下应尽可能多地利用一些低息借款，少利用高息借款。如果预期收益的低息借款难以取得，可以适当借入一些高息负债。例如，比较国内外金融市场的借款利率，如果国际金融市场的借款较国内的便宜，就可以增加国际金融借款。

3. 适当控制借款规模。短期借款是商业银行实现流动性、盈利性目标所需要的，但并不是越多越有利，要权衡借款成本和所得收益的关系。如果利用短期借款付出的代价超过因扩大资产规模而获取的利润，则不应增加借款规模，而应通过调整资产结构的办法来保持流动性或通过进一步挖掘存款潜力的办法来扩大资金来源。商业银行在资产负债管理过程中必须全面权衡流动性、安全性和盈利性三者之间的利弊得失，测算出一个适度的借款规模。

（二）长期借款的成本管理

商业银行长期负债的主要形式是发行金融债券。金融债券按发行目的的不同，可分为资本性债券和一般性债券；按照有无担保，可分为担保债券和信用债券；按照债券利率是否浮动，可分为固定利率债券和浮动利率债券；按照发行价格不同，可分为普通金融债券、累进利息金融债券和贴现金融债券①；按照发行范围和币种不同，可分为国内金融债券和国际金融债券②。

与存款相比，金融债券的特点具体表现在以下方面：第一，筹资目的不同。吸收存款是为了全面扩展银行的信贷资金来源总量，而发行债券则是着眼于增加资金来源和满足特定用途的资金需要。第二，筹资机制不同。吸收存款是经常性的、无限额的被动性负债；而发行金融债券则是集中性的、有限额的，且主动权掌握在银行手中。第三，筹资效率不同。由于债券的盈利性高，对客户的吸引力强，所以筹资率高于存款。第四，所吸收资金的稳定性不同。债券具有明确的偿还期，一般不能提前还本付息，资金稳定性程度较存款高。第五，资金的流动性不同。除特定的可转让大额存单外，一般存款的信用关系固定在银行和客户之间，不能转让；而金融债券一般不记名，可以在二级市场上流通转让，因而比存款具有更强的流动性。

在市场经济发达的国家，商业银行在发行金融债券时只需符合法律规定，不一定非

---

① 普通金融债券是定期存单式、到期一次还本付息的债券，期限通常在3年以上，可进入证券二级市场进行转让。累进利息金融债券是指银行发行的浮动期限式、利率与期限挂钩的金融债券，期限通常在1～5年。贴现金融债券是金融机构在一定时间或期限内按一定贴现率以低于债券面额的价格折价发行的债券，利息为贴现金融债券的发行价格与偿还价格的差额。

② 国际金融债券是指国际金融市场发行的以外币表示的债券，一般分为外国金融债券、欧洲金融债券和平行金融债券。

要经过严格的申报程序，有的只要向中央银行或金融监管部门备案即可。在市场经济不发达的国家，商业银行发行金融债券通常必须履行严格的申报和审批程序。中国人民银行是我国金融债券发行的主管部门，凡要求发行债券的商业银行，必须逐项向中国人民银行报送有关材料，经严格审查、批准后才能发行金融债券。金融债券的管理重点是：

1. 做好债券发行和资金使用之间的关系。在发行债券时，要使债券发行和用款项目在金额上基本相等，避免出现资金闲置的现象。同时要做好项目的可行性研究，进行收益成本比较，力求使项目效益高于债券成本。

2. 掌握好发行时机。商业银行发行金融债券一定要掌握好时间，一般要尽量选择金融市场资金供应大于需求、利率较低时发行。

3. 注重利率和货币的选择。发行债券前要预测利率的未来变动趋势，据此来确定债券利率。如预期利率有上升趋势，应采用固定利率的计息方法；反之，则采用浮动利率的计息方式。在利率有下降的趋势时，应考虑缩短固定利率债券的偿还期限，或在发行合同中列入提前偿还条款，这样可以较低的利率发行新债。

4. 研究投资者的心理。金融债券作为一种投资工具，能否顺利推销取决于投资者的购买心理。因此，银行应充分了解投资者对购买金融债券的收益性、安全性、流动性和方便性的心理需求，并针对这些要求设计和创新债券品种，满足和适应购买者的购买需求，从而扩大金融债券的市场购买力。

第二节 银行资金成本的分析方法

资金成本分析方法是分析和处理所采集到的各种成本数据的工具，所有客观发生的成本只有经过科学的方法加工后，才能帮助商业银行进行有效的成本管理。

一、成本分析方法概述

第一节中提到银行资金成本的构成，这些成本是银行资金来源中实实在在发生的成本，即在现实中客观存在的成本类型。从方法的角度来说，这是成本分析方法的基础数据，是未经任何加工的原始素材。成本分析方法如后文将要提到的资金平均成本法、可用资金成本、加权平均成本、边际成本法和加权的平均边际成本等都仅仅是一种成本分析方法，尽管它们也经常性地被简称为各种成本，但不能将其误解为是除了上述利息成本、营业成本等成本之外又新生了什么成本，它们只是将原始数据进行加工和处理的一种方法。根据考察视角和使用工具的不同，还会有新的方法出现。并且作为一种分析方法，它们是可以用到所有成本分析中去的，因此会衍生出诸如利息的边际成本、各种存款的加权平均成本和全部资金的加权平均成本等。

资金成本是指为筹措资金而支付的一切费用的总和，即利息成本和营业费用之和。它反映银行为筹措资金所付出的代价，通过资金成本与吸收的资金数额相比可得银行的资金成本率，即

$$资金成本率=\frac{利息成本+营业成本}{吸收的资金}$$

资金成本率是一个重要的分析指标，主要用来考察商业银行不同时期的负债成本及其发展趋势，既可以进行纵向比较，也可以用来进行横向比较，以分析银行对成本的控制能力和管理水平。

可用资金是指商业银行可以用于盈利性资产的资金，它等于从商业银行总资金来源中扣除必要准备之后的余额。可用资金成本则是相对于这部分资金的成本，类似办法能得到可用资金成本率。由于银行的资金并不是全部形成盈利资产，其中只有部分资金可以转化为盈利性的资金，因此需要从全部资金中剔除那些不能转化为盈利性资金的部分；再加上其成本也需要分摊在这些资金中，因此还需要考察可用资金成本，并且在所有以成本为导向的定价方法中，几乎都要使用可用资金成本这一概念。

$$\text{可用资金成本率} = \frac{\text{资金成本}}{\text{可用资金总额}} = \frac{\text{利息成本} + \text{营业费用}}{\text{吸收的存款资金} - \text{法定存款准备金} - \text{超额准备金}}$$

可用资金成本率还可用于各种存款之间的对比，以了解为得到各种可用资金所要付出的代价，或分析银行可用资金成本的历史变化情况，比较银行间可用资金成本的高低。

二、成本分析方法

对于每一种成本的分析方法，要注意各种方法的运用步骤和适用范围，不同方法的优点和缺陷是什么以及不同方法之间的联系。

（一）加权平均历史成本法

商业银行运用资金加权平均历史成本法，是将每一种资金来源的平均成本乘以每一种资金来源占总资金的比重（即各自的权重），然后加总求和。银行通常根据历史数据计算各种资金来源的平均成本。计算公式是

$$WAHC = \sum_{i=1}^{n} C_i W_i$$

式中：$WAHC$ 表示银行全部资金来源的加权平均历史成本；C_i 为第 i 种资金来源的平均成本；W_i 表示第 i 种资金来源在银行资金来源总量中的占比；n 为银行各种资金来源的数目。C_i 作为单项资金来源的平均成本，是相对于可用资金额而言的平均历史成本，计算公式为

$$\text{单项资金来源的平均成本} = \frac{\text{利息支出} + \text{非利息支出}}{\text{可用资金额}}$$

由于银行可用资金少于银行所筹集的资金，故银行实际资金成本会高于名义成本。若将银行的股本考虑在内，则

$$\text{可用资金的股东回报} = \text{股东的税前目标资本回报率} \times \frac{\text{银行资本}}{\text{可用资金总额}}$$

将之与负债加权历史平均成本相加，即可得到银行收回债务成本并满足股东收益要求的投资最低收益率。

从以上的公式中可知，商业银行加权成本的变化主要取决于四个因素：负债利息

率、其他成本率、负债结构和可用资金比率。其中负债利息率和其他成本率的上升或下降是引起负债成本上升或下降的因素，而可用资金比率的上升或下降是引起可用资金成本下降或上升的因素。该方法的使用详见表7－1。

表7－1　某商业银行负债历史加权平均成本计算表　　单位：万元

资金来源	筹集的资金（1）	可用资金（2）	利息成本（3）	其他成本（4）	资金平均成本（5）=［（3）+（4）］/（2）	占可用资金总量比重（6）	资金的加权平均成本（7）=（5）×（6）
活期存款	20 000	18 000	0	200	1.11%	0.2	0.222%
NOW	8 000	7 200	480	40	7.22%	0.08	0.578%
MMDA	7 000	7 000	525	30	7.93%	0.07	0.555%
CD	14 000	14 000	1 120	20	8.14%	0.14	1.140%
储蓄存款	5 000	4 500	350	20	8.22%	0.05	0.411%
大额存款	25 000	25 000	2 125	60	8.74%	0.25	2.185%
公共存款	10 000	8 800	800	80	10.00%	0.10	1.000%
同业借款	4 000	4 000	360	30	9.75%	0.04	0.390%
其他借入款	5 000	5 000	450	30	9.60%	0.05	0.480%
票据和债券	2 000	2 000	140	30	8.50%	0.02	0.170%
合计	100 000	95 500	6 350	540		1.00	7.13%

这种方法主要适用于不同银行负债成本的比较分析，以及对同一家银行历年负债成本的变动分析。资金的历史加权平均成本没有考虑到未来利息成本的变动状况，因此并不适宜作为未来投资决策的依据。当未来利率上升时，历史平均成本就低于新增加债务的实际成本，若继续以历史成本为基础进行贷款定价则会使价格过低；反之，当利率下降时，历史平均成本可能高估了新增债务的实际成本，以至于因贷款定价过高而失去市场竞争力。实际中，加权平均成本法主要用于评估银行以往的经营业绩。

（二）边际成本法

资金边际成本是指银行增加一个单位资金所支付的成本，与之对应的银行边际收益是每增加一个单位的资产所带来的额外收益。

银行通过比较资金的边际成本和边际资产收益来决定是否吸引新的资金。当边际成本小于边际收益时，应吸引新的资金来支持资产增长。另外，银行也可以通过对不同的资金来源的边际成本进行比较来决定吸收哪一类资金来源。通过计算边际成本并与资金的边际收益进行比较，从而帮助银行决定是需要筹措更多的资金还是缩小筹集的资金规模。若资金的边际成本大于边际收益，则要压缩筹集的资金量，反之则需提高筹措的资金规模。只有在资金的边际成本等于资金的边际收益时，才达到了最优的资金规模。

1. 负债的边际成本。银行负债的边际成本是通过吸收存款或主动性借款获得一单位新增可用资金而付出的融资成本。不同类型的资金来源由于期限、性质的不同，其边际成本的计算方法也不同。

对于存款和短期借款而言，筹资成本主要考虑预期支付的利息与非利息成本，其边际成本率的计算方法如下：

$$单项存款或借款的边际成本率=\frac{该项资金利率+该项资金的非利息成本率}{1-该项资金非盈利部分的占比}$$

长期非存款负债成本则等于借款的有效成本，包括利息成本和交易成本。考虑发行费问题，债券的税前成本就是使下列等式成立时的折现率 k_d。

$$MV(1-f)=\sum_{t=1}^{n}\frac{I}{(1+k_d)^t}+\frac{P}{(1+k_d)^n}$$

式中：MV 表示债券的市场价格；I 表示债券的年利息；P 表示债券的面值或到期值；n 表示债券的发行期限。

将筹资费率（筹资费与筹资额的比）用 f 表示，这种以债券折现率确定债券成本的方式包含了对债券融资机会成本的考察。

2. 股本的边际成本。在计算总资金来源的加权平均成本时，股本的边际成本是必须要考虑的因素。股本的边际成本是股东所要求的最低回报率。一般来说，其核算方法有以下几种：

（1）股息评估模型。通过对股东持有股票所能得到的预期现金流进行折现来确定股东的合理回报。普通股价格等于股票生命期限内预期股息的现值之和。其计算公式为

$$P=\sum_{t=1}^{\infty}\frac{D_t}{(1+k_e)^t}$$

式中：P 为股票价格；D_t 是第 t 期的预期股息；k_e 是将未来现金流转换成现值的折现率，即股本成本。

（2）资本资产定价模型。对于上市的银行而言，可以用 CAPM 模型来估计股本成本，该模型用 β 度量的市场风险与股东回报要求相联系，股东回报要求等于无风险收益率和不能被分散的系统性市场风险的银行普通股的风险溢价。公式表示为

$$K_e=r_f+\rho$$

风险溢价 ρ 等于股票的 β 值和市场组合的预期收益（K_m）与预期无风险收益率（r_f）之间的差额的乘积。其中，β 是度量银行股票的历史价格波动性与市场组合的价格波动性之间的相关性，公式为

$$\beta=\frac{Cov(银行股票收益,市场收益)}{\sigma^2_{市场收益}}$$

若 $\beta=1$，则银行股票的历史价格波动性与市场组合的价格波动性相同；若 $\beta>1$，股票价格的波动性超过市场组合的价格波动性；若 $\beta<1$，股票价格的波动性低于市场组合的价格波动性。β 值越大，银行股票的市场风险越大。银行可以根据股票的历史 β 值和市场组合的风险溢价计算银行股票的风险溢价，从而估算股东要求的回报：

$$K_e=r_f+\beta(K_m-r_f)$$

（3）股本目标收益模型。对于没有上市的银行，股本目标收益模型较为有效。股本目标收益模型的基本思路是在债务成本的基础上加一个升水，以估算股本的目标收益，即股本成本。

不论银行使用哪种模型估计股本成本，都要将最终得到的税后支付的回报率转换成税前的等价收益率。其计算公式如下：

$$\text{税前等价收益率}=\frac{\text{股本的目标回报率}}{1-\text{股东边际所得税税率}}$$

虽然对于资本金来说不要求保留准备金，但是银行通常会将股本金的一部分以非盈利性资产的形式进行运用，因此若将股本的边际成本分摊到盈利性资产中，将得到更为精确的股本边际成本。

3. 全部资金的加权平均边际成本法。对于银行资产定价来说，最适当的成本测算方法是全部资金的加权边际成本，也就是将各项资金来源税前边际成本进行综合处理，得到一个总体资金加权边际成本（WMC）。该方法假设特定的资金来源不直接与特定的资金运用相联系，银行所有资产都来自一个包括各种债务和资本在内的资金集合，各种资金在运用时不加区分。计算步骤如下：

第一步，预测一定时期银行需要从每种债务和股本来源中筹集的资金数额；

第二步，估计每种资金来源的边际成本；

第三步，根据每种资金来源的占比，计算全部资金来源的加权边际成本。*WMC* 等于所有新增资金来源的加权边际成本之和。计算公式为

$$WMC=\sum_{j=1}^{m}w_jk_j$$

式中：m 表示各类资金来源的总项目数；k_j 表示第 j 项资金来源的边际成本；w_j 表示第 j 种资金占新增资金来源总量的比重。

假设某银行预测下一年度的新增资金来源及其利息与非利息成本率如表 7－2 所示，其中权益资本的税前收益率为 25%，其加权边际成本的计算步骤及结果亦如表 7－2 所示。

表 7－2　　某银行新增资金来源加权边际成本　　单位：亿元

资金来源项目	增加额 (1)	可用资金比率(%) (2)	利息及非利息成本率 (%)(3)	单项资金边际成本(%) (4)=(3)/(2)	单项资金占新增资金总额的比重(%)(5)	加权边际成本 (6)=(4)×(5)
活期存款	3	78	6	7.69	18.75	0.0144
货币市场存款	6	94	8	8.51	37.5	0.0319
定期存单	2	94	10	10.64	12.5	0.0133
其他定期	4	94	7.8	8.3	25	0.0208
权益资本	1	97	25	25.77	6.25	0.0161
总计	16				100	0.0965

该银行预测的新增资金来源金额如表中第（1）列所示，每项资金来源在扣除各项准备金等非盈利性资产后的可用资金率如表中第（2）列所示；第（3）列是估计的利息率及非利息成本率；第（4）列为每项资金来源的边际成本，根据第（2）列和第（3）列数据计算；第（6）列为第（4）列与第（5）列的乘积，将该列数据加总，即得到全

部资金的加权边际成本为9.65%。这表明银行新增盈利资产的定价至少应达到9.65%，才能弥补负债的边际成本和满足股东的投资回报要求。

边际成本法对于商业银行的资产定价尤为有效。在知道边际成本的情况下，商业银行就可以将资产收益率定得略高于边际成本，从而保证适当的资产收益率与边际成本之差，以弥补违约风险损失和支付股东的应得报酬。边际成本法需要银行预测整个计划期间的利率水平，并随时根据利率的变化调整边际成本。同时合理分摊营业管理费用，测算出与每种资金来源相关的非利息成本。

第三节　商业银行成本的控制方法

银行的成本控制就是指商业银行在其资金运动过程中，对影响成本的各种因素加以控制，采取措施降低成本，以保证预期目标成本的管理过程。银行利润计划的实现依赖于对各项成本开支的控制，这与商业银行增加收入同等重要，因为银行利润无非是提高收入和降低成本两方面共同作用的结果。银行控制成本的具体方法有以下几种。

一、定额成本控制法

定额成本控制法就是指商业银行为了管理成本，对各职能部门所承担的各项成本设置一定的标准额度，并按该定额进行成本管理的方法。例如利息定额、劳动定额、费用定额等。

在进行定额成本控制时，首先要确定各项成本的支出指标，这是一个相当复杂的工作，往往要求商业银行根据本身经营目标和经营条件及客观现实情况的变化，在与各职能部门充分讨论的基础上来制定。已经执行定额成本管理的银行，则可以参考已有定额大小及其执行情况，根据业务发展状况设置新的定额。

定额成本控制应当以部门为单位确定各自的成本定额，以便对整个银行的成本加以控制。通过确定各部门各项成本的定额，以规定各部门费用支出的标准，将成本管理的责任予以细分和具体化。另外，各部门还可以将成本控制的责任再细分到下级部门或个人，以便切实控制经营成本。

制定成本定额之后，各部门的费用开支要严格按照定额进行，并定期掌握实际成本开支情况，如果发现实际成本超出定额成本，则要及时分析原因，采取必要的措施予以纠正和改进。在年终结算时，对完成控制成本任务较好的部门与个人予以奖励，对超过定额者则应该酌情惩罚，以保护成本定额的权威。

二、指标成本控制法

指标成本控制法是指确定一定的成本指标并通过该指标达到控制成本的方法。指标成本控制法对每个部门设立一定的成本控制指标，以实现指标控制成本的具体化。一般来说，商业银行的成本控制指标主要有以下几种。

1. 成本降低率指标。由银行最高管理层与银行会计部门对全行或某部门规定一定的成本降低率，要求下一时期的成本水平应当比上一时期至少下降该成本降低率的幅度。

2. 损失率指标。这是为防止商业银行经营过程中可能发生的损失而设置的监控型指标。这种成本控制的方法是一种综合的审视方法，不仅要考察防范操作失误的风险，而且要考察业务操作的结果。具体来说主要有以下几种：

$$贷款呆账损失率=\frac{贷款呆账损失额}{各项贷款平均余额}\times 1\ 000‰$$

$$证券投资损失率=\frac{证券投资损失额}{证券平均投资额}\times 1\ 000‰$$

$$结账赔款损失率=\frac{结账赔款额}{处理会计结票张数}\times 1\ 000‰$$

$$出纳短款损失率=\frac{出纳短款额}{现金收入额+现金支出额}\times 1\ 000‰$$

3. 平均成本指标。由于商业银行的成本水平与其业务量紧密相关，一般情况下，业务量越大，成本总额便越高，而业务量越小，成本总额则较低，因此不能撇开商业银行的业务量孤立地评价其成本状况。所以，应设计采用平均成本指标，即要求银行总体或各部门的单位业务量的成本必须至少低于某一水平，以此来实现成本的控制。

三、相对成本控制法

相对成本控制法又称量、本、利分析法（盈亏平衡分析法或保本分析法等），它是将成本、业务收入额、利润三者结合起来进行综合分析，通过计算盈亏平衡点控制成本的方法。

相对成本控制法为我们提供了通过收入确定成本的重要思路。商业银行可以根据预测的利润目标，编制各项业务收入预算，从而大致上确定并控制成本。同时该方法说明，商业银行的业务量至少要达到保本点的水平，否则便没有盈利可言。另外，该方法还表明，在盈亏平衡点不变的条件下，业务收入越大，利润水平就越高，对银行便越有利；而在业务水平不变的条件下，盈亏点越低，对商业银行便越有利。因此，商业银行应当致力于提高自身盈利水平及降低本行的盈亏临界点，以达到相对降低成本、提高利润水平的目的。

四、弹性成本控制法

弹性成本控制法是指商业银行在业务量水平难以确定的情况下，按照可以预见的不同经营水平分别确定相应的成本控制目标，从而灵活地根据业务水平的变化实现成本管理的方法。

在运用弹性成本控制法时，第一，应当选择最科学的业务量计量标准，这种标准既能反映业务活动的数量，又应易于获取、便于理解；第二，要考虑业务量变化的范围，考虑在不同业务量水平下可变成本与业务量的关系状况；第三，编制弹性预算，即在可预见的不同经营水平下的弹性成本预算；第四，利用弹性成本预算，根据不同经营状况的变化，设置成本控制目标，实施成本监控。

商业银行应该根据自身经营特点、会计人员素质、经营环境状况等选择最合适的成本控制方法。有时，还需多种控制方法同时使用，反复比较，并根据使用状况进行调整，方能找到最有效的成本控制法。

本章小结

1. 商业银行的负债成本是指商业银行在负债经营过程中所发生的各项支出的总称，包括商业银行在筹集资金、运用资金以及回收资金的全过程中所发生的活劳动与物化劳动耗费。

2. 资金成本是指为筹措资金而支付的一切费用的总和，即利息成本和营业费用之和，它反映银行为筹措资金所付出的代价，筹资成本与筹资金额之比为资金成本率。筹资成本与可用于盈利资产之比为可用资金成本率。

3. 商业银行资金成本分析方法主要有加权平均历史成本分析法和边际成本分析法。加权平均历史成本分析法主要用于评估银行以往的经营业绩。边际成本分析法主要用做盈利资产定价参考和资金来源的选择依据，以筹集边际成本较低的资金。

本章重要概念

非利息成本　资金成本　可用资金成本　连锁反应成本　边际成本
加权平均历史成本法　边际成本法

本章思考题

1. 简述商业银行成本的主要构成以及彼此间的相互关系。

2. 仔细体会银行资金来源的成本分析法与商业银行资金成本的区别。

3. 请对各种核算商业银行资金来源成本的方法进行比较，指出各自的适用范围、计算思路和优缺点。

4. 通过查阅相关资料，列举几个商业银行进行成本管理的策略，并进行简要评析。

本章参考书

[1] 刘恩禄、汤谷良：《高级财务学》，沈阳，辽宁人民出版社，1991。
[2] 庄毓敏：《商业银行业务与经营》，北京，中国人民大学出版社，2005。
[3] 史建平：《商业银行管理学》，北京，中国人民大学出版社，2003。
[4] 任远：《商业银行经营管理》，西安，陕西人民出版社，1999。
[5] 李银珠：《商业银行业务与经营》，广州，广东经济出版社，1999。

第八章

银行资金运营概述

银行资金运营这一范畴有狭义和广义两层含义。狭义上是指银行根据特定的政策目标，遵循一定的原则，对所筹集的资金加以分配和使用的活动；广义上则除了应用资金的活动之外，还包括筹集资金的举措及其谋划。本章立论于狭义层面，对银行资金运营的原则、政策和信用分析等宏观性内容进行讨论。

第一节　银行资金运营原则

银行资金运营原则是银行在资金运营活动中必须遵循和体现的基本准则，是制定资金运营政策的基本依据，是一切资金运营活动的基本规范。从世界范围来看，基本一致的是"三性"原则，但由于国情不同，各国在不同时期的具体提法或含义不尽相同。

一、商业银行资金运营的一般性原则

商业银行资金运营的一般性原则是抛开国别因素，由信贷资金的本质特性——偿还性、付息性和按期归流性所决定的，是各国商业银行都必须遵循和体现的基本准则。事实上，它已经成为商业银行资金运营的国际准则或惯例，这就是安全性、流动性和盈利性。

（一）安全性

所谓商业银行资金运营的安全性，是指资金运营必须保证本息的安全，使资金运营所形成的资产免遭风险损失，并从资产层面为银行的安全运行和发展提供坚实的支撑。

讲求资金运营的安全性，从宏观上讲，是由银行自身的特性及其在社会经济生活中的地位和作用决定的。银行是高负债的经济主体，随着金融活动的开展，银行充当国民经济的"神经中枢"或"准公共机构"的角色越来越重要，其安全性也变得越来越孱弱，银行一旦出现安全问题，将会严重影响或威胁社会经济生活的正常运行和发展，所以，必须要求银行讲求安全，自然也就包括资金运营的安全。从微观而言，商业银行的资金运营活动会面临多种风险。如就贷款来讲，风险可能来自贷款的规模和期限结构失

当，如果银行贷款的规模过大，超过了自身资金来源的可承受度，或者资金来源的期限较短，而放款的期限较长，则可能造成资金的短缺或周转不灵；又如，风险可能来自客户的信用问题，由于客户的违约，到期不能归还贷款本息或者发生坏账，必然会影响银行存款的兑付和资金的周转；再如，风险可能来自经济情况的不确定因素，由于经济的不景气，贷款人资金周转迟滞，不可避免地会影响贷款的如期足额回收。总之，不论是哪种风险发生，一旦造成商业银行的贷款不能及时足额收回，就会影响商业银行的清偿能力，损失银行的资金，动摇银行的信用，甚至可能使银行因无力应付提存而倒闭破产。所以，商业银行在资金运营中必须重视安全性原则。

贯彻资金运营的安全性原则，必须注意以下几个问题：

第一，合理安排资金应用的规模和期限结构，使之与负债的规模保持一定比例，与负债的期限结构相匹配，保持银行的清偿力。

第二，加强对客户的信用分析，选择恰当的用资方式，多层次、多角度地分散资金运营，降低或减少整体的资产风险。

第三，不断补充资本金和提留风险拨备，维持资本充足和社会信誉，提高银行的御险能力。

对应于以上应注意的问题，在资金运营活动中，银行一般都要严格控制负债的规模，通过资产负债管理活动维持恰当的规模与结构，在信用分析的基础上，谨慎选择资金运用方式和方向，并通过资本充足率的提高和风险拨备的计提等举措来维持银行的御险能力和社会信心。

（二）流动性

商业银行的流动性是指商业银行能够随时应付客户提存和满足客户新的合理贷款及其他资金需要的能力。在现代金融经济中，流动性是商业银行从而也是整个金融体系乃至经济体系稳定运行的生命线，一旦出现流动性风险，就会引发和恶化商业银行的其他风险，并通过传染效应危及金融体系和经济体系运行的安全。

商业银行的流动性包括资产流动性和负债流动性两个方面。资产流动性是指银行在资产不遭受损失或损失较少的情况下迅速变现的能力。这一能力隐含着两个条件：一是资产在转变为现金时，价值上少受损失或不受损失；二是在转变为现金时所需要花费的时间尽可能少。资产是否具有流动性和流动性的大小，就看满足这两个条件的情况，充分满足的流动性就大，满足不充分的流动性就小，一点儿也不能满足的就没有流动性。抛弃或不考虑这两个条件，则可以说任何资产都具有足够的流动性。负债的流动性是指银行能够方便地以较低成本随时获得所需资金的能力。它也暗含两个条件：一是在获得所需资金时，成本尽可能低；二是在银行需要资金时，尽可能在较短的时间内筹措。

商业银行的流动性也可以从存量和流量方面来考察。从存量角度看，流动性表明银行资产的变现能力；而从流量角度讲，流动性又体现着银行随时筹集资金、寻求负债的能力。

流动性从总体上讲是一种潜在的、悬浮的不确定性筹资变现能力，但在一定限度内它也有存在的实体。现金、活期存款、同业存款和政府债券等本身就是现金或者是准现金，具有高度的流动性；其他资产也在不同程度上具有流动性。

商业银行必须保持资金运营的流动性是由以下原因决定的：

第一，商业银行资金来源的不稳定性。商业银行的资金来源大部分是存款和借款，对于定期存款和储蓄存款，必须要能够按时支付；对于活期存款，必须能够随时满足客户的提取；借款则要按时归还。银行资金来源的不稳定，要求其必须保持资产的流动性，以备在必要时，通过资产的出售来满足提取存款和归还借款的资金需要。

第二，银行资金运动的不规则性。银行不断吸收存款，又不断应付客户的提款，形成一部分稳定的存款余额，用于放款和投资。这部分稳定余额是难以确定的。因为存款的提取和存入主要取决于存款人的意志，银行处于被动地位。同时，银行在资产业务中，不断地发放贷款和购买证券，又不断地收回本金和利息，形成一定的占用余额。由于客户的贷款需求难以预测，有些贷款和投资不能及时收回，因此，贷款和投资所形成的占用余额也具有不确定性。由此可见，银行资金运动的特点，既表现为资金来源的不确定性，又表现为资金应用的不确定性。这种资金来源和资金应用的不规则性，要求银行必须保持资产的流动性和负债的流动性，以应付资金流出大于资金流入时所需的资金净额。

第三，商业银行的流动性要求具有刚性。银行作为信用企业，能否随时应付客户的提款要求，是保持其信誉高低的主要标志，也是银行维持经营的关键。企业常常也会遇到流动性不足的问题，如到期不能支付清偿时，可以与债权人协商宽限一段时间，待资金准备好后再支付。银行与企业则不同，一旦出现流动性不足，不能马上应付客户的需要，就可能引起挤兑风潮，后果不堪设想。可见，银行保持流动性比一般企业更重要。

贯彻资金运营的流动性原则，必须注意以下几个问题：

第一，商业银行要建立分层次的准备资产。即要掌握一定量的现金资产、短期有价证券、短期贴现票据和短期性贷款，分别作为流动性供给的第一来源和第二来源。

第二，合理安排资金运营的期限结构，即合理配置短、中、长期限的资产，使其与负债的期限结构和新的合理贷款、投资需求的期限结构相吻合，努力形成负债到期资产也到期、到期的负债可由到期资产收回的资金来偿还的自偿机制。

第三，维持负债渠道的多元化格局并保持畅通，减少负债波动对流动性供给与需求的冲击，并在需要的时候通过主动性负债来供给和补足流动性；同时，注意通过资产证券化、回购和资产出让等方式从资产方来增加流动性的供给。

在实际的资金运营中，银行尽力通过各种渠道和方式来维持和供给所需要的流动性，如采取在中央银行和同业存款、同业借款、增加流动性的金融资产负债创新和在资金配置上保持期限结构对称等举措，通过实施流动性比率、贷存比率和中长期存贷比率等指标进行流动性的测度与控制等等都是行之有效的做法。

（三）盈利性

盈利性原则是指商业银行在资金运营中，必须尽可能追求高收益，争取优厚的利息收入及其从属的其他收入。

商业银行资金运营遵循盈利性原则是由其自身的性质和负债的特征所决定的。其一，商业银行是金融企业法人，所追求的主要目标是利润的最大化，只有在资金运营中谋求盈利，才能保证所追求目标的实现，也只有追求盈利，才能保证对银行股东或所有者资本投入的回报；否则的话，就没有投资者愿意对银行进行投资，原有的投资者也会撤出，银行就不可能继续存在。其二，商业银行的外部负债是有偿、有息的存款和借入款，必须按期足额偿还并给付利息，具有硬负债的特征，只有对应的资金运营是盈利的，才能保证利息的给付，所以必须追求盈利。

贯彻资金运营的盈利性原则，必须注意以下几个问题：

第一，要将能否给银行带来收益作为业务和客户取舍的准绳，是否开展某一项业务、接纳某一个客户，都要视其对银行收益的贡献情况而定。贡献大，积极拓展和争取；贡献小，有选择地适度开展和接纳；无贡献甚至是负贡献，则应尽可能地拒绝或回避。

第二，对于是否给银行带来收益应该动态地看待，不能只着眼于短期。短期内给银行带来收益固然好，但并不是所有的资金运营业务都是如此。短期不能但在未来却会给银行带来丰厚收益的一些特定性的资金运营业务或客户，银行依然应该给予重视。

第三，银行资金配置时，在不损害安全性和流动性的前提下，要合理安排贷款和投资等主要资金运营的规模和结构，尽量减少非盈利资产的占比，增加高盈利资产的比重。

为了使盈利性原则得到体现，银行在资金运营中一般采取先确定盈利目标，而后进行目标分解、控制和考核的方式，通过分业务、分部门目标的实现来保证总体盈利目标的达成。

二、商业银行资金运营的特殊性原则

商业银行资金运营的特殊性原则是指各国基于特定的目的和要求，对商业银行的资金运营活动所作的不同于一般性原则的规定和要求，限于篇幅，这里仅仅讨论中国商业银行的情况。

过去，我国银行在资金运营上一直奉行的是计划性、物资保证性和偿还性原则。这种传统的“三性”原则是高度集中的计划经济体制的要求和产物，在新中国成立以后发挥了重要的作用。但随着1978年以来经济体制改革的深入和市场经济体制的逐步确立，传统的“三性”原则已经越来越与新的经济管理体制不相适应了。特别是随着商业银行体制的逐步确立，它的弊端越来越大。因此，1993年以来，我国政府及其金融管理部门陆续颁布了一些新的金融管理规定，废止了沿用已久的传统“三性”原则，代之以新的原则。

根据1995年《中华人民共和国商业银行法》和《贷款通则》等相关法律法规的规定，我国商业银行资金运营的原则被界定为效益性、安全性和流动性三原则。和国际上一般的“三性”原则相比，它存在着两个方面的不同：

一是在《中华人民共和国商业银行法》中，规定的是“效益性”而非“盈利性”。之所以作这样的规定，是认为效益性的含义既包括商业银行盈利这种微观经济效益，也包括宏观经济效益和社会效益。追求盈利是商业银行的内在要求，没有盈利，商业银行就缺乏生存和发展的基础，这与国际上的一般盈利性原则是一致的。但是，由于我国商业银行的主体是国有商业银行而非私营商业银行，所以从长期来讲，商业银行自身的微观经济效益和社会的、宏观的经济效益是一致的，三者之间不存在根本的利益冲突。在短期内，由于种种原因，两者之间也会表现出这样或那样的矛盾，这时候，商业银行可能需要放弃或牺牲自身的微观经济效益目标而确保或实现社会效益或宏观的经济效益，这应属于正常的现象。所以，我国商业银行资金运营的原则应该是含义更为广泛的“效益性”而不是单纯的“盈利性”。

二是在《中华人民共和国商业银行法》中，把“效益性”原则置于首要位置，而非国际上一般的“安全性”第一原则。如此安排是基于这样一种认识，我国商业银行的主体是国有商业银行，其服务的主要对象又是国有企业，都有国家信用作后盾，因为有国家的支持和统一协调，国有商业银行因安全性问题出现倒闭破产的可能性较小，所以对我国的商业银行来讲，“安全性”并不是最重要的。在1995年前后，国有商业银行的经济效益普遍下滑，部分银行甚至出现了巨额的亏损，解决“效益性”问题显得更为重要。当然，或许以上认识及其法律规定并不完全妥当，但商业银行法将其置于安全性之前并界定为“效益性”却是不争的事实。

1998年东南亚金融危机之后，我们逐渐认识到了银行安全性的重要性，加之国内出现的金融风险的累积对我国社会经济的健康运行和发展构成的潜在威胁越来越大，2003年的《中华人民共和国商业银行法》修正案对商业银行资金运营的“三性”原则作了调整，将其界定为“安全性、流动性和效益性”，基本上向国际上一般的“三性”原则靠拢，但依然保留了“效益性”的规定和要求。

近年来，在理论研究中，关于“三性”的顺序排列问题，出现了“流动性第一”的观点。有人认为，在现代金融体系中，流动性在银行经营管理中的地位逐渐重要，应该在“三性”中占据第一的位置。原因是，解决了流动性也就解决了安全性；没有充足的流动性，安全性和盈利性均会出现问题；现实中，许多银行的破产，并非是资不抵债，而是流动性出了问题所致。

第二节 资金运营政策

资金运营政策不同于资金运营原则。资金运营原则具有普遍性和不变性，它所内含的安全性、流动性和盈利性是任何商业银行在任何时期从事资金运营业务都要加以遵循和体现的基本准则，它并不随经营环境的变化而改变，是长期稳定不变的。资金运营政策是资金运营原则的具体化，是指导和约束资金运营活动的方针和措施。一般来讲，不同的商业银行或同一商业银行在不同的时期或不同的经营环境下所制定和使用的资金运营政策是不同的。但是其中的基本框架和基本内核却是相同的，也是稳定的。这种作为资金运营政策中的相同的、不变的框架和内核，就是资金运营的基本政策。本节的内容主要在这一层面展开。从政策制定和要求主体的角度来讲，资金运营基本政策由外部政策和内部政策两个部分组成。

一、外部政策

外部政策是来自银行之外的对于商业银行从事资金运营活动进行指导、约束和规范的方针、措施的总称。它一般由银行的外部关系人制定，主要的制定主体是政府、中央银行和金融监管机构。对应的外部政策主要有产业政策、货币政策和金融监管政策。

（一）产业政策

产业政策是政府所制定的关于在未来一定时期国家积极主张、支持发展什么，限制和禁止发展什么的方针、措施的总称。产业政策对于商业银行的资金运营具有引导和约束作用，也是商业银行配合和支持政府经济、社会目标实现和承担社会责任的要求。所以，商业银行在资金运营中，必须遵循产业政策，按照产业政策的要求来决定自己特定时期的资金投向和投量等事宜。

按照国务院发布实施的《促进产业结构调整暂行规定》（国发〔2005〕40 号），我国未来产业结构调整和发展的重点是：巩固和加强农业基础地位，加强能源、交通、水利和信息等基础设施建设，重点发展先进制造业和加快发展高新技术产业等。将我国产业划分为鼓励、限制、淘汰和允许四类，要求对鼓励类投资项目，各金融机构应按照信贷原则提供信贷支持；对属于限制类的新建项目，禁止投资，各金融机构不得发放贷款，对属于限制类的现有生产能力，允许企业在一定期限内采取措施改造升级，金融机构按信贷原则继续给予支持；对淘汰类项目，禁止投资，各金融机构应停止各种形式的授信支持，并采取措施收回已发放的贷款。因此，简单来讲，根据我国产业政策的规定，银行资金投放的重点是农业、高新技术产业、基础产业、基础设施和装备制造业，严格控制对房地产、水泥、高耗能、高污染等行业和领域的资金投入。

（二）货币政策

货币政策是中央银行为实现特定的经济目标而采取的调节和控制货币供应量或信用量的方针、措施的总称。它总体上是商业银行制定资金运营政策的风向标，其中的部分政策还对商业银行的资金运营构成硬性的约束，如利率政策和信贷政策。

就我国的利率政策来讲，中国人民银行是经国务院授权的利率主管机关，代表国家依法制定和调整金融机构存贷款利率、利率浮动幅度、各类利率结构和档次等。上述利率的制定和调整都会直接或间接地对商业银行的资金运营构成影响或约束。如整体利率水平的调高，预示着未来银根抽紧，资金供应紧张，所以商业银行的恰当之举是控制甚至是压缩资金运营的规模，调整资金运营的风险结构。关于利率上下浮动、优惠和罚息利率的规定和调整，直接决定了商业银行在存贷款等资金运营中能够对哪些行业、部门、项目和企业进行优惠性融资。

信贷政策的约束就更为明显，如人民银行根据国家产业政策所对应制定的差别性信贷政策，就直接规定了商业银行在国民经济各行业和部门的信贷投向和投量。例如，中国人民银行 2007 年 7 月 6 日发布的信贷政策窗口指导，明确要求商业银行要将环保评估的审批文件作为授信使用的条件之一，严格控制对高耗能、高污染行业的信贷投入，加快对落后产能和工艺的信贷退出步伐。因此，商业银行必须考虑货币政策的要求，根据货币政策的作用方向和作用力度对应地调整和变更资金运营的方向和力度。

（三）金融监管政策

金融监管政策是金融监管当局为维持金融秩序、保证金融活动的健康运行和发展所制定的金融监督和管理的方针和措施的总称。其对商业银行资金运营的影响和制约是多方面的。其中尤以对商业银行业务活动范围的规定、资产负债管理和风险管理的要求最为明显。

如我国商业银行法明确规定，商业银行的业务范围主要是存贷款和政府性证券的投资，不允许商业银行在未经批准的情况下从事除以上业务之外的其他金融和非金融业务。再如，中国银监会对商业银行资本充足率等重要的资产负债比例管理指标进行监管，当商业银行无法满足指标的要求时，其业务发展将受到来自监管方面的制约甚至处罚。总体来讲，它们一般是商业银行制定资金运营内部政策最直接和具体的依据，也是商业银行资金运营中必须无条件加以贯彻、落实的政策。

二、内部政策

商业银行资金运营的内部政策是商业银行根据“三性”原则和外部政策的精神与要求，以及对社会经济金融运行情况和发展趋势的分析和评判，所制定的指导、规范和约束资金运营的内部性的方针和措施。内部政策属于商业银行内部控制制度的范畴，主要包括以下内容。

（一）投向政策

资金运营的投向是指商业银行在一定时期内信贷资金的使用方向，它决定着资金运营的分布和结构。资金运营投向政策就是确定一定时期商业银行信贷资金的使用方向，规定支持和限制对象的方针和措施。它既要体现“三性”原则和产业政策、货币政策等方面的规定和要求，又要落实商业银行自身管理以及决策层一定时期的价值判断和价值取向。

如近年来，中国银行业根据国民经济发展态势的评判和风险管理的要求，普遍推行“扶优限劣”的信贷投向政策，实施资金运营主要面向大城市、大企业的“双大”战略和面向“重点客户、重点行业、重点地区、重点产品”的“四重”战略，使得信贷资金流向国有企业和其他大中型企业的意愿得以强化，各家银行信贷流向“大城市、大企业、大行业”的集中趋势进一步加强，贷款日益投向少数经济效益好、信用程度高的大中型企业以及股份制上市公司。

（二）投量政策

所谓资金运营的投量，是指商业银行一定时期内资金运用的规模。投量政策就是对这一方面的规定和要求。

一般来讲，投量政策制定的依据主要有两个方面：一是商业银行自身的资金运营能力；二是特定时期的资金需求状况，包括现实的和潜在的、当前的和未来的、短期的和长期的资金需求量。除此之外，还要考虑政府经济政策、货币政策和金融监管政策的规定和要求。比如，我国银行现阶段在确定投量政策时主要考虑的是资产负债总量管理和比例管理的指标要求和规定，各商业银行总行会根据要求进行指标分解，规定各分支机构的具体贷款规模及其各种贷款的数量和比例结构，要求分支机构必须达到或不能突破。

（三）运营方式和种类政策

这是指商业银行在未来一定时期内资金运营所能采取的方式和从事业务种类的规定和要求。它往往是多角度和多层次的，如我国商业银行关于贷款方面普遍的规定和要求是可以从事自营、委托和特定贷款，严格限制信用贷款，大力开展担保贷款和票据贴现等等。

（四）价格政策

资金运营的价格政策涵盖价格构成、定价方式和策略等方面的规定和要求，如贷款价格政策包括贷款价格构成、贷款利率水平的确定、利率期限和风险结构的规定及利息计收方式和方法等方面的内容。

（五）运营权限政策

这是关于资金运营中各级经营管理人员、各个部门和分支机构自主运营资金额度的规定。一般采取分类授权、超权审批或咨询的方式来规定和管理。虽然我国各家银行现阶段的具体授权规定不尽相同，但普遍根据其分支机构的资产质量状况和管理水平的高低，实行资金运营权限的差别政策，对于资产质量好、管理水平高的，给予较大的自主运营权限；而对于资产质量差、管理水平低的，则赋予其较小的自主运营权。更为具体的如中国工商银行根据资产质量等因素，将全国的县级分支行在信贷运营权限上实施只存不贷、多存少贷和重点投放以及限额内自主发放、超限额上报审批的分类授权管理政策。

第三节　信用分析

要对资金运营进行有效的管理，除了解、把握资金运营中风险的类型及其含义外，还需要对运营对象的信用状况进行分析，以判断特定的资金运营对“三性”原则的体现和保证情况。这一过程就是信用分析，它是资金运营管理的关键环节。明确来讲，所谓信用分析，是指商业银行为保障资金运营的安全与盈利，在资金运用之前对运营对象的资信状况进行调查和评估，目的在于预测资金运营可能面临的风险，为运营决策提供科学依据。其基本内容包括定性分析和定量分析两个方面。定性分析包括对运营对象一般情况的调查和了解和对运营对象财务报表项目的分析。定量分析则主要是财务比率分析和现金流量分析。下面以贷款业务为蓝本进行具体的介绍。

一、对借款人一般情况的调查和了解

对借款人一般情况的调查和了解的目的主要有两个：一是通过调查从整体上对借款人的大致情况及还贷意愿和还贷能力有一个概要性的了解，二是帮助银行决定是否还要

进行后面的分析工作。

对借款人一般情况的调查和了解主要从以下五个方面进行，由于这五个方面的英文开头字母都为“C”，所以一般称之为信用“5C”分析。

（一）借款人的品德

借款人的品德（Character）是指借款人的偿债意愿及执行合同的历史情况，主要体现在道德观念、个人习惯、个人交往、经营作风、自律自控能力、经营信用记录、在业界和金融界的声誉等。借款人是否具有清偿债务的意愿，是否能够履行合同，还款意愿是否强烈，是否能够以诚实的态度从事经营，都是评价借款人品德的主要方面；借款人以往的偿债记录和利息借款合同的记录是评价借款人道德品行的有力证据。

一般情况下，银行对于其经常性的客户都有业务往来的资料，可以据此分析借款人的情况，包括调查企业主要负责人的生活作风、工作方式、财务收支状况和业务经营是否诚实可靠等等。对于新的客户，可以通过专门的资信咨询机构来了解情况。这一分析的基本假设是：过去在债务偿还的意愿上表现得好、在经营中一向真诚可靠的，在未来的时间里依然继续保持这种特点。

银行发放的如果是消费者贷款，则品德的考察直接围绕消费者个人进行；而如果对企业等企事业法人单位贷款，考察的对象则主要为这些机构的负责人。

（二）借款人的能力

借款人的能力（Capacity）是指其主要经营者的经验、才干和受教育程度、市场适应能力以及判断力等，也即借款人或借款机构负责人创造收入的能力，特别是企业家的能力。这一方面是最基本的，因为不管借款人的品德如何好，资本如何多，如果没有精明能干的行政首脑，也很有可能在激烈的市场竞争中遭受失败，从而得不到足够的收入，使银行贷款蒙受损失。因此，无论贷款给企业还是事业单位或者是个人，都必须特别注意对其能力的考察。

银行考察借款人的能力，应主要分析其年龄大小、受教育程度、身体健康情况、职位的稳定性、精力状况、技术水平、应变能力、分析判断能力、工作经验、经营管理能力等方面。如果借款人在这些方面都比较好，则将来在竞争中失败的可能性就小，一般都能获得足够的收入以偿还银行的贷款，银行贷款的风险就较低。否则，银行贷款将有承受较大损失的可能性。

（三）借款人的资本金

资本金（Capital）是指借款人所拥有的自有资金的数量。如果借款人为企业，资本金是指该企业自有资金在全部资金来源中的占比。资本金对于银行贷款的及时收回具有重要的作用。如果借款人资本金较多，则在经营过程中一旦发生损失，可以用资本金来弥补，银行贷款不会遭受风险，至少不会全部遭受风险。否则，借款人一旦发生资产损失，就会波及债权人，其中也包括银行，结果很可能是银行贷款部分或全部收不回来。

银行对资本金的分析，主要是分析资本金的总量是否适度、结构是否合理、是否存在负债过度或者超负债经营的问题。

（四）借款人所提供的担保品情况

担保品（Collateral）是借款人向银行借款时提供给银行作为贷款本息安全最终保障

的有价资产。由于银行的贷款大多数为担保贷款，所以对担保品的分析非常重要。一般要从价格稳定性、市场可销售性、容易保存性和价值易鉴性等方面来判断其对贷款本息保障的可靠程度。

（五）借款人的经营环境

借款人的经营环境（Condition）是指借款人自身所面临的内外部环境。前者包括借款人的经营特点、经营方法、技术状况和劳资关系等等。这些都是借款人自身所能决定的内容。后者则是借款人自身所不能控制的。其范围大至国家政局变动、社会环境、商业周期、季节变化、一般经济状况、国民收入水平等，小到行业发展趋势、同业竞争程度等。经营环境的变化将对借款人的经营结果造成不同程度的影响，并进而影响到贷款的偿还。因此，银行有必要了解这些情况，以决定是否对借款人授信，或是在授信时采取某些必要的措施作为应变准备，以保证银行贷款的安全。具体而言，银行要了解以下事项：

1. 企业的基本特点。这主要是指企业的特质，如是制造商、批发商还是零售商；生产是否有季节性，是原材料供应还是产品销售的季节性；厂房和设备的多少，生产能力、生产规模如何等。

2. 企业的内外部关系。企业的内部关系主要是指企业主要负责人之间的关系、厂方与工会的关系和职工福利待遇等。企业的外部关系主要是指企业正常的购销条件、企业的产品或劳务市场情况、该企业与其他企业的业务关系怎样等。

3. 行业和产品特点。为了正确评价一个企业的经营情况，还有必要了解该企业所属行业及其产品的特点。例如，该行业在国民经济中是朝阳行业还是夕阳行业，整个行业处于行业变动周期的哪一个阶段，政府有关的产业政策怎样；再如，该行业产品的特点，产品的市场结构，该类型产品的发展趋势，新技术革命对该行业产品的生产和需求是否会发生重大影响，利润的趋势怎样，能否用提高价格的方式来应对可能的成本增加，如此等等，不一而足。了解以上这些问题，可以进一步评价该企业在同行业中的地位、实力及弱点，为判断企业的信用状况提供更详细的信息资料。

此外，在实践中，还有银行使用“5W”分析、“5P”分析等方法。

“5W”分析是指商业银行对每一笔贷款都必须从以下五个方面进行严格的分析：（1）“Who”。即借款人是谁。这要求着重了解借款对象本身情况如何，包括借款对象的信用状况如何、是否具有还款能力、生产经营状况怎样等。（2）“Why”。即借款人为何要借款，这要求搞清借款对象借款的用途和目的。（3）“What”。即借款人用什么作担保，这要求确定借款人以何种有价资产作抵押，抵押物是否可靠。（4）“When”。即借款人什么时间归还贷款，这要求确定贷款期限长短。（5）“How”。即借款人如何归还贷款，这要求了解和明确借款人是一次偿还贷款，还是分期偿还贷款。同时还要了解客户用何种收入归还贷款本息，是以正常收入归还，还是寻找其他资金来源归还。

“5P”分析是指：（1）个人因素（Personal Factor），指借款人的人格、信誉、作风等因素。（2）目的因素（Purpose Factor），指贷款的目的是否合法，是否具有增加生产经营规模和直接经济效益的积极意义。（3）偿债因素（Payment Factor），指偿债资金来源是否稳定可靠，时间安排是否合理。(4) 债权保障因素（Protect Factor），指贷款的抵押品质量、销路、占有、处置情况，可能的分散风险的方法选择，收回贷款的保障措施等。(5) 展望因素（Prospective Factor），指对授信的评价，包括对银行收益的评价、对引发银行其他业务的可能性的评价、对发展或稳固银行客户关系的评价、对由此可能产生的风险及其大小的评价等。

二、对借款人财务报表的项目分析

商业银行在分析企业借款人的信用风险时，还需要对其所提供的财务报表的有关项目进行分析，以进一步确定企业借款人的信用状况。这一工作主要是针对资产负债表和损益表进行的。

（一）资产项目分析

对资产项目的分析主要考察如下内容：

1. 应收账款。它是企业借款人偿还短期贷款的主要资金来源。主要的考察要点是：(1) 账龄的长短。账龄的长短直接关系到应收账款的安危，账龄越长，受不确定性因素的影响越大，不能如期足额收回的可能性也越大。因此，只有账龄相对较短，对贷款本息的保障程度才高，发放贷款的风险才能降低。(2) 账户的分布。如果账户的分布比较集中，只集中在少数债务人身上，那么一旦这些债务人不能如期足额偿还所欠债务，就有可能引发借款人不能如期足额偿还贷款本息，银行也就将遭受贷款风险。所以，只有账户比较分散，银行发放贷款才比较安全。(3) 是否已经抵押或转让。已经抵押或转让的应收账款对贷款本息的保障程度较低，因为银行不是第一收款人，所以应从应收账款中剔除这个部分。(4) 考虑应收账款是否提留了呆账准备金、主要应收账款的债务人的信用状况等。只有综合考虑这些情况，才能确定应收账款是否可靠及其风险大小，从而评价借款人的偿还能力。

2. 存货。包括原材料、在产品、半成品和产成品等。考察时应着重分析以下几个方面：(1) 存货的保留时间。时间长的一般说明流动性很差，或是已经过时、报废，应予剔除，特别是原材料存货和产成品存货。(2) 存货规模是否合理。过多或过少的存货都会影响资金的优化配置和正常周转。(3) 存货是否足额投保、投保险种齐全与否。只有对存货进行了足额、齐全的保险投保，才能在发生存货毁损时从保险公司得到补偿，从而保护存货价值的完好。(4) 其他方面，包括存货的计价方法是否合理、是否提足了相关的准备金、存货的各个部分的占比是否合理等。其基本的判断方法是与本企业的历史水平相比，与同行业的平均水平、先进水平比较。综合两方面的结果，基本上可以判定存货对贷款本息的保障是否可靠，从而判断基于存货的贷款的信用风险大小。

3. 固定资产。考察的要点是：(1) 固定资产性能的完好情况和净值情况，特别需要注意是否足额提留了折旧，只有足额提留了折旧的固定资产对贷款本息才有保障能力。(2) 固定资产的地理位置和用途情况。只有处于交通要道、经济发达地区、城市繁华地段的固定资产才有较好的市场价值，其价格的稳定性才高，也只有使用范围较广的固定资产变现才比较容易。这两个方面都关系到届时需要通过处置变卖固定资产来收回贷款本息能否顺利进行。(3) 固定资产的占有情况。要搞清固定资产对借款人来讲是独立拥有还是共同所有，是租借的还是购入的，自己有无处置权利，是否已先作了抵押或转让。这些情况都关系到银行贷款债权的保障程度。(4) 固定资产是否办理了保险，是否足额和齐全。

4. 证券投资。主要分析所持有证券的市场行情、信用等级和流动性大小等，以确定这类资产的变现能力；分析与所投资企业的关系，以确定相关权益变化对借款人偿还贷款本息的影响程度；分析债券的期限、质量、数量及其结构，以确定不同证券对企业债务的影响。

5. 无形资产。这是指商标权、专利权、专营权、版权和商誉等没有明确价值的资产。虽然这类资产一般不能直接给企业带来收入，但却能够为企业实现经营目标提供帮助和支持。银行在分析时，需要对无形资产给予足够的注意，因为现代经济从某种程度上来说就是品牌经济，而品牌实际上就是无形资产的综合和凝结。

（二）负债和净值项目分析

1. 负债。借款企业的负债包括流动负债和非流动负债两个部分。流动负债是指需要随时偿还或在 1 年之内到期偿还的负债，一般包括应付账款、应付票据、应付费用和应付税金及长期负债的流动部分。

(1) 应付账款。它是借款企业需要不断提供资金予以偿还的负债。其分析侧重于了解借款企业应付账款的主要债权人是谁，借款人与其关系如何，是否能够一贯地予以偿还，有无拖欠赖账不还的情况出现；其总量是否恰当、结构是否合理等。

(2) 应付票据。其一般由短期借款、过期未支付的应付款、向本企业职工和股东的短期借款等构成。分析的重点是应付票据的总量和结构恰当与否。

(3) 应付费用。这是指日常生产经营过程中产生的暂时性负债，主要有应付租金、应付工资、法律费用和各种公益事业应付费用等构成。对此主要注意的就是数量不应过多。

(4) 应付税金。其具有优先偿付的特点。首先要分析是滞后纳税还是有意拖欠，后者是直接关系到借款人是否诚信、守法的大问题，应引起银行的警惕；其次要注意其总量的大小，如果太大，可能偿付之后就会影响其他债务的如期足额偿还，进而引发债务危机。

(5) 长期负债的流动部分。这是指借款企业所欠长期债务中当年到期偿还的部分。分析的重点：一是偿还的总量是否过大，二是偿还期限是否过于集中。量大和过于集中都有可能会引发债务及资金的连锁反应，酿成债务危机。

2. 净值。即企业的所有者权益。首先需要了解各项净值是否真实、是否掺有水分。其次要分析借款企业的资本结构。一般来讲，普通股本占比高，企业就比较稳定；反之，如果优先股资本过大，普通股资本过小，该企业的资本状况就比较脆弱，就有可能经受不了资本流失的冲击。此外，如果是独资企业，就不仅要考虑企业本身的收益和净值，而且要考虑业主在企业以外所承担的债务，考虑其对外所订立的合同中可能引起的债务负担，因为这些都会直接或间接地导致其偿债能力的分散，从而影响其对贷款本息的如期足额偿还。

（三）损益表分析

损益表可以从资金流量上反映一定时期内企业的经营效能，可以弥补资产负债表从静态上观察的不足。损益表的分析应着重于以下方面：第一，审查该期会计凭证和账务，找出各项数据不可逐年相比的原因，以便对企业经营进行纵向比较。第二，计算损益表中各项金额占销售的百分比，并与企业不同时期及同行业的平均水平和先进水平进行比较，查出成本、费用占比过高或利润、净收益占比过低的原因。第三，了解非常收益和非常费用的具体内容，分析哪些是人为的，哪些是客观因素造成的。这有助于判断收入与支出的稳定性，诸如，对投资收入特别是证券投资收入的分析就很有必要，因为这种收入的不确定性很大。

其他借款人的分析主要注意其资产、负债是否适度，结构特别是期限结构是否合理等。

三、财务比率和现金流量分析

以上分析基本上可以归结为定性分析。这种分析只能从整体上给出一个大致的结论，至于较为精确的数量性的结论，则要依赖定量性的财务比率分析和现金流量分析才能给出。

（一）财务比率分析

财务比率分析是银行根据借款人所提供的财务报表上的数据，从不同的角度，按照不同的标准，将两个或两个以上的数据进行不同的组合及比较，通过测量借款人的生产经营状况和偿债能力来准确评价其贷款信用风险的大小。其评价的方法还是与同类型企业相比较、与企业自身的历史情况相比较。具体的分析通常使用四类指标。

1. 流动性比率。流动性比率是测度借款人即期偿债能力的指标。它反映借款人偿还短期债务能力的大小。流动性比率主要包括以下三种比率：

（1）流动比率。即借款人的流动资产与流动负债之比：

$$流动比率=\frac{流动资产}{流动负债}$$

这一比率反映的是每一单位的流动负债有多少单位的流动资产来抵偿，或者说是当流动负债到期需要偿还时，流动资产的变现额在多大程度上可以应付这种资金外流。由于银行一般的标准是要求其应维持在 2 或 200% 以上，所以又叫做二对一比率。其比值越高，流动负债获得清偿的机会就越大，借款人违约从而引发银行贷款信用风险的可能性就越小。

（2）速动比率。即速动资产与流动负债的比率，而速动资产是流动资产减去存货的剩余。所以，其计算公式是

$$速动比率=\frac{流动资产-存货}{流动负债}$$

速动比率进一步反映借款人利用流动资产偿还流动负债的能力。之所以将存货从流动资产中剔除，是因为存货虽然属于流动资产，但并不能保证近期收回与其价值相等的

款项，存货有可能出售不出去，也可能出售时要遭受相当大的损失。总之，存货对偿还债务能力的反映是不准确的，而剔除了存货的速动资产则能够较精确地揭示企业近期的偿债能力，所以该比率也被称为酸性试验比率或酸性测试比率。一般认为，该指标的比值应维持在 1 或 100% 以上，即每一单位的流动负债至少要有一单位以上的速动资产作保障，才能算得上有足够的流动性。因此，这一指标又叫做一对一比率。

（3）变现比率。它反映的是借款人马上偿还到期负债的能力。其计算公式为

$$变现比率=\frac{现金+短期证券}{流动负债}$$

在该公式中，分子由现金或短期证券组成，它们是借款人所持有的流动性最高的资产。其中，现金可以直接用于偿债，无须转换；而短期证券（主要是短期政府债券）一般是高流动性的有价证券，需要时可以随时出售转换成现金。因此，借款人所持有的这类资产的数量的大小最能反映其偿债能力的高低。不过，需要对外借款的经济单位，这类资产一般就不会很多了。所以，对这一指标的分析并没有多大实际意义。

2. 业务活动比率。这组比率主要用来测度借款人运用资产的有效程度。

（1）应收账款周转率。这是借款人赊销商品或劳务的净额与平均应收账款的比率。其计算公式是

$$应收账款周转率=\frac{赊销净额}{平均应收账款}$$

这一比率反映着借款人应收账款的周转速度，即转化为现金的速度，主要说明借款人在该时期内收回赊账的能力。

利用上述公式计算出来的是借款人在一定时期内应收账款的周转次数。周转次数越多，说明该借款人赊销商品平均保持的应收账款越少，即收账能力越强；反之，该比率过小，说明借款人赊销商品后的收账能力差，其短期偿债能力会因之而大受影响。

与应收账款周转率直接相联系的一个指标是平均收账期，其计算公式为

$$平均收账期=\frac{年度应收账款平均额\times 360}{年度赊销额}$$

显然，平均收账期越长，借款人的收账能力越弱，偿债能力也越差；反之则相反。

（2）存货周转率。存货周转率是借款人出售商品成本与平均存货的比率。其计算公式为

$$存货周转率=\frac{销售成本}{平均存货}$$

这一指标用来测度借款人现有存货的流动性，即存货变现速度。其指标值越大，说明借款人销售一定商品所需要的库存越少，存货的流动性越强，借款人偿债能力也越强。因此，该指标的数值越高越好。

这一指标也可以计算平均周转日数。公式是

$$存货平均周转日=\frac{平均存货\times 360}{销售成本}$$

这个日数越多，说明存货周转时间越长，周转速度越慢，存货的流动性越差，偿债

能力也越弱。

（3）营运资金周转率。它是销售净额与营运资金净额的比率。其计算公式为

$$营运资金周转率=\frac{销售净额}{营运资金净额}$$

其中，营运资金净额是流动资产与流动负债之差。这一比率用来测度营运资金之比多少为适度。比率越大，通常说明利用营运资金的效率越高，但也不是绝对的，比率太大，也可能预示着以后会出问题。比如，后备存货较少虽然可加速营运资金周转，但可能会发生生产经营持续过程的中断；大量使用短期债务也可加速营运资金周转，但有可能因此而发生短期债务危机，因为资金难免会出现周转不灵，从而引发债务链的断裂。所以，不能简单地说这个比率越大越好，而应根据具体情况作具体分析。

（4）固定资产周转率。它是指销售净额与固定资产的比率。用公式表示为

$$固定资产周转率=\frac{销售净额}{固定资产}$$

这一指标用来测度固定资产的利用效率，实现每一单位的销售额需要多少固定资产来支撑。比率越高，固定资产的利用效率就越高。

（5）资产周转率。即销售净额与总资产的比率。用公式表示为

$$资产周转率=\frac{销售净额}{资产总额}$$

这一比率用来反映每一单位产品销售由多少单位的资产来支撑。由此可以判断销售额是否适当，借款人能否实现规模经济效益。

3. 负债程度比率。这一指标用来测度借款人的负债状况，揭示其债务数量是否适度，是否存在违约的可能性及其可能性的大小。主要的指标是：

（1）债务比率。即债务总额与资产总额之比。其计算公式为

$$债务比率=\frac{债务总额}{资产总额}$$

这一指标反映的是在借款人的全部资产中，有多少是通过借款的方式来支持的，或者从另一个角度说，当资产发生损失时，借款人可以在多大程度上保证债权人不遭受损失。因此，这一指标可以明确地揭示出借款人的负债程度。其比值越高，说明借款人的债务负担越重，资产将来发生损失时不能及时偿还债权人款项的可能性也就越大。很显然这一指标值越小越好。

（2）负债净值比率。负债净值比率表示借款人总负债与资本净值的关系。其表达式是

$$负债净值比率=\frac{负债总额}{资本净值}$$

该指标反映借款人全部资金来源中负债和净值各占多大的比重，借款人所持有的负债与净值的数量是否适度。这一指标的数值较大，说明借款人资金来源中负债所占的比重较高，净值所占的比重较低，其抵御意外损失、保证债权人的资金不遭受风险的能力较小；反之，则说明相反的情况。因此，总体讲，这一指标值越小越好。

4. 盈利能力比率。这类指标反映借款人的收入、利润状况，是对借款人经营管理状况的综合反映。通常包括以下指标：

（1）总资本收益率。这是测度借款人最终经营成果的尺度。其公式是

$$总资本收益率=\frac{总收益}{总资本}$$

该指标值越高，表明借款人的经营成果越显著；反之，则表明借款人经营不理想，经营成果不佳。

（2）毛收益率。即企业销售额与税前毛收益之间的比率。其计算公式为

$$毛收益率=\frac{销售收入-销售成本}{销售总额}$$

该指标值反映借款人收益额在销售额中所占的比重，说明借款人在产品的销售过程中，一定单位的销售额可获得的毛收益的数量。因此，这一指标值可在一定程度上揭示借款人的经营效率。其比值越大越好。

（3）净收益率。净收益率表示借款人的销售额与税后净收益之间的关系。其公式为

$$净收益率=\frac{税后净收益}{销售总额}$$

净收益与毛收益反映的内容基本相同，都是说明一定单位的销售额可以带来的收入数量。只不过在净收益中，分子中的收益是剔除税款后的借款人可以自主支配的收益。其值也是越大越好。

（4）普通股收益率。它所表示的是净收益与普通股资本之间的关系。其表达式为

$$普通股收益率=\frac{税后净利润-优先股股息}{普通股资本额}$$

普通股收益率反映一定数量的普通股资本可以获得收益的数额，其比值越大，借款人的盈利能力越强，其生产经营情况越好。因此，这一指标值越大越好。

（5）资产收益率。资产收益率表示一定数量的资产可以产生多少净收益，它是净收益与资产总额的比率。计算公式为

$$资产收益率=\frac{税后净利润}{资产总额}$$

该指标值越大，说明资产创造收益的能力越强，资产的利用效率也越高。因此，资产收益率的数值越大越好。

以上五个指标分别从不同的角度反映了借款人的盈利能力。通过这些指标的计算、观察、比较和分析，就可以判断借款人创造收益能力的大小，从而判定对其贷款的信用风险的大小。

在实务操作中，商业银行在办理短期贷款时，通常主要关注前两类指标。在办理中长期贷款时，则除了流动性指标和业务活动指标外，还要关注后两类指标，而且应该重点关注。

（二）现金流量分析

贷款能否如期归还，关键是届时有多少净现金流量来对应到期需要偿还的贷款本

息。因此，除了通过上述的定量、定性分析把握借款人偿债能力的大小之外，还要分析企业的现金流量，才能彻底判断贷款信用风险的大小。

1. 现金流量。现金流量是指现金的流出和流入量的总称。所谓现金，包括两个部分，即现金和等值现金。现金就是指企业的现金资产，包括库存现金、活期存款和其他货币资金。但企业在使用中受到限制的存款和其他货币资金，如已经办理了质押的活期存款、不能随时支取的定期存款等，不包括在内。等值现金是指企业持有的期限短、流动性强、容易转换为现金、价值变动风险小的投资资产。按照规定，一项投资被确定为等值现金，应当是在证券市场上流通的3个月以内到期的证券投资。

我国的会计准则规定，现金流量的内容可以分为三个部分，即经营活动产生的现金流量、投资活动产生的现金流量和筹资活动产生的现金流量。每一种现金流量又都分为现金流出量和现金流入量。现金流入量与现金流出量的差额就是现金净流量。其中，经营活动的现金流入包括企业销售现金收入、利息与股息的现金收入、增值税销项税款和出口退税、其他业务现金收入，经营活动的现金流出包括企业购货现金支出、营业费用现金支出、支付利息、缴纳所得税和其他业务现金支出。投资活动的现金流入包括出售证券和固定资产的现金收入及收回的对外投资，投资活动的现金流出包括企业购买有价证券和固定资产所产生的现金支出。融资活动的现金流入包括企业取得的短期贷款和长期贷款以及发行股票、债券的现金收入，融资活动的现金流出包括择优分配股利和偿还借款本息的现金流出。

2. 现金流量分析

（1）现金流量表的编制。在进行分析之前，需要先根据借款人提交的资产负债表和损益表的相关数据来编制现金流量表。具体的编制此处不再叙述。

（2）现金流量分析。在这一工作中，商业银行通常用下述公式来分析现金流量：

$$\text{净现金流量} = \text{现金流入量} - \text{现金流出量}$$

$$\text{净现金流量} = \text{现金营业利润} + \text{其他收入} - \text{利息} - \text{税金}$$

其中：

$$\begin{aligned}\text{现金营业利润} = {} & \text{销售收入} - \text{应收款} - \text{存货} - \text{销售成本} \\ & - \text{各种费用} + \text{应付款} + \text{折旧与摊销}\end{aligned}$$

另外，在判断借款人现金流量是否足以偿还到期的债务时，还常用以下两个比率测度：

比率一：业务中的现金流量/（红利+到期的长期负债）

比率二：业务中的现金流量/（红利+到期的长期负债+年初短期负债余额）

如果比率一大于1，说明借款人的偿债能力较强；如果比率二大于1，则说明借款人的偿债能力很强，不仅能够偿还现有负债，而且还能够支持举借新的债务；如果是相反，则借款人的偿债能力就不容乐观了。

使用上述公式和比率，可以根据需要对借款人在一年中的某一期间的现金流量进行估算，也可以根据预期的财务报表和现金流量表数据对未来年度的现金流量进行测算，从而判断即期或长期贷款的信用风险。

本章小结

1. 银行资金运营原则是银行在资金运营活动中必须遵循和体现的基本准则，是制定资金运营政策的基本依据，是一切资金运营活动的基本规范。一般性的原则是安全性、流动性和盈利性。我国商业银行的资金运营原则在不同时期规定不同，现阶段为安全性、流动性和效益性。它们在顺序安排和内涵上与一般性的“三性”原则均有所不同。

2. 资金运营政策是资金运营原则的具体化，是指导和约束资金运营活动的方针和措施。一般来讲，不同的商业银行或同一商业银行在不同的时期或不同的经营环境下所制定和使用的资金运营政策是不同的。其内涵很多，外部政策和内部政策是其基本的构成部分。外部政策主要有产业政策、货币政策和金融监管政策，内部政策主要是投向政策、投量政策、运营方式与种类政策、价格政策和运营权限政策等，它们各自均有丰富的内容，并对资金运营发挥着不同的作用。

3. 信用分析是资金运营管理的关键环节。其基本的内容包括定性分析和定量分析两个方面。定性分析包括对运营对象一般情况的调查和了解以及对运营对象财务报表项目的分析。定量分析则主要是财务比率分析和现金流量分析。

本章重要概念

安全性　流动性　盈利性　资金运营政策　信用分析　速动比率

本章思考题

1. 如何在资金运营中遵循和体现商业银行的“三性”原则？
2. 试比较效益性和盈利性的关系。
3. 简述商业银行资金运营政策的构成及其主要内容。
4. 简述信用分析的主要内容和方法。
5. 如何看待“流动性第一”的观点？
6. 你对我国商业银行法所规定的效益性原则有何看法？

本章参考书

［1］郑鸣：《商业银行管理学》，北京，清华大学出版社，2005。

［2］陈浪南：《商业银行经营管理》，北京，中国金融出版社，2001。

［3］［美］彼得·S. 罗斯：《商业银行管理》，中文版，北京，机械工业出版社，2004。

［4］俞乔、邢晓林等：《商业银行管理学》，上海，上海人民出版社，1998。

［5］［美］小约瑟夫·F. 辛基：《商业银行财务管理》，中文版，北京，中国人民大学出版社，2002。

［6］倪献忠等：《现代商业银行风险管理》，北京，中国金融出版社，2004。

第九章

贷款管理

贷款是商业银行向借款人提供的按约定利率和期限还本付息的货币资金，是商业银行最基本、最重要的业务，也是其收入和利润的主要来源渠道。把握商业银行贷款业务种类及其发展趋势，掌握贷款发放程序、管理要点及贷款定价方法，是做好贷款管理工作的重要环节。

第一节　贷款种类及程序

商业银行的贷款产品十分丰富，新型的贷款产品不断涌现。为了方便经营管理，通常按不同标准对贷款进行分类。不同的分类标准在银行经营管理中有着不同的作用。

一、贷款分类

基于管理的需要，对商业银行贷款可以按不同的标准进行分类，如要了解贷款在社会经济各个部门的配置情况，可以根据贷款对象进行分类；要了解贷款的期限结构，就需按贷款期限的长短进行分类；要了解贷款风险大小，则需按贷款保障程度和贷款质量进行分类。

（一）按贷款期限划分

按贷款期限划分，商业银行贷款可分为短期贷款、中期贷款和长期贷款。短期贷款期限一般为 1 年以下，主要解决借款人暂时的流动性资金需要。中期贷款的期限一般为 1 ~5 年，长期贷款的期限一般在 5 年以上，可以解决企业的设备购置或扩大再生产的资金需要。按期限对贷款进行管理，有利于银行把握资金来源与资金运用的期限配置情况，避免资金的期限错配。

（二）按贷款对象划分

按贷款对象划分，商业银行贷款可分为法人贷款和私人（或个人）贷款。按法人是否为盈利性机构，可分为企业贷款和事业单位贷款；按借款对象所处的行业，还可进一步分为交通贷款、通信贷款、矿业贷款、电力贷款、商贸贷款、农业贷款等。该分类方法可以直观地反映出银行信贷资金的流向，以避免资金过于集中于某一行业。

（三）按贷款保障程度划分

按贷款保障程度划分，商业银行贷款可分为信用贷款和担保贷款。信用贷款指商业银行完全凭借款人的信誉、无须借款人提供任何担保品而发放的贷款，担保贷款包括保证贷款、质押贷款和抵押贷款。保证贷款指按照担保法规定的保证方式以第三人承诺在借款人不能偿还借款时，按约定承担一般保证责任或者连带责任而发放的贷款。质押贷款是指商业银行以借款人或第三者的动产或权利作质押物而发放的贷款，抵押贷款是以借款人或第三者的财产作抵押物而发放的贷款。把握贷款的保障程度，有利于银行控制信用风险。

（四）按贷款利率是否固定划分

按贷款利率是否固定划分，商业银行贷款可分为固定利率贷款和浮动利率贷款。固定利率贷款在整个贷款期限内利率保持不变，浮动利率贷款指贷款期限内贷款利率随市场利率变化而自动调整的贷款。了解固定利率与浮动利率的贷款结构，可以帮助银行规避利率风险。

（五）按贷款质量和风险程度划分

按贷款质量和风险程度划分，贷款可分为正常、关注、次级、可疑和损失五个级别。正常贷款是指借款人能够履行合同，有充分把握按时足额偿还借款本息的贷款；关注贷款是指目前贷款本息偿还正常，但存在一些不利因素可能影响借款人还款的贷款；次级贷款是指借款人的正常经营收入已经无法足额偿还本息的贷款；可疑贷款是指借款人无法偿还贷款本息，即使执行抵押或担保，也肯定要造成一定损失；损失贷款是指在采取了所有可能的措施和一切必要的法律程序后，本息仍然无法收回或只能收回极少部分的贷款。按贷款风险进行五级分类，有利于银行全面动态地把握贷款质量，加强对贷款的风险管理。

此外，银行贷款还可按贷款偿还方式、贷款币种、贷款用途、贷款规模等标准进行分类。

二、几种创新的贷款产品

商业银行贷款产品的创新活动十分活跃，创新品种繁多，这里仅介绍几种主要产品。

（一）利率下限与上限

浮动利率贷款的利率由基准利率（短期国库券利率或 LIBOR）加固定利差构成，并定期（通常每隔半年）根据基准利率的变化作出相应调整。这种贷款产品可以较好地防范市场利率剧烈波动而给银行带来的巨大风险，同时由于银行承担的风险下降而通常会适当放宽其他贷款条件，借款人往往更容易获得贷款。在市场利率下降的时候，借款人又可以享受到借款成本下降的好处，因此，借款人也愿意接受这种贷款。但也有一些借款人认为浮动利率贷款的利息成本不断变动，使其成本控制变得非常困难，因此不愿接受浮动利率贷款。

为了解决这一问题，商业银行在浮动利率贷款基础上进行了创新：（1）规定利率上限，即规定当利率浮动达到利率上限时不再继续上调；（2）规定利率下限，即规定当利率下降到利率下限时不再继续下调；（3）同时规定利率上下限，即规定当利率超过上下限时不再浮动。

（二）分期贷款

分期贷款是指银行根据借款人的实际需要，在与借款人一起对其现金流进行深入分析的基础上，一次性审批整笔贷款，然后由借款人根据事先确定好的提款和还款计划，分期分批提取和偿还贷款。为了保证整个提款和还款计划完全符合企业的实际需要，分期贷款中一般还包括有承诺费条款和提前偿还条款。承诺费条款规定，在借款人应该提款而没有提款时，借款人只需支付一定比例的承诺费（Commitment Fee，通常为应提金额的0.5%），而不必提取款项，从而避免借款人白白支付利息；提前偿还条款规定，如果借款人的现金收入流比预想的状况要好，那么在征得银行同意以后，可以提前还款，以减少其利息负担。

（三）资产支持贷款

资产支持贷款（Asset-Based Loans）是以企业短期资产为担保而发放的贷款。作为担保的资产通常在将来较短的时间内就能够转变成现金，其中主要是存货和应收账款。在发放资产担保贷款时，银行通常要求实行锁箱安排（Lock-Box Arrangement），即要求借款人指示客户直接把货款汇到银行指定的账户内，银行收到这些款项后，就可以抵扣借款人的贷款和利息。

在大多数资产支持贷款中，借款人仍然保有对担保资产的所有权。商业银行根据借款人的需要，还推出了一种叫做代理融通（Factoring）的创新形式，将担保资产（一般是应收账款）的所有权转移到银行手中，由银行全权负责收回应收账款，对原借款人没有退（追）索权。在这种贷款产品中，银行由于承担了有可能无法按时足额收回应收账款的风险，同时还需要支付收回款项的各种成本，因此，银行收取的利率和手续费一般都较高。

（四）杠杆收购贷款

杠杆收购贷款（Leveraged Buyout Loans）是指银行发放给投资者用于收购某公司（目标公司）并以该公司的资产和未来现金流作为担保的贷款。申请这类贷款的投资者通常是目标公司的管理层，他们认为目标公司的市场价值被严重低估，如果他们购买该公司以后，通过改善管理，并进行大幅度的资产重组，能够极大地提高该公司的市场价值，产生大量的现金流。由于投资者用于购买目标公司的自有资金所占比例极低，其余绝大部分（有的高达90%以上）主要靠银行贷款，因此被称为杠杆收购，所获银行贷款也被称为杠杆收购贷款。银行发放这种贷款，既能获得较高的利息收入，还能通过向投资者提供财务顾问服务而获得高额的服务费收入。

（五）反向抵押贷款

这种贷款在20世纪80年代末由英美金融机构推出。2007年6月，法国储蓄金库银行集团下的地产信贷银行在法国推出了老人住房反向抵押贷款。

老人住房抵押贷款的受益人几乎清一色是退休者。退休者凭其房产作抵押保障，向银行申请贷款。贷款银行可以在借款人去世后出售其房产。如果借款人愿意，也可以在其未去世前出售其房产。

地产信贷银行先对贷款申请人的房产进行估价，然后一次性付给申请人贷款金额。借款人日后偿还的是这笔贷款加上利息的总和。利率每年固定为8%。这8%的利率中，不仅包括贷款成本，还包括风险费。反向抵押贷款可使退休者以获取终身年金的形式出售房产，同时还能继续住在已抵押出售的房屋里。

反向抵押贷款完全不同于传统贷款。其特点是：第一，这种贷款只提供给60岁以上的老人，主要针对已经拥有房产但年事已高、收入不高的老年人。第二，老人可通过抵押自己的房产，每个月从银行贷得一笔钱，用于贴补生活费或其他重大开支，如医疗费、抵补投资损失、解决燃眉之急或房屋装修等。第三，反向抵押贷款每月能领取多少，要看房屋的价值、增值潜能以及房主的年龄。贷款额每隔3年重估一次。第四，反向抵押贷款比一次性抵押房产获得贷款更具伸缩性。贷款期间，房产仍属老年贷款者所有，贷款人可继续享有房子增值带来的好处，可以选择适当的时候出售，获得比较高的收益，并同时还清贷款本息。第五，与传统贷款相比，反向抵押贷款最明显的区别是每月不是借款人向银行偿还本息，而是每月从银行获得本金。银行的贷款不是按月归还，而是若干年后一次性归还。

三、贷款程序

商业银行发放贷款时应遵循既定的程序制度，目的是为了保障贷款的安全性、盈利性和流动性，使贷款政策得到最恰当的执行。

（一）提出贷款申请

企业按银行的有关规定，填写借款申请书，说明借款币种、金额、期限、利率、用途、贷款方式、还款方式和借款人的基本经营状况及偿还能力等内容。企业提出的借款申请，应说明借款原因和借款金额、使用时间和使用计划、归还期限和归还计划等。

（二）银行审核贷款申请

银行贷款调查部门负责接受借款申请，并对其进行审核。审核的内容包括：（1）企业的财务状况；（2）企业的信用情况；（3）企业的盈利稳定性；（4）企业的发展前景；（5）借款用途和期限；（6）借款的担保品等。

（三）签订借款合同

经银行审核，借款申请获得批准后，银行与借款企业双方可进一步协商贷款的具体条件，签订正式的借款合同，规定借款种类、借款用途、金额、利率、借款期限、还款方式、借贷双方的权利义务、违约责任以及双方认为需要约定的其他事项。

（四）取得贷款

借款合同签订后，企业可在核定的贷款指标范围内，根据用款计划和实际需要，一次或分次将贷款转入企业的存款结算户，以便支用。借款人不按合同约定用款的，应付违约金。

（五）贷款检查

贷款发放以后，银行要对借款人执行借款合同情况即借款人的资信状况进行跟踪调查和检查。检查的主要内容包括：借款人是否按合同规定的用途使用贷款，借款人资产负债结构的变化情况，借款人还款能力及还款资金来源的落实情况，借款人的经营状况如何等。对于违规用款者以及当出现其他危及贷款安全的情况时，检查人员应及时予以制止并提出处理意见；必要时须采取相应的制裁措施，以保证贷款的安全。

（六）归还贷款

贷款到期时，借款企业应依照贷款合同的规定按期清偿贷款本金与利息或续签合同。一般而言，归还贷款的方式主要有以下几种情形：

提前还款。借款人要求提前还款或贷款银行要求提前还款。前者属于违约行为，故借款人在还款时可能要支付一定的违约金，或要额外支付一定的款项以作为对银行资金运用的一种补偿。后者则是贷款银行认为借款人违规使用贷款或借款人还款能力不足而要求借款人提前还款。

按期还款。借款人在贷款到期后按照借款合同规定按时足额归还贷款本息。贷款人在短期贷款到期一星期之前，中长期贷款到期一个月之前，要向借款人发送还本付息通知单，借款人应及时筹集资金，按时还本付息。

展期。由于客观情况恶化，贷款到期时，借款人靠主观努力仍不能还清借款的，需向贷款银行提交书面申请，说明原因并要求展期及明确展期金额和日期。

逾期贷款。若借款人在到期日不能按时还款，则在到期日第二天银行会计部门要将其转为逾期贷款，并按规定加收罚息。同时，除对借款者发出催收贷款通知外，还要向贷款担保人发出通知，要求其履行担保责任；对于拒不履行者，银行可依法起诉。

第二节　主要贷款业务经营要点

商业银行贷款产品较多，本部分主要介绍信用贷款、消费贷款、担保贷款（包括保证、抵押和质押）、项目贷款、票据贴现和国际贷款的经营要点。

一、信用贷款

信用贷款是指商业银行凭着借款人的信誉而发放的贷款。商业银行办理的信用贷款主要有个人小额短期信用贷款和企业信用贷款。个人小额短期信用贷款是银行为解决借款人临时性的消费需要而发放的无须提供担保或保证的贷款。

（一）信用贷款的特点

借款人不需要提供担保或保证。银行不要求借款人提供相应财产担保或保证人担保，但要求借款人具备一定的条件，若借款人符合银行发放贷款的要求，则双方即可签订贷款协议。

有特定目标群。相对担保贷款或保证贷款来说，信用贷款的风险较大，商业银行对借款人的选择非常谨慎，而且审贷门槛较高，一般人很难办到。由于对所定目标的借款人“知根知底”，一定程度上可以保证贷款的安全性。

期限较短、金额较小。如工商银行的个人小额短期信用贷款额度起点为2 000元，贷款金额不超过借款人月均工资性收入的6倍，且最高不超过2万元。贷款期限为1年。中国银行和中国建设银行规定：单户最高授信额60万元，贷款年限最长为3年。尽管各家银行的规定有所不同，但信用贷款的贷款金额相对较低，贷款期限也较短。

以借款人的信用和未来的现金流量作为还款的保证。信用贷款不需要借款人提供任何抵押或担保，银行只能根据借款人过去的信贷记录对其贷款本息的偿还作出判断。因此，借款人的信用是银行发放信用贷款的重要依据，借款人未来的现金流量是其归还贷款的直接和主要来源。

（二）信用贷款的管理

信用评估。当银行接到借款人的借款申请时，应该对借款人的信用进行全面、科学的分析。对企业借款人财务报表的分析是银行进行信用分析的最重要手段，也是评判借款人经营状况、盈利能力和未来偿还能力的重要依据。如是个人借款人，则要求其必须有正当的职业和稳定的经济收入，具有按期偿还贷款本息的能力且无不良信用记录等。

控制风险。贷款人收到借款人的借款申请后，对借款人的借款用途、资信状况、偿还能力、资料的真实性等要作认真核查，并在贷款前审慎分析借款人的信贷风险和财务承担能力，将风险控制在可接受的范围内。

合理确定贷款额度和期限。银行在对借款人的资格审查完毕后，应根据借款人的信用、偿还能力等资料确定合理的贷款额度、利率和期限。

二、消费贷款

消费贷款是指银行向申请购买住房、汽车、耐用消费品或用于学生教育、家居装修和旅游等个人消费需求的借款人发放的贷款。

（一）消费贷款的特点

消费贷款按规定只能用于消费。如个人住房、汽车消费、个人大额耐用消费品、农用机械、个人房屋装修、教育助学、旅游等指定消费用途。

贷款对象是自然人。要求具备的条件是：具有城镇常住户口或有效居留身份；具有稳定的职业和经济收入，信用良好，有偿还贷款本息的能力等。

收益相对稳定，风险相对较小。由于借款人向银行申请个人消费贷款，其主要目的是满足个人一定的真实消费需求。除非发生特殊情况（包括借款人死亡、伤残、失去工作等）或极少数借款人借款之始即以骗取贷款为目的外，一般借款人均能按约履行还款义务，而且个人消费贷款一般都有相应的抵押担保或信用担保。因此，贷款风险相对较小。

个案分散、金额低、笔数多、跟踪期限长。个人消费贷款是为满足个人消费支付需要而发放的贷款，其单笔贷款金额相对较小，即使是相对贷款金额最高的个人住房抵押贷款，平均贷款金额也仅为几十万元，往往几十笔甚至上百笔个人消费贷款金额才抵得上一笔公司贷款金额。另外，由于个人消费贷款的贷款期限相对较长，银行不仅要开发新客户，还要对已有借款人的还款情况进行随时跟踪掌握。

（二）消费贷款的管理

银行在发放消费贷款之前，不管该笔贷款有无担保或抵押，都必须对借款人的信用进行分析。对借款人的信用分析要着重注意对借款人还款能力的分析，尤其是对借款人品行的分析，因为它在某种程度上决定着消费者的还款意愿。具体而言，银行应该注意把握以下几个方面。

1. 借款的目的和用途。消费贷款虽然是用于消费，但是贷款的不同用途对银行资金安全的影响程度不同。一般来说，有担保或抵押的贷款的还款风险要比没有担保或抵押的贷款小。因此，银行在发放贷款前要弄清消费者贷款的目的和用途。

2. 借款人的收入水平、就业及婚姻状况。银行在发放贷款前，应审查借款人是否具有合法稳定的收入来源，以判断其是否具有按期偿还本息的能力。审查借款人出具证明材料的真实性，要求借款人提供所在单位出具的收入证明、借款人纳税单、公积金缴存凭证、工资账户对账单等。借款人已婚的，银行应该审查其是否提供了婚姻证明、配偶有效证件原件和复印件、共同还款的承诺函或声明等。

3. 借款人的财务状况。银行应对借款人的银行存款及其所欠外债状况有所了解。若借款人具有稳定的银行存款并且没有外债负担或是债务较小，则借款人偿还本息的能力就有较大的保障。

4. 抵押物或担保人确认。若申请担保方式贷款的，银行须审查借款人提供的抵押物清单及权属证明文件、权属人及财产共有人同意抵押的书面文件、保证担保的保证人同意提供担保的书面文件等。同时，银行还应对借款人提供的抵押物进行估价。

三、担保贷款

按担保方式的不同，担保贷款通常分为三种：保证贷款、抵押贷款和质押贷款。

（一）保证贷款

保证贷款是指按照法律规定的保证方式，以第三人承诺，在借款人不能偿还贷款时，按约定承担一般保证责任或者连带责任而发放的贷款。

1. 保证贷款的特点。保证贷款涉及贷款人（银行）、借款人和保证人三方的信用关系，保证人对借款人的债务负有连带责任，银行在发放贷款时，不仅要审查借款人的信用状况，而且对保证人的资信状况也要审查，以确定其还款能力，使银行与借款人、银行与保证人及保证人与借款人之间建立起了连环监督制约机制。

2. 保证贷款管理。发放保证贷款，银行不仅要注意对借款者的信用状况进行审查，而且对保证人的资格和担保能力也要进行审查。如我国《担保法》规定，国家机关、学校、医院等以公益事业为目的的事业单位、社会团体，企业法人的分支机构、职能部门等不得作为保证人；我国《公司法》规定，董事、经理不得以公司资产为他人提供担保。要控制贷款客户之间相互担保的情况，一些集团下属企业之间的相互担保会加大银行的贷款风险。同时要及时掌握保证人的资信变化状况，并适时采取资产保全措施。

（二）抵押贷款

抵押贷款是指按照法律规定的抵押方式以借款人或第三人的财产作为抵押物发放的

贷款。

1. 抵押贷款的特点。抵押贷款以物权作担保，同时抵押物不转移。物权即财产权，有财产权的物，只有抵押合法才有效，也就是说只有有抵押权的物才能用做担保。抵押权是指为了确保债务履行而设立的一种担保物权，债务人或者第三人通过登记制度将该财产抵押给债权人，自己继续占有不动产或者动产，当债务人不履行债务时，债权人对抵押财产依法享有优先受偿的权利，比如以房产抵押设定的抵押权。抵押制度中，债务人或第三人为抵押人，债权人为抵押权人，提供担保的财产为抵押物。债务人或者第三人不能转移财产的占有，标的物仍然由抵押人占有、使用和收益。

2. 抵押物的选择。抵押物是银行贷款出现风险时保全银行权益的重要保障。银行在贷款时对借款人提供的抵押物要进行认真审查，确定其合法性及有效性。一般而言，抵押人具有所有权的房屋和其他地上定着物，机器、交通运输工具和其他动产，抵押人依法承包并经发包方同意抵押的荒山、荒沟、荒丘、荒滩等荒地的土地使用权，正在建造的建筑物、船舶、航空器等等，均可作为抵押物。但要注意我国《担保法》中规定的一些不得用于抵押的财产，如土地所有权，耕地、宅基地、自留地等集体所有土地的土地使用权，学校、幼儿园、医院等以公益为目的的事业单位和社会团体的教育设施、医疗卫生设施和其他社会公益设施等。

选择抵押物，通常要注意四个原则：一是合法性原则。即贷款抵押物必须是法律允许设定抵押权的财产，只有这样才能保障贷款的安全。二是易售性原则。即抵押物的市场需求相对稳定，一旦处置抵押物时，能够低成本地迅速出售。三是稳定性原则。即抵押物的价格和性能相对稳定，市场风险小，也易于保管。四是易测性。即抵押物的品质和价值易于测定。

3. 抵押物的估价。抵押物的价值是保障贷款债权实现的重要因素。银行在对抵押物进行估价时应遵循大致等价原则、易于拍卖原则以及风险转嫁原则，以尽量保证估价的准确性，从而降低银行的风险。除此之外，对有价证券进行估价时还应该考虑市场利率、国家宏观经济政策特别是其中的货币金融政策、经济周期、通货膨胀预期等因素对有价证券价格的影响，在对不动产的估价中应该考虑房产的地理位置、自然环境、交通便利程度以及该房产新旧程度等对其价格的影响，在对机器设备的估价中应该考虑设备的折旧。

根据抵押物的估价，结合借款人的信誉，确定抵押率（又称垫头），即抵押贷款数额与抵押物作价现额之间的比率。同时，银行应明确自身处理抵押物以作抵押债务的权利。

（三）质押贷款

质押贷款是指按照法律规定的质押方式以借款人或第三人的动产或权利作为质押物而发放的贷款。主要包括定期存单质押贷款和股票质押贷款。

1. 定期存单质押贷款。借款人以未到期的定期存单作质押，从商业银行（以下简称贷款人）取得一定金额的人民币贷款，到期由借款人偿还本息的贷款业务。银行办理质押贷款，应注意以下事项：

借款人提供的有价权利凭证是否真实有效，有无挂失、冻结、止付。所有权有争议、已作担保、挂失、失效或被依法止付的存单不得作为质押品。填写的情况是否属实，贷款用途是否正当合法；借款人是否以他人的权利凭证办理质押贷款，借款人、出质人是否提供了有效身份证明，是否具有完全民事行为能力。未经确认的单位定期存单不得作为贷款的担保。

存单质押贷款金额原则上不超过存单本金的90%（外币存款按当日公布的外汇/钞买入价折成人民币计算）。也可以根据存单质押担保的范围合理确定贷款金额，但存单金额应能覆盖贷款本息。

质押权利凭证视同现金入库保管。借款人按质押借款合同约定还清贷款本息后，凭凭证质押清单取回有价权利凭证。

2. 股票质押贷款。股票质押贷款是指借款人以股票、可转换债券作质押，从商业银行获得资金的一种贷款方式。股票质押贷款期限由借贷双方协商确定，但最长为1年。股票的估价，一般根据近期（如6个月内）平均价格加以估计，如平均价格超过估价时的交易价格则以交易价格为准。从欧美等国的长期运作经验来看，股票质押贷款的质押率为20%～30%，即使对优良股票的贷款比率一般也不超过50%。因此，从我国的国情出发，质押率由银行依据被质押的股票质量及借款人的财务和资信状况商定，但一般以不超过50%为宜。

用于质押贷款的股票应具有优良的业绩、适度的流通股本规模、较高的流通性等特点。一般不接受下列股票作为质押物：前6个月内价格波动幅度（最高价/最低价）超过240%、相对波动系数超过50%的股票，上年度亏损的上市公司股票，可流通股股份过度集中的股票，证券交易所停牌或除牌的股票，交易所已经进行特别处理的股票。

银行办理股票质押贷款还应注意禁止多头质押和确定合适的警戒比率。银行应采取监控措施，确保贷款人只在一家银行办理质押贷款业务，严禁借款人多头抵押套取资金。警戒比率即股票市值与贷款本金之间的比例。根据目前我国股市的发展特点，警戒率应细分警戒线和平仓线。考虑到目前我国商业银行的信贷风险状况，警戒线可设为140%左右，即抵押股票市值/贷款本金的比例等于1.4倍。平仓线应设130%为宜，即质押股票市值/贷款本金等于1.3倍。当股票市值下降到警戒线时，商业银行应要求贷款人立即补足价值缺口；在达到平仓线时，贷款人应及时出售质押股票或由证券公司强行平仓。

四、票据贴现

贴现是票据持有人在票据到期前为获得资金而将票据权利转让给银行的行为。用于贴现的票据主要是商业汇票，包括银行承兑汇票和商业承兑汇票，我国企业向银行办理贴现业务的票据主要是银行承兑汇票。随着金融市场的发展和银行对风险管理的加强，不少商业银行也开始办理一些信誉较好的大型企业的商业承兑汇票的贴现。

银行办理票据贴现的期限，即票据贴现日至票据到期日之间的时间，一般在6个月之内，最长不超过9个月。贴现额度，也就是实付现额，按承兑票据票面金额扣除贴现利息（即从贴现日到汇票到期前一日的票面利息）后的余额计付。

银行办理票据贴现业务要特别注意以下问题：（1）辨别票据的真伪。银行承兑汇票的印制有着严格规定，其色泽、尺寸、花纹图案都有不同于其他重要空白凭证的特点，各签发行都有各自银行特定的行徽和标志。银行承兑汇票作为一种集结算、融资功能为一体的结算工具，对其票面的记载事项填写都有很高的要求，如付款行全称填写的语序、汇票期限、大写日期填写规定等。各商业银行都有自己统一刻制的汇票专用章，因此，受理汇票时，可到承兑汇票签发行对应的本地银行对汇票专用章折角核对。（2）严格银行工作人员和企业财务人员的操作程序。在办理贴现的过程中，会因银行工作人员责任心不强，违规操作，造成银行承兑汇票的要素不规范的现象；企业因业务往来在背书转让的过程中，由于财务人员金融票据知识的欠缺，造成背书人签章不到位、被背书人全称填写与印章不符等现象，影响汇票到期承兑结算。对企业所提供资料的真实性审查不严，汇票取得的合法性就难以保证，给银行追索资金增加难度。

五、项目贷款

项目贷款是主要用于支持新建企业的固定资产投资和营运资本需求的贷款。其主要包括对基础设施、市政工程、服务设施和以外延扩大再生产为主的新建或扩建工程等项目发放的基本建设贷款，对以内涵扩大再生产为主的技术改造项目发放的技术改造贷款，对新技术和新产品的研制开发、科技成果向生产领域转化或应用而发放的科技开发贷款，商业网点扩大、改善设施的商业网点贷款以及房地产开发贷款等。近年来，为基础设施项目（电力、公路和铁路项目）提供融资成为国内银行最主要的项目贷款领域，约占当前国内银行新增贷款的一半以上。

项目贷款一般金额大、期限长，项目建设计划能否顺利推进及项目建成后的效益目标能否实现，直接影响银行的贷款安全。因此，银行在发放项目贷款之前应做好充分的调查和审核，以保证银行贷款的收益及安全。

1. 审查项目是否符合国家产业政策。为了保障贷款的安全，银行应及时掌握不断变化的国家产业政策。主要包括国家发展规划，进出口设备税收政策，重点鼓励发展的产业、产品及技术，项目管理程度和规定等。近些年在机场、港口、电力、钢铁等项目建设中，出现布点过多的重复建设问题，有些地方已带来了难以消除的后遗症。银行应尽量避免因盲目投资重复建设而造成的项目风险。

2. 审查项目的配套资金及财务分析数据的真实性。项目资本金或配套资金不到位或不足，会使工期拉长，降低项目效益。项目投资总额中贷款与自筹资金的杠杆效应会导致编制项目自有资金现金流量表时出现较大的累计净现值和较高的财务内部收益率，从而可能使银行认为项目财务效应可行。因此，银行应注重项目全部投资的现金流量表，不应把财务分析作为唯一的或主要的参考依据，而要落实财务分析数据的真实性，从项目评估的各个方面对项目的风险进行考虑。

3. 审查项目的配套设施、优惠政策等相关条件的落实情况。如项目建设的配套设施和条件能否落实，不能完全落实的话，会造成项目工期延期，无法按时完工达产，给贷款的正常归还造成不利影响。在一些领域，政府对与国计民生有关的基础设施项目的定价实行宏观调控，基础设施项目效益很大程度上取决于价格的确定，贷款存在一定的价格风险。同时一些项目拥有的优惠政策也可能存在不确定性，如部分地区对道路建成后过往车辆仅征收营业税，对所得利润免征所得税，这类政策往往是不确定的，这种不确定性直接影响到项目的效益和银行贷款的安全。

4. 审查借款者的信用状况、偿债能力、管理制度等是否符合贷款的条件。借款者是否提供了明确的用款计划以及该项贷款是否具有合法有效的担保与质押。设定相应的担保结构、分担措施以及合理的贷款结构，以降低和分摊风险。

5. 谨慎选择固定资产贷款项目。根据不同项目性质的差异，银行应采取不同的方法对不同的项目、同一项目的不同方案之间进行比较和选择。由于固定资产项目所涉及的行业是多种多样的，项目技术一般具有很强的专业性和复杂性，加上信贷人员受其自身能力及人力物力等因素的限制，不可能对每一个项目都有全面、深入、准确的认识。因此，银行可以通过聘请行业专家对项目进行评估。这不仅有利于加强对项目风险的识别和估测，也有利于银行作出正确决策。同时，银行还应该加强对信贷人员的岗位培训，以提高其专业水平；加强职业道德培训，以提高其职业道德和责任心，从而降低银行的操作风险和道德风险。在项目进行期间，银行还应对项目进行跟踪、检查，以便及时发现问题并加以解决，保障项目按期完成。

六、国际贷款

国际贷款是指银行向国内进出口商或另一国借款人提供资金融通的业务。国际贷款按期限长短可分为短期信贷、中期信贷和长期信贷三种。我国银行办理的国际贷款主要是与国际贸易相关的贷款。

（一）短期信贷

短期信贷通常指借贷期限在 1 年以下的资金，短期贷款期限多为 1 ~7 天及 1 ~3 个月，少数为 6 个月或 1 年。这种信贷可分为银行与银行间的信贷和银行对非银行客户的信贷。

1. 同业拆放。银行之间的信贷称为银行同业拆放。该种贷款完全凭银行间的同业信用商借，不用签订贷款协议。银行可通过电话、电传成交，事后以书面确认。同业拆借期限以 1 天到 6 个月为多，超过 6 个月的较少。每笔交易额在 10 亿美元以下，典型的银行间交易为每笔 1 000 万美元左右。在同业拆放市场，可以借用各种自由兑换的货币资金，一般不限制用途，有较强的灵活性和选择性。贷款利率按国际金融市场利率计算，例如伦敦银行间同业拆放利率，其贷款方式灵活，借款手续相对简便。

2. 短期贸易融资。这是银行对国际贸易中的进口方或出口方提供的短期贷款。进出口商在商品的采购、打包、仓储、运输等阶段，以及与进出口相关的签约、申请开证、承兑等环节中，都可以申请短期借款。银行短期贷款的方式主要包括打包贷款、进出口押汇、国际保理等。

打包贷款是在信用证方式下，商业银行根据境外银行开来的信用证向外贸出口企业发放的用于出口备货所需的短期流动资金贷款。因为打包贷款建立在银行所开出的信用证的基础上，所以其安全度比发放一般的流动资金贷款要高。银行发放打包贷款的金额一般不超过信用证金额的80%，贷款期限一般为3个月。

进口押汇是银行应进口商的请求对出口商开出信用证后，在接到议付行寄来的议付通知书索汇时，经审单相符，以进口商的全套提货单据为抵押，代进口商向出口商垫付货款的一种贸易融资形式。出口押汇是在信用证结算方式下，银行以出口商发运货物后取得的提货单据为抵押，向出口商提供的融资业务。

国际保理是国际保付代理业务的简称。出口商以商业信用形式出售商品，在货物装船发运后，将发票、汇票、提单等有关单据卖断给保理商（银行），由保理商为其提供相关的包括贸易融资、销售分户账管理、应收账款的催收、信用风险的控制与坏账担保等单项或多项服务。保理业务最大的优点就是银行可以向出口企业提供无追索权的贸易融资，保理商根据出口商提供的商业发票向进口商收取应收账款，承担因进口商财务状况恶化而造成的坏账损失。

（二）中长期信贷

中长期信贷是指贷款期限在1年以上的贷款。这种贷款的期限一般在2年以上，最长可达10年，贷款主要用于购买出口商品，贷款金额最多可达贸易合同的85%。由于这种贷款的期限长、金额大，有时贷款银行要求借款人所属国家的政府提供担保。中长期贷款的利率比短期贷款的利率高，一般要在市场利率的基础上再加一定的点数。主要的贷款形式包括买方信贷、卖方信贷和福费廷。

买方信贷是一国为支持本国产品出口，通过采取提供保险、融资或利息补贴等方式，鼓励本国金融机构向进口国政府、银行或进口商提供的优惠贷款，主要用于国外进口商购买本国的船舶、飞机、电站、汽车等成套设备以及其他机电产品。在买方信贷方式下，与进口国银行签订贷款协议，采用四方当事人结构的操作模式，可以有效减少商业风险，一定程度上确保了出口国银行资金的安全。

卖方信贷是指出口国银行在出口商将产品赊销给进口商后，在货款收到之前，向出口商提供的周转贷款。申请借款企业应提供银行认可的信用担保或财产抵押，作为还款保证。出口项目应符合国家产业政策和外贸政策等有关规定，如项目的经济效益良好、盈利水平和出口换汇成本比较合理、有偿还借款本息的能力等。

福费廷是指银行从出口商手中无追索权地买断通常由开证银行或保兑银行承兑的远期承兑票据，由此给予出口商的融资行为。它一般适用于以远期信用证方式结算的进口企业。与一般的贸易融资相比，银行办理福费廷业务的金额较大，流动性较强，远期承兑票据可以向其他银行再贴现以获得资金融通，有银行信用做还款保证，安全性较高。

（三）银团贷款

银团贷款又称辛迪加贷款，是由获准经营贷款业务的一家或数家银行牵头，多家银行与非银行金融机构参加而组成的银行集团，采用同一贷款协议，按商定的期限和条件向同一借款人提供融资的方式。国际银团一方面是借款人（如银行、政府、公司、企业等），另一方面是参加银团的各家银行（包括牵头行、经理行、代理行等）。

银团贷款一般由借款人向某一银行提交委托书及相关的证明文件和审批文件，委托受托行代表借款人组织银团贷款。受托行一般自动成为牵头行。牵头银行进行初步调查认为借款人符合发放贷款的条件后，则向借款人发放银团贷款建议书。借款人收到建议书后，正式向牵头行出具筹资委托书。受托行准备好贷款的相关文件后，向所选的参加行正式发出邀请书，并分送资料备忘录。各参加行收到邀请后，应该表明自己的态度或提出自己的条件。牵头行接到参加行的答复后，归纳出一份正式的报价单递交给借款人。借款人接到牵头银行代表银团提出的报价后，双方可进一步进行谈判以达成一致意见。上述程序完成后即可签订银团贷款合同。

银行在接到委托书后应对借款人进行审查，包括申请贷款的目的及期限，借款人可以提供的抵押或担保，贷款的可行性研究报告，借款人的信用、资金实力、财务状况、投资计划等。

（四）银行中长期信贷费用

在国际金融市场上，银行发放中长期贷款，除按贷款利率收取利息外，还要向借款人收取各种费用。费用的多少视金额和期限不同而异。主要有管理费、代理费、承诺费和杂费几种。

管理费的性质近似于手续费。按贷款总额的一定百分比计算，一次或分次付清。费用率一般占贷款总额的0.1%~0.5%，管理费的支付时间可采用签订贷款协议时一次性支付、第一次支用贷款时支付、在每次支用贷款时按支用额比例支付等方法。

代理费是由借款人向银团代理支付的一种费用。代理行在联系业务过程中会发生各种费用开支，如旅差费、电报费、电传费、办公费等。代理费属于签订贷款协议后发生的费用，通常在整个贷款期内，直至贷款全部偿清以前，每年支付一次。有时一笔贷款的最高代理费高达6万美元之多。

承诺费。银行与借方签订贷款协议后，银行就承担了支付全部贷款资金的义务。如借款人未能按期使用贷款，根据国际惯例，借款人要支付承诺费。承诺费率一般为0.125%~0.25%。承诺费按未支用金额和实际未支用天数计算，每季或每半年支付一次。

杂费也是中长期银团贷款方式下发生的费用，主要指签订贷款协议前所发生的费用，包括牵头行的车马费、律师费、签订贷款协议后的宴请费等等。这些费用均由借款人承担。杂费按牵头行提出的账单一次付清。杂费收费标准不完全相同，多者可达10万美元。

第三节　贷款定价

在利率市场化条件下，对贷款给出一个合理的价格是商业银行进行风险管理和实现利润最大化的基本要求。

一、贷款定价的原则

（一）保证贷款安全性原则

贷款定价是风险管理的重要环节。贷款利率不仅要覆盖成本，还要包含一部分风险溢价，以补偿贷款中蕴涵的信用风险。因此贷款定价最基本的要求是使贷款收益能够足以弥补贷款的各项成本以及风险损失。

（二）利润最大化原则

贷款定价是效益核算的基本要求。商业性贷款要以盈利性为主要目的，必须讲求效益核算，这就要求贷款价格能够覆盖资金和管理成本，并保持一定的利差，为实现这一要求，必须合理确定贷款的价格。

（三）扩大市场份额

在金融业竞争日益激烈的情况下，商业银行要求生存与发展，必须在信贷市场上不断扩大其市场份额。同时，商业银行的利润最大化目标也是建立在市场份额不断扩大的基础上。在新客户的营销上，面对市场竞争，灵活定价有利于吸引优质客户资源；对于长期在银行办理业务、给银行创造了较大综合贡献的老客户，灵活定价有利于保持客户资源，建立稳定的客户关系。贷款价格始终是影响市场份额的一个主要因素。

（四）维护银行形象原则

作为经营信用业务的企业，商誉是其生命。商业银行要树立良好的社会形象，就必须守法、诚信、稳健经营，通过自己的业务活动维护社会的整体利益。贷款定价中除了要遵循价格规律外，还要严格遵循国家的有关法律法规以及货币政策和利率政策的要求，不能因进行价格战而破坏了金融信用秩序。

二、影响贷款定价的因素

影响贷款价格的因素比较多，银行在贷款发放时必须将各种影响因素进行全面考虑，才能在此基础上制定出合理的贷款价格。

（一）基准利率及贷款政策

中央银行基准利率的变化直接影响商业银行的融资成本，从而使商业银行贷款定价发生变动。同时国家的经济政策对贷款流向具有强烈的指导意义，凡是政策扶持的经济领域，其贷款价格相对优惠。一些国家对利率进行管制，也会影响贷款定价。如规定贷款利率上限，则商业银行贷款利率只能在上限以下浮动，上限便成为贷款的最高限价。

（二）市场供求及同业竞争

市场的供求状况也是影响价格的一个基本因素。当贷款供大于求时则贷款价格下降，反之则相反。同时，银行及时地了解同业竞争者的定价状况也十分重要。银行往往通过市场调查来取得同业竞争者的定价信息。市场调查要取得良好的效果，其内容应包括同业竞争者对各种信贷产品的定价，并需定期更新。银行在贷款定价时，必须在市场竞争因素与盈利两者之间寻找较为理想的平衡点。

（三）资金成本、业务费用及目标收益率

银行贷款依赖于存款等资金来源，银行通过负债形成资金来源（资本可以看做是银行对自己的特殊负债），通过贷款形成资金运用。负债成本低，贷款价格就低；反之，负债成本高，贷款价格就高。同时，银行要对为筹集资金以及贷款本身所投入的人力、物力、财力等消耗进行补偿，包括与开展业务有关的所有开支，如员工工资、办公用品、交通、通信等费用。

商业银行都有自己的盈利目标，为了实现该目标，银行对各项资金运用都应当确定收益目标。贷款是银行重要的资金运用项目，贷款收益率目标是否能够实现，直接影响到银行总体盈利目标的实现。因此在贷款定价时，必须考虑能否在总体上实现银行的贷款收益率目标。当然贷款收益率目标本身应当制定合理，过高或过低的收益率会削弱银行的盈利能力和资金的配置效率。

（四）贷款期限、条件及方式

贷款期限短，流动性高，风险就小，利率一般就低；反之则反是。贷款条件也是决定贷款风险高低的重要因素，反映了风险与收益之间的互补关系。一般来讲，担保贷款风险低，贷款利率就低；信用贷款风险高，利率也就高。银行向借款人发放贷款时，为了降低信贷风险，往往会对借款者的行为作一些限制。如企业的经营计划保持相对稳定、再融资不得超过一定的数额等。这些限制虽然不会直接给银行带来收益，但是却降低了银行信贷的风险。

（五）借款人信用及给银行带来的综合利润

借款人信用等级高低是影响每笔贷款的具体因素。一般来讲，对于同一类贷款，借款人信用等级高，贷款人的风险就小，从而定价就低；反之则反是。同时，银行对于那些来往关系密切的基本客户、大客户，通常在贷款定价时给予优惠利率。银行将信贷客户作为一种整体关系来考虑，即银行不仅仅考虑从某项具体贷款中赚取了多少利润，而且要考虑能从客户与银行的所有业务往来中赚取多少利润。如，考虑借款人是否属于银行的基本客户，借款人在银行的平均存款余额，为借款人的存款账户提供服务的成本，代收、代付、外汇买卖等中间业务的业务量等。又如，银行对已获得贷款承诺但并未使用这笔贷款的客户要收取承诺费。再如，银行要求借款者按照实际借款额的一定百分比在银行中保留活期存款或定期存款的补偿性余额要求，如果补偿余额的要求为10%，那么100元的贷款中借款人实际可使用的贷款额为90元。因为补偿余额的存款利率低于贷款利率，所以这项要求提高了借款人实际的贷款成本，增加了银行的收益。

三、贷款定价方法

银行在贷款定价的实践过程中，应根据自身的特点，有侧重点地考虑影响贷款定价的有关因素并确定适当的定价策略。贷款定价的方法有多种，这里主要介绍三大模式：成本加成法、基准利率加点法和客户盈利分析法。

（一）成本加成定价法

以贷款成本为基础进行定价，属于成本导向型。这种方法是以借入资金的成本加上一定利差来决定贷款利率。此方法认为，一笔贷款的利率应包括以下四部分：

1. 资金成本。即银行为筹集贷款资金所发生的成本。如资金来源是存款，存款利息支出便是其资金成本；如系借款，借款所付利息便是其资金成本。

2. 贷款费用。又称非资金性操作成本，如对借款人进行信用调查、信用分析所发生的费用，抵押物鉴别、估价费用，贷款资料、文件的工本费、整理保管费用，信贷人员的工资、福利和津贴，专用器具和设备的折旧费用等。

3. 风险补偿费。因为贷款的对象、期限、种类、保障程度各不相同，所以每笔贷款的风险程度也各不相同。贷款价格中必须考虑风险补偿费，否则银行不如将贷款资金用于购买无风险的国库券。

4. 目标收益。这是指为银行股东提供一定的资本收益率所必需的利润水平。

根据以上分析，可得出成本加成法下贷款保本利率及保利利率的计算公式：

贷款保本利率 = 资金成本 + 贷款费用 + 风险补偿费

贷款保利利率 = 资金成本 + 贷款费用 + 风险补偿费 + 目标收益率

如某银行以5%的资金成本为某企业筹集了一笔资金，用于分析、发放和监管这笔贷款的非利息性操作成本是1%，为了补偿该笔贷款可能发生的违约风险损失的成本为2%，银行的预期收益率为1.5%，则有

贷款保本利率 = 5% + 1% + 2% = 8%

贷款保利利率 = 5% + 1% + 2% + 1.5% = 9.5%

此方法主要考虑的是银行自身的成本、费用和承担的风险。银行的资金成本、贷款费用越高，贷款利率就越高。但它未考虑当前资金市场上的一般利率水平，因而可能会导致客户流失和贷款市场的萎缩。

采用此种定价方法，还需要充分估计贷款的违约风险、期限风险及其他相关风险。但在现实生活中，精确地估计风险是十分困难的。这就需要银行建立健全信用评级制度，并拥有一批具有丰富实践经验的风险评估人才。

（二）基准利率加点定价法

这是国际银行业广泛采用的贷款定价方法，其具体操作程序是选择某种基准利率为基价，为具有不同信用等级或风险程度的顾客确定不同水平的利差。一般方式是在基准利率基础上加点，或乘上一个系数。

20世纪30年代经济大萧条时期，美国一些大银行提出了优惠利率的概念。当时，这是银行对信誉最好的顾客发放短期营运资金贷款征收的最低利率。优惠利率是为其他借款人确定贷款利率的基础。近几十年来，随着银行同业竞争的加剧，某些时候某些贷款的利率可能会低于优惠利率，于是就出现了“优惠利率是否为最低利率”的争论。为避免引起争论，有的银行开始使用其他基准利率来取代传统的优惠利率。自20世纪70年代开始，很多银行开始使用伦敦同业拆借利率LIBOR作为基准利率。目前，我国境内外资银行外汇贷款的定价一般以国际市场同业拆借利率为基础，采取结合银行成本、贷款风险、客户综合效益和市场竞争等因素加一定价差的方法。

基准利率加点定价法的具体运用如下：在借款人向银行申请借款时，银行向借款人提供一张基准利率表，由借款人选择。银行根据借款人的情况确定一个加息率如1%、0.75%、0.5%不等，对同一期限的利率可能对应有多种不同的基准利率，中央银行再

贴现率、同业拆借利率、CD利率、国库券利率等均可作为基准利率由借款人选择。确定的基准利率加上加息率即为该笔贷款的利率。按基准利率加点定价的贷款是一种可变利率贷款，既能带给借款人对市场利率变动的自由选择权，又能保证银行得到稳定的价差。

表9-1 假设银行的基准利率加点定价表

基准利率种类	贷款期限（月）	基准标价（%）	贷款利率（标价+0.75%）
同业拆借利率	3	5.625	6.375
	6	6	6.75
	12	6.625	7.375
CD	1	4.40	5.15
	2	4.95	5.70
	3	5.10	5.85
	6	5.20	5.95
	12	5.65	6.40
国库券	3	3.99	4.74
	6	4.27	5.02

基准利率加点定价法是以市场一般价格水平为出发点来寻求适合本行的贷款价格。通过这种方法制定出的贷款价格更贴近市场，从而可能更具竞争力。

（三）客户盈利分析定价法

这种方法是指银行在综合计算与客户各种业务往来成本和收益的基础上，根据目标利润及客户风险水平等因素给贷款定价，即合理的贷款定价必须保证银行从某一特定客户的所有业务往来中获取的整体收益大于为该客户提供服务的成本与银行目标利润之和。此方法认为，银行在为每笔贷款定价时，应考虑客户与本行的整体关系，即应全面考虑客户与银行各种业务往来的成本和收益，因而可称之为以银—客整体关系为基础的贷款定价模式。

从经济学的角度看，银行与某一客户进行业务往来，必须能够保证有利可图或至少不亏本。用公式表示为

来源于某客户的总收入≥为该客户提供服务的成本+银行目标利润

来源于客户的总收入主要包括：（1）贷款利息收入。此处贷款应包括对客户所有的授信资产，如进出口押汇、打包贷款、票据贴现、一般贷款等。（2）客户存款账户的投资收入。客户将款项存入银行，银行缴纳存款准备金后，余额可用于贷款、投资等，从而产生一定的收益。（3）结算手续费收入。即银行为客户办理国内结算和国际结算所取得手续费收入。（4）其他服务费收入。即银行为客户提供其他服务如代发工资、代理买卖外汇、保管箱业务、开具信用证、担保、贷款承诺费等所取得的收入。

为客户提供服务发生的总成本主要包括：（1）资金成本。即银行对客户提供贷款所需资金的成本。（2）贷款费用。如信用调查费、项目评估费、抵押物的维护费用、贷款

回收费用、贷款档案费、法律文书费、信贷人员薪金等。(3) 客户违约成本。根据客户的风险等级和平均违约率来确定。(4) 客户存款的利息支出。即银行对客户活期存款账户及定期存款账户支付的利息。(5) 账户管理成本。即客户活期存款、定期存款账户的管理费用和操作费用，如提现、转账、存现、账户维持等发生的费用。

目标利润是指银行资本从每笔贷款中应获得的最低收益。目标利润要根据银行既定的股东的目标收益率即资本的目标收益率、贷款额和贷款中资本金的比例来确定。计算公式为

目标利润 = (资本额/总资产) ×资本的目标收益率×贷款额

例：假定某企业向银行申请期限为 1 年、限额为 700 万元的循环使用贷款。银行预计在整个贷款期内，客户实际使用的平均贷款额大约为贷款限额的 75%；账户存取款等的管理成本约 6.8 万元；贷款的管理费和风险费为实际贷款额的 1.3%；贷款的 7% 由银行资本金来支持，其余的 93% 由银行负债来支持；加权平均资金成本为 10%。银行资本的税前目标收益率为 18%，银行要求客户按贷款限额的 4% 和实际使用贷款额的 4% 保持补偿余额，贷款承诺费为 0.125%，结算及其他服务收入约 1.5 万元，预计存款利率为 6%，存款法定准备金率为 10%，存款投资收益率预计可达 8%。银行该笔贷款的利率 (X) 最低为多少?

表 9-2　　客户盈利分析定价法计算案例　　单位：万元

收支项目名称	金额
总收入	6.68775 + 525 × X
贷款利息收入	700 ×75% × X
存款投资收入	(700 ×75% ×4% +700 ×4%) ×90% ×9% =3.969
结算及其他服务费收入	700 ×25% ×0.125% +2.5 -2.71875
总成本	69.065
资金成本	700 ×75% ×10% =52.5
贷款费用及违约成本	700 ×75% ×1.3% =6.825
补充余额利息支出	(700 ×75% ×4% +700 ×4%) ×6% =2.94
账户管理成本	6.8
目标利润	700 ×75% ×7% ×18% =6.615
贷款利率 X	68.99225/525 =13.14%

根据案例，我们可知，客户实际使用的贷款为 700 ×75% =525 (万元)，贷款的管理费和风险费为 525 ×1.3% =6.825 (万元)，银行的目标利润为 525 ×7% ×18% =6.615 (万元)，银行要求客户保持的补偿余额为 (700 +525) ×4% =49 (万元)，补偿余额存款的投资收入为 49 ×90% ×8% =3.528 (万元)，贷款承诺费收入为 525 ×0.125% =0.65625 (万元)。要达到既定的目标收益率，总收入应该大于或等于总成本与目标利润之和，总成本与目标利润为 75.68 万元。为此，贷款的利息收入至少应为 75.68 -6.68775 =68.99225 (万元)，贷款利率 X 则为 13.14%。

该例中，为简单起见，没有考虑银行与客户之间存在的其他业务关系。如果银行与客户之间还存在别的业务上的往来，在计算时只需将相关的业务成本和收入考虑进去即可使用同样的方法计算贷款的定价。

客户盈利分析法体现了银行以客户为中心的经营理念，是以市场为导向、以客户为中心的现代营销理念在银行经营管理中的具体体现。这种定价方式在所有定价法中是最复杂、成本最高的，对精确度要求也非常高。因此，这种定价方法针对少数贡献度大、信誉度高、对银行至关重要的大型客户而言才是切实可行的。

贷款定价是一个复杂的系统工程，也是一门具有丰富内涵的艺术。要确定合理的贷款价格，需要仔细权衡内外部各种因素，全面考虑主客观各种条件。商业银行应以贷款定价的基本原理为指导，在实践中不断改进和修订已有的定价方法，以提高自身在贷款市场上的竞争能力。

本章小结

1. 商业银行贷款可以按不同的标准进行分类，按贷款对象可分为法人贷款和私人贷款，按贷款期限可分为短期贷款、中期贷款和长期贷款，按保障程度可分为信用贷款和担保贷款，按贷款利率是否固定可分为固定利率贷款和浮动利率贷款等。银行发放贷款的一般程序包括借款人提出贷款申请、银行审核、签订借款合同、取得贷款、贷后检查及归还贷款等环节。

2. 商业银行的贷款产品品种非富，有凭着借款人的信誉而发放的信用贷款，为满足个人消费者消费需求而发放的消费贷款，以第三人信用或动产、不动产为担保发放的担保贷款，还有购买票据持票人未到期票据的票据贴现融资，支持新建企业的固定资产投资和营运资本需求的项目贷款，向国内进出口商或另一国借款人提供资金融通的国际贷款等。银行不同类型的贷款的经营要点也各有不同。

3. 基准利率、贷款政策、市场供求及同业竞争、资金成本、贷款条件、借款人信用等都是影响贷款价格的因素，银行在贷款发放时必须将各种影响因素进行全面考虑，才能在此基础上制定出合理的贷款价格。实践中，银行贷款定价采用的主要方法为成本加成定价法、基准利率加点定价法及客户盈利分析定价法。

本章重要概念

银团贷款　资产支持贷款　杠杆收购贷款　项目贷款　反向抵押贷款　消费贷款
担保贷款　信用贷款　票据贴现　买方信贷　卖方信贷　国际保理　福费廷

本章思考题

1. 简述贷款分类及贷款的基本程序。
2. 简述消费贷款的管理要点。
3. 简述信用贷款特征及主要管理要点。
4. 简述抵押贷款中抵押物的选择原则。

5. 简述银行发放项目贷款的审核要点。
6. 简述影响贷款定价的因素。
7. 贷款定价方法主要有哪些?

本章参考书

[1] 江其务、周好文:《银行信贷管理》,北京,高等教育出版社,2004。
[2] 戴国强:《商业银行经营学》,北京,高等教育出版社,1999。
[3] 黄亚钧、吴富佳:《商业银行经营管理》,北京,高等教育出版社,上海,上海社会科学院出版社,2000。
[4] 吴念鲁:《商业银行经营管理》,北京,高等教育出版社,2004。
[5] 王先玉:《现代商业银行管理学基础》,北京,中国金融出版社,2006。

第十章

投资管理

在现代商业银行业务中，投资业务是商业银行除了贷款业务之外的一项重要的资产业务。投资业务不仅能分散风险，还能保持银行资产的流动性，更重要的是能为银行带来投资收益，并成为银行收入的重要来源之一。商业银行投资业务一般指证券投资业务，即买卖有价证券的业务活动。了解商业银行的投资业务，熟悉其投资策略，对商业银行经营管理具有重大意义。

第一节　投资对象与原则

商业银行进行证券投资活动，一方面是适应证券市场发展的趋势，另一方面是证券投资具有不同于贷款的独特特点，有助于银行进行流动性管理，提高银行收益。

一、投资目的

商业银行作为经营货币资金的特殊企业，进行证券投资主要有三个目的：提高银行盈利、增强资产流动性和加强风险管理。

（一）提高收益

盈利是商业银行经营的最终目标，也是银行全部资产业务的基本要求。因此，从证券投资中获取最大收益是商业银行投资业务的首要目标。商业银行最重要的业务是吸收存款、发放贷款，以获得差额利润。但是，激烈的银行竞争、贷款的高风险等多种因素都可能使银行无法找到合适的贷款对象，从而使资金暂时搁置。银行为了提高闲置资金的使用效率，将其用于购买有价证券，从而提高了银行资产的盈利能力。

银行通过证券投资不仅可以获得所得利得，而且可以获得资本升值利得。所得利得是指银行购买有价证券后，依据证券发行时确定的利率从发行人那里取得的收入，如债息或股息红利等。譬如投资于债券，可以按债券的票面利率或以贴现方式取得利息收益；投资股票，可以取得股票发行公司按照票面金额的固定比率支付的股息和红利。

资本利得是指银行购进证券后，在出售时或偿还时收到的本金高于购进价格的余额。如某银行以每股10元的价格购进某公司股票2万股，1个月后该行以每股15元的价格全部售出，每股买卖差价5元，不考虑交易成本等支出，资本利得为10万元，又称证券增值收入。

此外，证券投资在一定程度上减轻了银行的税负，从而降低了投资成本。一些国家允许投资者的政府债券利息收入免征所得税。如美国，银行投资于市政债券的利息收入可免征联邦所得税，一些州还对在其境内发行的市政债券免征该州的利息所得税。如中国税法规定，凡是购买国债所获得的利息收入，不计入应纳税所得额，可以免税。证券投资成本的降低，提高了证券投资的盈利能力。

（二）增强流动性

银行经营的是货币资金，为保证存款的提取和合理贷款的供应，银行资产必须保持较高的流动性。在银行资产中，银行贷款的流动性较低，证券资产的流动性相对较高，证券投资成为商业银行流动性管理的重要工具。

银行通常将其应对客户体现和满足贷款需求的准备金资产分为一级准备金和二级准备金。一级准备包括库存现金、在中央银行的存款、存放同业的资金以及同业往来款项等，但是一级准备不是盈利性资产，如果所占比重过大，银行收益势必受到影响。为了在流动性和盈利性之间寻求平衡，银行除了适度的一级准备外，还有二级准备作为补充，包括贴现票据、短期证券投资和短期贷款等。当银行遇到大量提现或借款需要而银行库存现金和在中央银行的存款又不足以满足这一需要时，则可以在金融市场上转让短期证券，将资产迅速变现，以应付资金需求。

西方商业银行一般在投资业务中要保持相当数量的短期投资，银行短期证券投资往往要占银行购入证券总额的25%左右。此外，银行购买的中长期证券在一定意义上也可满足流动性要求，只是相对而言，短期证券的流动性更强一些而已。同时，证券组合还可以作为财政借款、贴现借款、回购协议的担保品，因而也能在很大程度上满足银行经营的流动性需要。

（三）管理风险

商业银行经营管理的第一原则是安全性，它是银行稳健发展的前提和基础。加强商业银行风险管理，将风险减少到最低限度，是商业银行面临的重要任务。降低风险的基本做法是将风险分散化，证券投资业务的开展为银行实施资产分散化经营提供了一种新的选择。

证券投资有助于分散风险，是实现资产分散和投资多元化的有效方法。银行以证券投资来分散风险比贷款更便利，证券投资的选择面广，不像贷款那样受地域、企业和数额的限制，银行可以购买国内外所有的证券。而且，证券投资比贷款更容易转移风险，一旦发现问题或者情况发生变化，银行可以迅速地在短期内将证券卖出，从而把风险转移出去。贷款就很难做到这一点，银行贷款一般只能在贷款到期时才能收回，银行贷款后往往处于被动地位，这在某种意义上可以解释为什么银行不愿放贷，实质上是因为银行在信贷资金运用中最终会失去主动操控权，从而有可能使贷款难以收回，成为不良资产。银行进行证券投资，不受地域、企业和数额、时间的影响，具有很大的主动性，如果银行发现某一证券的风险上升，它就可以随时卖出变现，从而控制风险。而且，银行会对不同发行人、不同期限、不同风险和收益率的证券采取分散化的投资策略，使银行经营风险与投资损失降低到最低限度，达到风险管理的最终目的。

同时，银行可以运用期货期权交易来避免银行持有证券减值的风险。市场利率的波动能导致短期证券收益的波动及长期债券价格的波动，通过在期货市场上做套期保值交易，可以有效避免因市场利率波动带来的风险。

二、投资对象

证券投资工具一般分为两大类：货币市场工具和资本市场工具。货币市场工具主要包括到期日在1年期以内的短期政府债券、公司债券、中央银行票据、回购协议、银行承兑票据和商业票据等。资本市场工具主要包括到期日在1年以上的中长期政府债券、公司债券、股票等。

近年来，随着金融市场上不断出现新的投资工具和银行经营范围的扩大，可供银行选择的证券投资种类也越来越多，金融期货期权、资产证券化债券、抵押支持债券等金融创新工具也成为银行证券投资组合的选择。

（一）政府债券

政府债券有三种类型：中央政府债券、政府机构债券和地方政府债券。

1. 中央政府债券

中央政府债券又称国家债券，是指由财政部组织发行，以中央政府为担保人而发行的借款凭证。根据债券期限的长短及其发行主体的不同，国家债券可分为国库券和公债券两类。

国库券是国家为了调剂财政资金短缺而发行的一种以政府资信为担保的短期政府债券。在美国，国库券期限在1年以下，一般有1个月、3个月、6个月、9个月、12个月等不同期限。国库券的特点是期限短、风险小、流动性强、收益高，是商业银行最重要的证券投资种类。商业银行持有的国库券一部分是在发行市场上直接从财政部或中央银行购买，另一部分则是从二级市场上购买。在一级发行市场上，国库券通常采用两种形式拍卖：一是竞价拍卖，即在发行开始前，由财政部和中央银行向社会公布国库券发行数量，购买者提出自己愿意购买的数量和价格，然后政府按照购买者出价的高低由高到低依次分配，直到售完为止；二是非竞价拍卖，即投资者在既不愿意冒竞价成本风险又不愿意丧失投资机会时，直接向政府提出自己的购买数量，按最高价与最低价的平均价格购买。

公债券是中央政府发行的中长期国债。中期一般为1~10年，长期为10年以上，有的甚至达到30~40年之久。公债券一般在票面标明价格和收益率，财政部定期付息，到期归还本金。由于期限长，其收益率比国库券高。

2. 政府机构债券

政府机构债券是指由中央政府所属部门或机构发行，以中央政府信誉为担保而发行的借款凭证。政府机构债券通常以中长期债券为主，流动性不如国库券，但它的收益率较高。它虽然不是政府的直接债务，但却以中央政府为担保，因此证券信誉较高，风险较低。政府机构债券通常要缴纳国家所得税，不用缴纳地方政府所得税，税后收益率比较高。

3. 地方政府债券

地方政府债券又称为地方政府公债或市政债券，是地方政府为筹集资金而发行的一种借款凭证。地方政府债券有两种基本类型：普通债券和收益债券。普通债券一般用于提供基本的政府服务如教育等，由地方政府以税收作担保，债券本息全部从税收收入中支付，因此安全性高。收益债券是由政府所属的企业或公益事业单位为特定公用事业项目，如水利工程等进行融资而发行的债券，其本息完全依赖融资项目的收益状况，组织发行单位并不保证还本付息，故收益债券的安全性不如普通债券。在美国，地方政府债券很受投资者欢迎，主要在于它有许多优点，如可以免缴联邦政府和州政府所得税，可以作为向银行获取贷款的抵押品，信誉仅次于中央政府债券，收益率也较高。

（二）公司债券

公司债券是公司或企业为筹集资金而发行的债务凭证。公司债券可分为两类：一类是抵押债券，是指公司以不动产或动产作抵押而发行的债券。另一类是信用债券，是指公司凭借其信用而发行的债券，一般只有那些信誉卓著的大公司才有资格发行这种债券，因为大的公司或企业实力雄厚、信用度高、与银行交往密切，容易被投资者接受。相比而言，中小型公司或企业一般只能发行抵押债券。

金融债券属于公司债券，它是由银行或非银行金融机构为筹集中长期资金而发行的一种债务凭证。金融债券与其他公司债券相比，主要特点是信誉高、风险小、流动性好、用途特定。我国自 1985 年开始发行金融债券，发行人主要是国有商业银行，认购对象主要是城乡居民个人。1994 年我国组建政策性银行，为解决其资金来源问题，向社会和其他金融机构公开发行了金融债券。从 2003 年开始，我国多家商业银行发行了金融债券以补充次级资本。

从国外的经验来看，商业银行对公司债券的投资一般比较有限。其原因主要是：收益较低。公司债券的收益一般要缴纳中央和地方所得税。安全性较低。公司作为企业，破产倒闭的可能性大，因而风险很大。流动性较低。公司债券一般期限较长，在二级市场上的流动性不如政府债券。

不过，公司债券与股票相比较，它提高了本金的相对安全性和收入的稳定性；而与政府债券相比较，它又提供了较高的收益。因此，对于商业银行来讲，公司债券仍不失为一种合适的中长期投资工具。尤其是那些信誉卓著的大公司所发行的债券，安全性强、流动性好、收益率高，更适合商业银行投资。

（三）股票

股票是股份公司发给股东的用以证明投资者身份并据以领取股息红利的所有权凭证。股票有两种基本类型，即优先股和普通股。优先股根据规定的利率优先取得固定股息或公司破产清偿后的剩余资产。普通股股息、红利则视公司的盈利情况而定，公司经营情况良好，收益率高，则股利随之提高；如果公司发生亏损，股利就会减少。另外，股票没有到期日，投入的股本一般不得退股，股票只能通过二级市场转让，转让价格随市场行情波动。由于股票的风险较大，大多数西方国家在法律上都禁止商业银行投资股票，只有德国、奥地利、瑞士等少数国家允许。我国《商业银行法》明确规定，银行不得从事股票买卖活动。但是，随着政府管制的放松和商业银行业务的综合化发展，股票作为商业银行的投资对象逐渐会成为可能。

（四）票据

票据是指那些反映债券和债务关系，以支付货币为目的，可流通转让的付款凭证。商业银行票据投资的对象主要包括商业票据和银行承兑票据。

商业票据是由公司或企业发行的。如果是由信誉卓著的大公司或大企业发行的，其安全性要比贷款高。而且因为期限短、流动性强，所以适合银行提高资产流动性的需要。目前，较为发达的商业票据市场是欧洲票据市场和美国票据市场。

银行承兑票据是银行对从事进出口等业务的客户提供的一种信用担保，银行承诺在任何条件下都会偿付其客户的债务，银行从中收取手续费。由银行承兑的票据是一种安全的投资工具，有较大的市场规模。信誉好的银行承兑票据还可以申请获得中央银行的贴现。银行承兑票据的交易可以增加银行资产的流动性并能相应获得投资收益。

（五）回购协议与中央银行票据

回购协议是指证券出售者在卖出证券时承诺在未来某一时间按约定的价格再购回这些证券的行为，买卖价差即为投资收益。

中央银行票据是中央银行为调节商业银行超额准备金而向商业银行发行的短期债务凭证，其实质是中央银行债券。

（六）证券投资基金

证券投资基金是一种利益共享、风险共担的集合投资方式，通过发行基金证券，集中投资者的资金，由基金托管人托管，由基金管理人管理和运用基金，从事股票和债券等金融工具投资。它一般可分为开放式基金和封闭式基金、公司型基金和契约型基金等种类。

（七）创新的金融工具

20 世纪 70 年代以来，国际金融市场上金融工具创新令人目不暇接。尤其是衍生金融工具，如金融期货与期权、资产证券化债券等。这些金融衍生工具的交易量在一些发达国家已经远远超过了基础性金融工具的交易规模。衍生金融工具为商业银行开辟了新的投资渠道、增加了新的避险工具，但相应地也增加了新的投资风险。

三、投资原则

商业银行在进行证券投资时应主要遵循以下原则。

（一）收益与风险最佳组合原则

一般来讲，收益与风险关系密切，收益大，风险也就大；反之，收益小，风险也就小。二者成正比。因此，正确处理好收益与风险之间的关系就显得尤为重要。

众所周知，银行投资政策一向以稳健和保守著称。因此，在处理收益和风险的关系时，需要坚持的基本准则是：在风险既定的条件下，尽可能地使投资收益最大化；在收益既定的条件下，尽可能地使风险降到最低限度。银行应根据其资金实力和预定目标，正确评估其所能承受的风险，力求实现收益与风险组合的最佳化。

具体而言，要做到以下几点：

1. 假定风险已知，收益变动，银行应尽量增加收益，至少应避免收益的减少；
2. 假定收益已知，风险变动，银行应尽可能减小风险，至少不增大风险；
3. 假定收益与风险同时增加，银行应努力使收益增长快于风险增长；
4. 假定收益与风险同时下降，银行应努力使收益下降速度慢于风险下降速度；
5. 假定收益增加、风险下降，银行应抓紧时机，积极进行投资；
6. 假定收益下降、风险增加，银行则应迅速卖出证券，退出市场。

（二）分散投资原则

分散投资原则是指银行将资金适时地按照不同比例，投资于若干风险程度不同、种类不同的有价证券，并通过建立合理的资产组合，将风险降到最低限度。这一原则认为，风险是客观的、不能消除的，只能消减，而应对的办法就是分散投资。

具体来讲，银行在进行证券投资时应注意区域分布多样化、品种结构多样化和期限结构多样化。区域分布多样化是指银行资金投资于不同地域或区域的证券，如果某一国家或地区出现政治经济动荡和危机，也不会遭到重大损失。品种结构多样化是指各类证券在收益和流动性方面具有不同特点，进行多品种的投资有利于降低风险；期限结构多样化是指银行在进行证券投资时，应形成一个按时间长短有机结合、长短搭配有序的期限结构，尽量实现投资高收益。

根据现代证券组合理论和资产结构选择理论，银行有选择地把资金投资于不同品种、不同质量、不同期限和收益的有价证券，从而形成最佳有效组合，就可以达到和实现收益相同而风险最低或风险相同而收益最高的投资目标。

（三）理性投资原则

理性投资原则是指在对证券本身正确认识的基础上，树立良好的投资心态，经过周密的比较分析研究，然后作出投资决策。银行在投资前，必须根据自己对风险的承受能力以及所要达到的目标，制订切合实际的投资计划和政策。由于各家银行自身经营条件和资本实力上的差异，在确立各自的投资计划和目标时所采取的政策也不尽相同，有的银行可能愿意以放弃流动性去换取更大的收益机会，有的银行则可能愿意以放弃收益来获取较大的流动性。所以，在进行证券投资决策之前，银行必须正视自己所处的位置，事先做好周密的投资计划与安排。

坚持理性投资原则还在于银行在进行投资操作时要保持冷静和慎重的态度，不抱侥幸心理，不轻信他人谣传，应有自己的主见和判断，要善于把握时机，当机立断，并要有敢于承担风险的精神。

第二节 投资收益与风险

商业银行进行证券投资的首要目的是获取收益。但是收益和风险是并存的，如何处理好收益和风险的关系是商业银行证券投资的关键。

一、银行证券投资的收益

银行证券投资的收益主要是利息收入与资本利得。以债券和股票为例，如果银行购买并长期持有，就可以获得债券利息收入和股息红利收入；如果在二级市场上卖出，则可以获得资本利得（或损失）。

（一）债券投资收益率

债券投资的收益主要通过投资收益率来反映，它是投资收益额与投资本金的比率。一般可以用四种方式来表示。

1. 名义收益率。名义收益率也称票面收益率，是债券票面注明或发行时规定的利率。可以分为三种类型：

第一种是在债券票面上标明的收益率。如一张面值100元的债券，票面上标明年利息率为8%，这8%就是该债券的票面收益率，它表明债券投资者凭此债券可以每年获得8元利息。

第二种是票面规定的收益额与票面面额之间的比率。这种债券票面上并未标明收益率，但附有息票，载明每期支付利息的数额，每期剪下息票兑取利息。如一张面值100元的1年期债券，息票上载明每期利息为5元，分三期支付，则该债券的票面收益率是$(5\times3)/100\times100\%=15\%$。

第三种是预扣利息额与票面金额的比率。这种债券票面上并未标明收益率或利息额，而是通过贴现发行预先扣除应付的利息。如一张面值为100元的债券，发行价为80元，2年后到期兑现100元，则到期时利息收入为20元，票面收益率为$(100-80)/100\times100\%=20\%$。

2. 当期收益率。当期收益率又称为本期收益率或即期收益率，是指债券票面收益额与债券现行市场价格的比率。如某银行以96元买进一张面值100元的1年期债券，票面利率为10%，到期后银行获得10元的利息收入，其当期收益率为$10/96\times100\%=10.4\%$，高于票面收益率。当期收益率考虑了债券市场价格的变化，故比票面收益率更接近实际。

3. 持有期收益率。持有期收益率是指银行在二级市场上买入债券后，持有一段时间，在该债券未到期前，卖出债券所获得的投资收益率。其公式为

$$持有期收益率=\frac{年利息收入+（卖出价格-买进价格）/持有年数}{债券买进价格}\times100\%$$

例如：某银行于1月1日购买了一张1年期债券，面值为1 000元，购买价格为800元，票面利率是12%，每半年付息一次，分别为7月1日和次年1月1日，该银行于7月1日将此债券卖出，价格为805元。则银行持有期收益率为

$$持有期收益率=\frac{1\,000\times12\%\times0.5+(805-800)/0.5}{800}\times12/6\times100\%=17.5\%$$

4. 到期收益率。票面收益率和当期收益率都只考虑了债券的利息收入，而未考虑债券的资本利得（或损失）。到期收益率则是考虑了票面收益、购买价格及到期期限等因

素后得出的，所以更为准确和全面。到期收益率用公式表示为

$$到期收益率=\frac{每年利息额+\dfrac{到期还本（卖出价格）-买进价格}{持有年数}}{\dfrac{买进价格+到期还本（卖出价格）}{2}}\times 100\%$$

例如：某银行购进票面价值为100元的债券，购买价格为88元，票面收益率为10%，偿还期为3年，银行一直持有至到期日。请计算银行的当期收益率和到期收益率。

$$当期收益率=100\times 10\%\div 88=11.4\%$$

$$到期收益率=\frac{100\times 10\%+\dfrac{100-88}{3}}{\dfrac{88+100}{2}}\times 100\%=14.9\%$$

（二）股票投资收益率

股票的投资收益是指从购买股票开始到卖出股票为止整个持有期间的收益，由股息红利和资本利得构成。股息红利是股份公司对股东投资的回报，资本利得则是投资者买卖股票所获得的价差收入或价差损失。

衡量股票投资收益率的指标主要有股利收益率、持有期收益率、持有期回收率和调整后的持有期收益率等。

1. 股利收益率。股利收益率又称为获利率，是股份公司以现金形式派发的股息与股票购买价格的比率，用公式表示为

$$股利收益率=D/P_o\times 100\%$$

式中：D 表示现金股息；P_o 表示股票买入价。

例如：某银行以20元一股的价格购买某公司股票，持有1年，分得现金股息1.8元。则

$$股利收益率=D/P_o\times 100\%=1.8/20\times 100\%=9\%$$

2. 持有期收益率。持有期收益率是持有股票期间的股息收入和买卖差价与股票购买价格的比率。它反映了投资者在一定的持有期内的全部股息收入和资本利得与投资本金的比率。公式为

$$持有期收益率=[D+(P_1-P_o)]/P_o\times 100\%$$

式中：D 表示现金股息；P_o 表示股票买入价；P_1 表示股票卖出价。

例如：仍以上例，该银行在分得现金股息5个月后，将股票以23.2元的价格出售，则

$$持有期收益率=[1.8+(23.2-20)]/20\times 100\%=25\%$$

3. 持有期回收率。持有期回收率是指持有股票期间的现金股息收入和股票卖出价与股票买入价的比率，主要反映投资回收情况。如果买入股票后出现股价下跌，使股票卖出价低于买入价，可能导致持有期收益率为负值的情况。此时，持有期回收率可作为持有期收益率的补充指标，计算投资本金的回收比率。其公式是

$$持有期回收率 = (D + P_1)/P_o \times 100\%$$

或者：

$$持有期回收率 = 1 + 持有期收益率$$

例如：假设上例中该银行持有的股票价格出现持续下跌，于是以15.8元一股的价格卖出，则出现投资亏损。

$$持有期收益率 = [1.8 + (15.8 - 20)]/20 \times 100\% = -12\%$$

$$持有期回收率 = (1.8 + 15.8)/20 \times 100\% = 88\%$$

或者：

$$持有期回收率 = 1 + 持有期收益率 = 1 + (-12\%) = 88\%$$

4. 调整后的持有期收益率。在买入股票后，有时会发生股份公司进行拆股、送股、配股的情况，这样会影响该股票的市场价格，使投资者持股数量发生变化。因此股价必须在拆股后进行相应调整，同时计算调整后的持有期收益率。其公式是

$$调整后的持有期收益率 = \frac{调整后的资本利得和损失 + 调整后的现金股息}{调整后的购买价格} \times 100\%$$

例如：假设该股份公司宣布以1比2的比例拆股，利好消息刺激该股涨至22元，拆股后的市价为11元一股。若该银行此时以市价出售，则需要对持有期收益率进行调整。

$$调整后的持有期收益率 = [(11 - 10) + 0.9]/10 \times 100\% = 19\%$$

二、银行证券投资的风险

商业银行从事证券投资，在获取收益的同时，也承担相应的风险。银行证券投资风险是指商业银行在证券投资时遭受损失的可能性。银行在进行证券投资决策时，不仅要考虑投资收益的大小，更要考虑投资风险的大小，对投资对象和具体的投资品种甚至发行人等存在的风险都要有充分的分析和了解。

（一）系统性风险与非系统性风险

根据风险是否能够通过证券组合而减小，证券投资风险可分为系统性风险和非系统性风险。

1. 系统性风险。它是指对整个证券市场产生影响的风险，又称不可分散风险。这种风险的影响是全局性的，即会对市场上所有的证券起作用，是不可能采用投资组合法加以分散的，其来源包括战争、政治状况、经济周期、通货膨胀、利率、税收等多种因素。

2. 非系统性风险。它是指某一种证券或某一类证券存在的风险，包括财产风险、信用风险、经营风险等。非系统性风险通常是由某一特殊因素引起的，与整个证券市场的价格不存在全面的联系，只对单个证券的价格产生影响。因此，非系统性风险可以通过组合投资来消减。

（二）内部风险与外部风险

根据风险的来源，可将证券投资风险分为证券发行企业的内部风险和外部风险。

1. 内部风险。内部风险是由企业经营状况、管理水平等多种因素引起的，主要包括

个人风险、财产风险、经营风险和责任风险等。

个人风险。它是指企业因主要负责人的原因而遭受损失的可能性。它包括主要负责人的才能高低和健康状况两方面。如果一旦发生问题，极有可能导致企业到期不能还本付息，产生投资损失的可能性。

财产风险。财产风险是指企业财产遭受损失的可能性。造成企业财产遭受损失的主要原因有自然原因、社会原因和经济原因等。自然原因是指自然灾害，如水灾、旱灾、火灾、地震等。社会原因是指社会上某些人的行为如罢工、闹事、盗窃、放火等原因造成的损失。经济原因则是指受经济波动、市场变化、经济政策及国际经济关系等变化的影响而遭受的损失。

经营风险。经营风险是指企业因经营管理不善而引起的风险。

责任风险。它是指企业在一定情况下因对他人的身体损害或财产损害所负的赔偿责任而使企业遭受损失的可能性。责任风险主要产生于企业的市场销售活动中，如企业在生产中排放的污染、产品不合格、运输事故等。企业一旦出现责任风险，其赔偿往往很大，企业偿债能力将受到极大的削弱，从而造成银行证券投资的风险。

2. 外部风险。外部风险是指由于社会投资环境的变化，引起证券投资者遭受损失的可能性。这主要包括信用风险、市场风险、利率风险、购买力风险和流动性风险等。

（1）信用风险。证券发行人在证券到期时没有能力向证券持有人偿还本金或者有意不履行偿还义务而给证券持有人造成损失的可能性。信用风险主要受证券发行人的经营能力、资金实力、事业稳定性和发展前景等因素的影响。一般地，中央政府债券的信用风险很小，政府机构和地方政府债券的风险稍大，公司债券的风险很大。在美国，有专门的证券评级公司对证券进行评级，向证券投资者提供各种证券的信用级别，并且根据证券信用级别的高低，将证券分为投资级证券和投机级证券。投资级证券的信用风险低，是投资的主要对象；而投机级证券有较高的信用风险，银行一般不投资此类证券。美国最著名的证券评级公司是穆迪公司和标准普尔公司，其评估等级如表 10 – 1 所示。

表 10 – 1　　证券信用评级表

级别说明	穆迪	标准普尔	备注
安全性最高，无风险，无论如何变化，还本付息都没有问题	Aaa	AAA	适于银行证券投资的品质
安全性高，还本付息没有问题	Aa	AA	
安全性良好，还本付息没有问题，但存在变坏的因素	A	A	
安全性中等，目前的安全性、收益性没有问题，但在不景气时期要加以注意	Baa	BBB	
有投机因素，不能保证将来的安全性，经营状况时有波动，不可靠	Ba	BB	具有投机性和违约性的证券
不适合作为投资对象，安全性可靠	B	B	
安全性极低，有不能还本付息的危险	Caa	CCC	
投机性强，目前正处于违约状态中或有严重缺陷	Ca	CC	
无安全性，无未来性	C	C	

（2）市场风险。这是指由于证券市场和经济形势的变化而给证券投资者带来损失的风险。例如，由于经济衰退，证券市场的需求量减少，证券价格下跌，这时投资者不得不出售证券，就会遭受损失。市场风险对于投资者来说是难以预测的，而避免市场风险的主要方法是实行资产分散化，即银行将投资分散在多种类型的证券上，并安排好不同证券的期限结构，这样就能够有效回避和降低风险。

（3）利率风险。这是指由于市场利率的变化而给证券投资者带来损失的可能性。一般来讲，证券价格与市场利率成反比例变化。市场利率下降，投资者就会从银行取款投入证券市场，导致证券需求量增加，证券价格上升；反之，市场利率提高，投资者就会卖出证券，导致证券价格下跌。另外，在证券信用等级、价格等其他条件相同的情况下，利率风险与证券的偿还期长短成正比例变化，长期证券距离到期的时间越长，市场利率受到不可预测因素的影响越大，越容易出现较大幅度的波动或较长时期的升降，而且长期证券不容易流通转让，所以，偿还期越长，利率风险就越大。短期证券的利率波动幅度越小，流动性越好，其偿还期越短，利率风险就越小。

（4）购买力风险。又称通货膨胀风险，指通货膨胀、货币贬值使得实际购买力下降而给投资者带来损失的可能性。由于受通货膨胀的影响，证券投资的实际收益率并不等于其名义收益率。证券投资的收益包括利息收入和资本利得，在没有资本利得的情况下，证券的票面收益率如果小于通货膨胀率，说明投资本金虽未受损失，但实际收益率为负，没有实现保值；如果证券的票面收益率等于通货膨胀率，则投资刚刚保本，实际收益率为零；证券的票面收益率如果大于通货膨胀率，则实际收益率为正，投资获得了较好的收益。

如某银行以100元的价格买入一张票面收益率为10%的证券，如果持有该证券期间的通货膨胀率为8%，则银行实际收益率只有2%；如果通货膨胀率为12%，则银行就要亏损2%。这是我们采用比较直观简单的公式得出来的，即

$$\text{实际收益率} = \text{名义收益率} - \text{通货膨胀率}$$

更准确的计算公式如下：

$$\text{实际收益率} = \frac{1 + \text{名义收益率}}{1 + \text{通货膨胀率}} - 1$$

（5）流动性风险。这是指银行将投资资产转化为现金而遭受损失的可能性。银行证券投资资产的流动性大小程度不一，如果某种证券能够迅速变现而不发生损失或损失很小，那么其流动性风险就比较小；如果某些证券在短期内不易变现，或者变现时交易成本很大，或者价格下跌等，从而发生较大损失，则银行投资的流动性风险就很大。

（三）风险测度

一般采用标准差法和β系数法来测量商业银行证券投资的风险。

1. 标准差法。在证券投资前，投资者会根据已有的、历史的有关该证券的收益水平来推断将来的收益水平，即证券的预期收益。投资风险通常是指未来实际收益和预期收益之间偏离的程度，而这种偏离程度恰好可以用投资收益率的标准差来反映。投资收益率的方差越小，说明投资组合的预期收益偏离程度就越小，预期收益实现的可能性较

大，风险也就越小；反之，方差越大，离散程度越大，预期收益的不确定性就越大，投资损失的风险也就越大。

其计算公式为

$$\sigma_i = \sqrt{\sum_{i=1}^{n} (R_{it} - R)^2 \times P_i}$$

式中：σ_i 为银行证券投资组合中第 i 种证券的风险度；R_{it} 为第 i 种证券在各期可能的收益率；P_i 为发生的概率；n 为收益率可能值的数目；R 为期望收益率。

期望收益率的计算公式为

$$R = \sum_{i=1}^{n} R_i \times P_i$$

式中：R_i 为第 i 种证券可能的收益率；P_i 为发生的概率。

2. β 系数法。β 系数法主要是用来衡量证券市场的系统性风险，即某种证券相对于整个证券市场收益水平的收益变化情况。对市场影响所产生的价格波动性程度，不同证券是有差异的。我们将整个证券市场收益的 β 值设为 1，如果某种证券的 β 值大于 1，表明该证券收益的波动幅度比证券市场的收益波动幅度大，因而风险程度也较大；如果某种证券的 β 值小于 1，表明该证券收益的波动幅度比证券市场的收益波动幅度小，因而风险也较小。β 系数法的计算公式为

$$\beta = \frac{\text{某种证券预期收益} - \text{该期收益中非风险部分}}{\text{整个证券市场证券组合预期收益} - \text{该期收益中非风险部分}}$$

（四）证券投资风险与收益的关系

证券投资收益与风险关系密切，且成正比例关系。收益水平越高的证券所承受的风险程度也就越大，相反，收益水平越低的证券所承受的风险程度也越小。这样，风险越大的证券，其报酬收益也就越高。

第三节 证券投资策略

商业银行在追求证券投资收益最大化的同时应尽可能地规避和降低投资风险，而要实现这一目标，必须掌握一定的证券投资策略。

商业银行进行证券投资的基本策略是银行将资金在不同种类、不同期限、不同收益的证券之间进行分配，尽可能对风险和收益进行协调，从而使其风险最小、收益最高。一般来看，商业银行证券投资策略主要有有效组合策略、梯形投资策略、杠铃投资策略、计划投资策略和趋势投资策略等。这些策略或方法都是围绕尽量减少风险损失和增加收益这一核心而提出来的。

一、有效证券投资组合法

有效证券投资组合法又称分散投资法，指银行在进行证券投资时，应避免将其全部资金用来购买一种或几种证券，而应该对多种证券同时进行投资，以分散和降低风险。

“不要把所有的鸡蛋放在一个篮子里”是这一法则最著名的表述。但是，并不是随意地把“鸡蛋”分装在不同的“篮子”里就能分散风险，必须选择相关程度较低的证券进行证券组合，不相关的证券组合种类越多，组合证券的投资风险就越低。所以，有效证券组合就是对投资者最有利的证券组合，是在证券投资总额一定的条件下，承担的总风险相同但预期收益最高的证券组合，或者是预期收益相同但总风险最低的证券组合。有效证券组合的基本原理和目标是：相同风险条件下，追求收益最大者；相同收益条件下，追求风险最小者。

二、梯形投资法

梯形投资法是指银行将全部投资资金平均投入到各种期限的证券上，使各种期限的证券数量都相等。当期限最短的证券到期收回资金后，再用这部分资金购买期限最长的证券，如此循环往复，使银行持有的各种期限的证券数额总是保持相等，这样可以获得各种证券的平均收益率。由于这种投资方法用图形表示出来与距离相等的阶梯相似，所以被称为梯形投资法或梯形期限法。例如，A 银行将 100 万元分散投资于 1 ~ 10 年期的政府债券上，平均每种期限 10 万元。1 年以后，1 年期债券到期，将收回的资金购买新发的 10 年期债券。以后其他各期限债券的到期也依次相应办理，如此年复一年地循环往复。

梯形投资法的优点：一是简便易行，只要用投资资金平均购买各种期限的证券即可；二是不必去预测市场利率的变化，不管市场利率如何变化，投资策略都无须变动；三是可以保证银行获得各种证券的平均收益率。

但梯形投资法也有明显的缺陷：一是不灵活。当市场出现比较有利的投资机会时，银行往往不能作出相应反应，从而错失机会。二是流动性受到影响。由于各种期限的证券数量都是相等的，相对而言银行持有的短期证券较少，当银行面临现金需求时，短期证券往往不能满足其需要，此时银行不得不出售其中长期证券，但中长期证券的流动性不高，为了取得现金，不得不低价出售，从而使银行投资遭受损失。

为了避免以上缺陷，一些银行采用了比较灵活的方法。当市场短期利率上升、短期证券价格下跌时，银行用从到期证券收回来的资金购买短期证券而不是长期证券；当短期利率下降、短期证券价格上升时，再出售短期证券以购买长期证券。此外，有的银行在运用梯形投资法时，往往加大短期证券的比重，主要目的是使银行资产保持较好的流动性。

三、杠铃投资法

杠铃投资法是银行将投资资金主要分成两部分，一部分是短期证券，一部分是长期证券，而对中期证券则基本不投资。这种投资方式从图形上看与杠铃的形状类似，所以叫做杠铃投资法。在这种投资方法中，长短期证券的期限选择及其比重由银行自己决定。有的银行将短期证券期限限定在 1 年以下，有的则包括 1 ~ 3 年的证券；在长期证券中，有的为 10 ~ 20 年，有的则为 10 ~ 30 年。这种投资战略并不是长短期证券的持有量各为 50%，而是银行根据自己的情况进行安排，有的可能是 30:70，有的可能是 40:60。当然，银行也不是完全不投资中期证券，只是数量极少，主要集中在短期证券和长期证券上。通常情况下，银行若判断短期利率下降，短期证券价格上涨，就会减少长期证券的比重，增大短期证券的投资比例；若银行判断短期利率上升，短期证券价格下跌，就会减少短期证券的投资比例，增加长期证券的比重。

杠铃投资法与纯粹的短期投资法和长期投资法比较，其优势主要在于：

第一，银行可以根据市场利率的变动，灵活地对其投资进行调整。当银行预期长期市场利率下降，长期证券价格将上升时，银行可以出售部分短期证券，用所得资金买入长期证券；等到长期利率确实下跌，长期证券价格已上涨到较高幅度时，再将这部分长期证券售出，购入短期证券，由此银行可以多获得一部分收益。

第二，它可以使银行的投资资产在保持较高收益的同时保持一定的流动性。由于其短期证券比例较大，银行在陷入流动性困境时就可以随时卖出短期证券而获得现金。

但杠铃投资法也有其缺陷，主要就是银行必须根据对市场利率的预测来安排投资，因而需要密切关注市场上各种类型、各种期限证券的利率变化情况，进行预测并采取相应的调整措施。这就对银行管理人员提出了更高的要求，小银行往往无能为力。

四、计划投资法

计划投资法是指商业银行根据对证券价格变化趋势的把握，按预先设计的计划进行投资。计划投资法一般包括以下几种方法：分级投资计划法、固定金额计划法、固定比率计划法、变动比率计划法等。

分级投资计划法是很简单的一种，是依股价动向适时地买进卖出固定股数的投资方法。采用这一投资方法时通常选择某一种股价经常起伏变动的股票为投资对象，以它的平均价格或接近平均价格为起始点，然后确定股价升降的等级标准，可以以若干元为一级，也可以以涨跌若干百分点为一级。当股价下降一级时，就买进一定股数的股票；当股价上升一级时，则卖出一定股数的股票。要使卖出的价格高于买进价格，使平均卖出价高于平均买入价，以获取差价收益。例如：某银行选择某股票为投资对象，计划以股票涨跌1元为一级，每变动一级买卖5 000股。第一次按每股10元的价格买进5 000股，当股价跌至9元时又买进5 000股，跌至8元时再买进5 000股；当股价涨至9元时卖出5 000股，涨至10元时卖出5 000股，涨至11元时再出售5 000股。最后投资获利15 000元。具体见表10－2。

表10－2　　某银行买卖股票一览表

股票价格	买入数量	买入金额	卖出数量	卖出金额
10元	5 000股	50 000元		
9元	5 000股	45 000元		
8元	5 000股	40 000元		
9元			5 000股	45 000元
10元			5 000股	50 000元
11元			5 000股	55 000元
合计	15 000股	135 000元	15 000股	150 000元

这种方法适用于股市趋势不明朗、股票价格在某一区间上下盘整时使用。在长期下降或长期上升的市场则不能适用，因为在长期下跌的市场里，如果连续不断地分级买进，会越买越套，越套越深，很难有卖出获利的机会。在长期上升的市场中，分级出售则会丧失可能得到的更大收益。为防止在买入股票后股价连续下跌，可配合使用止损委托，当股价连续下跌时应取消投资计划。

固定金额计划法又称常数投资法，是在自己的投资总额中以固定的资金投资于股票，其余投资于债券或其他金融资产。当股价上升、所持股票市值超出计划投资数额时，出售超额部分股票，买入债券或其他资产；当股价下跌时，则卖出债券，等额买入股票后再补足计划的固定金额。例如，某银行计划以200万元资金投资于股市，然后每周末或月末计算股票市值，当市值上升至250万元时，就自动卖出50万元股票，买入债券。当股票跌至160万元时，则卖出40万元债券买进相应金额的股票。使用这一方法简单方便，但关键在于如何确定股票涨跌幅度，一般认为股价上涨25%就应该卖出，下跌20%就应该买进。另外，使用这一方法应避免在股价最高点时买进股票，否则会面临股价跌跌不休却没有后续资金买进的困境。

固定比率计划法是将投资资金组成一个投资组合：一部分是防守部分，由价格相对稳定的债券组成；一部分是进攻部分，由普通股组成。两个部分保持一定的比率关系，银行要对组合中的证券进行调整，使之经常保持这一固定比率。例如，B银行以100万元开始投资，组成一个股票和债券各占50%的证券组合，各买入市值50万元的股票和债券。如果股票价格下跌，市值降到40万元，为保持固定比率，就应卖出5万元债券（假设债券市值未变），再买入5万元股票。如果股票市值涨到75万元，则相应卖出15万元股票，并用这笔资金买入债券，这样两者之间又恢复各占投资总额50%的比率。这种投资方法简便易行，但有几点要注意：一是要选择好股票与债券。二是根据自己的投资目标确定两者之间的比率关系，这一比率一旦确定就不要轻易改变。如果投资目标是收益型，可确定股票占70%、债券占30%的比率；如果投资目标是安全型，债券可占70%、股票占30%。但总的来看，以各占50%较为普遍。三是确定股票市值涨跌多少幅度时需要对组合中的证券进行调整。这一幅度定得太小，会造成买卖频繁，交易费用增加，可根据市场情况定为5%~20%不等。四是使用这一方法在股价水平处于低位时开始投资，则面临的风险较小；而如果在高位时开始投资，则风险很大。

变动比率计划法是指投资组合中进攻部分和防守部分的比率随证券价格的变动而变化。采用这一方法的基础是以股票的某一价格水平为中心价格并以此画出一条趋势线，通常以若干年的股票价格平均数或股价指数为依据，利用统计技术如回归分析法画出股价变动的趋势线。投资者根据变动的程度调整股票在组合中的比率。例如，当股票价格在趋势线上或在趋势线附近时，投资组合中股票和债券各占50%，当股票价格超出趋势线10%时，就卖出股票使股票市值比率降为40%，债券升为60%；当股票价格高出趋势线20%时，股票比率再降为30%，债券比率则为70%。依次类推。反之，当股票价格低于趋势线10%时，买入股票，使之在组合中的比率升为60%，等等。这样，当股市处于上升趋势时，银行不断地卖出股票，买入债券，在牛市即将结束时，投资组合中股票的比率将很小，债券的比率则很大。当股市处于下跌趋势时，银行则不断地买入股票，在熊市即将结束时，投资组合中股票的比率会很大，而债券的比率将很小。这种方法能够使银行顺应大势而贱买贵卖，自然可降低风险且收益较大。但此法有两个缺点：一是趋势线较难确定，如果趋势线出现差错，就可能在不恰当的时候买卖股票，但这个问题可通过技术分析中的图表分析以及趋势线、阻力线作参考来解决。二是必须持续监控股票价格变化，当股票价格达到预定价格时，必须作出买卖决策。如果没有足够的时间跟踪股价变化，可采用停止损失委托指令和期权交易锁定价格等方法。

五、趋势投资法

趋势投资法又称道氏理论。在股票市场上，趋势一旦形成，一般会保持一个相对稳定的时期。其趋势又可分为短期趋势、中期趋势和长期趋势，商业银行应善于发现和顺应这些趋势，进行相应的投资，以获得较高的投资回报。趋势投资法主要有两种，一种是 10% 投资法，一种是三成涨跌法。

10% 投资法又称哈奇计划，哈奇在 1883 年至 1936 年的 54 年间，利用 10% 投资计划将他的资产从 10 万美元增至 19 440 万美元，被称为“投资奇才”。10% 投资法的要点是投资者买入股票后，每一周末计算所持股票的平均市值，月末再将各周平均数相加求出月平均市值，如果本月的平均市值比过去的最高点下降了 10%，就卖出全部股票，不再购买，直至卖出股票的平均市值从最低点回升 10% 时再买进股票。哈奇计划的特点是简单机械，易于操作。但投资者使用时应注意几点：一是要考虑税收和佣金因素，二是应主要关心市场的长期趋势或主要趋势，三是不做卖空交易。

三成涨跌法是依照“行情平均按三成循环涨跌”的经验而产生的投资方法。即认为不论什么股票，买进以后如果价格上涨 30% 就卖出，下跌 30% 再买进。但是，这一方法对那些成长潜力大或是在强劲的上涨行情或下跌趋势中的股票并不适用。

本章小结

1. 商业银行投资业务是商业银行除贷款之外的一项重要资产业务，它既为银行带来了收入，也为银行增强资产的流动性和降低风险提供了必要手段。银行证券投资的目的主要是提高收益、增强流动性、管理风险。证券投资的对象包括政府债券、公司债券、股票等。

2. 商业银行在进行证券投资时，应遵循收益与风险最佳组合原则、分散投资原则和理性投资原则。银行在进行证券投资决策时，不仅要考虑其收益的高低，也要考虑其风险的大小。商业银行证券投资的收益与风险之间的关系是正向变化的关系。证券投资风险可分为系统性风险与非系统性风险、内部风险与外部风险。

3. 商业银行证券投资策略主要包括有效组合策略、梯形投资策略、杠铃投资策略、计划投资策略和趋势投资策略等。

本章重要概念

证券投资　政府债券　公司债券　股票　系统性风险　非系统性风险
有效证券投资组合法　梯形投资法　杠铃投资法

本章思考题

1. 简述商业银行投资的含义及目的。
2. 简述商业银行投资的主要对象。
3. 简述商业银行投资应遵循的原则。
4. 如何理解商业银行证券投资所面临的风险?
5. 商业银行证券投资策略主要有哪些?

本章参考书

[1] 庄毓敏:《商业银行业务与经营》，北京，中国人民大学出版社，2005。
[2] 任远、岳忠宪:《商业银行经营管理》，西安，陕西人民出版社，2004。
[3] 霍文文:《证券投资学》，北京，高等教育出版社，2000。
[4] 潘英丽:《商业银行管理》，北京，清华大学出版社，2006。
[5] 第米瑞斯·N. 考若法斯:《商业银行发展战略》，中文版，北京，中国金融出版社，2005。

第十一章

中间业务管理

中间业务与商业银行的资产、负债业务一起构成了商业银行业务的三大支柱，是现代商业银行的一个重要标志。中间业务的发展对于促进商业银行收入结构多元化、提高综合经营效益、降低银行风险等方面都发挥着重要的作用。

第一节　中间业务概述

传统上，中间业务指商业银行以中间人或代理人的身份提供的各类金融服务活动。随着金融工具的创新和发展，商业银行中间业务的内涵和外延突破了传统中间业务的范围，成为银行的主营业务。

一、中间业务的界定

根据中间业务的特点，中间业务有狭义和广义之分。狭义的中间业务是指商业银行在办理资产负债业务的基础上，不运用或者不直接运用自己的资金，以中间人的身份替客户办理收付、汇兑和其他委托事项，并收取一定费用的业务。广义的中间业务突破了银行中间人身份和不垫资的限制，包括不在资产负债表内反映的所有业务。本章所讲的中间业务均为广义的中间业务。

为更好地理解中间业务的含义，有必要分析中间业务与表外业务的关系。表外业务也有广义与狭义之分，《巴塞尔资本协议》推出了较为规范的狭义表外业务的定义，即表外业务是指那些不在资产负债表中反映，但同资产负债业务关系密切，在一定条件下会转变为表内资产负债业务，因此需要在表外进行记载，以便对共进行核算和监管的业务。狭义的表外业务是一种或有业务，其经营风险远高于狭义的中间业务。广义的表外业务是指商业银行所从事的所有不在资产负债表中反映的业务，除了狭义的表外业务外，还包括结算、代理、咨询等低风险的业务经营活动，即广义的表外业务等同于广义的中间业务。

二、中间业务的特点

商业银行中间业务的发展经历了一个从缓慢发展到大规模兴起的过程。在银行发展史上，结算、汇兑等业务是银行最传统的业务。然而，长期以来，银行以资产负债信用业务为主营业务，中间业务作为表内资产负债业务的附属，对银行利润贡献低，一直居于从属地位。20 世纪 80 年代开始，随着金融自由化和金融创新的蓬勃发展，商业银行纷纷进行了战略性业务调整，中间业务得以迅猛发展，不仅业务范围扩大，业务种类成倍增加，产品创新层出不穷，而且业务量直线上升，中间业务收入占商业银行总收入的比重迅速提高。如 20 世纪 80 年代初，日本银行业非利息收入占总收入的比重平均为 20.4%，90 年代初上升到 35.9%；同期美国由 30% 提高到 38.4%，英国则由 28.5% 攀升到 41.1%。一些大银行的中间业务收入更是占到总收入的一半以上。

中间业务之所以得到迅猛发展是多重因素共同作用的结果。随着社会经济的发展，人们对银行信用中介的需求日益多样化。如第二次世界大战后，多方面的跨地区、跨国界的经济往来使原先简单的以存贷款为内容的双边信用关系已无法满足多边信用关系发展的需要，银行根据市场的需要推出了大量担保、承诺、承兑、信用证等中间业务，确保了复杂的经济往来得以顺利进行。同时，借款人的筹资需要越来越趋向于灵活、便利，票据发行便利、透支安排、循环信贷便利等一系列表外信贷迅速成为最流行的信贷方式。金融自由化浪潮使金融业的竞争空前激烈，迫使商业银行不得不寻求新的发展空间，积极开展信息咨询、项目评估、提升资信、财务顾问、委托代理等中间业务，努力向非银行甚至非金融领域渗透。为逃避资本比率管制，商业银行开始转向不直接在表内反映的表外业务，如贷款出售、备用信用证、贷款承诺等，以实现在保持资产负债规模不变的情况下获取同样甚至更高的收益。布雷顿森林体系解体导致汇率和利率的大幅度波动，为避免和降低市场风险，进而推出了衍生金融工具交易等中间业务。此外，现代科学技术尤其是计算机和通信技术的发展，使商业银行中间业务的水平和技术日益提高，范围也日渐扩大。经过二三十年的发展，中间业务已逐步成为商业银行的支柱业务和重要的利润来源，其业务特征也发生了许多变化。

（一）传统中间业务的特征

1. 不运用或不直接运用银行自己的资金。由于银行在从事中间业务的过程中一般不动用自己的资金，不形成资产业务，因此不会引起资产负债表的变化。如大量的结算、代理、信息咨询等中间业务。

2. 以中间人身份接受客户委托。中间业务本质上是为客户提供的一种金融服务，客户是否需要这种服务，具体表现为是否委托银行来办理这一业务。因此，对银行来说，中间业务是一种委托业务，而不是自营业务。典型的中间业务如代办签证、信托、代理等业务，银行都是以交易双方当事人之外的第三者身份接受委托，扮演中间人的角色。

3. 以收取手续费的形式获取收益。商业银行信用业务的收益是利息收入，而中间业务作为一种委托业务，一般是以手续费收入为主要特征的。手续费是银行在从事中间业务过程中所耗费的各种形式的劳动，既包括活劳动，也内含物化劳动。

4. 风险程度低于信用业务。中间业务主要是接受客户的委托，以中间人的身份开展业务，故其风险主要由委托人来承担，银行承担的风险明显低于开办信用业务所承担的风险。

（二）中间业务特征的新变化

随着金融创新的层出不穷，中间业务的领域不断拓宽，其内涵和外延也发生了重大变化，并日益呈现出以下新的特征。

1. 中间业务与信用业务关系的新发展。现在有些中间业务，银行在提供服务的同时还以某种形式垫付资金，从而形成了银行和客户之间的债权债务关系，银行在资产负债表上也要反映这种资金占用，使中间业务带有信用业务的特征。如担保、承兑、信用证等业务，由于与银行信用业务密切相关，并以其为基础，因而影响到资产负债表的构成，银行为防止客户违约而必须保持相应的流动资产，这就等于间接动用了银行自己的资金。又如代理融通业务，银行因拥有追索权而并不承担风险，但在办理这一业务时却也需要垫付一笔资金。再如信用卡的持卡人可以在银行授予的信用额度内先消费后还款，实际上也是一种消费信贷行为。

2. 中间人身份的突破。在现代银行的许多中间业务中，银行中间人的角色发生了移位，成为交易双方的一方，即作为交易的直接当事者。如贷款承诺和循环信贷，就是由银行和客户签订信贷协议，因为协议签订时并无发生信贷行为，也不在资产负债表上反映出来，所以是中间业务，但如果具备了协议所列的具体条件，银行就必须履行协议所规定的向客户提供贷款的责任。国际商业银行所从事的大量衍生金融工具交易，除接受客户委托以中间人身份进行的代客交易外，无论是出于防范或转移风险的需要，还是为实现增加收益的目的，银行都是以自营者的身份出现，从而使中间业务突破了服务于客户的传统，出现了自我服务型中间业务。

3. 不局限于手续费收入。衍生金融工具交易等自我服务型中间业务的出现，使中间业务收入不再局限于手续费或佣金收入。国际银行业从事衍生金融工具的交易，由此产生的收益或亏损对中间业务收入的影响会越来越大。

4. 风险程度增加。随着金融创新的发展和中间业务领域的不断拓宽，大量与信用业务密切相关的高风险中间业务也随之发展，特别是衍生金融工具交易，其风险度甚至超过了一般的信用业务。例如，英国老牌商业银行巴林银行，虽然资本比较充足，资产质量不差，但由于里森在新加坡从事日经指数期货交易时越权违规，造成10亿美元的巨额亏损，导致巴林银行不得不宣告破产。

三、中间业务的分类

中间业务种类繁多，其风险程度也存在着显著的差别。按风险程度大小对商业银行中间业务分类，可分为风险度较低的服务类中间业务和风险度较高的或有类中间业务。在此基础上，可以进一步按功能性质对归属于这两大类的中间业务进行细分，大体划分如下。

（一）服务类中间业务

服务类中间业务是指商业银行通过对客户提供金融服务，以收取手续费为目的，不构成商业银行或有债权/债务的业务，即只能为银行带来各种服务性收入而不会影响银行表内业务质量的业务。此类中间业务基本没有经营风险或风险度较低。

1. 结算性中间业务。这是指银行为办理客户的债权债务关系而引起的货币收付业务。商业银行使用票据和汇兑、托收承付、委托收款等方式进行货币给付和资金清算，是典型的结算性中间业务。此外，如信用卡、进口押汇等，由于其主要功能是结算，故也可归入结算性中间业务。

2. 管理性中间业务。这是指商业银行接受客户委托，运用其自身的职能及经营管理和信息技术的优势，为客户提供各种服务而引起的有关业务。如各种代理业务，包括代理保管、代收代付、代理理财服务、代理证券业务、代理保险业务等。

3. 服务性中间业务。这是指银行为客户提供的咨询、评估、财务顾问、计算机服务等内容广泛的中间业务。由于这类业务不是以接受客户的全权委托为前提，而是银行的主动出售，因而不同于管理性中间业务，而是纯粹的服务性中间业务。

（二）或有类中间业务

或有类中间业务是指构成银行或有债权/债务并在一定条件下会转化为现实资产和负债的中间业务。此类中间业务有经营风险或风险度较高，基本上等同于《巴塞尔资本协议》所规定的狭义的表外业务。

1. 担保性中间业务。这是指由商业银行向客户出售信用，或为客户承担风险而引起的有关业务。如担保业务（包括银行承兑汇票、备用信用证、各类保函业务等）、承诺业务（包括贷款承诺、透支额度等可撤销承诺，以及备用信用额度、回购协议、票据发行便利等不可撤销承诺）等。这类中间业务往往是以信用业务的替代形式出现的。

2. 承诺性中间业务。这是指银行向客户提供的传统信贷以外的融资性服务。如银行对外提供的贷款承诺、票据发行便利、带回购协议的资产销售等，都是较典型的承诺性中间业务。

3. 衍生金融工具业务。这是指商业银行由于从事与衍生金融工具有关的各种交易而引起的业务，包括各类金融远期、期货、期权、互换业务等。

第二节 服务类中间业务

服务类中间业务是指商业银行利用本身所具有的支付中介、金融服务功能，在不运用银行资金的条件下，替客户办理货币收付以及与货币资本运动有关的技术性服务。

一、结算性中间业务

支付结算是商业银行代客户清偿债权债务并收付款项的一种传统中间业务，根据是否跨国收付，可分为国内结算和国际结算。

（一）国内结算

按照经济往来关系中货币资金收付的手段和渠道，银行办理国内结算主要有票据结算、汇兑结算、托收承付、委托收款等结算方式。

1. 票据结算。票据是具有一定格式、载明确定金额、到期由付款人对持票人或其指定人无条件支付一定金额、经背书可转让的信用凭证，包括支票、汇票和本票。

（1）支票。支票是银行活期存款客户根据协议向银行签发的无条件支付确定的金额给收款人或持票人的支付凭证。支票的当事人包括出票人、付款人和收款人。其中收款人可以是出票人自己，而付款人只能为银行。出票人签发的支票金额不得超过其在付款银行的存款余额或透支限额，更不得签发空头支票。支票经背书后可以流通转让。根据收款人抬头不同，支票可分为记名支票与不记名支票；根据对付款有无限制，有现金支票、转账支票和划线支票之分；由银行加注“保付”字样的为保付支票。

（2）汇票。汇票是由出票人签发的委托付款人在见票时或者在指定日期无条件支付确定金额给收款人或持票人的票据。汇票经背书后可以流通转让，但其流动能力受到汇票当事人信用程度的制约。

根据出票人不同，汇票有银行汇票和商业汇票之分。银行汇票是一家银行向另一家银行签发的支付命令，其出票人和付款人都是银行，银行汇票签发后交由汇款人带往或寄往收款人，收款人持汇票向付款银行请求付款。

商业汇票是企业或个人签发的委托付款人在指定日期无条件支付确定的金额给收款人或持票人的票据。出票人可以是收款人或付款人。根据承兑人不同，商业汇票可分为银行承兑汇票和商业承兑汇票。银行承兑汇票是由出票人或持票人向开户银行申请，经银行审查同意后签订承兑协议，承兑银行应在汇票到期后见票支付票款。经银行承兑的汇票的流动性大大提高。商业汇票经付款人承兑则为商业承兑汇票。

（3）本票。本票是由出票人签发的承诺自己在见票时无条件支付确定的金额给收款人或者持票人的票据。根据出票人的不同，有银行本票和商业本票之分，《中华人民共和国票据法》规定，本票仅指银行本票。银行本票适用于单位和个人在同城范围内的商品交易、劳务供应及其他款项的结算。银行本票有定额和不定额之分，不定额本票由经办银行签发和兑付，定额本票由人民银行发行。银行本票一律记名，并允许背书转让。

2. 汇兑结算。汇兑是汇款人委托银行将款项汇给收款人的结算方式。汇兑结算按凭证传递方式不同分为信汇和电汇两种。汇兑结算主要用于异地之间款项的划转。汇款人办理汇兑时，应填写信汇或电汇凭证，注明汇入地点、汇入银行名称、汇款人姓名、大小写金额、收款人名称及地址、收款人开户银行及账号等。汇兑结算没有金额起点的限制。

3. 托收承付结算。托收承付是根据购销合同由收款人发货后委托银行向异地付款人收取款项，由付款人核对单证或验货后向银行承认付款的结算方式。使用此结算方式的企业必须订立符合合同法规定的购销合同，并在合同上注明采用托收承付结算方式。收款人签发托收承付凭证时，应明确托收金额、收款人与付款人名称、开户银行及账号、托收附寄单据数、购销合同名称、委托日期等事项。付款人在承付期内可验单付款或验货付款。

4. 委托收款结算。委托收款是收款人委托银行向付款人收取款项的结算方式。银行委托收款结算不受金额起点限制，可以办理同城或异地结算。收款人办理委托时，必须向其开户银行填写委托收款凭证，并提供有关收款依据，银行审查无误后，将凭证及单据寄往付款人开户行。付款人开户银行接到委托收款凭证并审查无误后，通知付款人付款。

（二）国际结算

国际结算是指在国与国之间办理货币收付以清偿国际债权债务关系的业务活动。汇款、托收、信用证为国际结算的三种基本结算方式。

1. 汇款结算。由付款人或债务人主动通过银行将款项汇给国外收款人的一种结算业务。根据汇款委托书传递方式的不同，汇款结算分为电汇、信汇和票汇三种形式。（1）电汇是应汇款人要求，汇出行通过加押电报或电传，委托汇入行解付一定金额给收款人的汇款方式。电汇收费较高，但解付时间快，使用较普遍。（2）信汇是应汇款人申请，汇出行用航空信函委托汇入行解付一定金额给收款人的汇款方式。信汇是传统的汇款方式，其优点是收费低廉，但因其解付速度慢，而且信函在传递途中易被耽搁或遗失，因此在国际结算中较少使用。（3）票汇是汇款人委托汇出行开出以汇入行为付款人的银行汇票，由其自行携带或寄送给收款人凭票取款的汇款方式。票汇的特点是具有很大的灵活性，只要抬头许可，持票人取款并不固定某一人；持票人取得票据后，还可以背书转让。

2. 托收结算。托收是出口商出具汇票，委托其所在地银行通过进口地银行向进口商收取货款的结算方式。按托收是否附有商业单据，可分为光票托收和跟单托收。

光票托收是指不附有任何商业单据，仅有金融单据的托收。在实际业务中，用于光票托收的金融单据有银行汇票、本票、个人支票和商业汇票等。因为不涉及货权及商业单据，其业务的处理较为简单，银行根据票据的付款条件收款。光票托收一般用于收取货款尾数、代垫费用、佣金、样品费等从属费用。

跟单托收是指附有商业票据的托收，是国际贸易中常用的一种结算方式。根据交单条件的不同，跟单托收可分为付款交单和承兑交单两种：（1）付款交单是指代收行必须在进口商付款之后才能将单据交给进口商的方式。但在实务中，进口商为了减少风险，往往坚持在货到后才付款赎单。（2）承兑交单是指代收行向进口商提示汇票和单据，进口商在汇票上承兑后即可取得全套单据用于提货，付款人在汇票到期时再履行付款义务的一种托收方式。

3. 信用证结算。信用证是进口国银行应进口商要求，向出口商开立的在规定时间内凭规定的单据支付一定金额的书面保证文件。即银行向出口商提供付款保证的支付方式。在信用证支付方式下，出口商的收款风险大大减少，因此它已成为国际贸易中最重要的结算方式。按是否可单方面撤销划分，信用证可分为可撤销信用证和不可撤销信用证；如果开证行开立信用证同时得到了另一家银行的兑付保证，则为保兑信用证。

信用证的业务流程随信用证的种类不同而有所区别，但基本包括以下环节：（1）开证人申请开证。进出口商在贸易合同中约定用信用证方式支付货款后，进口商在合同规定的时限内向其所在地银行申请开证，并向开证行交纳一定比率的保证金，以减少开证行因承担了第一性付款责任而带来的资金风险。（2）开证行开立信用证，并将信用证用电讯或邮寄方式送达出口商所在地银行。(3) 出口地银行通知或传递信用证。出口方银行收到信用证后，应核对开证行的密押和印鉴，核对无误后，将信用证通知或传递给受益人。(4) 出口商收到信用证，审查无误后，发运货物，并备齐信用证所要求的全套单据，向通知行交单以获得货款。(5) 通知行或议付行审核单据并确认与信用证相符后，将扣除了费用及利息的款项付给出口商，并将全套单据寄往开证行索偿。(6) 开证行审核单据无误后，偿付议付行。(7) 开证申请人付款赎单。开证申请人接到开证行付款赎单的通知后，对开证行提示的单据进行审核，确认单证相符后，办理付款手续，并取得全套单据，凭提单向承运人提取货物。

二、管理性中间业务

这是指商业银行接受客户委托，利用其自身的职能及经营管理和信息技术优势，为客户管理各种指定经济事务，并收取一定手续费的业务。银行管理性中间业务的服务范围广泛，提供的服务产品十分丰富，主要包括代理、信托、托管、理财等业务。

(一) 代理业务

代理业务是指商业银行接受客户的委托，以代理人的身份代表委托人办理经双方议定的经济事务的业务。银行在代理过程中，客户的财产所有权不变，银行充分利用自身的信誉、技能、信息等资源优势代客户行使监督管理权，提供各项金融服务。主要包括代收代付、代理证券业务、代理基金业务、代理保险业务、代理保管、代理银行业务等。

1. 代理收付业务。银行利用自身结算便捷的优势，为客户办理指定款项的收付事宜。企业和个人在日常经济生活中，经常面临定期或不定期、金额大小不等的款项收付活动。如工资、劳务费、退休金、保险金、水电煤气费、电话费、房租、物业管理费、工商管理费等的收付，这些款项收付频繁，涉及面广。银行利用自身支付结算中心及网络覆盖点多面广的优势，为企业、个人代理各种款项的收付业务，既能缓解他们因烦琐收付活动所带来的工作负担，又能为银行带来手续费收益及扩大存款来源。

银行办理代理收付业务应与委托人签订代理协议，明确代理收付款的内容、范围、对象、时间、金额、方式及代理费用等。银行依据协议办理具体的收付款业务，对收付双方的经济纠纷不承担任何责任。

2. 代理证券、基金及保险业务。银行代理证券、基金、保险的发行、买卖、支付清算及其他相关业务。代理证券业务包括国债和企业债券的发行、利息及本金的支付、代理客户买卖证券及资金结算等。代理基金业务包括基金申购、赎回、注册登记和会计核算等业务。代理保险业务主要是为保险公司销售保单和代理支付保险金等业务。

3. 代理保管。银行以自有保管箱或保险库等设备，接受企业或个人的委托，代为保管各种委托物品，并收取保管费。银行保管方式有出租保险箱或密封保管。办理代保管的客户需要与银行签订租约，明确租期、租金、双方承担的责任义务等相关事项。

4. 代理银行业务。代理银行业务包括代理中央银行业务、代理政策性银行业务、代理商业银行业务等。代理中央银行业务是指中央银行受自身业务限制，将财政性存款和国家预算资金的收付委托商业银行代理。代理政策性银行业务是指政策性银行受网点和业务范围的限制，将部分业务委托商业银行办理，如委托代理政策性贷款、代理监督贷款使用、代理贷款本息收付等。代理商业银行业务是指商业银行受机构、业务特点和人力物力条件等的限制，将部分业务委托其他银行代理，包括国内银行间和国际银行间的代理。如委托其他银行办理资金清算等。

（二）信托业务

信托是委托人为了一定的经济目的，将财产委托他人（受托人）全权管理或处置的行为。信托以明确的财产所有权关系和信用委托为基础，委托人是财产所有者，接受委托的银行为受托人，享受信托财产利益的受益人可以是委托人或其指定的第三人。

信托业务种类很多，商业银行办理的信托业务包括信托存款、信托贷款和信托投资。随着市场经济的发展和社会财富的积累，客户向银行提出委托代为运用资金、资产，或投资于证券、股票、房地产的信托业务与日俱增。

1. 信托存款。信托存款业务是指银行在特定的资金来源范围内以信托方式吸收的存款业务。即企事业单位或个人将闲置的自有资金存入信托机构，由信托机构加以管理和运用。

按照信托存款的具体内容，一般可分为单位信托存款、个人特约信托存款和公益基金信托存款等。委托单位以自有资金委托信托机构代为管理和运用，以期获取相应收益的存款为单位信托存款。信托机构按个人特定要求和用途代为办理某项特约经济事务的存款为个人特约信托存款。委托人为发展社会公益福利事业而将专门提取、筹集或接受社会各界捐赠的公益基金委托信托机构代为管理和营运生息的存款为公益基金信托存款。

2. 信托贷款。信托贷款业务是指信托机构运用信托基金、信托存款或筹集的其他资金，以贷款的方式向借款对象和项目贷放资金的业务。信托贷款业务是信托机构运用资金的一种基本形式。我国银行办理的委托贷款属于此类。

委托贷款是指委托单位将信托基金预先交存银行，并委托银行按其指定的对象和用途发放贷款，银行负责贷款的审查发放、监督使用和到期收回，银行只收取手续费。我国比较流行的委托贷款形式有：（1）甲种委托贷款。委托单位把按规定提留的可自主支配的各种预算外资金交存银行，作为委托基金，并委托银行按指定的贷款对象、用途、期限、金额、利率发放贷款。这类贷款的风险主要由委托人承担，银行除以信誉担保外基本不承担风险，只按规定收取1%～2%的手续费。（2）乙种委托贷款。委托单位在尚未完全确定贷款对象或贷款项目细节的情况下，先与银行原则商议委托贷款事宜，并交存委托贷款基金。一旦委托单位确定贷款发放时，再将乙种委托基金转为甲种委托基金。在未转以前，银行按信托存款的利率支付利息，并可动用这笔资金，但必须承担全部风险。（3）专项委托贷款。银行接受地方政府和企业主管部门单位的委托，办理国家计划批准的能源开发、交通运输、新技术新产品的开发以及设备更新改造等某种专项资金的筹集，并按指定对象发放委托贷款。

委托贷款业务具有风险低、成本低、收益稳定等特点，开办委托贷款业务，可满足银行降低信贷风险和获取收益的需求，因而深受银行的青睐。银行办理委托贷款要坚持“先存后贷、先拨后用”的原则，受托行不得垫付任何资金，以防范自营授信业务风险。

3. 信托投资。这是指银行接受个人、企业或团体的委托，将信托资金投放于经营项目或有价证券，以谋取投资收益，银行从中收取手续费的业务。按投资对象不同，信托投资可以分为企业项目投资与有价证券投资（许多国家限制银行的证券投资信托业务）。根据组织形式不同，信托投资可分为股权式投资与契约式投资。股权式投资是指以投入的资金作为企业的股本，由信托机构委派代表直接参与企业的经营管理；契约式投资是指信托机构不参与企业的经营管理，仅收取投资收益。

（三）托管业务

托管业务是指有托管资格的银行接受被托管人委托，保管被托管人的全部资产，为被托管人办理资金清算、款项划拨、会计核算、资产估值和监督被托管人的投资运作等。银行可以为证券投资基金、社会公益基金、企业年金、保险基金和社会保障基金等各种形式的基金充当管理人。目前我国银行的主要托管业务有证券投资基金托管和证券交易结算资金存管业务。

1. 基金托管。证券投资基金托管业务是指有托管资格的商业银行接受委托，为所托管的基金办理资金清算和监督管理人的投资活动，并收取托管费的业务。商业银行作为基金托管人，要安全保管所托管的基金资产，并监督基金管理人的投资运作；执行基金管理人的投资指令，负责基金名下的资金往来和保管持有人名册；对基金资产净值和基金价格进行复核、审查，并出具基金业绩报告，复核与基金有关的公开披露信息，按基金资产净值的一定比例提取基金托管费。

2. 第三方存管。证券公司将客户证券交易结算资金交由银行等独立的第三方专门存放与管理。2006 年新修订的《中华人民共和国证券法》第一百三十九条规定：“证券公司客户的交易结算资金应当存放在商业银行，以每个客户的名义单独立户管理。”实施此项制度后，证券公司不再接触客户证券交易结算资金，从制度上杜绝了证券公司挪用客户证券交易结算资金现象的发生。

实施第三方存管，客户交易结算资金由证券公司委托商业银行代为管理。银行负责客户交易结算资金的明细账户管理和资金存取，证券公司与登记公司之间、证券公司与投资者之间的资金交收，以及接受证券公司的指令划拨佣金、支付投资者利息等。客户交易结算资金始终在商业银行内部封闭运行，商业银行同时核对和监管证券公司的总账户与客户交易结算资金的明细账户。银行实际上控制着每一个投资者的交易结算资金明细账户，证券公司只负责投资者的证券交易、股份管理以及根据交易所的交易结算数据计算投资者的交易买卖差数和投资者证券交易结算资金的存款利息。

银行办理第三方存管业务，吸收客户资金以证券公司同业存款形式存放于银行，不仅可以向券商收取托管费，而且客户未进行股票交易时，还可以将资金划拨至银行结算账户，变成银行储蓄存款。这样既有利于培养客户的忠诚度，更为银行通过第三方存管业务提高中间业务收入提供了新渠道。

（四）理财业务

商业银行基于个人客户的财务现状、风险偏好、生活目标等个性化因素，依托其在信息、人才、渠道等方面的优势，向客户提供财务分析与规划、投资建议，以及按照客户要求进行投资和资产管理的业务活动。理财简单地说就是处理钱财，个人理财业务的核心是将个人收入和资产进行有效的组合和配置，从而达到保值增值，提高综合生活质量的效果。

1. 理财业务的发展。个人理财又称为私人银行业务、私人理财、对私金融服务、家庭金融、家庭理财等。该业务最早出现在瑞士，之后在美国、欧洲一些国家以及日本、中国香港等国家和地区得以迅速推广，现已成为世界各大银行的一项主要业务。

长期以来，我国银行对个人的金融服务仅仅局限于储蓄、代收代付等简单业务。20世纪90年代中后期，随着个人财富的增长和金融市场的发展，理财的概念开始为大家所熟悉，一些银行先后成立了私人银行部、理财工作室、理财中心等专营理财服务机构。2001年开始，银行积极推行品牌化战略，多种理财品牌纷纷登场亮相。如中国银行的中银理财，中国工商银行的理财金账户，中国建设银行的乐当家，中国农业银行的金钥匙理财，交通银行的交银理财，招商银行的金葵花理财，中信银行的中信贵宾理财，民生银行的非凡理财，光大银行的阳光理财等。2004年开始，各家银行改变过去分散式的营销方式，充分整合、统一营销推广，开发了各种专属理财产品来打造自己的特色，理财产品如雨后春笋般地冒出，理财产品市场一派繁荣景象。个人理财业务的发展过程充分体现了商业银行研究并不断挖掘市场潜能，度身定制理财产品与方案，不断满足、引导、培养特定客户群体的需求，并在此基础上建立起银行与客户之间的相互信赖关系。

2. 理财业务特点。个人理财体现了银行服务差异性、价值性的特征，具有为个人优质客户提供整体服务和附加服务的功能。个人理财业务具有如下特点：

服务对象特定。个人理财业务面向特定目标客户群体，不具有标准化或大众化的产品特征，只有拥有一定数量银行存款或资产的客户才能享受银行理财服务。

组合性产品设计。个人理财产品不同于一般的银行产品，是根据客户需求和市场环境设计出来的组合型产品，产品因人而异，体现了个性化、差异性的组合设计思路。

风险管理的综合化。对理财业务的风险管理主要集中在两个方面，一是在事前强调风险揭示，以降低有关的法律风险和声誉风险；二是在事中和事后将理财所涉及的信用风险、市场风险、操作风险等纳入理财产品组合的相关业务风险管理体系之中。

3. 理财业务种类。个人理财服务一般分为生活理财与投资理财两种。前者是通过理财规划妥善安排未来生活，确保晚年无忧；后者则是不断调整存款、股票、基金、债券等投资组合，从而取得最大回报。从银行角度看，该业务主要包括个人结算业务、个人贷款业务、个人投资业务和咨询类业务。

（1）个人结算业务主要包括个人支付业务、个人账户转账业务、个人汇款业务、各类委托转账付款业务、信用卡业务等，还包括提供电话银行、网上银行开户服务及帮助客户随时进行账户查询、资金调度等。

（2）个人贷款业务属于个人理财特色服务中的信贷服务业务，主要指个人消费贷款，包括个人住房贷款、个人汽车消费贷款、个人耐用消费品贷款、个人定期储蓄存款、小额质押贷款、助学贷款、旅游贷款、凭证式国债质押贷款、个人综合授信贷款等，但一般不包括信用卡透支贷款和对个体工商户的贷款。

(3) 个人投资业务是指银行接受个人客户的委托，代客户管理财产并通过适当的投资实现其财产保值增值的业务，包括股票投资、债券投资、外汇投资、基金投资、房地产投资、保险投资及各种投资咨询等。该业务一般分为两种方式：一是银行的客户经理只为客户提供投资方法和投资时机的建议，而由客户自己来进行投资操作；二是由客户全权委托银行客户经理进行投资操作，客户经理随时将重大操作的计划及操作结果向客户汇报，客户也可以随时检查客户经理的理财操作。目前，我国银行的个人投资业务主要采用第一种方式。

(4) 咨询类业务主要是信息咨询、投资咨询和融资咨询。商业银行为个人客户提供的咨询业务多以理财咨询为中心，同时也提供理财方案设计、资产管理服务、遗产规划、税务规划、子女教育计划、养老规划及银行其他业务和金融政策的咨询等。

个人理财业务涵盖的范围相当广泛，除了以上几种主要业务品种之外，还有保险箱业务、贵宾登机、会员刊物、酒店预订、专家门诊预约、出国留学等理财增值服务。而且，随着时代的进步和技术的发展，还涌现出许多新型的理财方式，如存折理财、银行卡理财、电话理财、手机理财、网上理财等。

三、服务性中间业务

银行依靠其在信息、人才、信誉等方面的优势，通过收集整理有关信息和记录分析客户资金运动特点，为客户提供咨询、评估、财务顾问等服务活动，并通过出售信息和提供智力服务收取服务费用。

（一）信息咨询

根据委托方的要求，运用银行专业人士的知识、经验和技能，采用调查、分析、预测等科学方法，提出解决问题的最佳或可供选择的方案。按照咨询业务项目和内容不同，咨询业务可分为技术贸易中介咨询、资金信用咨询和专项调查咨询等。

1. 技术贸易中介咨询。银行接受客户委托，帮助企业或个人把科技成果转化为现实生产力。包括科技成果转让的中介咨询，新产品开发、新材料研制、新技术应用的中介咨询，技术改造、技术协作等的中介咨询。银行在办理业务过程中，应积极收集技术市场的贸易信息，客观评价和介绍技术贸易项目，协助交易双方审定技术内容、交易方式和交易价格，协助签订交易合同，并督促双方履行合同条款。

2. 资信咨询。这是银行为交易商提供了解对方的资信状况、付款能力或供货能力的一种征信业务。银行根据客户的申请要求，为客户提供被调查对象的基本情况、资金情况、信用等级、经营情况等，包括对方单位全称、详细地址、电话传真、注册资金、现有资金、负债情况、财务报表、履约情况、经营者素质、行业发展前景、市场占有程度、设备的先进程度及配套情况等。如银行接受工商管理部门的委托，对申请登记的企业法人的自有资金数额进行核实和验证。

3. 专项调查咨询。一些大银行，尤其是实行综合经营的银行拥有很强的研究能力，可以根据客户的特定需求，进行一些专项调查，收集整理相关信息资料，提供专业咨询报告。如某行业的发展情况、产品市场行情变化趋势以及利率、汇率变化预测等。

（二）评估

商业银行评估业务主要有信用评估、项目评估和资产评估三大类。

1. 信用评估。这是银行对企业资金信用状况进行评级的业务。银行接受企业评估申请或委托后，组织成立评估工作组，通过对企业的实地调查，收集并核实企业经营、财务和管理等方面的资料，将收集的信息资料进行分类整理录入信用评级系统，得出企业信用评估总分。同时，结合被评估企业的具体情况，对被评估企业的经营情况进行更深入的分析，形成综合评估结论，并确定相应的信用等级。

2. 项目评估。这是指银行根据客户的要求，对拟定投资项目的可行性及其成本、效益的评审与估价，为项目投资决策提供参考。银行接受客户委托后，首先要审查企业承受项目的能力和条件、项目提出的背景和目的、项目投资成本和投资风险等；其次，评估项目的市场前景、技术与建设条件、筹资计划、财务预算成本与效益；最后，根据评估的结果编写评估报告，提出项目是否可行的结论性意见。

3. 资产评估。这是指银行按照客户委托，对客户指定资产的现有价值进行评定与估算。如对金融资产、土地房屋不动产、机器设备等有形资产和无形资产的价值评估。银行接受企业资产评估委托后，就开始搜集待估资产的存量现状资料及相关参考资料，如会计报表、主要资产清册、设备档案、产品价格目录、市场行情、建筑物造价、物价变动指数等。然后，对被估资产的实际数量、质量等进行核实清查，根据评估目的和各类待估资产的情况，选择适当的估价标准和评估方法，逐一计算出其资产价值，经过汇总后撰写评估报告。

（三）财务顾问

财务顾问业务是指银行的专业人员（财务顾问）凭借自身的财务、金融和银行知识以及银行在市场中的信息、技术、资源上的优势，为客户的财务管理、投融资、兼并与收购、资产及债务重组、发展战略等活动提供的咨询、分析、方案设计等服务。财务顾问业务的特点是专业化、个性化。该业务的开展对密切银企关系、提高贷款质量、在竞争激烈的金融市场上取得优势地位和银行自身经营的转型具有重要意义。财务顾问业务无须银行投入大量的资金，产生的经济效益却十分明显，是银行中间业务竞争的重点。

财务顾问业务以给项目理财和融资提供最优可行性方案为工作重心，同时包括证券承销、兼并收购、风险投资、资产证券化的方案设计等业务。财务顾问是一项智力密集型的情报咨询工作，涉及内容相当广泛，既有以顾问咨询为主而处于中介地位的服务，也有在其他业务开展过程中附带提供的财务顾问服务。主要类型如下：

1. 企业投资财务顾问。银行为企业的投资活动提供投资政策、投资筹划、立项审批等方面的咨询服务。企业投资决策直接影响到企业的经营目标、经营利润和经营发展，因此，选择符合企业实际、体现企业投资目标和有利于企业发展的投资方案，对提高企业投资的成功率及经济效益具有重要意义。具体而言，银行可提供境内外特定地区的投资环境及投资机会调查评估报告，并提供相关的行业投资政策、法律法规与审批手续的咨询意见；为客户在境内外推荐合适的投资项目和寻找合作伙伴，担任投资事务顾问；对投资项目的经济可行性进行分析；接受客户委托，为其起草合资建议、公司章程及其他公司管理文件，提供立案审批、注册登记等方面的咨询和协助。

2. 企业及项目融资财务顾问。银行可为企业或大型建设项目的融资结构、融资安排提供专业性方案。即根据不同发展阶段客户的融资需求，给予客户融资方面的指导，帮助客户安排适当的融资方式，节约财务成本。由于筹资方式的多样性，不同渠道的资金来源，其筹资成本、使用期限和风险程度不同。银行应根据企业资金的需要量、使用期限，分析不同来源、不同方式的筹资渠道对企业未来可能产生的潜在影响，选择最经济的筹资渠道和最佳组合方式。

作为融资财务顾问，银行可提供融资政策、融资渠道、金融产品等方面的信息咨询；根据客户财务状况和资金需求，帮助企业设计融资方案；协助企业引入风险投资基金等。作为项目融资顾问，银行可为项目发起人提供产业调查、项目可行性等方面的咨询；协助其进行项目融资方式设计和制定项目融资的担保措施；参与融资谈判，向其他银行或金融机构发出参加项目融资的建议书，牵头组织银团贷款、杠杆租赁等。

3. 企业并购重组财务顾问。银行为企业并购重组提供相关专业服务。银行可为收购方充当财务顾问，包括帮助其物色并购对象，制订并购方案，提出并购价格、时间表和相关财务安排，与目标企业接洽并商谈并购事宜等。银行也可为被收购的目标企业提供服务，提出防范敌意收购的建议，分析收购条件是否公允等；银行还可以帮助客户降低并购成本，优化资本结构与资源配置，获得规模效益。重组财务顾问是通过对客户的资产和债务进行重组，优化其资源配置，提升企业财务实力与运营能力，为客户提供产权、市场、财务、资产、机构、业务和人员等方面的重组操作模式和实施方案。

4. 政府部门财务顾问。各级政府在制定本地区的经济发展政策时，受其专业人才短缺的限制，需要一些经济机构充当地区经济发展的经济顾问或智囊团，商业银行则可以担当这方面的重要角色。商业银行通过对一系列地区宏观经济指标资料的搜集、整理和分析，为政府提供宏观经济形势的分析以及预测，这些指标一般包括经济增长率、通货膨胀率、货币发行量、失业率、各大产业增长指标等。在此基础上，商业银行可以为政府提出适合于本地区的经济政策和经济发展战略建议。另外，商业银行还可以为政府的大型基础设施建设进行项目融资，最常见的是 BOT（Build-Operate-Transfer）方式。商业银行在充当政府部门的财务顾问角色时，不仅可以拓展自己的业务，而且可以更方便地获取当地的宏观经济资料和率先了解宏观经济政策，从而为开展其他业务创造良好的条件。

第三节　或有类中间业务

或有类中间业务是指那些一般不会引起银行资产负债表内业务发生变化，但却能够影响银行当期损益状况的业务。或有类中间业务工具创新活跃，种类繁多，一些银行的或有类中间业务交易量已经达到甚至超过表内业务量，在给银行带来巨大收益的同时也潜伏着较大风险。

一、担保业务

担保业务是指银行接受交易活动中一方（委托人）的委托，为委托人向交易活动的另一方出具书面履约保证，承诺当委托人不能履约时，由银行承担责任的行为。担保业务主要包括三方面的基本内容：（1）三个当事人。委托人，即申请开立担保的人，如进口商或投标人；收益人，即收到担保并凭此索偿的人，如出口商或招标人；担保人，即担保签证的签发人，如商业银行。（2）担保金额和期限。（3）责任条款及赔偿办理等。

（一）担保业务种类

银行开办的担保业务主要包括保函、备用信用证、跟单信用证、票据承兑等，适用范围十分广泛，如资金借贷、商品买卖、货物运输、工程投标等各种经济交易活动。

1. 保函。保函亦称银行担保书，指银行应某交易（贸易项下、合约关系、经济关系）一方当事人的要求，向交易的另一方担保履行某种责任或义务，并承诺委托人违约时由银行按保函规定条件承担经济赔偿责任的书面保证。保函是一种关于款项支付的信誉承诺，是一种货币支付保证书。其基本作用是保证申请人去履行某种合约义务，并在一旦出现违约情况时，负责对受益人作出赔偿或旨在保证受益人在其履行了合约义务后将肯定能得到其所应得的合同价款的权利。

银行保函的内容因其种类不同，条款也各不相同，但主要内容基本一致。主要包括：（1）当事人。保函中应详列申请人、受益人、担保人的名称和地址。（2）保函开立的依据是交易经济合同，应列明合同或标书等协议的号码、日期；但保函与其所依据的合同或投标条件是两笔不同的交易，担保人的付款责任是独立的，不受合同或投标条件的约束。（3）担保金额是保函内容的核心，每份保函都必须明确规定一个确定的金额，担保人仅依据保函所规定的金额向受益人负责。（4）要求付款的条件，保函的任何付款要求均应以书面文字作出。（5）保函失效日期或失效事件。

银行保函可用于任何类型的经济交易行为，为合同的任何一方向另一方提供履约保证，按其担保项目的不同，可以分为许多种类。如担保承包商按合同规定偿还业主预付工程款的银行预付款保函（又称定金保函），担保承包商对完工后的工程缺陷负责维修的银行工程维修保函（也称质量保函），向招标人开具的招标保函及投标人中标后的履约保函，解决海事运输纠纷或其他贸易合同纠纷的海事保函和保释金保函，资金借贷中的借款保函、透支保函，适用于租赁业务的租赁保函等等。

2. 信用签证。企业为进行商品交易或参与投标等活动而订立经济合同时，由银行根据一方当事人（一般为销货方或招标方）的要求，对另一当事人（一般为购货方或投标方）的资金信用等情况开具信用签证书，保证企业履行合同义务。信用签证是一种不可撤销的银行担保行为。根据责任不同，信用签证业务分为担保签证和保付担保签证。担保签证中银行负责监督买卖双方严格履行经济合同，但不承担经济责任。保付担保签证中银行出具信用签证书，保证购货方按期付款，若购货方不能及时付款，可按顺序进行扣款或向其提供临时周转贷款，以支付货款。

3. 备用信用证。备用信用证是开证行根据开证申请人的请求，向受益人开立的保证在开证人未能履行义务时，承担有条件的偿付责任的一种特殊信用证。受益人只要依据备用信用证的规定向开证行开具汇票，并提交开证申请人未履行义务的声明或证明文件，即可取得开证行的偿付。它是一种具有保函性质的支付承诺。

备用信用证用途广泛、方便灵活，已成为银行保函的一种替代形式，主要种类有履约备用信用证、预付款备用信用证、投标备用信用证、融资备用信用证、保险备用信用证等。

4. 票据承兑。票据承兑是指银行在汇票上签章，承诺在汇票到期日向指定方支付汇票金额的服务。向银行申请办理汇票承兑的是商业汇票的出票人，即签发汇票的企业或其他组织。经过银行承兑的商业汇票就成为银行承兑汇票，银行对汇票的付款责任用自己的名义进行担保，以银行信用取代了商业信用。收款人或贴现银行在汇票到期时，凭汇票要求承兑银行付款。

（二）担保业务风险

担保业务是指银行以自身资信为被保证人履约承担保证责任，并从中获取相应的手续费。担保虽然不占用银行资金，但一经开出即形成银行的或有负债，当申请人不能履行义务时，银行必须代行其职责，因此会给银行经营带来一定的风险。为控制相关风险，银行拓展担保类业务应注意以下几点：

1. 根据对融资类担保业务的担保金额、担保期限、担保对象等风险情况的总体评价，要求提供反担保等措施以缓解风险，并制定与风险相匹配的担保费率。

2. 应有效监控所担保融资产品的资金投向，确保在担保期内可持续获得相关信息，分析所担保融资产品的风险状况。同时规定资金用途，并约定如被担保方违反规定使用融资资金，商业银行有权解除担保合同。

3. 对申请人风险管理和内部控制的能力进行调查和评估，明确融资主体的融资目的和融资用途，确保所担保的融资主要限于弥补流动性需求。

二、承诺业务

承诺业务是指银行允诺在未来一定时期按约定条件向客户提供约定信用额度的业务。承诺在法律上是一种契约，是银行对经济主体（客户）的一种带有经济行为的诺言。根据契约的规定，银行应该在承诺有效期内，按照双方事先约定的条件（包括贷款的金额、利率、期限与用途等），随时准备根据客户的要求向其提供信贷服务。

（一）贷款承诺

贷款承诺是指银行向客户许诺在未来一定时期按约定条件提供一定金额的贷款。按是否可撤销，贷款承诺分为可撤销贷款承诺和不可撤销贷款承诺。前者是在事先约定的条件中规定客户取得信用前必须履行特定条款的承诺，如果客户不符合或不能履行特定条款，银行可以撤销承诺。后者是指银行的承诺具有法律约束力，未经客户同意，银行不得擅自撤销承诺。按客户使用信用额度的灵活程度，贷款承诺可分为以下类型。

1. 信用额度。这是最常见的贷款承诺之一，是指银行与客户达成可撤销的承诺协议，同时规定银行应该在承诺有效期限内按照双方事先约定的条件向客户提供授信额度以内的贷款。这种贷款承诺一般还可以进一步划分为定期贷款承诺和不定期贷款承诺。前者是指客户可以在承诺有效期内全部或部分兑现授信额度，但只能兑现一次。后者是指客户可以在承诺有效期内不定期地多次兑现授信额度，直到授信额度用完为止。

2. 备用信用额度。银行与客户达成不可撤销的承诺协议，同时规定银行应该在承诺有效期内按照双方事先约定的条件向客户提供授信额度以内的贷款。在备用承诺下，借款人可多次提用，一次提用部分贷款并不能失去对剩余承诺在有效期内的使用权利。然而，一旦借款人开始偿还贷款，尽管偿还发生在承诺到期之前，已偿还的部分就不能被再次提用。

3. 循环信用额度。银行与客户达成不可撤销的承诺协议，同时规定银行应该在承诺有效期内按照双方事先约定的条件向客户提供授信额度以内的贷款。它与备用信用额度的不同是：客户只要在某一时点兑现的授信额度不超过信用额度的总额，就可以多次、反复地兑现授信额度（归还银行贷款后不减信用额度总额）。

（二）循环融资承诺

循环融资承诺的实质是一种借款安排，又称票据发行便利。即银行允许票据发行人在一定时期内循环发行短期票据，并承诺包销其未销售完的全部票据或提供备用信用。客户发行的票据多为短期票据，一般为 3～6 个月，但银行对客户所作的循环融资承诺的期限通常为 3～7 年。这种表外业务，客户可按短期利率获得银行中长期贷款担保承诺，所支付的借款成本低于备用信用证的融资利率。银行承办循环融资承诺业务也具有一定的信用风险，但是风险低于直接贷款。因为该项贷款安排仅在客户票据无法全部售出时，银行才需筹措资金进行包销。

（三）其他承诺业务

银行承诺类中间业务非常多，只要市场需要某种承诺服务，银行就能开发出相应的承诺业务。如资产销售和回购协议，银行根据协议向第三者出售信贷资产，并承诺在某一时间里或在某一可能发生的情况下，购回上述资产。远期资产购买，商业银行承诺在未来某确定的日期购买某项贷款、有价证券或其他资产的业务。

（四）承诺业务的特点

承诺是银行典型的或有业务，构成银行的或有资产。承诺在兑现前，属于银行的中间业务；而承诺一旦兑现，则会转化为银行的表内业务，引起银行表内资产的变动。银行承诺业务的主要特点是：

1. 贷款承诺是含有期权的银行中间业务。即客户拥有了一种机动灵活地选择融资的权利，它可以根据自己的经营状况，确定借与不借、借多借少、期限长短，以求最合理地使用资金，提高资金的使用效率。在客户需要借款时，如果当时的市场利率高于事先约定的利率，客户会使用银行贷款承诺；如果当时的市场利率低于事先约定的利率，客户会放弃使用银行贷款承诺。

2. 银行可以获得稳定的承诺费收入。银行签订承诺协议后，必须保持资产的流动性，满足承诺贷款的保证，从而放弃了高收益的贷款和其他项目投资，减少了银行可能获取盈利的机会，这就需要借款人通过佣金的方式向银行进行补偿。作为提供承诺的报酬，银行可获得全部限额一定比例的承诺费。同时，承诺的借款人一般是银行熟悉的客户，调查分析的成本较低，有利于降低银行的经营成本。

3. 银行承担的总体风险较低。从理论上而言，承诺是事先作出，如果在承诺期间借款人的财务状况恶化，银行履约贷款就会增加贷款的风险。但是在实际操作中，一方面银行承诺针对的客户一般是财务信用状况良好的企业，同时银行会要求企业定期呈送其有关经营状况、财务状况的各类报表，以便随时掌握企业资信状况变化情况，以确保贷款的安全；另一方面，申请承诺的借款人通常把银行承诺作为一种支持性工具，借以提高自己的融资信誉，降低在货币市场和资本市场上的筹资成本。所以，实际上银行往往不需要真正动用资金就可以获取较高的佣金收益。

三、金融衍生工具交易

金融衍生工具是派生于基础金融工具之上的金融合约。金融衍生工具交易按其目的不同可分为避险交易和非避险交易。避险交易是为降低资产、负债及表外头寸的风险而进行的交易，非避险交易则是以套利、投机等为动机而进行的交易。银行参与金融衍生工具交易的目的主要是对冲自身经营过程中的各种风险，或是为满足客户的保值需要。金融衍生工具的交易结果要在未来才能确定盈亏，按照权责发生制的会计原则，在交易结果发生之前，交易双方的资产负债表并不直接反映这类交易的情况。

金融衍生工具经过衍生再派生及重新组合，在实际中演化出上千种交易工具，其基本构成元素主要是金融远期、金融期货、金融期权和互换交易。不同种类衍生工具交易的风险存在较大差异。无论是作为中间人还是交易商，不管其是基于套期保值还是投资获利，由于银行参与交易的身份和目的不同，其承担的风险也有很大的区别。

（一）金融远期交易

金融远期交易是指交易双方约定在未来的某个确定时间以确定的价格交割一定数量的特定金融商品，主要包括远期利率协议和远期外汇交易。

远期利率协议是指交易双方约定在未来某一段特定时期内按约定利率借贷一定金额的名义本金。双方选择一种市场利率为参考利率，通常为 LIBOR、银行优惠利率或国库券利率；协议约定利率为协议利率。协议的买方（名义借款人）主要是为了防范利率上升造成其未来借贷成本过高的风险，如果未来利率上升，参考利率高于协议利率，买方可从卖方（名义贷款人）获得差额利息收入；协议的卖方则是为了避免因利率下降而带来损失，如果未来利率下降，参考利率低于协议利率，卖方可从买方获得差额利息收入。远期利率协议交易主要集中在银行同业之间，是银行管理利率风险的重要工具。

远期外汇交易，又称期汇交易，是指外汇买卖成交的两个营业日后，买卖双方按合同规定的汇率于未来特定日期进行交割的一种外汇交易。远期外汇交易的目的主要是防范汇率变动的风险。银行应客户要求进行期汇买卖的外汇风险一旦暴露，银行可以通过远期交易轧平外汇头寸，在远期外汇超买时抛出该部分期汇，在远期外汇超卖时补进等额期汇。

远期交易作为一种预付性买卖，协议期越长，合同对方资信发生变动的可能性会越大，存在交易对手无法按时付款或交货的可能，因此信用风险较大。远期合约由买卖双方直接商定并到期进行实际交割，一旦对手违约，基本无法转售，有一定的流动性风险。

（二）金融期货交易

金融期货交易是指协议双方同意在约定的将来某个日期按约定的条件（包括价格、交割地点、交割方式）买入或卖出一定标准数量的某种金融工具的标准化契约。期货交易是进行期货合约买卖的行为，合约中规定的价格就是期货价格。与其他金融市场工具相比，金融期货具有以下特点：（1）金融期货是在有组织的交易所进行的交易，只有是交易所会员的经纪公司才能进入交易所进行交易。（2）期货的交易价格是通过公开竞价确定的，但每日价格变动幅度通常受到交易所限制。（3）期货合约是标准化的协议，合约的标的数、品种、交割方式、交割期限由交易所统一规定。（4）期货交易逐日盯市。每日通过交易所的清算机构进行结算。（5）期货买卖双方都要支付保证金。（6）期货合约实际交割比例很低，多数在交割日前进行冲销交易，流动性高。金融期货主要有货币期货、利率期货和股票指数期货。

金融期货工具在运作时采用财务杠杆方式，即采用交纳保证金的方式进入市场交易。这样，市场参与者只需动用少量资金，即可控制资金量巨大的交易合约，到一定时期对已交易的金融工具进行反方向交易和差价结算。由于保证金制度产生的杠杆效应，现货市场上如果出现价格的轻微变动，就会在期货市场上得到明显反映。这种以小博大的交易方式可能给交易者带来高收入。但是如果对利率、汇率、股票价格等的走势判断失误，则会带来巨大的损失，并且如果因在短期的逆势中交不起保证金，也会被迫平仓受损。因此其市场风险十分巨大。如 1995 年巴林银行业务员里森投资日经期货指数失利，致使巴林银行破产；2008 年法国兴业银行交易员热罗姆·盖维耶尔投资欧洲股指期货失利，造成 49 亿欧元的巨额损失。

（三）金融期权交易

金融期权交易是指赋予其购买者在规定期限内按照双方约定的价格（协议价格）购买或出售一定数量某种金融资产（标的资产）的权利的合约。期权也称选择权，它是期权的买方向卖方支付了一定费用后获得的，在一定条件下对某一交易商品标的物拥有买或卖的权利。

按期权的内容，可分为买权和卖权。买权指期权的买方与卖方约定，在期权有效期内或到期日，买方有权按期权合约规定的价格向卖方要求购入特定的交易商品。卖权指期权的买方与卖方约定，在期权合约的有效期内或到期日，买方有权按期权合约规定的价格向期权合约的卖方要求卖出特定的交易商品。在期权交易中，期权的买方，无论是买入一份买入合约还是买入一份卖出合约，都得向期权合约的卖方支付一定的费用，这个费用叫做期权费。期权交易有四种基本交易，即买入买权、买入卖权、卖出买权和卖出卖权。

期权与其他衍生金融工具的主要区别是期权赋予合约持有人一种选择权而非强制性

的义务，交易风险在买卖双方之间的分布是不对称的。期权交易中的买方没有太大的风险，也可以说其风险是确定的；而对于卖方来说，其遭受的风险损失从理论上讲是无限的。

（四）金融互换交易

金融互换交易是指两个或两个以上当事人按照商定条件，在约定的时间内交换一系列现金流的合约。双方可能在合约生效时相互交换约定数额的名义本金，此后定期交换名义本金所产生的利息，合约到期时再换回名义本金，或者只是交换利息。金融互换主要包括货币互换和利率互换。

货币互换是指交易双方将不同的货币进行交换使用，按时向对方支付利息，到期换回本金的业务。包括固定利率与固定利率的货币互换、浮动利率与浮动利率的货币互换以及固定利率与浮动利率的货币互换。货币互换可以用于规避汇率风险和降低融资成本。

利率互换是交易双方按事先商定的条件，以同种货币、相同期限和相同金额的本金为计算基础，交换某段时间内的资产或负债的利息。包括固定利率与浮动利率的互换以及不同浮动利率间的互换。利率互换可以降低融资成本和规避利率风险。

在互换交易中，银行可以作为中间人或交易商直接参与交易。作为中间人，银行只是撮合交易双方的互换交易，依据合约收取手续费。若交易对手违约，银行仍有义务对另一对手进行支付。若用一笔新交易来替换违约的原对手，当替换时互换利率发生不利的变化，将使银行在替换违约对手时产生新的成本，从而产生信用风险。作为交易商，银行可以获取互换交易支付额中的差价收益，同时也要承担可能出现的信用风险和市场风险。利率互换的信用风险仅限于利息部分，如果交易双方采用抵算支付方式，风险是双方应付利息轧差之后的净额部分。货币互换交易则可能遭受本息双重损失，但由于双方都持有双方交换的货币，在某种程度上相当于持有抵押品，这可以减轻损失程度。互换期间利率或汇率的不利变动会给敞口的互换头寸带来很大的市场风险。

本章小结

1. 广义中间业务是指不构成商业银行表内资产负债的业务。狭义中间业务是商业银行在资产负债业务的基础上，不运用或者不直接运用自己的资金，以中间人的身份替客户办理收付、汇兑和其他委托事项，并收取一定费用的业务。狭义表外业务是指那些不在资产负债表中反映，但同资产负债业务关系密切，在一定条件下会转变为表内资产负债的业务。按风险程度不同，商业银行中间业务可分为服务类中间业务和或有类中间业务。

2. 服务类中间业务包括结算性中间业务、管理性中间业务和服务性中间业务，银行办理这类业务基本不占用自己的资金，以中介人、代理人、受托人或咨询顾问等身份开展业务活动，收取手续费或咨询费，具有风险低、收益稳定的特点。个人理财、财务顾问等部分管理性和服务性业务的附加值较高，可以为银行带来丰厚的回报。

3. 或有类中间业务包括担保性中间业务、承诺性中间业务以及金融衍生工具交易。

这类业务一般不会引起银行资产负债表内业务发生变化，但却能够影响银行当期损益状况。或有类中间业务的风险高于服务类中间业务的风险，一些高杠杆的衍生工具交易可能给银行带来巨大收益，同时也潜伏着较大风险。

本章重要概念

中间业务　表外业务　服务类中间业务　或有类中间业务　汇票　本票
支票　保函　备用信用证　理财　财务顾问　担保　贷款承诺　票据承兑
金融远期交易　金融期货　金融期权　金融互换

本章思考题

1. 简述中间业务的含义与主要特点。
2. 按风险程度和业务性质，银行中间业务可分为哪几种类别？
3. 银行结算方式主要有哪些种类？
4. 银行管理类中间业务的主要种类有哪些？
5. 何谓银行的财务顾问业务？
6. 简述银行担保业务的主要种类及风险。
7. 简述银行贷款承诺业务的主要特点。
8. 简述金融远期、期货、期权和互换交易的主要风险。

本章参考书

[1] 邹玲：《商业银行中间业务创新研究》，北京，经济管理出版社，2007。
[2] 邵兴忠、金广荣：《商业银行中间业务》，杭州，浙江大学出版社，2005。
[3] 张传良、倪信琦：《商业银行中间业务》，北京，中国金融出版社，2005。
[4] 杨明生：《商业银行中间业务产品实用手册》，北京，中国金融出版社，2000。

第十二章

信用风险管理

信用风险是指债务人或交易对手未能履行合同所规定的义务，或信用质量发生变化影响金融工具价值，从而给债权人或金融工具持有人带来损失的风险。信用风险存在于银行的所有业务中，包括贷款、承兑、承诺、担保、同业交易、贸易融资、外汇交易、金融衍生工具交易等。本章主要分析商业银行信用风险测量与不良资产处理方法以及贷款损失准备金的计提管理等问题。

第一节　信用风险监测

商业银行信用风险可以通过一些风险预警信号、贷款风险指标以及风险测量模型进行监测，以便商业银行采取措施进行跟踪管理，达到控制风险的目的。

一、风险预警信号

信用风险预警是指银行根据信贷人员提供的信息和其他渠道获得的信息，对银行信用风险状况进行动态监测和早期预警，实现风险防患于未然的一种防错纠错机制。在出现风险预警信号的情况下，银行决策部门可对尚未爆发的潜在风险提前采取控制措施，或在对风险的类型、性质和程度进行系统详尽的分析后，从内部组织管理、业务经营活动等方面采取措施来控制、转移或化解风险，避免因风险继续扩大而对银行造成不利影响。

信用风险的预警信号可以来自许多方面，包括宏观经济运行环境、行业信息、客户信息等方面。

（一）宏观经济运行环境

宏观经济运行环境包括宏观经济周期、财政货币政策、产业政策、法律法规及外部冲击等方面。

1. 宏观经济周期因素。宏观经济周期因素主要用于判断宏观经济所处阶段，判断行业自身的周期性，分析宏观周期与行业周期的相关性。

2. 财政货币政策。财政政策对许多行业具有较大影响，当财政紧缩时，行业信贷风险呈上升趋势；反之则下降。不同行业成本构成中，资金成本占比不同，货币政策对不同行业影响的力度也不同。扩张性货币政策有助于改善行业经营状况，紧缩性货币政策则不利于行业发展。如货币政策中贷款利率的上调可能导致部分微利企业因财务费用增加而出现亏损。

3. 国家产业政策。宏观政策和产业政策的变化可以对企业的经营环境、盈利状况造成直接或间接的影响。如国家抑制房地产过热的宏观调控政策导致部分房地产开发企业资金链断裂等。

4. 法律法规。主要是对行业法律体系的完整性进行分析。法律法规不完整的行业，因缺乏有力的制度保障，企业间的纠纷较多，系统性风险较高，易受意外事件冲击。另外，法律法规的修改也可能对相关企业造成直接影响。如《野生动物保护法》出台，相关制药业可能受到一定影响；《环境保护法》有关内容修订，部分涉及环境污染的行业可能受到发展限制；国家出台的一些技术性贸易壁垒如检验检疫贸易壁垒及反倾销政策等，都会直接影响出口企业的产品出口。

（二）行业经营风险因素

行业经营风险因素主要包括市场供求、产业成熟度、行业垄断程度、产业依赖度、产品替代性、行业竞争主体的经营状况、行业整体财务状况，目的是预测目标行业的发展前景以及该行业中企业所面临的共同风险。分析过程中应侧重以下几方面：

1. 行业经营环境出现恶化的预警指标。如行业整体衰退；出现重大的技术变革，影响到行业的产品和生产技术的改变；经济环境变化，如经济萧条或出现金融危机，对行业发展产生影响；产能明显过剩，市场需求出现明显下降；行业出现整体亏损或行业标杆企业出现亏损。

2. 行业财务风险因素。对行业财务风险因素的分析要从行业财务数据的角度，把握行业的盈利能力、资本增值能力和资金营运能力，进而更深入地剖析行业发展中的潜在风险。

3. 行业重大突发事件。当行业发生重大突发事件后，一般都会对行业中的企业以及相关行业中的企业的正常生产经营造成影响，从而给银行正常的本息回收工作带来不利影响。

（三）客户风险预警

1. 企业客户财务方面的预警信号。主要包括：（1）多次延误提供财务报表及有关文件，或财务报表不完整、不连续；（2）存货成本的增幅远远超过销售的增幅，经营成本的增幅远远超过销售的增幅，销售额连续下降或损失连续上升；（3）流动资产在总资产中所占的比例下降或资产组合发生变化，流动性/流动资金状况的恶化，流动负债或长期负债的异常增加，以短期融资作长期投资；（4）呆账增加或拒提呆账损失准备，应收账款及应付账款账额、账龄（周期）出现异常的增加或延长以及逾期账户过于集中等；（5）存货周转率放慢，显示陈旧存货、大量存货或不恰当存货组合的证据，资产负债表结构发生重大变化等。

2. 企业客户经营管理方面的预警信号。主要包括：(1) 关键客户流失。丧失一个或多个客户，而这些客户财力雄厚，或关系到企业生产能力的某一客户的订货变动无常。(2) 工厂的设备与设施维修不善，推迟更新过时的或无效的设备与设施。(3) 公司或企业的主要投资项目失败，或冒险投资新业务、新产品、新市场，投机心理过重，风险过高。(4) 董事会或高级管理层发生重大人事变动，影响公司运作；公司主要领导层、管理层出现不团结迹象；关键人物的行为或个人习惯出现变化，如婚姻出现危机、不履行个人的义务、关键人物患重病或死亡。(5) 对市场需求及经济环境的变化反应迟缓，应变能力不强，借款人在激烈的市场竞争中处于不利地位。

3. 企业客户与银行关系方面的预警信号。主要包括：(1) 企业对银行的态度发生变化，缺乏坦诚合作的态度；在多家银行开户，经常转换往来银行，隐瞒与某些银行的往来关系及负债情况。(2) 企业在银行的存款余额下降，企业的应付票据展期过多，对短期负债依赖过多，贷款需求的规模和时间变动无常。(3) 贷款的担保人突然要求解除其担保责任；借款人被其他债权人追讨欠款，或索取赔偿；借款人不能按期支付利息，或要求贷款展期等。

4. 第三方警示信号。主要包括：(1) 当前供应商来电探寻更多的信用信息，以评估客户所提出的对于特殊条件的要求；新供应商来电探寻信用信息以确定是否建立赊购赊销关系。(2) 其他金融机构出现在客户的借贷关系中，尤其是被设置了抵押权的贷方。(3) 一家保险公司由于客户没有支付保险金而向其发出了保单注销函。(4) 司法机构针对借款者而发出的征税扣押权、判决或扣押通知。

二、贷款风险指标

为观察银行贷款风险，商业银行从动态的角度将贷款划分为正常、关注、次级、可疑和损失五大类，采用一些定量指标来衡量贷款风险的大小，为商业银行贷款风险控制提供依据。

贷款五级分类的标准为：借款人能够履行合同，没有足够理由怀疑贷款本息不能按时足额偿还的为正常贷款；尽管借款人目前有能力偿还贷款本息，但存在一些可能对偿还产生不利影响的因素的为关注贷款；借款人的还款能力出现明显问题，完全依靠其正常营业收入无法足额偿还贷款本息，即使执行担保，也可能会造成一定损失的为次级贷款；借款人无法足额偿还贷款本息，即使执行担保，也肯定要造成较大损失的为可疑贷款；在采取所有可能的措施或一切必要的法律程序之后，本息仍然无法收回，或只能收回极少部分的为损失贷款。前两类属于正常贷款，后三类则属于不良贷款。

根据中国银监会 2006 年 1 月实施的《商业银行风险监管核心指标（试行）》，主要包括以下监控商业银行贷款风险的指标。

(一) 信用集中度

为避免商业银行贷款过分集中于某一客户，对单一客户、集团客户和关联客户的授信额度进行控制，以考核贷款的集中与分散程度。

1. 单一客户贷款集中度。单一客户贷款集中度为最大一家客户贷款总额与银行资本净额之比，不应高于 10%。最大一家客户贷款总额是指报告期末各项贷款余额中最高的一家客户的各项贷款总额。

2. 单一集团客户授信集中度。单一集团客户授信集中度为最大一家集团客户授信总额与银行资本净额之比，不应高于 15%。最大一家集团客户授信总额是指报告期末授信总额最高的一家集团客户的授信总额。授信是指商业银行向非金融机构客户直接提供的资金，或者对客户在有关经济活动中可能产生的赔偿、支付责任作出的保证，包括贷款、贸易融资、票据融资、融资租赁、透支、各项垫款等表内业务，以及票据承兑、开出信用证、保函、备用信用证、信用证保兑、债券发行担保、借款担保、有追索权的资产销售、未使用的不可撤销的贷款承诺等表外业务。

3. 全部关联度。全部关联度为全部关联授信与银行资本净额之比，不应高于 50%。本指标主要考核对关联客户的最高贷款额度。全部关联方授信总额是指商业银行全部关联方的授信余额，扣除授信时关联方提供的保证金存款以及质押的银行存单和国债金额。本指标中关联方的定义按照中国银监会 2004 年 4 月发布的《商业银行与内部人和股东关联交易管理办法》及相关法规要求执行。关联方包括关联自然人、法人和其他组织。

（二）不良贷款指标

不良贷款余额与不良贷款比率两个指标同时作为考核商业银行不良贷款的指标。不良贷款率为不良贷款与贷款总额之比，通常不应高于 5%。计算公式为

$$不良贷款率=\frac{次级类贷款+可疑类贷款+损失类贷款}{各项贷款总额}\times 100\%$$

在某种条件下不良贷款比率下降并不能说明不良贷款余额下降。在分子不良贷款余额不变的条件下，我们可以通过扩大分母（稀释分母）的方式来降低不良贷款比率。由此考核商业银行防范及化解不良贷款的成果如何，还应同时考核不良贷款比率及不良贷款余额是否双下降。

（三）风险迁徙类指标

风险迁徙类指标衡量商业银行风险变化的程度，表示为资产质量从前期到本期变化的比率，属于动态指标。风险迁徙类指标包括正常贷款迁徙率和不良贷款迁徙率。

1. 正常贷款迁徙率。该比率为正常贷款中变为不良贷款的金额与正常类贷款之比，正常贷款包括正常类贷款和关注类贷款。该项指标为一级指标，包括正常类贷款迁徙率和关注类贷款迁徙率两个二级指标。正常类贷款迁徙率为正常类贷款中变为后四类贷款的金额与正常类贷款之比，关注类贷款迁徙率为关注类贷款中变为不良贷款的金额与关注类贷款之比。计算公式为

$$正常类贷款迁徙率=\frac{期初正常类贷款向下迁徙金额}{期初正常类贷款余额-期初正常类贷款期间减少金额}\times 100\%$$

$$关注类贷款迁徙率=\frac{期初关注类贷款向下迁徙金额}{期初关注类贷款余额-期初关注类贷款期间减少金额}\times 100\%$$

2. 不良贷款迁徙率。该比率又包括次级类贷款迁徙率和可疑类贷款迁徙率。次级类

贷款迁徙率为次级类贷款中变为可疑类贷款和损失类贷款的金额与次级类贷款之比，可疑类贷款迁徙率为可疑类贷款中变为损失类贷款的金额与可疑类贷款之比。计算公式为

$$次级类贷款迁徙率=\frac{期初次级类贷款向下迁徙金额}{期初次级类贷款余额-期初次级类贷款期间减少金额}\times 100\%$$

$$可疑类贷款迁徙率=\frac{期初可疑类贷款向下迁徙金额}{期初可疑类贷款余额-期初可疑类贷款期间减少金额}\times 100\%$$

（四）风险承受能力指标

1. 贷款损失准备充足率。贷款损失准备充足率为贷款实际计提准备与应提准备之比，不应低于100%。本指标主要考核银行提留的贷款损失准备金是否充足。

2. 自有资本充足率。自有资本充足率指标包括核心资本充足率和资本充足率。核心资本充足率为核心资本与加权风险资产之比，不应低于4%；资本充足率为核心资本加附属资本与加权风险资产之比，不应低于8%。自有资本充足率的高低影响商业银行贷款的规模及其抵御贷款风险的能力。

3. 贷款拨备覆盖率。也称不良贷款拨备覆盖率，通常是指贷款损失准备金余额与不良贷款余额之比，是衡量商业银行贷款损失准备金计提是否充足的一个重要指标。

三、信用风险测量模型

随着现代金融理论的发展，一些金融机构采用建模技术来度量银行信用风险，在传统信用评级的基础上提出了一批信用风险模型。现代信用风险度量模型主要有 VaR 模型、Credit Metrics 模型、Credit portfolio View 模型、Credit Monitor 模型、KPMG 风险中性定价模型、死亡率模型等。

（一）VaR 模型

VaR（Value at Risk）译为风险价值或在险价值，指在一定的置信水平下，某一金融资产（或证券组合）在未来特定的一段时间内的最大可能损失。假定 JP 摩根公司在1994 年置信水平为95%的日 VaR 值为960 万美元，其含义指该公司可以以95%的把握保证，1994 年某一特定时点上的金融资产在未来24 小时内，由于市场价格变动带来的损失不会超过960 万美元。或者说，只有5%的可能损失超过960 万美元。

与传统风险度量的手段不同，VaR 完全是基于统计分析基础上的风险度量技术。它的原理是根据资产组合价值变化的统计分布图，可以直观地找到与置信度相对应的分位数，即 VaR 值。VaR 的产生是 JP 摩根公司用来计量市场风险的产物。当时 JP 摩根公司的总裁韦瑟·斯通（Weather Stone）要求下属每天下午在当天交易结束后的4 点15 分交给他一份报告，说明公司在未来24 小时内的总体潜在的损失是多大。于是风险管理人员开发了一种能测量不同交易、不同业务部门市场风险，并将这些风险体现为一个数值的 VaR 方法。从 VaR 的起源不难看出，它最早是用来度量市场风险的，目前 VaR 的分析方法正在逐步被引入信用风险管理领域。

1. VaR 的参数选择及影响参数的因素。根据 VaR 的定义，计算 VaR 必须要确定两个关键参数，其一是时间段，其二是置信水平。

（1）时间段。度量 VaR 的一个先决条件即是 VaR 的时间范围。因为随着时间延长，

资产价格的波动性也必然增加。对度量市场风险而言，一天或一个月可能更为适合；但对度量信用风险而言，因为贷款资产组合价格在一段时间内的波动幅度不大，所以时间段太短意义不大，常常选择半年或一年。在选择时间段时，一般要考虑流动性、正态性、头寸调整和数据约束等四方面的因素。

①选择时间段要考虑的首要因素是资产的流动性。资产的不同性质决定了如果交易头寸可以快速流动，就意味着可以选择较短的持有期；如果流动性较差，交易时寻找交易对手的时间较长，则较长的持有期更合适。实际上，因为商业银行在多个市场上持有头寸，而且在不同市场上达成交易的时间差别也很大，所以银行通常根据其组合中比重最大的头寸的流动性来选择持有期。

②实证研究表明，时间跨度越短，实际回报分布越接近正态分布。因此在金融资产持有期较短的情况下，以正态分布来拟合实际情况的准确性更高。此外，选择正态分布作为度量的标准形式还在于正态分布在统计上的特殊性。

③金融交易中，资产管理人员会根据市场状况不断调整其头寸或组合，所以持有期越长，资产管理人员改变资产组合的可能性越大。在计算 VaR 的过程中，往往假定在持有期内组合的头寸相同。

④VaR 的计算需要大规模的数据，大规模的样本数据需要银行的信息系统能够准确采集。值得注意的是，由于金融市场变化非常快，过早的数据与现在的市场状况相差甚远，因此是无效的。

（2）置信水平。置信水平并非越高越好，而是要依赖于对 VaR 验证的需要、内部风险资本需求、监管要求以及在不同机构之间进行比较的需要。

①置信水平与有效性之间的关系是置信度越高，实际损失超过 VaR 的可能性越小。这种额外损失的数目越少，为了验证 VaR 预测结果所需要的数据就越多。由于很难获得验证所需的大量数据，从而限制了较高置信水平的选择。

②当考虑银行的内部资本需求时，置信水平的选择依赖于银行对极值事件风险的厌恶程度。如果把银行分为风险厌恶型、风险无所谓型和风险喜好型的话，风险厌恶型的银行则需要准备更加充足的风险资本来补偿额外损失。因此，如果用 VaR 模型来确定内部风险资本时，就更加追求安全性，因为置信水平反映了银行维持安全性的愿望和抵消设置风险资本对银行利润不利影响之间的均衡。

③置信水平要根据监管要求而定。一国的金融监管当局为保持金融系统的稳定性，会要求金融机构设置较高的置信水平。

④置信水平的选择应该考虑到机构之间的比较。例如，不同机构使用不同的置信水平报告其 VaR 值，如果存在标准的变换方法，可以将不同置信水平的 VaR 转换为同一置信水平的 VaR，那么置信水平的选择就无关紧要；如果不存在标准的变换方法，可以将不同置信水平的 VaR 转换后相互比较，则一种置信水平下的 VaR 与另一种置信水平下的 VaR 不具有可比性。

2. VaR 的度量方法

（1）简化计算。对特殊的损失分布曲线，可以采取简化的计算方法度量 VaR。比如假设损失服从正态分布，可以通过由损失波动度乘以波动度乘数的方法来得到 VaR。

$$损失波动度 \times 波动度乘数 = VaR$$

波动度乘数的大小不仅依赖于对损失分布的假设，还依赖于选择何种容忍度水平。乘数来自正态分布曲线。对于单尾正态分布曲线，当一般容忍度为 2.5% 时，乘数为 1.96。但是如果分布曲线不是正态分布的形状，那这种乘数就不适用了。

（2）历史模拟法。历史模拟法是用给定历史时期所观察到的市场因子的变化来表示市场因子的未来变化。在估计模型中，历史模拟法采用全值估计，即先根据市场因子的未来价格水平对头寸进行重新估值，再计算出头寸的价值变化（损益）。最后，将组合的损益从最小到最大排序，得到损益分布，通过给定置信度下的分位数求出 VaR。

历史模拟法的优点为：概念直观、计算简单、便于实施，容易被风险管理者和监管当局所接受；它是一种非参数方法，不需要假定市场因子变化的统计分布，就可有效处理非对称和厚尾（fat tail）问题；无须估计波动性、相关性等各种参数，避免了因为参数估计不准而带来的风险；历史模拟法不需要市场动态性模型，也避免了模型风险。它是全值估计方法，可以较好地处理非线性、市场大幅波动的情况，有利于捕捉各种风险。

历史模拟法的缺点为：一是历史模拟法假设市场因子的未来变化与历史变化完全一致，服从独立同分布，概率密度函数不随时间变化而变化，而金融市场明天的变化未必就和昨天的变化完全一致。二是历史模拟法需要大量的历史数据。如果样本量太少，VaR 估计值的精确性就难以保证。较长时间的样本尽管可以使 VaR 估计的稳定性增加，但由于包含很多旧信息，可能会违反损益独立同分布的假设前提。三是历史模拟法计算出的 VaR 的波动性较大。当样本数据较大时，历史模拟法存在严重的滞后效应，尤其是含有异常样本数据时，滞后效应更加明显，这会导致 VaR 值的严重高估。四是难以进行灵敏度分析。在实际应用中，通常要考察不同市场条件下 VaR 的变动情况，然而历史模拟法却只能局限于给定的环境条件，很难作出相应的调整。五是历史模拟法对计算能力要求较高。因为历史模拟法采用的是定价公式而不是灵敏度，特别是当组合较为庞大且结构复杂时，要求有相当的计算能力。

（3）蒙特卡罗模拟法。蒙特卡罗模拟法也称随机模拟法，其基本思想是，为了求解科学、工程技术和经济金融等方面的问题，首先建立一个概率模型或随机过程，使它的参数等于问题的解；然后通过对模型或过程的观察计算所求参数的统计特征；最后给出所求问题的近似值，解的精度可以用估计值的标准误差表示。

此种方法可产生大量情景，比历史模拟法更精确、更可靠；由于其全值估计、无分布假定等特点以及处理非线性、非正态问题的强大能力和实际应用的灵活性，近年来被广为运用。其缺点在于：一是产生的数据序列是伪随机数，可能导致错误结果；随机数中因存在群聚效应而浪费了大量观测值，降低了模拟效率。二是依赖特定的随机过程和所选择的历史数据。三是计算量大、计算时间长，比方差—协方差方法和历史模拟法更复杂。四是具有模型风险，一些模型（如几何布朗假设）不需要限制市场因子的变化过程是无套利的。

3. VaR 方法的优点与缺点

VaR 方法的优点在于：（1）可以测量不同市场因子、不同金融工具构成的复杂证券组合（信用资产组合）和不同业务部门的总体市场风险大小；（2）有利于比较不同业务部门之间的风险大小，有利于进行基于风险调整的绩效评估、资本配置、风险限额设置等；（3）它是基于资产组合层面上的风险度量工具，可以在具体业务品种、客户、机构等层面上度量敞口风险，充分考虑了不同资产价格变化之间的相关性，体现出资产组合分散化对降低风险的作用；（4）可以度量资产集中度风险，为对集中度进行总量控制提供依据。

VaR 方法的缺点在于：（1）其前提是假设历史与未来存在惊人的相似性，对未来损失的估计基于历史数据，然而许多情况下事实并非如此；（2）这种方法是在特定的假设条件下运用的，如服从正态分布，有时与事实不符；（3）这种方法只是市场处于正常变动下对市场（信用）风险的有效测量，对金融市场价格的极端变动给资产组合造成的损失无法进行度量，必须依靠压力测试。

（二）信用度量模型

信用度量模型（Credit Metrics）本质上是一个 VaR 模型，其目的是为了计算出在一定的置信水平下，一个信用资产组合在持有期内可能发生的最大损失。但非交易性资产组合与交易性资产组合不同的是，贷款以及一些私募债券的价格不能够像股票价格一样容易获得。因此，这些资产价格波动的标准差也同样难以获得，这是非交易性资产组合 VaR 计算过程中的难点所在，而 Credit Metrics 模型的创新之处也正是在于为解决这一难题提供了解决方案。

信用风险取决于债务人的信用状况，而债务人的信用状况则用信用等级表示。Credit Metrics 模型认为，信用风险直接源自于借款人信用等级的变化，并假定信用评级是有效的，即企业投资失败、利润下降、融资渠道枯竭等信用事件对其还款履约能力的影响都能及时恰当地通过其信用等级的变化而表现出来。Credit Metrics 模型的基本方法就是信用等级变化分析。等级转移矩阵（Rating Migration Matrix，一般由信用评级公司提供）是所有不同信用等级的信用工具在一定期限内变化（转移）到其他信用等级或维持原级别的概率矩阵，也是该模型重要的输入数据。

信用工具（包括贷款、私募债券等）的市场价值取决于借款人的信用等级，即不同信用等级的信用工具有不同的市场价值。因此，信用等级的变化会带来信用工具价值的相应变化。根据等级转移矩阵所提供的信用工具信用等级变化的概率分布，同时根据不同信用等级下给定的贴现率就可以计算出该信用工具在各信用等级上的市场价值（价格），从而得到该信用工具市场价值在不同信用风险状态下的概率分布。这样，Credit Metrics 模型就达到了用传统的期望和标准差来衡量非交易性资产信用风险的目的，也可以在确定的置信水平上找到该信用工具的最大损失值，从而将 VaR 模型与方法引入到信用风险管理中来。

Credit Metrics 模型的一个基本特点就是从资产组合而并不是从单一资产的角度来看待信用风险。根据马柯维茨资产组合管理理论，多样化的组合投资具有降低非系统性风险的作用，信用风险很大程度上是一种非系统性风险，因此它在很大程度上能被多样性的组合投资所降低。此外，由于经济体系中共同因素（系统性因素）的作用，不同信用工具的信用状况之间存在相互联系，由此产生的系统性风险是不能被分散掉的。这种相互联系用其市场价值变化的相关系数（这种相关系数矩阵一般也由信用评级公司提供）来表示。

由于 Credit Metrics 模型是将单一的信用工具放入资产组合中，衡量其对整个组合风险状况的作用，而不是孤立地衡量某一信用工具自身的风险，因此，该模型使用了信用工具边际风险贡献（Marginal Risk Contribution to the Portfolio）这样的概念来反映单一信用工具对整个组合风险状况的作用。边际风险贡献是指因增加某一信用工具在组合中的持有量而增加的整个组合的风险。通过对比组合中各信用工具的边际风险贡献，进而分析每种信用工具的信用等级、与其他资产的相关系数及其风险暴露程度等各方面因素，可以很清楚地看出各种信用工具在整个组合的信用风险中的作用，最终为投资者的信贷决策提供科学的量化依据。

（三）信贷组合模型

麦肯锡公司提出的信贷组合模型（Credit Portfolio View）直接将转移概率与宏观因素的关系模型化，然后通过不断加入宏观因素冲击来模拟转移概率的变化，得出模型中的一系列参数值。Credit Portfolio View 模型可以看做是 Credit Metrics 模型的一个补充，因为该模型虽然在违约率计算上不使用历史数据，而是根据现实宏观经济因素通过蒙特卡罗模拟计算出来的，但对于那些非违约的转移概率则还需要用历史数据计算，只不过将这些基于历史数据的转移概率进行了调整而已。该模型本身并不能计算出完整的等级转移矩阵。

Credit Portfolio View 模型的基本思想为：等级转移矩阵中的每一项都表示借款人在一定期限内由一个信用等级转移到另一个信用等级的概率。该矩阵中，PCD 表示借款人在期限内信用等级由 C 变成违约的概率。可以想象，经济衰退期的 PCD 比经济上升期的 PCD 要大。模型假设 PCD 随着宏观经济变量 Y_t 的变化而变化，用 P_t 表示 PCD，则 P_t 与 Y_t 的关系可以表示为

$$P_t = f(Y_t) \tag{12.1}$$

式中：$f' < 0$，说明违约率与宏观经济状态是呈反向变动关系的。宏观经济变量 Y_t 可以看做在 t 时刻一系列作为系统性影响因素的宏观因素变量（X_{it}，如 *GDP* 增长率和失业率等）和作为非系统性因素的随机冲击变量或改革创新变量（V_t）的函数，因此，Y_t 可以表示为

$$Y_t = g(X_{it}, V_t) \tag{12.2}$$

式中：$i = 1, 2, 3, \cdots, n$；V_t 服从正态分布 $N(0, \sigma)$。

GDP 增长率、失业率等宏观因素变量往往决定于其历史数据以及随机冲击（ε_{it}），则 X_{it} 又可以表示为

$$X_{it} = h(X_{it-1}, X_{it-2}, \cdots, \varepsilon_{it}) \tag{12.3}$$

将式（12.2）、式（12.3）代入式（12.1），可以得出违约率决定于这样一个函数

$$P_t = f(X_{it-j};V_t;\varepsilon_{it})$$

由此可见，违约率决定于三个变量：一是宏观变量的历史数据，二是对整个经济体系产生影响的冲击或改革，三是仅影响单个宏观变量的冲击或改革。由宏观变量的历史数据可以观察到，违约率决定于 V_t 和 ε_{it} 数据，从而可以计算出 t 期的违约率 P_t。按照同样的方法，可以计算出 $t+1$，$t+2$，…，$t+n$ 期的违约率。

一般情况下，Credit Portfolio View 模型比较适用于投机级借款人，因为该类借款人对宏观经济因素的变化更敏感。

（四）Credit Monitor 模型

Credit Monitor 模型的核心在于把企业与银行的借贷关系视为期权买卖关系，借贷关系中的信用风险信息因此隐含在这种期权交易之中，从而通过应用期权定价理论可以求解出信用风险溢价和相应的违约率，即预期违约频率（EDF）。企业向银行借款相当于持有一个基于企业资产价值的看涨期权。如图 12－1 所示，期权的基础资产就是借款企业的资产，执行价格就是企业债务的价值（B），股东初始股权投资（S）可以看做期权费。企业资产的市场价值（A）受各种风险因素影响不断变化，如果 A 减低到小于 B（设为 A_1），企业会选择违约，债权银行只能得到 A_1，负有限责任的借款企业股东最多只会损失 S；如果 A 大于 B（设为 A_2），在全额偿还债务后，借款企业股东得到 A_2-B，而随着企业资产价值的增大，股东收益也不断增大。

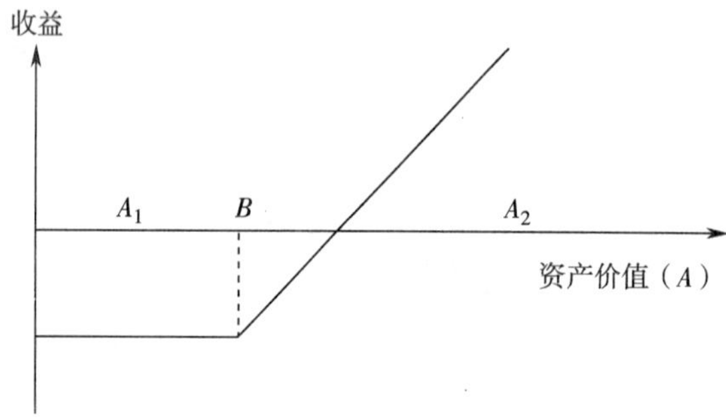

图 12－1　企业资产与股东收益之间的关系

Credit Monitor 模型是目前国际金融界流行的信用风险量化模型。这种方法中的债务定价将贷款的价值视为一个看涨期权的价值进而应用期权定价理论将贷款的价值 V 或者更加直接地将贷款的信用风险溢价 $k-i$ 视为看涨期权要素变量的函数。

$$k-i = f(B,A,s,i,T)$$

式中：A 为企业资产的市场价值；s 是企业资产价值 A 的波动性；T 为贷款剩余期限；B 为企业贷款数额；i 为短期无风险利率。

显然，如果对上述公式输入这五个自变量的数值，贷款价值和它的信用风险溢价就可以得到，进而借款企业的信用风险水平和违约率也可以得到。但是，上述五个变量中，只有 i、T、B 是直接观察可知的，而企业的资产价值 A 及其波动性 s 却不能直接观察到。因此，求解企业违约率的问题在技术上转变成为求解借款企业的资产价值 A 及其

波动性 s。KMV 公司的 Credit Monitor 模型的创新之处也就在于对 A 和 s 的推导上。

（五）KPMG 风险中性定价模型

风险中性定价理论的核心思想是假设金融市场中的每个参与者都是风险中立者，不管是高风险资产还是低风险资产，或者无风险资产，只要资产的期望收益是相等的，市场参与者对其的接受态度就是一致的，这样的市场环境被称为风险中性范式。KPMG 公司将风险中性定价理论运用到贷款或债券的违约率计算中。由于债券市场可以提供与不同信用等级相对应的风险溢价，根据期望收益相等的风险中性定价原则，每一笔贷款或债券的违约概率就可以相应计算出来。

以零息债券为例说明风险中性定价过程。图 12－2 表示零息债券和零息国债的收益率曲线。如图所示，1 年期零息国债的收益率为 10%，而 1 年期的信用等级为 B 的零息债券的收益率为 15.8%。根据风险中性定价原则，零息国债的期望收益与该等级为 B 的债券的期望收益是相等的。即

$$P_1(1+K_1)+(1-P_1)\times(1+K_1)\times\theta=1+i_1 \tag{12.4}$$

式中：P_1 为期限为 1 年的零息债券的非违约概率；K_1 为零息债券承诺的利息；θ 为零息债券的回收率，即等于 1－违约损失率；i_1 为期限为 1 年的零息国债的收益率。

根据式（12.4）可以得出，$P_1=(1+i_1-\theta-\theta K_1)/[(1+K_1)(1-\theta)]$。假设一旦违约，债券持有人将一无所有，即 $\theta=0$，则 $P_1=(1+i_1)/(1+K_1)$。为简单起见，不妨假设回收率为零，则上述评级为 B 的零息债券在 1 年内的违约率 $P_1^*=1-(1+10\%)/(1+15.8\%)=1-0.95=0.05$。

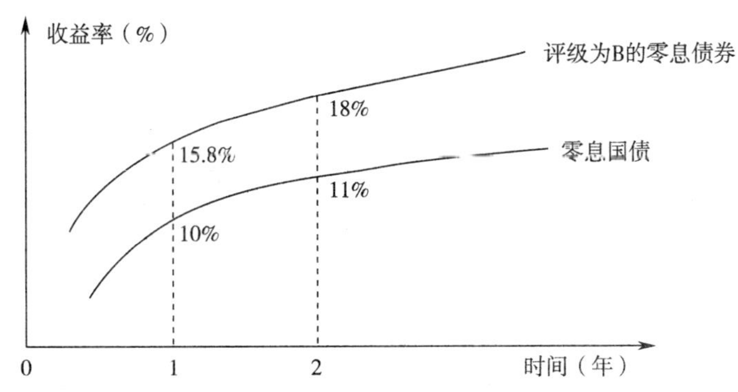

图 12－2 零息债券与零息国债的收益率曲线

基于同样的道理，第二年该零息债券的违约概率也可以计算出来，但过程相对复杂一些。首先需要计算出零息国债以及评级为 B 的零息债券在第二年的远期收益率，即在第二年这两类债券的即期收益率。假设 f_2 为国债第二年的收益率，则：$(1+i_2)^2=(1+i_1)(1+f_2)$。

如图 12－2 所示，i_2 为 11%，i_1 为 10%，则可以计算出 f_2 为 12%。同样也可计算出评级为 B 的债券在第二年的远期收益率 C_2 为 20.2%。然后，根据公式 $P_2=(1+f_2)/(1+C_2)=93.18\%$，则可以计算出第三年、第四年以及以后年份的违约率。以上就

是风险中性定价理论下的违约率的计算方法。

（六）死亡率模型

死亡率模型（Mortality Rate Model）借鉴寿险精算思想，对各等级债券的死亡率和损失率进行测算。通过构建信用计分模型寻找债券与贷款间的对应关系，并间接估算出贷款的损失值。

首先，计算 MMR 和 CMR。根据贷款或债券的历史违约数据，可以计算出在一定持有期限内贷款或债券违约的概率，即死亡率。以债券为例，可以使用下面的公式来计算边际死亡率：

$$MMR_1 = \frac{\text{等级为 B 的债券在发行第一年违约的总值}}{\text{处于发行第一年的等级为 B 的债券的总价值}}$$

$$MMR_2 = \frac{\text{等级为 B 的债券在发行第二年违约的总价值}}{\text{处于发行第二年的等级为 B 的债券的总价值}}$$

上述计算的死亡率为某单一年份的死亡率。如果计算一段历史时期内平均的边际死亡率，还必须对每一年计算的 MMR 进行加权平均，其权数为该年份等级为 B 的债券的总价值占所有年份等级为 B 的债券的总价值的比率。

在计算累计死亡率之前，必须先计算出每年的存活率（Survival Rates，SR）：

$$SR_1 = MMR\text{，则累计死亡率 } CMR_n = 1 - SR_1 \cdot SR_2 \cdot \cdots \cdot SR_n$$

其次，建立死亡率表。根据上述计算边际死亡率以及累计死亡率的方法，可以计算出不同等级债券在一定期限内的死亡率，从而建立债券的死亡率表。

第二节　信用风险管理

在分析和测量信用风险的基础上，银行可以采取多种手段和工具对信用风险进行管理和控制，以最大限度地降低因信用风险可能带来的资产损失。进行信用衍生产品交易、处置不良贷款和计提贷款损失准备金是管理信用风险的主要方式。

一、不良资产处置

针对借款人违约，银行传统的做法是按照一定程序和手段对不良贷款进行处置，以最大限度地降低信用风险可能带来的损失。

（一）催收贷款

当债务人发生偿付问题时，银行可以直接向债务人或其担保人进行催收。一般来讲，当银行在贷后检查中发现借款人在某些方面出现有问题贷款的早期预警信号后，应立即深入调查，了解具体原因，确定问题的症结，并采取相应措施。

1. 督促企业整改。如果形成客户信用风险的原因是客户资金暂时周转不灵，不能按期履行还款责任，如借款人经常超限额透支、存货积压、应收账款增大等，银行应立即与借款人联系，针对不同的情况分别采取道义劝说借款人不要再发生透支行为、督促其加强产品销售和提高产品质量以及调整赊销策略积极催收货款等措施。

2. 借贷双方共同签订贷款处理协议。当银行根据早期预警信号对借款人采取督促整改、上门催收等措施未见效果时，银行应该与借款人共同研究制订解决方案，并签订贷款处理协议。(1) 贷款展期。此方案适合于那些在展期期限内能够改善财务状况并能够归还贷款本息的借款人。如企业因为市场变化造成生产或销售暂时受挫，采取对策后能够在展期内改善财务状况，及时归还贷款。(2) 借新还旧。这是银行最为常用的一种方法。借新还旧必须符合以下条件：借款人生产经营活动正常，能按时支付利息，贷款抵押担保有效，属于周转性贷款。(3) 追加贷款。如果借款人由于当时贷款申请及审批时不可预见的情况变化导致资金不足，而项目或产品本身具有较好的经济效益或市场潜力，只要追加一部分贷款就能使项目上马或产品投产，并在一定时间内能收回全部贷款，银行可以考虑给予追加贷款。如果借款人出现贷款被挤占挪用、亏损严重、经营管理不善等，银行则不宜追加贷款。(4) 追加担保或调高贷款利率。如果贷款时未设置抵押担保，可以要求借款人落实抵押担保，办理相关手续，以有效降低贷款风险。

3. 清偿抵押品或诉诸法律。如果签订贷款处理协议无助于改善借款者的经营状况，在采取有关措施后仍未能收回贷款，银行只能清偿抵押品，将抵押品或质押物出售，以偿付银行贷款。如果贷款没有担保或清算抵押品之后仍不足以还贷，银行可以对借款者或担保人提起诉讼，强制收回债权。

(二) 贷款出售

贷款出售是指银行将贷款出售给第三方。银行出售贷款，能降低贷款风险，提高资产质量，贷款购买者可以通过承担较多风险从而获得高收益。大额的银团贷款，因其流动性高，有较好的二级市场便于出售；那些濒临困境的公司的小额周转性贷款，因其盈利性低、流动性差，对投资者不具吸引力而出售很困难。债务转让是贷款出售的常用方法，转让出售可给买方提供更强的表决权和更直接的信息途径；但有的信贷合同不允许以转让方式出售，除非得到借款人或担保者的同意，因此，一些风险贷款的出售是以从属参与形式完成的。

(三) 资产证券化

资产证券化是指将银行的信贷资产集中起来，进行结构性重组，并以其产生的现金流为支持发行证券进行融资。其实质是将缺乏流动性、非标准化的贷款转化为可转让、标准化的证券转售给市场投资者。资产证券化提高了银行贷款的流动性，可以分散和转移银行的信用风险。

(四) 资产剥离

银行把不良贷款由正常的放款部门或贷后管理部门转移至专业的不良贷款处理部门或机构，以提高不良贷款的处理效率，净化资产质量。

不良贷款可剥离至银行内部的专业部门，如我国银行内部设立的资产保全部门。20世纪90年代后期，我国商业银行纷纷成立了专门的资产保全部门，集中对不良资产进行处理。银行还可以将不良资产剥离至外部的资产管理公司，如我国银行设立的金融资产管理公司，专门负责收购、管理和处置商业银行的不良贷款，不良贷款由资产管理公司接收后，对于银行清理不良贷款有很大的促进作用。

二、信用衍生产品交易

信用衍生产品（Credit Derivatives）是指以贷款、债券或其他债务工具的信用状况为基础资产的衍生金融工具。该产品将信用风险从标的金融工具中剥离，使信用风险和该金融工具的其他风险相分离。信用衍生产品交易产生于20世纪90年代，是银行主动管理信用风险的主要手段，主要包括以下信用衍生产品。

（一）信用违约产品

信用违约产品是专门针对违约风险的信用衍生产品，针对个别资产的违约产品主要是信用违约期权。由于该产品类似于互换，所以也被称为信用违约互换（Credit Default Swap）。其中合约买方是信用风险的转让者，合约卖方是信用风险的接受者，合约买方通过向卖方支付手续费（期权费）以交换未来违约事件发生时获取要求合约卖方执行清偿支付的权利。

银行在发放贷款时购买一个违约期权，与该笔贷款的面值相对应。当贷款违约事件发生时（如借款企业破产、无法支付贷款、延期支付贷款、信用等级降低），合约卖方要么以现金按照约定支付基础工具名义金额的一定百分比或者支付基础工具名义金额与违约事件发生后实际价值之间的差额，或者将基础工具名义金额支付给风险出售者以获得基础工具，从而对银行予以一定补偿。如果贷款按照贷款协议得以清偿，那么违约期权就自动终止。

（二）总收益互换

在总收益互换（Total Return Swap）中，投资机构接受原先属于银行的贷款或证券（一般是债券）的全部风险和现金流（包括利息和手续费等），同时支付给银行一个确定的收益（一般以LIBOR为基准）。在贷款到期或出现违约时，如果贷款或债券的市场价格出现升值，银行将向投资机构支付价差；反之，如果出现减值，则由投资机构向银行支付价差。总收益互换在基础协议资产未转让的情况下实现了信用风险和市场风险的转移。

（三）信用利差期权

信用利差期权（Credit Spread Option）是以信用敏感工具和无风险政府债券收益率之间的差额为基础资产的期权。假设各种期限相同、收益固定的信用工具的价格都随着市场利率的变化而同步变化，则信用敏感工具和无风险政府债券收益率之间的任何利差变动必定是信用风险的变化。以信用利差看跌期权为例，如果借款人或债务人信用级别降低，其信用利差扩大；若期权到期时的信用利差高于执行利差，期权买方执行期权。因此购买信用利差期权，银行可以防范因信用敏感工具的信用等级下降而造成的损失。

三、计提贷款损失准备金

贷款损失准备金是商业银行为抵御贷款风险而提取的用于弥补银行到期不能收回的贷款损失的准备金。一旦发现问题贷款，银行在采取必要控制措施的同时，应足额提取贷款损失准备金并及时核销不良贷款，不要让不良贷款像滚雪球一样越滚越大。这是保持银行持续经营的重要条件，也是管理信用风险的重要方法。

（一）按五级分类计提准备金

我国商业银行从1988年开始计提贷款损失准备金，经过多次的修改完善，于2002年采用按贷款五级分类计提准备金的方法，明确了贷款损失准备金包括一般准备金、专项准备金和特种准备金三种。一般准备金是按全部贷款余额的1%计提，用于弥补尚未识别的可能性损失的准备。银行提取的一般准备金在计算资本充足率时，按《巴塞尔资本协议》的有关原则，纳入银行附属资本。专项准备金是指根据《贷款风险分类指导原则》，对贷款进行风险分类后，按每笔贷款损失程度计提的用于弥补专项损失的准备，其中关注类贷款的计提比例为2%，次级类贷款的计提比例为25%，可疑类贷款的计提比例为50%，损失类贷款的计提比例为100%，次级类贷款和可疑类贷款的损失准备的计提比例可以上下浮动20%。特种准备金由银行根据不同类别（如国家、行业）贷款的特殊风险情况、风险损失概率及历史经验，自行确定计提比例。

（二）按减值损失计提准备金

2006年新会计准则出台，采用按贷款减值损失计提贷款损失准备金。贷款账面价值与其预计未来现金流量（不包括尚未发生的未来信用损失）现值的差额为资产减值损失；预计未来现金流量现值时，应当按照该金融资产的原实际利率折现确定，并考虑相关担保物的价值（取得和出售该担保物发生的费用应当予以扣除）。原实际利率是初始确认该金融资产时计算确定的实际利率。

在新会计准则下，不良贷款强调的是减值贷款，只要发现不良贷款，就要计算贷款减值损失。利用未来现金流量折现法计算每笔贷款保证、抵押物和经营性现金流的现值，与该笔贷款初始本金进行比较，其差额即为应计提的损失准备金。上市银行于2007年开始执行新会计准则，其他所有非上市金融机构最迟至2009年执行新会计准则。

本章小结

1. 对贷款风险的管理，商业银行应注意贷款风险预警信号，包括宏观经济运行环境预警信号、行业预警信号、客户预警信号等。贷款风险的大小可以用一些指标和模型来衡量，常用的指标包括信用集中度、不良贷款指标、风险迁徙指标和风险承受力指标，信用风险测量的常见理论模型包括VaR模型、Credit Metrics模型、Credit Portfolio View模型、Credit Monitor模型、KPMG风险中性定价模型、死亡率模型等。

2. 对信用风险进行管理和控制，可以在一定程度上降低因信用风险可能带来的资产损失。对不良贷款催收、出售、资产证券化操作和剥离是处置不良贷款的主要方法，进行信用衍生产品交易则是银行主动管理信用风险的主要手段，足额提取贷款损失准备金并及时核销不良贷款是银行控制信用风险、保持持续经营的重要条件。

本章重要概念

信用风险　信用集中度　不良贷款比率　贷款拨备覆盖率　不良贷款迁徙率
信用违约互换　总收益互换　信用利差期权　贷款损失准备金

本章思考题

1. 贷款风险预警的财务信号主要有哪些?
2. 贷款风险监控的指标主要有哪些?
3. 信用风险测量模型主要有几种?
4. 简述商业银行处置不良贷款的方法。
5. 简述银行贷款损失准备金的计提方法。

本章参考书

[1] 江其务、周好文:《银行信贷管理》, 北京, 高等教育出版社, 2004。

[2] 吴德礼:《银行不良资产化解方式方法》, 北京, 中国金融出版社, 2001。

[3] 章彰:《商业银行信用风险管理——兼论巴塞尔新资本协议》, 北京, 中国人民大学出版社, 2002。

[4] 郑杰:《贷款风险分类的管理与应用》, 北京, 中国金融出版社, 2002。

[5] 乔治·鲁斯:《贷款管理 》, 中文版, 北京, 中国计划出版社, 2001。

[6] 中国银行业从业人员资格认证办公室:《风险管理》, 北京, 中国金融出版社, 2006。

第十三章

流动性风险管理

商业银行作为金融中介，其核心业务是因债务取得债权，主要利润来源是债权债务的利息差额。这种特殊经营方式决定了其在追求盈利的同时必须保持一定的流动性以满足存款人提款的需要和贷款人贷款的需求，否则将可能出现流动性支付危机。保持适度的流动性是商业银行生存和发展的基础。

第一节　流动性与流动性风险

无论是金融机构还是非金融机构，都存在流动性风险。但对市场流动性创造者的商业银行而言，流动性风险的危害要大得多。商业银行由于流动性管理不善所造成的流动性危机，会沉重打击投资者和债权人的信心，严重损害金融机构的信誉。如果不能及时有效地化解危机，其结果非常严重。不管是日本的山一证券，还是香港的百富勤，以及广东国投，都是由于支付问题导致破产清盘。所以流动性风险管理是银行经营管理的一项重要内容。

一、商业银行流动性的含义

商业银行的流动性是指为满足存款人兑现、清偿到期债务或满足借款人的正当贷款需求时，银行以合理的价格及时地将资产变现或从外部融资的能力。因此，银行的流动性包括资产的流动性和负债的流动性。资产的流动性是指银行的资产在不发生损失时迅速变现的能力。其本质是，如果客户需要资金，银行就直接运用手中所持有的现金进行支付；如果手头的现金不够，就将所持有的资产（如有价证券）在市场上抛售、变现，转换成现金以后，再用于支付的能力。负债的流动性是指银行能以较低成本获得外部资金的能力。其本质是，如果客户需要资金，银行在不动用（或无法动用）手持现金或可变现资产的情况下，能够通过吸收存款、在公开市场上发行债券或存单，或者在同业市场上拆借资金来满足客户对现金的需求的能力。概括而言，流动性反映了商业银行以现金资产来保证必要支付的能力，因此流动性大小关系到公众对银行的信心及其经营的成败。

商业银行的流动性还可以从供给和需求两方面进行分析。流动性供给是指增加流动性的因素，流动性需求是指减少流动性的因素。

就大多数银行而言，流动性供给最重要的渠道一般有两条：一是客户存款，包括新开立账户和已有账户新增的存款。因为存款仍然是商业银行的主要负债来源。二是客户归还贷款的本金和利息。此外，还有银行提供非存款服务所得的收入、资产出售转换的流动性以及从货币市场取得的借款。

流动性需求主要来自两方面。一是客户从自己的存款中提取现金；二是客户新增贷款需求，它由老客户增量贷款与新客户贷款两部分组成。流动性需求还来自偿还该银行从其他银行或中央银行的借款，甚至定期支付所得税或向银行股东派发现金股利也会导致流动性需求的增加。商业银行流动性需求与供给可以通过表 13－1 反映。

表 13－1　　银行流动性的需求来源和供给来源

银行流动性资金的供给来源	银行流动性需求的主要来源
客户存款	客户提取存款
非存款服务收入	品质贷款客户的信贷要求
客户偿还贷款	偿还贷款之外的借款
出售银行资产	产生、出售服务时产生的运营费用和赋税
从货币市场上借款	向股东发放现金红利

流动性供给与流动性需求之间的差额即为流动性缺口。

$$流动性缺口 = 流动性供给 - 流动性需求$$

若流动性缺口 >0，则称为正缺口或流动性盈余，表明银行未来一定时期内流动性充足，应当考虑如何将剩余的流动性资金投资于利润率较高的资产，直到需要时再满足将来的流动性需求。若流动性缺口 <0，则称为负缺口或流动性赤字，表明银行未来一定时期内流动性短缺，应当考虑动用现金储备、变现流动资产或者在市场上获得新的资金来填补缺口。若流动性缺口 =0，则称为零缺口或无缺口，表明银行未来一定时期内流动性平衡。

应当指出的是，在任何特定时刻流动性缺口为零的现象都是少有的。流动性缺口不平衡（大于或小于零）是流动性运动过程中出现的常态，只有当出现持续性的较大的负缺口时才会形成流动性风险。银行家就是在不断地处理这种不平衡的动态中求得商业银行利润最大化。

二、商业银行流动性风险

流动性风险是与流动性相对应的一个相反的概念。流动性反映的是银行保证必要支付的能力，而当这一能力不足且可能给银行带来损失时，就会产生流动性风险。流动性风险是指商业银行因无法及时足额地兑现客户提存、偿还到期借款等即期负债的支付和无法及时满足存贷款协议及新增贷款需求，从而给银行在信誉上和经济上造成损失，甚至导致银行倒闭的可能性。对于这一概念，各家银行的表述也略有不同。例如：大通曼哈顿银行认为流动性风险是这样一种风险，即银行不能满足客户提款、申请贷款或偿付到期债务的需求；原第一芝加哥银行认为流动性风险是银行不能及时履行现在和未来的金融义务；JP 摩根则认为流动性风险是指银行不能以合理的利率筹集到期限相同或相近的资金为其资产组合提供融资。

商业银行流动性风险一般有如下表现：不能及时满足存款人的提现需要，甚至形成挤兑；信贷资金严重不足，根本无法满足借款人的需求；投资业务萎缩且不能以有效的主动性负债补充资金的来源；在市场条件极为不利的情况下被迫低价出卖资产或高价购买债务。如果上述现象失去控制，必然使银行信誉遭受严重损害，经营发生巨大亏损直至倒闭。由此可见，流动性风险对商业银行的生存和发展威胁极大，必须加以重视并认真对待。

根据流动性风险的具体表现形式，流动性风险可划分为：再融资风险、偿还风险和提前支取风险。

1. 再融资风险。它是由于资产负债的期限不相匹配而引起的。银行一般借入大量短期存款，然后向其贷款客户长期放贷，造成资产负债到期日的不一致。银行负债主要来自居民个人和各类经济组织的短期存款以及从其他贷款机构（如中央银行或同业）的借款，然后反过来又以长期贷款的形式借给自己的信贷客户。这就客观上存在资产与负债到期日不匹配的问题，资产带来的现金流入与负债引致的现金流出正好相等的情况是少有的。特别是，银行是高负债经营的企业，高比例负债需要随时支付，如活期存款。因此，银行必须做好准备以满足现金的不时之需。

2. 偿还风险。这主要是指银行信贷业务中贷款延期偿还的可能性。由于贷款客户不按照合约规定及时偿还本金和利息，银行将不得不借助流动性储备来满足其他客户存款提取或贷款的需求。

3. 提前支取风险。它是指大额银行存款的非预期提取与信贷额度的非预期使用。

三、商业银行流动性管理

对于一家商业银行而言，在任意特殊时点，它的流动性需求等于流动性供给的可能性都很小，会经常出现流动性缺口，因此，银行必须不断地处理其流动性赤字或流动性盈余，并且在银行流动性和盈利性之间进行平衡，这样就产生了流动性管理问题。有效的银行流动性管理应达到以下目标：一是银行要满足存款人提取存款的需要。二是基于客户关系的考虑，银行要有能力兑现它先前的贷款承诺（不管是正式的还是非正式的）。尤其是对主要业务都在本银行的基本客户。三是防止滥用向中央银行借款及其他短期融资的渠道，以免使外界担心银行的流动性状况，从而影响银行的信誉。四是减少银行筹措资金的风险溢价。为此，商业银行进行的流动性管理主要包括以下内容：

1. 预测银行未来的流动性状况。包括对未来银行将面临的流动性需求和流动性供给的预测。

2. 评价和选择获取流动性的方式。在充分了解银行流动性状况的基础上，银行可以在资产负债表中储存流动性，也可以在金融市场上购买流动性。银行是以防御为主还是以进取为主，最终取决于银行的流动性管理策略。

3. 在对未来的流动性预测和流动性来源分析的基础上，制订流动性计划，并根据市场信号反映出的流动性管理的有效性对流动性计划进行调整。

以下将分别介绍商业银行流动性预测、流动性管理策略和流动性管理有效性评价的方法。

第二节 商业银行流动性预测

流动性风险是由未来的资金需求和资金来源的不确定性引起的，要较好地控制、管理流动性风险，就必须科学地识别和预测已知的和潜在的资金需求。测算流动性资金需求的规模和时间，掌握自身流动性状况，以防范可能出现的流动性风险。

商业银行对流动性需求的预测有多种方法，主要包括资金来源和运用法、资金结构法和流动性指标法。每一种方法都基于一些特定的假设，并且只能对银行的实际流动性需求作出近似的估算。所以，在实际运用这些方法时，银行管理层需要根据经验以及最新信息适时调整流动性需求估计，并制订保护性的应急方案，建立备用流动性资源，以应付预测之外的流动性需求。

一、资金来源和运用法

资金来源和运用法（Sources and Uses of Funds Method）是一种通过估算一定期间内（即流动性计划期）潜在的资金来源量与潜在的资金需求（资金运用）量的变动以确定商业银行流动性短缺或盈余的方法。

资金来源和运用法的基本操作程序是：首先，预测流动性计划期内存款和贷款的数额。通常是按月或按周计算存款和贷款的预测值；其次，估算同一计划期内存款和贷款额的增减变动；最后，通过比较预期的存款、贷款变化，测算出该期间银行流动性需求净额。具体又有两种方法。

（一）模型法

银行可以使用统计方法，利用模型来预测计划期的存款和贷款数额。预测模型如下：

估计计划期总贷款的变化 $=f$（预期该国的经济增长，公司预期的季度收入，当前国家货币供给的增长率，银行预期的基础贷款利率减商业票据利率，预期的通货膨胀率）

估计计划期总存款的变化 $=f$（该国预期的个人收入增长率，预期的零售增长率，当前国家货币供给的增长率，预期货币市场存款收益率，预期的通货膨胀率）

应用上述模型，就能估计出银行对流动性需求的净额：

预期计划期的流动性赤字（－）或盈余（＋）＝预期总存款的变化－预期总贷款的变化

（二）因素法

这种方法将计划期内存款和贷款的数量增减变化作为分析、测算的重点，包括了季节性、周期性和趋势性资金需求变动三个方面的内容。这一方法首先要将未来存款、贷款增长的预测分为三个主要组成部分：

一是趋势性部分。用至少过去10年（或用其他基准时间，但这段时间长度要足够预测变动趋势或长期平均增长率）的年终、季度或月存款和贷款总额作为参考点，作出一条趋势线（增长率不变），银行能够以此估计趋势部分。

二是季节性部分。它衡量在某给定周或月份里，存款和贷款比较上一年年终的存贷款水平会怎样因季节性因素而变化。一般是将过去10年每周（或每月）平均的存贷款水平和对应前一年的12月最后一周（或12月）的存贷款水平作比较。

三是周期性部分。它代表与预期的总存款和贷款正向或负向的偏离（用趋势部分和季节性部分的总额衡量）。它取决于当前年份经济的强弱。

我们假定一家银行在过去10年里银行存款总量的年平均增长率为6%，贷款总量的年均增长率为12%；上年年末，银行总存款额为20亿元，未偿还贷款总额为10亿元。表13-2是该银行对计划年度每月存款、贷款数额的预测。

表13-2 用资金来源和运用法预测存款和贷款 单位：百万元

存款预测 月份	存款趋势值	季节性指数（%）	季节性因素	周期性因素	预测的存款总额
1月	2 010	99	-20	-3	1 987
2月	2 020	102	40	8	2 068
3月	2 030	105	100	7	2 137
4月	2 040	107	140	10	2 190
5月	2 050	101	20	1	2 071
6月	2 060	96	-80	-8	1 972
7月	2 070	93	-140	-15	1 915
8月	2 080	95	-100	-9	1 971
9月	2 090	97	-60	-4	2 026
10月	2 100	101	20	0	2 120
11月	2 110	104	80	3	2 193
12月	2 120	100	0	0	2 120
贷款预测 月份	贷款趋势值	季节性指数（%）	季节性因素	周期性因素	预测的贷款总额
1月	1 010	101	10	6	1 026
2月	1 020	97	-30	-9	981
3月	1 030	95	-50	-18	962
4月	1 040	94	-60	-21	959
5月	1 050	97	-30	-15	1 005
6月	1 060	102	20	-3	1 077
7月	1 070	108	80	9	1 159
8月	1 080	106	60	17	1 157
9月	1 090	103	30	11	1 131
10月	1 100	99	-10	5	1 095
11月	1 110	98	-20	0	1 090
12月	1 120	100	0	0	1 120

表中的存款趋势值是根据预计的每年存款增长6%、贷款增长12%测算的。表明在增长情况下（即没有季节性和周期性因素的影响），每月存贷款余额将按此增长速度持续增加。

季节性指数是过去10年每月存贷款平均数与12月份的平均数之比。受季节性因素的影响，各月的季节性比率常常不同。如1月份的存款为12月份存款的99%，2月份的存款是12月份存款的102%等，假定以前的季节性比率同样适用于计划期。

季节性因素栏是每月的存贷款季节性估计数与上一年度12月份数额的差额。也就是由于季节性因素影响带来的存贷款变动额，其计算公式为

季节性因素 = 上一年度12月份存(贷)款额 × 季节性指数
－上一年度12月份存(贷)款额

周期性因素反映的是上一年每月预测的存贷款水平（即每月预计的存贷款趋势值加上季节性因素得出的估计值）与该银行同期的实际存贷款总额之差，体现的是资金的周期性需求。同样假定上一年度的周期性因素对资金需求的影响适用于计划期。

预测的存贷款总额是存贷款的趋势值加上季节性因素和周期性因素而得到的。

在得到预测的存款和贷款值后，就可以测算计划期的银行流动性需求。表13－3表明了银行对本年度各月流动性需求量所作的预测。

表13－3　　用资金来源和运用法预测流动性需求　　单位：百万元

月份	预测的总存款	预测的总贷款	预测的存款变化	预测的贷款变化	预测的流动性赤字（－）或盈余（＋）
1月	1 987	1 026	－23	26	－49
2月	2 068	981	68	－19	87
3月	2 137	962	137	－38	175
4月	2 190	959	190	－41	231
5月	2 071	1 005	71	5	66
6月	1 972	1 077	－28	77	－105
7月	1 915	1 159	－85	159	－244
8月	1 971	1 157	－29	157	－186
9月	2 026	1 131	26	131	－105
10月	2 120	1 095	120	95	25
11月	2 193	1 090	193	90	103
12月	2 120	1 120	120	120	0

表13－3中第2、3列的数字来源于表13－2中所预测的存款总额和贷款总额；第4、5列预测的存款（贷款）变化是将本月预测的总存款（总贷款）与上一年度12月的数据相比较后得出的：

预测的存款（贷款）变化＝存款（贷款）总额－上一年度12月份的存款（贷款）总额

第6列为预测的流动性需求，赤字用“－”表示，盈余用“＋”表示。如不考虑存

款准备金的调整，其计算公式为

预测的流动性赤字或盈余 = 预测的存款变化 - 预测的贷款变化

可以看到，当存款下降、贷款上升时，通常发生流动性赤字；当存款上升、贷款下降时，银行通常具有流动性盈余。如表 13 - 3 所示，本年度 1 月份因为贷款在增长、存款在下降，银行在该月预期有 4 900 万元的流动性赤字；在接下来的 2 至 5 月份，由于贷款的下降、存款的上升，预计银行会有 8 700 万元、1.75 亿元、2.31 亿元和 6 600 万元的流动性盈余；同理，6 至 9 月份有流动性赤字；10 至 11 月份有流动性盈余；12 月份因为存款、贷款增长幅度相同，所以预测流动性净额为零。经过上述流动性需求预测后，银行管理层就可以考虑利用什么来源的流动性资金。首先评估银行流动性资产的存量，看看哪些资产可以利用；然后决定是否有充足的借入资金来源，以便满足预计的流动性需求。

二、资金结构法

资金结构法（Structure of Funds Method）是通过分析存贷款资金结构及其变化趋势来预测未来的流动性需求。其主要测算步骤如下。

（一）对资金来源进行分类

基于所预测的银行存款和其他资金来源被提取并因此游离于银行之外的可能性，我们可以把存款和其他资金来源进行如下分类：

1. 热钱。热钱是对利率非常敏感或管理层确信会在当期提取的存款及其他借入资金。银行必须随时应付客户的提现。

2. 敏感资金。敏感资金是在当期的某个时候，很大一部分（可能为 25% 或 30%）资金可能会从银行提走的客户存款和其他借入款。银行必须保留有足够的流动性资金。

3. 稳定资金。稳定资金又称为核心存款，它是最不可能从银行提走的资金。对这一部分，银行只需保留少量的流动性资金。

（二）存储流动性

银行必须根据适当的经营规则，为上述三种资金存储流动性资产。

由于三种资金来源稳定性不同，银行为其提取的流动性资金比例也会有所不同。通常，为流动性强的负债所保持的流动性资金准备率较高，而为流动性较弱的负债保持的流动性资金准备率较低。各类资金的口径和资金准备率应该在各行经验数据基础上进行确定（下面的资金准备率为估算率）。

$$
\begin{aligned}
\text{负债流动性储备} &= 0.95 \times (\text{热钱存款和非存款资金} - \text{法定准备金}) \\
&\quad + 0.3 \times (\text{敏感存款和非存款资金} - \text{法定准备金}) \\
&\quad + 0.15 \times (\text{稳定的存款和非存款资金} - \text{法定准备金})
\end{aligned}
$$

（三）考虑新增贷款的流动性准备计算

由于高质量的贷款是银行利息收入的主要来源，同时也是存款的来源之一，从客户关系准则出发，银行总是力图巩固、维护良好的客户关系。为满足客户合理的贷款需求，银行必须预测未来的贷款需求，并对此保留一定的流动资金。综合存款和贷款的流

动性需求，银行的总流动性需求为

银行的总流动性需求 =存款和非存款负债流动性需求 + 贷款流动性需求
=0.95 ×（热钱 - 法定准备金）
+0.3 ×（敏感性负债 - 法定准备金）
+0.15 ×（稳定性负债 - 法定准备金）
+1.00 ×（潜在的贷款需求 - 实际的未清偿贷款）

表 13 -4 列举了通过资金结构法计算的某银行需要的流动性准备金。

表 13 -4　　某银行需要流动性准备金　　单位：百万元、%

账户	账户余额	法定准备金率	应缴准备金	扣除准备金后的账户余额	流动性准备金比例	提取流动性准备
热钱	500	8	40	460	95	437
敏感资金	300	5	15	285	30	85.5
稳定资金	400	3	12	388	15	58.2
贷款	15				100	15
准备金合计						595.7

银行的总流动性需求 =0.95 ×（500 - 40）+ 0.35 ×（300 - 15）
+0.15 ×（400 - 12）+ 1.00 × 15
=595.70（百万元）

银行管理者可依据预测量对本银行未来流动性供给的情况，制订流动性资金补充或使用的最佳方案。

（四）流动性预测的概率调整

上述方法计算的银行准备金需求只是一种可能，现实中银行面临的流动性需求是不确定的。如果银行为最坏的情形准备持有大量的流动性资产，而最坏情形出现的可能性只有 5%，那么银行的这种做法就过于保守。所以，银行明智的做法是找出未来最可能发生的一种情形，进行流动性准备。那么，银行就需要对各种可能的情形进行估计。

1. 银行最坏可能的流动性头寸。假设存款增长远远低于管理层的预测，那么实际的存款总额有时会低于银行历史最低存款增长记录；而且，高质量客户的贷款请求大大高于管理层预期，就会使贷款要求高于银行贷款增长记录的历史最高点。在这种情况下，由于存款增长不可能为贷款客户所需资金融资，银行面临最大的流动性储备压力。银行管理层有必要为大规模的流动性赤字做准备，并确定筹集大额流动性资金的计划。

2. 银行最好可能的流动性头寸。假设存款增长远远大于管理层预期，达到银行存款增长记录的最高点；同时，假设贷款需求大大低于管理层的预期，贷款需求沿着最低路径增长，达到银行贷款增长记录的最低点。此时，银行面临的流动性储备压力最小，因为存款增长几乎能够为所有提出申请的合格贷款融资。在这种最好的情况下，流动性盈余极有可能会增加。流动性经理必须作出计划，用这些盈余资金进行投资，以使银行收益最大化。

当然，对于存贷款增长来说，最好和最坏的情形发生的概率较低，最可能的结果是位于两个极端之间。许多银行基于其分配给不同情形的概率计算出其流动性要求的期望值。假设流动性经理认为银行下周的流动性情况可能为下述三种情况之一（见表13－5）：

表13－5 某银行下周流动性情况及发生概率 单位：百万元

下周可能出现的流动性情形	估计下周平均的存款额	估计下周平均可接受的贷款额	估计下周的流动性盈余或赤字	每种情形发生的概率（%）
最好的流动性头寸（存款最多、贷款最少）	170	110	60	15
发生概率最高的流动性头寸	150	140	10	60
最坏的流动性头寸	130	150	－20	25

下周最坏的情形是，流动性赤字2 000万元，但它出现的概率仅有25%。同样，最好的情形是流动性盈余6 000万元，银行可以将其投资于有利可图的贷款和证券，但这一情形发生的概率只有15%。最可能出现的情形是中间范围，即有1 000万元的流动盈余，预计发生的概率为60%。则银行预期的流动性要求可以用下述公式计算：

银行预期的流动性要求 ＝A情况的概率 × A情况下预期流动性赤字或盈余
＋B情况的概率 × B情况下预期流动性赤字或盈余
＋…

上述公式中所有概率之和为1。

使用该公式，算出银行预期的流动性要求：

$$
\text{银行预期的流动性要求} = 0.15 \times 60 + 0.60 \times 10 + 0.25 \times (-20) = 10(\text{百万元})
$$

总体来看，管理层必须对下周1 000万元的流动性盈余作出安排。

三、流动性指标法

流动性指标能够反映一家银行整体的流动性状况。银行可以根据经验和行业平均数来估计其流动性需求。常用的流动性指标主要有以下几种。

（一）现金与流动性比率

现金比率是现金与总资产的比率。现金是银行可以随时动用并满足流动性需求的那部分资金，具体包括库存现金、存放同业、托收中的现金以及在中央银行法定准备金以外的存款。现金是银行流动性最高的资产，也是盈利能力最低的资产。现金比率越高，说明银行满足流动性需求的能力越高。

流动性比率通常表示为流动资产与流动负债的比率。该比率越高，银行存储的流动性越高，应付潜在的流动性需求的能力越强。

（二）贷款总额与核心存款的比率

根据存款来源的稳定性，银行存款可以分为核心存款和易变存款。核心存款是指以保值获息为主要目的的存款，这部分存款对利率、宏观经济变化等因素都不敏感，是银行稳定的资金来源。贷款总额与核心存款的比率越小，银行存储的流动性就越高，相对来说，其流动性风险就越小。

一般来说，贷款总额与核心存款的比率随银行规模的增大而增加，一些大银行的该比率甚至大于1。这是因为对大银行来说，其核心存款与总资产的比率较低，而单位资产的贷款额又比中小银行高。但是，这并不表示大银行的流动性风险一定比中小银行的流动性风险大，因为大银行能更容易地在金融市场上以合理的成本筹措资金，以满足流动性需求。

（三）存贷款比率

它是指银行贷款对存款的比率，是评判流动性的总指标，也是长期以来银行分析家运用较多的传统指标。贷款通常被认为是流动性最低的资产，而存款则是银行的主要资金来源。贷款对存款的比率越高，预示着银行的流动性越差，因为不具有流动性的资产占用了更多的稳定的资金来源；反之，贷款对存款的比率较低，说明银行还有多余的头寸，可以用稳定的存款来源发放新的贷款或进行投资。

（四）期限错配比率

该比率主要用于监控银行应付日常流动性需要的能力，以保证银行对到期负债的偿还能力。这一指标实际上衡量的是不同期限内的资金流量情况，特别是集中在特定时间段内的净累计资金流入和流出的错配；然后将其与总负债相比，计算出一个比率。如7天期限错配比率的计算公式为

$$7\text{天期限错配比率}=\frac{7\text{天内到期的资产}-7\text{天内到期的负债}}{\text{总负债}}$$

这一方法也可以计算较长时间内的错配情况，如1年。但一般来说，主要考察7天内和1个月内累积的期限错配情况。

（五）能力比率与中长期贷款比例

能力比率是指贷款余额和租赁占总资产的比重。由于贷款和租赁的流动性较差，这实际上是一种负面的流动性指标，比重低则流动性较强。

中长期贷款比例是余期1年以上的贷款与余期1年以上的定期存款之比。该指标比较直观，可以清楚地看到信贷资金的配置情况。

（六）贷款总额与总资产的比率

如果贷款不能在二级市场上转让，那么这类贷款就是银行所有资产中最不具有流动性的资产项目。因此，较高的贷款与资产的比率表明银行流动性能力较差，而该比率较低则反映了银行具有很大的贷款潜力，其满足新贷款需求的能力也比较强。考虑到短期贷款比长期贷款的流动性强，有的银行根据贷款期限计算加权的贷款总额。即

$$L=\sum_{i=1}^{n}\frac{P_i\cdot M_i}{12}$$

式中：L 为贷款总额；i 为不同期限的贷款种类；P 为贷款额；M 为贷款期限（月份）。

银行在使用上述流动性指标时应该综合各比率，并结合银行所处的经营环境等因素进行横向及纵向的比较才能得出正确的结论。任何一个单一的指标都不能全面反映银行

的流动性需求状况。

在我国商业银行实践中，中国银监会发布的《商业银行风险监管核心指标（试行）》提出了三个衡量商业银行流动性的指标：流动性比例、核心负债比例和流动性缺口率。

1. 流动性比例为流动性资产余额与流动性负债余额之比，用于衡量商业银行流动性的总体水平，不应低于25%。其中流动性资产包括：现金、黄金、超额准备金存款、1个月内到期的同业往来款项轧差后资产方净额、1个月内到期的应收利息及其他应收款、1个月内到期的合格贷款、1个月内到期的债券投资、在国内外二级市场上可随时变现的债券投资、其他1个月内到期可变现的资产（剔除其中的不良资产）。流动性负债包括：活期存款（不含财政性存款）、1个月内到期的定期存款（不含财政性存款）、1个月内到期的同业往来款项轧差后负债方净额、1个月内到期的已发行的债券、1个月内到期的应付利息及各项应付款、1个月内到期的中央银行借款、其他1个月内到期的负债。

2. 核心负债比例为核心负债与负债总额之比，不应低于60%。其中，核心负债包括距到期日3个月以上（含）的定期存款和发行债券以及活期存款的50%。总负债是指按照金融企业会计制度编制的资产负债表中负债总计的余额。

3. 流动性缺口率为90天内表内外流动性缺口与90天内到期表内外流动性资产之比，不应低于-10%。其中，流动性缺口为90天内到期的表内外资产减去90天内到期的表内外负债的差额。

第三节 流动性管理策略及有效性

一、流动性管理策略

商业银行流动性管理的目标是要满足商业银行经营中的流动性需求。从资产的角度考虑，银行可以从资产中获得流动性；从负债的角度看，银行可以通过金融市场主动负债，增加资金来源；还可以通过平衡管理，从资产和负债两方面解决商业银行的流动性。

（一）资产转换策略

资产转换策略又称资产流动性管理（Asset Liquidity Management），是满足银行流动性的最为传统的方法，它是通过持有流动性较强的资产来保持流动性。当银行需要现金时，将一些资产出售变现，以保证银行的偿付能力，维持银行的流动性。

银行可以存储的流动性资产需要有完善的流通市场，以便资产随时出售变现，并且在银行需要时还可以回购；这种资产的价格不会有太大的波动，不至于变现时价格受损。根据这些标准，常用的流动性资产有国库券、同业拆出资金、存放同业款项、欧洲货币市场贷款等。一般来讲，小银行经常使用资产转换的流动性管理策略。

虽然银行持有流动性强的资产可以增强银行的流动性，但资产转换策略依然存在着不足之处：首先，流动性强的资产的收益性较差。保持大量的流动性强的资产，必然要降低盈利性资产的比重，从而降低整个银行的收益性。其次，资产出售受市场价格的制约，可能会蒙受损失。特别是在市场资金供给紧张时期，各银行都有流动性需求，那么资产的出售就受市场容量的限制。再次，持有流动性资产意味着失去获利的机会，增加了银行的机会成本。

资产流动性管理是我国商业银行在管理实践中所采取的主要策略。各商业银行中期的流动性管理以预计大额流动性需求及提前安排流动性供给为核心，对于大额流动性的筹措，基本上要求通过内部资金的调度和安排来解决；短期的流动性计划，则以资金头寸的日常匡算为主，主要依靠较高比例的现金资产来调节流动性。由于资产证券化能够提高资产的流动性，因此，住房抵押贷款证券化的启动为我国商业银行的资产流动性管理提供了新的工具。

（二）主动负债管理策略

20世纪60年代，由于金融市场的发展，西方国家银行大量通过金融市场借款来筹集资金以实现流动性。这种借入流动性的主动负债管理策略被称为负债管理（Liability Management）策略。银行借入负债的渠道包括同业拆入资金、同业存款、回购协议、货币市场借款、中央银行借款等。大银行往往采取负债流动性管理策略。

实施借入流动性管理策略为银行获得流动性开拓了新途径，减少了银行的非盈利资产数量，提高了银行的收益能力；借入负债可以支撑更大规模的资产，有助于扩大银行的市场份额；提高了银行筹集资金的主动性，降低了潜在的风险，也降低了机会成本。但是，负债流动性管理策略相当于将本行的流动性情况置于变幻莫测的金融市场中，而市场并不能始终以固定的成本随时提供流动性。因此完全用负债来解决所有的流动性缺口将会使市场的波动迅速传导到银行内部，使银行的流动性管理完全暴露在波动的市场中。当市场发生剧烈变化时，银行将面临较大的流动性风险。同时，市场对银行内部的财务状况也十分敏感，当银行陷入财务危机时，借款的难度会增大，借款会有更多的风险溢价要求或附加一些苛刻的条件。

我国银行间拆借市场、银行间债券市场等金融市场的发展也为银行通过同业拆借、债券回购、发行金融债券等途径借入流动性和开展负债流动性管理创造了条件。

（三）平衡流动性管理

平衡流动性管理（Balanced Liquidity Management）是资产流动性管理策略和负债流动性管理策略的折中。既然资产流动性管理与负债流动性管理都有自己的缺陷和优势，那么银行就没有必要将自己推到一个极端的境地。将这两种方法结合起来，银行可以取长补短，可以更灵活地调度资金，进行流动性管理。其基本思路是从资产和负债两方面满足流动性需求，做法是将未来的流动性需求划分为预期的流动性需求和未预期的流动性需求两部分。对预期的流动性需求，一部分以资产方式储存（主要是持有证券和在其他银行存款），一部分由往来银行及其他资金供应商事先以信贷额度给予支持。对于未预料的流动性需求，则临时由短期借款满足，对于期限较远的流动性需求可以事先作一些借款安排。平衡流动性管理策略较好地解决了银行的流动性和盈利性之间的关系。

事实上，极少有银行完全按照资产流动性管理或者负债流动性管理策略进行管理。

但是不同的银行在进行流动性管理时可能也会有所侧重。规模较小的银行或者资信等级比较低的银行，外部筹资渠道有限，它们更加依赖资产流动性管理策略。规模较大以及资信等级较高的银行则更加侧重于负债流动性管理策略，因为它们拥有广泛的融资渠道，无须持有太多的流动资产作为流动性储备。

二、流动性管理效果的衡量

有效的流动性管理具有五个功能：一是可以向市场展示银行较好的安全状况和较高的偿债能力，维持银行在公众中的良好信誉。二是使银行有能力兑现它先前的贷款承诺，不管这一承诺是正式的还是非正式的。三是使银行避免非盈利的资产销售。银行能选择恰当的时机以合理的价格筹措资金，防止因削价处置资产而带来的损失。四是可减少银行筹措资金所支付的风险溢价。具备强有力资产负债管理能力的银行会被市场认同为具有良好的流动性和较高的安全性，并将能够按与其信誉一致的风险溢价购买到它所需要的资金。五是防止银行滥用向中央银行贴现窗口借款的优先权。如美国中央银行对商业银行的贴现利率低于市场利率，过多地使用该项权利，会招致中央银行对商业银行可能的套利行为的怀疑，也会加重公众对银行流动性状况的担忧。

商业银行的流动性管理效果如何，可以通过金融市场的约束得以体现。因为一些市场信号的变化可以反映一家银行流动性管理是否成功，所以银行管理层通过观察市场对银行的反应就能捕捉到有关本行的流动性信息。与银行打交道的市场参与者包括存款者、投资者、存款者以外的其他债权人、贷款人、中央银行以及中介评级机构。当发现银行经营出现问题时，即使不是流动性问题，不同市场主体也会采取不同的应对措施对银行施以惩罚。因此，市场参与者发出的信号也是银行管理层可以用来判断银行流动性状况的指标。

（一）公众信心

如果社会公众认为银行经营出现了危险信号，就会丧失对银行的信心。这表明银行将面临挤兑的风险，可能发生因大量的存款流失而不能偿付债务。

（二）股票价格

对于上市银行，股票价格是银行投资者信心的“晴雨表”。银行可以从股票价格的波动中看出市场投资者对银行的信心。如果市场投资者对银行业绩和发展很有信心，他们就会选择继续持有或购入银行股票，从而使银行的股票价格保持强劲；相反，如果市场投资者认为银行存在现实的或预期的流动性风险，就会选择抛出股票，银行股票价格就会因此下跌，以股票价格衡量的银行价值就会缩水。

（三）银行发行债务工具的溢价

如果银行出现追求过高的风险或者决策错误等问题，那么在发行债务工具如可转让大额存单、吸收存款、发行债券时，就不得不支付更高的风险溢价才能获得资金。一旦银行在筹资时不得不支付风险溢价，银行经理就须倍加小心银行的流动性状况。因为这部分附加的额外筹资成本预示着银行未来为了获得流动性资金供给可能需要支付更多的风险溢价。如果银行状况十分不容乐观，可能即使支付再高的风险溢价也无法筹措到资金，这就意味着未来银行的流动性状况可能会更加糟糕。

(四) 资产变现成本

一般情况下，银行为了未来流动性需求会持有一定的流动性资产以做准备。通常这些资产都是信用很好、易于转手、价格比较稳定的资产，如国库券等，在平仓时银行不需要承担太多的成本；但是当银行的流动性状况恶化到不得不将一部分非流动性资产折价变现以仓促应付流动性需求时，银行的流动性危机可能已经非常严重了。

(五) 满足客户合理贷款需求的程度

当银行实在无法抽调资金以提供合格客户的合理且具有潜在收益的贷款需求时，很可能说明银行面临较为严重的流动性短缺问题。如果能够将银行因为流动性原因失去的贷款机会加以统计，银行管理层也可以对银行流动性状况有一个实际的把握。

(六) 从中央银行借款的情况

当银行无法通过正常渠道获得资金以满足流动性需求时，可能会被迫频繁地向中央银行借款。但银行能否获得中央银行的资金支持具有较多的不确定性，因此向中央银行的借款不能作为银行过度依赖的融资渠道。如果银行一段时期以来不断需要求助中央银行以获得资金支持，那么银行管理层需要反省本行流动性管理存在的问题。

银行管理层在进行流动性管理时必须关注这些市场信号的变化情况，及时作出分析，调整其流动性管理策略及实施情况。

本章小结

1. 商业银行的流动性是指为满足存款人兑现、清偿到期债务或满足借款人正当贷款需求时，银行以合理价格及时地将资产变现或从外部融资的能力。流动性供给和流动性需求两者之间的差额即为流动性缺口。流动性缺口不平衡是流动性运动过程中出现的常态，只有当出现持续性的较大的负缺口时才会形成流动性风险。银行必须不断地处理其流动性赤字或流动性盈余，并且在银行流动性和盈利性之间进行平衡。

2. 商业银行对流动性需求的预测有多种方法，主要包括资金来源和运用法、资金结构法和流动性指标法。每一种方法都基于一些特定的假设，并且只能对银行的实际流动性需求作出近似的估算。资金来源和运用法是一种通过估算一定期间内（即流动性计划期）潜在的资金来源量与潜在的资金需求（资金运用）量的变动以确定商业银行流动性短缺或盈余的方法。资金结构法是通过分析存贷款资金结构及其变化趋势来预测未来的流动性需求的方法。流动性指标法是通过一系列反映流动性状况的指标，根据经验和行业平均数来估计其流动性需求的方法。

3. 满足流动性的途径，从资产的角度考虑，银行可以从资产中获得流动性，通过变现资产来实现，成为资产流动性管理策略；从负债的角度看，银行可以通过金融市场主动负债，增加资金来源，成为负债流动性管理策略；还可以通过平衡管理，从资产和负债两方面解决商业银行的流动性，即平衡流动性管理策略。银行管理层通过观察市场对银行的反应就能捕捉到有关本行流动性管理是否成功的信息。

本章重要概念

商业银行流动性　流动性缺口　流动性风险　资金来源和运用法　期限错配比率　平衡流动性管理　资产转换策略　主动负债策略

本章思考题

1. 简述流动性需求和流动性供给包括的内容。
2. 简述预测商业银行流动性的主要方法。
3. 简述我国衡量商业银行流动性的主要指标。
4. 简要说明资产流动性管理策略、负债流动性管理策略和平衡流动性管理策略的优缺点。

本章参考书

[1] 葛奇、霍团结、黄小军：《美国商业银行流动性风险和外汇风险管理》，北京，中国经济出版社，1999。

[2] 唐纳德·R. 弗雷泽等：《商业银行业务——对风险的管理》，中文版，北京，中国金融出版社，2002。

[3] 彼得·S. 罗斯：《商业银行管理》，第5版，中文版，北京，机械工业出版社，2004。

[4] 李洪斌：《商业银行流动性风险管理》，长沙，湖南人民出版社，2007。

第十四章

市场风险管理

市场风险也称系统风险或不可分散风险，是由于宏观方面的因素引起的对整个金融体系和经济活动造成破坏和损失的风险，如利率风险、汇率风险、政策风险等。由于利率风险和汇率风险是商业银行面临的主要市场风险，所以本章介绍这两类风险的管理方法。

第一节　利率风险

商业银行的利率风险是指市场利率的波动和结构变化通过存款、贷款和拆借等业务影响商业银行经营成本和收益的可能性。利率风险是商业银行面临的基本风险，特别是随着利率市场化、金融资产证券化和金融市场国际化的发展，各国逐渐放松或取消了利率管制，导致利率风险有提高的趋势。

一、利率的定义与分类

利率即利息率的简称，即利息的相对数。具体而言，利率是指一定时期内取得的利息额与借贷或交易的本金额的比率，即利率 = 利息 ÷ 本金。

根据不同的划分方式，利率可以进行不同的分类。商业银行在其业务经营中常见的利率分类有以下几种。

1. 按照计算日期不同，利率分为年利率、月利率和日利率。

年利率是指以年为计息周期计算的利息，以本金的百分之几表示；月利率是指以月为计息周期计算的利息，以本金的千分之几表示；日利率是指以日为计息周期计算的利息，以本金的万分之几表示。年利率、月利率和日利率三者之间的关系是：

$$月利率 = 年利率 \div 12$$

$$日利率 = 月利率 \div 30 = 年利率 \div 360$$

2. 按照计算利息的方法不同，利率分为单利和复利。

单利是只按本金计算利息，上期利息不再计入本期本金重新计算利息的计息方式。

按单利方式计算的某一笔存款在到期日的终值为

$$F = P(1 + i \times n) \tag{14.1}$$

式中：F 为存款到期终值；P 为存款本金；i 为存款的单利利率；n 为存款期限。

复利是指在计算利息时将上期利息计入本期本金，再计算利息的计息方式。俗称利滚利。按复利方式计算的某一笔存款在到期日的终值为

$$F = P(1 + i)^n \tag{14.2}$$

式中：F 为存款到期终值；P 为存款本金；i 为存款的复利利率；n 为存款期限。

3. 按照利率的真实水平不同，利率分为名义利率和实际利率。

名义利率是直接以货币数量表示的利率，即银行挂牌公示的利率。实际利率是名义利率扣除通货膨胀率之后的利率。用公式表示如下：

$$R = r - \pi \tag{14.3}$$

式中：R 为实际利率；r 为名义利率；π 为通货膨胀率。

4. 按照在借贷期内利率是否变动，利率为分固定利率与浮动利率。

固定利率是指在整个借贷期间内按事先约定的利率计息而不作调整的利率。浮动利率是指在借贷期间内随市场利率的变化而定期进行调整的利率。

二、利率风险的形成原因

利率作为资金的价格，是由借贷资金的供求均衡点决定的。但是，除了资金供求状况之外，影响利率变化的因素还有很多，一般认为，社会平均利润率的大小、物价预期水平、宏观经济运行的周期、国际利率水平、汇率、资金使用期限等都会影响利率的波动。

由于上述各种因素的综合影响，导致商业银行出现利率风险，主要包括四种情况。

1. 市场利率波动下商业银行资产负债定价的不确定性导致利率风险。

一般而言，商业银行对自己的金融产品具有定价权，由此商业银行能够确定自己的筹资成本和贷款收益。可是，商业银行对金融产品的定价能否被市场接受，取决于其定价与市场利率的比较，因此，对市场利率的预测是一件非常重要的工作。然而市场利率的变化是受多种因素影响的，这就使商业银行的市场利率预测具有很大的不确定性，导致商业银行的利率计算与控制也有了很大的不确定性。

利率计算的不确定性导致利率风险有两种情况。首先，商业银行对付利率不确定性变化的一个办法是引入浮动利率定价机制。但是浮动利率并不能消除全部利率风险，因为消除利率风险的前提是利率可以控制，具有可测性。然而，利率是一个内生变量，是不可控的，所以计算得出的利率水平常常与实际利率变化不一致。其次，存贷利率定价方法不配对也会造成利率风险。比如，在市场利率下挫时，以较高的固定利率吸收存款、以浮动利率发放贷款，在市场利率上扬时，以浮动利率吸收存款、以固定利率发放贷款，都会导致商业银行经营成本过高、收益下降甚至亏损。

2. 商业银行资产负债的期限结构不对称导致利率风险。

根据资产负债管理理论，平衡的流动性管理要求商业银行坚持资产负债的偿还期对

称原则，即把偿还期较短的负债和流动性较强的资产相配对，偿还期较长的负债和流动性较弱的资产相配对。但是，商业银行出于追逐利润的动机，常以较低成本的中短期负债来支持收益较高的中长期资产（即流动性较弱的资产），以扩大资产和负债的利差收益。由于市场利率的波动具有很大的不确定性，导致商业银行资产负债由于期限结构不对称而形成利率风险。比如，以中短期负债发放中长期贷款以后，市场利率上扬，商业银行不得不为以后吸纳的存款支付更高的利息，而原来发放的中长期贷款利率却不能得到合理调整，从而导致商业银行收益下降。

3. 由于保持流动性的需要或资产负债利率错配而导致利率风险。

商业银行为了应付随时可能发生的流动性支付的需要，通常需要持有相当于总资产20% ~30%的短期有价证券，主要是流动性较强的短期国债和商业票据。这些工具的市场价格随着市场短期利率的波动而呈现相反的变化。从定价原理看，计算这些工具的合理价格的公式为

$$P = \sum_{i=1}^{n} \frac{C_i}{(1+r)^i} + \frac{F}{(1+r)^n} \tag{14.4}$$

式中：P 为证券的合理价格；C_i 为第 i 期的利息；r 为短期市场利率；F 为到期偿还额。

从上式可知，当市场利率上涨时，证券的价格会下跌；利率越上涨，证券的价格越低，商业银行的流动性风险也就越大。尤其在利率大幅波动期间，证券价格也会出现剧烈波动，商业银行持有的短期证券就较难以满意的价格变现。

同时，在商业银行持有的负债中，既有固定利率负债，也有浮动利率负债，商业银行在经营管理中，全部资产的流动性和全部负债的流动性不一定是完全对称的。特别的，如果商业银行出现利率错配，即以固定利率负债作为浮动利率资产的支撑时，市场利率波动将直接导致商业银行出现利率风险。

4. 客户对利率变化越来越敏感导致利率风险。

随着资本市场和商品市场的逐步完善和发展，可供客户选择的投资工具和金融资产品种越来越丰富，客户储蓄存款供给和贷款需求的利率弹性逐渐增大，特别是客户的提前支取行为和提前还贷行为，常常给银行带来利率风险。如利率上调可能吸引部分资金从证券市场流向银行，转化为银行存款；而利率下调或证券市场行情向好时，这种存款又会回流至证券市场。另外，随着中间业务的不断发展，商业银行的手续费等非利息收入正在迅速增加，在一些大银行，非利息收入甚至已经超过了利差收入。某些非利息收入也表现出对利率变化的敏感性，导致商业银行出现利率风险。比如，商业银行通过资产证券化业务将贷款组合出售后，还可以提供收取贷款组合本息和贷款管理服务等业务，并按受托管理的资产总额收取管理费。当市场利率下降时，常常会引起贷款人提前还贷，从而使商业银行的受托管理提前结束，导致预期的管理费收入下降。

从上面的分析可知，利率风险不可避免，同时也可能导致严重的后果，因此对利率风险的管理就成为商业银行资产负债管理中的一个重要内容。对利率风险的管理可以通过五种方式进行，即利率敏感性缺口管理、持续期缺口管理、远期利率协议、利率互换和利率期权。

三、利率风险的敏感性缺口管理

利率敏感性缺口管理是指对利率敏感性资产和利率敏感性负债进行比较，根据利率敏感性资产和利率敏感性负债之间的差额缺口，制定相应的管理策略。下文以某银行资产负债为例（见表14－1）说明银行如何利用利率敏感性管理来规避利率风险。

表14－1　　某银行资产负债表（简表）　　单位：亿元

资产		负债	
流动资产		流动负债	
现金及中央银行存款	869.94	同业存放款项	1 032.80
存放同业款项	162.39	同业拆入	151.21
拆放同业	491.72	应付利息	34.51
买入返售证券	389.98	卖出回购证券款	62.37
应收利息	28.06	应付工资	25.57
流动资产合计	1 942.09	应交税金	34.09
长期资产		长期负债	
长期股权投资	0.48	应付债券	146.80
固定资产净值	73.76	负债合计	1 487.35
长期资产合计	74.24	股东权益	
递延税款借项	22.62	股本	147.03
		资本公积金	273.80
		盈余公积	30.88
		一般准备	65.00
		未分配利润	34.89
		股东权益合计	551.60
资产总计	2 038.95	负债和股东权益总计	2 038.95

假定把考察期定为1年，则1年内可以重新定价的资产负债为利率敏感性资产负债。在表14－1中，利率敏感性资产和利率敏感性负债则主要指表中的流动资产和流动负债，即利率敏感性资产包括现金及中央银行存款（剔除现金部分，假设现金为20亿元）、存放同业款项、拆放同业、买入返售证券，市场利率上升（下降），这些资产的收益将会增加（减少）；利率敏感性负债包括同业存放款项、同业拆入、卖出回购证券款，市场利率上升（下降），这些负债的成本将会增加（减少）。

则该银行1年期的利率敏感性缺口值为：1 894.03－1 246.38＝647.65（亿元）

该银行的利率敏感性资产大于利率敏感性负债，缺口为正。如果利率上升，银行资产收益的增长将大于负债成本的增长，银行的净利息收入将增加。如果利率下降，资产收益的下降也大于负债成本的下降，银行的净利息收入会减少。利率变化对银行净利息收入的影响可以用下式计算：

$$\text{银行净利息收入的变化} = \text{缺口值} \times \text{利率变化}$$

在此例中，如果利率提高0.27%（这是利率调整的常见幅度），则

银行净利息收入增加 = 647.65 ×0.27% = 1.749（亿元）

如果利率调低0.27%，则银行净利息收入下降1.749亿元。

根据上述公式可知，缺口值越大，在利率波动幅度相同的情况下，银行净利息收入的变化就越大，即银行的利率风险越高。银行应根据利率变化情况，正确选择利率敏感性资产和利率敏感性负债，以提高收益或减小亏损。如果预测利率在未来一年里会上升，银行应选择利率敏感性低的负债和利率敏感性高的资产，以保持正缺口，有利于增加收益。如一方面发行债券、增加长期存款等，并减少同业拆入等短期负债；另一方面增加返售证券购买和存放同业等，并减少长期贷款发放和其他投资业务。

如果预期利率会下降，银行应选择利率敏感性高的负债和利率敏感性低的资产，以保持负缺口。银行可以增加活期存款吸收、卖出回购证券、增加同业拆入等，同时减少拆放同业、增加长期贷款发放和其他投资业务等。

上面的利率敏感性缺口分析是对1年内到期的资产负债进行的。实际上，利率敏感性缺口分析也可以用于到期时间更短的资产负债分析，如1个季度内、1个月内甚至1周内到期的资产负债等。

四、利率风险的久期缺口管理

久期（Duration）也叫持续期，是1938年由麦卡莱（F. R. Macaulay）提出来的，所以也叫麦卡莱久期。从定义来看，久期是以未来收益的现值为权数计算的到期时间，取决于债券的到期期限、本金和利息支出等三个因素。其计算式为

$$D = \sum_{t=1}^{n} \frac{t \cdot CF_t}{(1+i)^t} \Big/ \sum_{t=1}^{n} \frac{CF_t}{(1+i)^t} \qquad (14.5)$$

式中：D为麦卡莱久期；CF_t为t时刻的未来现金流支付（本金和/或利息）；t为每一次现金流发生的相应年数；i为利率；n为贷款或债券到期的年数。

利率敏感性缺口分析不能分析利率变化对银行资产、负债市值以及资产净值的影响，因为利率变化对银行资产负债的影响是双重的，这种双重影响表现为价格风险和再投资风险。如果利率上升（下降），一方面会造成银行持有的证券组合的现值下降（上升），另一方面又使再投资现金流的未来收益提高（下降）。所以利率波动对银行资产和负债市值究竟造成了何种影响，取决于资产和负债的持续期。

久期是一个便于将各种期限长短不同的证券的利率风险加以比较的重要参量。久期越大，表明以等额方式回收投资的全部收益的时间越长，承受的利率风险就越大；久期越小，则承受的利率风险越小。

由于银行的资产和负债实际上都是一个组合，这个组合里包括了各种期限长短不同的成分，所以全部资产或全部负债的久期就需要用每一种产品的久期按比例加权计算。

$$D_{总} = \sum_{i=1}^{n} x_i \cdot D_i \qquad (14.6)$$

式中：$D_{总}$为资产组合（负债组合）的麦卡莱久期；D_i为第i种资产（负债）的麦卡莱

久期；x_i 为第 i 种资产（负债）在全部资产（负债）中的占比；n 为资产（负债）的产品数。

久期缺口管理就是基于久期缺口分析对资产或负债久期进行调整，以回避利率风险的管理方式。久期缺口的计算式为

$$D_{GAP} = D_A - uD_L \tag{14.7}$$

式中：D_A 表示各种资产的加权平均久期；D_L 表示各种负债的加权平均久期；u 表示总负债市值（PV_L）与总资产市值（PV_A）之比 PV_L/PV_A。

如果久期缺口为正，即资产的平均久期大于负债的平均久期，说明银行资产的市值比负债的市值对利率变化更为敏感。此时，一旦利率上升，资产价值下降的速度大于负债价值下降的速度。由于净值（资本）等于总资产减去总负债，所以，久期缺口为正时，利率上升，意味着银行净值减少；相反，如果利率下降，将有利于银行净值增加。

如果久期缺口为负，说明银行负债的市值比资产的市值对利率变化更为敏感，利率上升将导致银行负债价值下降的速度大于资产价值下降的速度，这有利于银行净值的增加；反之，如果利率下降，则会导致银行净值的减少。

如果银行通过配对资产和负债的久期使之完全相等，就可能避免利率风险，利率变化不会对银行资本造成任何影响。

将久期缺口与利率变化相乘，可以得到银行的净值在利率变化时的变化率。计算式为

$$\%\Delta NW \approx -\text{久期缺口} \times \frac{\Delta i}{1+i} \tag{14.8}$$

式中：$\%\Delta NW$ 表示银行净值变化占资产值的百分比；i 表示利率。

假设在表 14 - 1 所示的案例中，银行的久期缺口为正的 1.8，而利率从 2.79% 提高到 3.06%，增幅为 0.27%，则

$$\%\Delta NW \approx -1.8 \times \frac{0.27\%}{1+2.79\%} = -0.47\%$$

这说明银行资产值会下降 0.47%，即下降：

$$2\,038.95 \times 0.47\% = 9.58(\text{亿元})$$

即银行净值损失 9.58 亿元，该银行股东权益是 551.60 亿元，远远超过 9.58 亿元，对维持正常经营不会有很大的影响。不过，如果一家银行的净值损失超过股东权益资本，则可能导致银行的破产。20 世纪 70 年代末及 80 年代初，美国市场利率上涨导致境内许多存放类金融机构倒闭，就是这个原因。因此，一旦预期未来利率会上涨，银行必须增加负债的平均久期，减少资产的平均久期，以降低利率风险。具体来说，增加负债的久期可以通过发行债券，减少同业拆入或进行其他增加长期负债、减少流动负债的活动来实现；减少资产的久期则可以通过大量持有短期资产、减少长期投资等来实现。总之，通过主动的久期缺口管理，银行可以避免利率波动对其净值的影响。

五、远期利率协议

远期利率是指可以在当前被确定的未来两个日期之间的存款利率。如，距今 3 个月

的6个月期远期利率就是从现在起的3个月后开始，到从现在起的9个月后期满的存款利率。依据当前的利率水平，这一利率是可以被确定下来的。

远期利率协议（Forward Rate Agreements，FRA）是一份利率合约。在协议中，买卖双方约定把从未来某一特定时间开始的某个预先约定期间内的利率锁定，并将在特定时间后观察到的利率作为合约结算的基准利率。在大多数情况下，基准利率为该币种的伦敦银行同业拆放利率（LIBOR）。若此利率高于双方在最初的交易日所商定的FRA利率，FRA的卖方将支付按交易开始时所约定的名义金额计算的利息差额的现值。若该利率低于双方在最初交易日所商定的FRA利率，买方将向卖方支付其差额的现值。

六、利率互换

利率互换是一份由交易双方签订的对于名义本金相等的两种债券或票据联系在一起的利息支付进行交换的合约。在利率互换中，本金不需要进行交换。常见的利率互换是名义本金相等的浮动利率与固定利率的互换。

利率互换通常是为了降低融资成本。比如有两家公司A和B，A在浮动利率市场借款有相对优势，B在固定利率市场借款有相对优势，可是A需要的是固定利率借款，B需要的是浮动利率借款。这时双方就可以达成利率互换协议。复杂的利率互换常常需要专门的互换交易商帮助完成，这样A、B两公司都不需要寻找互换的交易对手，只需要和互换交易商完成互换即可。互换交易商客观上起到了利率互换的造市商作用。有了互换交易商，即使A、B两公司的借款本金并不相等，也可以完成互换，因为互换交易商不仅帮助A、B两公司完成了利率互换，还同时在帮助其他公司完成利率互换，所以互换交易商不必考虑每一笔互换协议的本金必须相等。当然，由于互换交易商的介入要收取必要的手续费，这在一定程度上减弱了利率互换的降低融资成本的作用。

银行通过利率互换交易可以将浮动利率形式的资产或负债转换为固定利率形式的资产或负债，也可将固定利率的资产或负债转换为浮动利率，从而达到规避利率风险、进行资产负债管理的目的。当某家银行出现负的利率敏感性缺口时，表明其利率敏感性负债大于利率敏感性资产，为了降低利率风险，该银行可以寻找另一家有正向利率敏感性缺口的银行，达成利率互换交易。双方交换等额存款的固定利率和浮动利率，即有负向缺口的银行支付对方固定利率的存款利息，有正向缺口的银行支付对方浮动利率的存款利息。交易原理如图14-1所示。

图14-1 银行间利率互换协议流程图

利率互换给双方的好处是，具有负向缺口的银行减少了利率敏感性负债，具有正向缺口的银行增加了利率敏感性负债，双方的缺口都减小了。在市场利率波动频繁时，减小利率敏感性缺口有利于双方降低利率风险。

2006年1月，《中国人民银行关于开展人民币利率互换交易试点有关事宜的通知》

出台，正式启动了人民币利率互换市场。人民币利率互换交易参考利率主要有7天回购利率和1年期定期存款利率。2005年底，中国光大银行与国家开发银行完成了国内第一笔人民币利率互换交易。该笔交易名义本金为50亿元人民币、期限10年的负债，由光大银行支付固定利率、国家开发银行支付浮动利率（以1年期定期存款利率作为浮动利率），以对冲各自的利率风险。

2007年初Shibor（上海银行间同业拆借利率）正式推出后，基准利率品种更加丰富。目前可供参考的基准利率有Shibor、3年期贷款利率、半年期定期存款利率、1年期定期存款利率、7天回购利率。2008年1月，《中国人民银行关于开展人民币利率互换业务有关事宜的通知》取代了2006年的试点业务通知，对人民币互换业务的进一步实施作出了明确规定。

七、利率期权

利率期权是以利率为标的物的选择权，包括上限期权（利率顶）、下限期权（利率底）和双限期权（利率套）。

利率上限期权（Interest-rate Cap）是指客户与银行达成一项协议，双方确定一个利率上限水平，由期权买方向卖方支付一定的期权费。在此基础上，利率上限的卖方向买方承诺，在规定期限内，如果市场基准利率高于协定的利率上限，则卖方向买方支付市场利率高于协定利率上限的差额部分；如果市场基准利率低于或等于协定的利率上限，卖方无任何支付义务。

例如，一家银行从欧洲美元市场上借入1年期浮动利率资金1亿美元，为防止市场利率上升增加融资成本，该银行购买了另一家金融机构提供的最高利率为11%的利率上限期权。

如果届时市场利率升至12%，那么作为利率上限期权买方的银行为此需多支付1%的融资利息成本，卖方对这额外的1%作出补偿。银行收到的补偿金是（12% - 11%）×1亿美元。如果市场当年利率未超过11%，卖方无支付义务，期权费不退回。

一份标准的利率上限期权必须对下列参数进行界定：上限的执行价格（Cap Strike）、基准利率（Reference Index Rate）、期限（Term）和调整期间（Tenor）、期权费（Premium）。执行价格即期权的买方能接受的利率上限。基准利率用来决定期权的收益。国际上经常使用的基准利率有伦敦银行同业拆放利率（LIBOR）、美国联邦基金（US Fed Funds）利率及商业票据利率（CP）。期限是该期权生效的时段。调整期间或重新安排期限决定每隔多长时间调整基准利率。利率下限期权和利率双限期权也有相同或类似的参数界定。

利率下限期权（Interest-rate Floors）是指客户与银行达成一项协议，双方确定一个利率下限水平，由期权买方向卖方支付期权费。在此基础上，利率下限的卖方向买方承诺，在规定的有效期内，如果市场基准利率低于协定的利率下限，则卖方向买方支付市场基准利率低于协定利率下限的差额部分；若市场基准利率高于或等于协定的利率下限，则卖方无任何支付义务。

假设一家银行以优惠利率向一名企业客户发放了金额为1 000万美元的1年期浮动利率贷款，为了防止市场利率下降，该银行向另一家金融机构买入最低利率为7%的利率下限期权。如果到期时市场利率跌至6%，则银行的贷款将减少1%的利息收入，利率下限期权的卖方对这额外的1%作出补偿。如果市场利率未低于7%，则卖方无支付义务。该笔业务也可以直接以该贷款客户为交易对手进行。即由银行向该客户支付期权费，客户保证在市场利率低于7%时，按7%的利率水平支付贷款利息。

利率双限期权（Interest-rate Collar）将利率上限期权和利率下限期权两种工具结合起来。具体而言，购买一个利率双限期权，是指在买进一个利率上限的同时，卖出一个利率下限，以收入的手续费来部分抵消需要支出的手续费，从而达到既防范利率风险又降低费用成本的目的。卖出一个利率双限期权，则是指在卖出一个利率上限的同时，买入一个利率下限。

银行究竟卖出还是买进利率双限期权，要视具体情况而定。当银行需要稳定贷款利率时，可以卖出利率双限期权；而当银行需要稳定借款利率时，则可以买进利率双限期权。下面以卖出利率双限期权为例说明其交易原理。

假如一家银行与一名企业老客户签订了一项浮动利率贷款协议，贷款金额为1 000万美元，期限3年，初始利率为8%。为防止因利率过度波动而增加利率风险，银行可以卖出一份利率双限期权，其中利率上限为10%，利率下限为6%。如果在贷款的第二年初，浮动贷款利率跌至5%并持续一年，而第三年初，浮动贷款利率又升至11%并持续一年，则当利率跌至5%时，下限期权的卖方向银行支付1%的利差，当利率升至11%时，银行向上限期权的买方支付1%的利差。如果利率波动未超过6%～10%的空间，则该利率双限期权不存在行权的必要。这样，银行的贷款利率将稳定在6%～10%。

利率风险管理是商业银行市场风险管理的重要内容，随着衍生证券市场的不断发展，商业银行管理利率风险的方法会日趋复杂和精细。

第二节　汇率风险

在浮动汇率制下，影响汇率变动的因素有很多，汇率波动频繁而复杂。商业银行的汇率风险是指商业银行在外汇业务的活动中，因外汇汇率的变动使其以外币计价的资产或负债价值涨跌而蒙受损失或获取额外收益的可能性。商业银行可以在进行外汇风险敞口测算的基础上，实行风险敞口头寸管理和外汇资产负债管理，以及采取在外汇市场进行衍生品保值交易等方法来管理汇率风险。

一、商业银行汇率风险的一般表现形式

商业银行的汇率风险主要是由于汇率波动的时间差、地区差以及币种和期限结构不配对等因素造成的。汇率风险的结果可能是以货币数量表示的实际损失或收益，也可能仅仅是会计记账过程中一种货币资产折算成另一种货币资产时账面价值的增加或减少。对于商业银行而言，汇率波动带来的风险又分为交易风险、折算风险、经济风险、结算

风险和国家风险等五种类型。

交易风险是指商业银行在对客户的外汇买卖业务或在以外币进行贷款、投资以及随之而来的外汇兑换活动中，因汇率变动而带来的风险，它是外汇风险中最常见的风险种类。如期货、期权、远期合约等的买卖，价格既定的交易合同或商业票据等在汇率波动时，都会经受汇率风险。

折算风险是指由于汇率变动而引起商业银行资产负债表某些外汇项目金额变动的风险，其产生是因为进行会计处理时将外币折算为本国货币，而不同时期使用的汇率又不一致，所以可能出现会计核算的损益。

经济风险是指由于汇率非预期变动引起商业银行未来现金流量变化的可能性，它将直接影响商业银行整体价值的变动。汇率变动可能引起利率、价格、进出口、市场总需求等经济情况的变化，这些都将直接或间接对商业银行的资产负债规模、结构、结售汇、国际结算业务量等产生影响。

结算风险是指因汇率变动而造成结算过程中的损失的可能性。结算风险主要来自因汇率波动而导致的企业不能履约结算、外汇管制、银行倒闭等。

国家风险也称政治风险，是指因国家干预所造成损失的可能性。如国家关闭外汇市场、新政策的出台、国际经济制裁等。

本节主要从银行业务经营角度介绍外汇业务交易风险的管理。

二、外汇风险敞口管理

外汇风险敞口管理是目前我国商业银行管理汇率风险的主要方法。这种方法一般用于管理银行因为经营对企业、个人的外汇买卖业务而形成的汇率风险。

（一）外汇风险敞口的形成

在银行的外汇交易中，银行买入某种外币大于卖出，则为多头，反之为空头。银行保有的多头和空头通称为敞口头寸。在汇率变化时，这些敞口将产生交易风险。

银行的外汇风险敞口通常是在外汇交易业务中产生的，是由于银行外汇资产组合与外汇负债组合之间的不配对以及表内表外业务中的货币错配而形成的。在某一时段内，如果银行某一币种的多头头寸与空头头寸不一致，所产生的差额就形成了外汇敞口。其中，多头头寸大于空头头寸时的敞口称为外币多头，空头头寸大于多头头寸时的敞口称为外币空头。本币汇率下降时（外币汇率上升），外币空头导致银行亏损，外币多头导致银行盈利；本币汇率上升时（外币汇率下降），外币空头导致银行盈利，外币多头导致银行亏损。但是如果外汇风险敞口为零，则无论汇率如何变化，都不会影响银行的外汇业务收益水平（见表 14－2）。

表 14－2　外汇头寸与盈亏的关系

	外币空头	外币多头	零敞口
本币贬值、外币升值	亏损	盈利	无盈亏
本币升值、外币贬值	盈利	亏损	无盈亏

（二）外汇敞口头寸的计算

《巴塞尔资本协议》对银行外汇风险资本提出了非常明确的具体要求。银行外汇风险资本等于外汇净敞口头寸总额乘以8%，其中外汇净敞口头寸总额等于外币净敞口头寸总额加上黄金净头寸。对于银行外汇净敞口头寸总额的计量，国际银行界通常采用净汇总敞口（Net Aggregate Position，NAP）、总汇总敞口（Gross Aggregate Position，GAP）、总汇短敞口（Shorthand Aggregate Position，BAP）等三种计量方法。

1. NAP计量方法。NAP是银行各币种多头头寸形成的敞口与空头头寸形成的敞口相互抵消后的绝对值。用公式表示即

$$NAP = |L - S| \tag{14.9}$$

式中：L为各币种的多头头寸；S为各币种的空头头寸。

当外汇敞口组合中的货币变动高度相关时，多头头寸外币敞口与空头头寸外币敞口之间的外汇风险可以相互抵消。在这种组合下，适合采用NAP方法衡量外汇风险。

2. GAP计量方法。GAP是银行各币种多头头寸形成的敞口和空头头寸形成的敞口相加后的总额。用公式表示即

$$GAP = L + S \tag{14.10}$$

当外汇敞口组合中的货币变动完全不相关时，多头头寸外币敞口和空头头寸外币敞口之间的风险就不能相互抵消。在这种组合下，适合采用GAP方法衡量外汇风险。

3. BAP计量方法。BAP是银行各币种多头头寸形成的敞口与空头头寸形成的敞口之间取值较大的一方。用公式表示即

$$BAP = \max[L,S] \tag{14.11}$$

根据中国银监会颁布的《商业银行资本充足率管理办法》（2007年修正），我国商业银行计算外币净敞口总额采用的是BAP计量法。该方法也是巴塞尔委员会在计算银行外汇风险的资本要求时采用的计量方法。

4. NAP、GAP、BAP的相互关系。根据前面的公式，可以给出如下的推导：

$$NAP = |L - S| = \max[L,S] - \min[L,S] \tag{14.12}$$

$$GAP = L + S = \max[L,S] + \min[L,S] \tag{14.13}$$

则

$$NAP + GAP = 2\max[L,S] \tag{14.14}$$

所以

$$BAP = \max[L,S] = \frac{GAP + NAP}{2} \tag{14.15}$$

可见，BAP实际上是GAP和NAP的简单算术平均，是GAP和NAP两种方法的折中。从计量的规模大小来看，$GAP \geqslant BAP \geqslant NAP$。

（三）外汇敞口头寸管理

外汇敞口在汇率波动时会使银行遭受较大的汇率风险，因此银行需要对敞口头寸进行跟踪管理。

在进行敞口分析时，银行应当分析单一币种的外汇敞口，以及各币种敞口折成报告货币并加总轧差后形成的外汇总敞口。对单一币种的外汇敞口，银行应当分析即期外汇敞口、远期外汇敞口以及即期和远期加总轧差后的外汇敞口。银行还应当对交易业务和

非交易业务形成的外汇敞口加以区分。对因存在外汇敞口而产生的汇率风险，银行通常采用套期保值和限额管理等方式进行控制。

单一外汇币种的管理方式包括即期头寸管理、远期头寸管理以及综合头寸管理。

1. 即期头寸管理。即期头寸管理是以即期头寸为对象，对外汇进行多头抛出、空头补进，把敞口头寸变为零，从而使外汇风险得以消除的管理方法。

假设某商业银行与顾客的外汇交易情况如下：银行在买进 100 万美元之后，卖出了 80 万美元，还剩下 20 万美元的多头，该美元多头将来卖掉时会因汇率水平的变化而发生盈亏。

表 14－3　　某银行的外汇买卖价及头寸持有额表

买　进	卖　出	头　寸
100 万美元	80 万美元	20 万美元
1 美元合 7.74 元人民币	1 美元合 7.58 元人民币	1 美元合 8.38 元人民币
共用 774 万元人民币	收回 606.4 万元人民币	原值 167.6 万元人民币

由于银行 20 万美元的多头对应的价值为 167.6 万元人民币（774 万元－606.4 万元），因此银行收支平衡的轧抵汇率为 1 美元合 8.38 元人民币（167.6 万元人民币/20 万美元）。银行将来如果能以比此汇率更高的汇率（例如 1 美元合 9.00 元人民币）将 20 万美元多头卖掉，就会从外汇买卖中得到利润；如果以比此汇率更低的汇率（例如 1 美元合 8.00 元人民币）将 20 万美元多头卖掉，就会蒙受损失。

反过来，如果银行持有美元的空头，一旦人民币贬值超过轧抵汇率，空头补进时该银行会出现亏损；如果人民币升值超过轧抵汇率，空头补进时该银行会得到利润。

为了规避风险，确保外汇交易收益，银行需要将敞口头寸变为零或者尽量减少敞口头寸。因此，银行需要卖出多头或是买入空头，一种常见的方法是在银行间市场上买卖；另一种方法是向客户提供有利的报价，特别是对大额交易推出更优惠的报价，以吸引客户购买即期外汇。

2. 远期头寸管理。银行的远期外汇交易很难保证各种交易外汇的到期日一致，此时同样需要进行头寸管理或是资金调整。例如，先到期的买入期汇需要筹措本币资金去交割，后到期的卖出期汇也有外币资金的筹措问题。通常的做法是对先到期的头寸即期抛补，筹措资金去交割，然后对后到期的头寸进行抛补，这些抛补交易需要与远期交易的交割日一致。

如某银行远期买进 100 万美元，远期卖出 300 万美元，如果这两笔远期交易的交割日期完全一样，而且补进交易的远期买进 200 万美元也在同一日期交割的话，则这种做法是完美无缺的头寸管理，同时在资金方面也完全不需要调整。

但是，银行不可能做到与远期交割日期完全吻合，实现完美无缺的头寸管理是不可能的。因此，银行实际上需要以综合头寸为对象进行抛补管理。

3. 综合头寸管理。如果银行将每天进行的即期交易和远期交易严格区分并分别加以管理，将不利于降低管理成本，并且即期头寸的调整有时需要远期交易加以配合，而远期抛补往往需要先通过即期抛补，然后通过掉期交易进行调整。因此，银行进行头寸管理时，通常不区分即期头寸和远期头寸，而是制定“综合外汇头寸表”，对综合差额进行抛补。

假设一家商业银行与顾客的美元买卖情况如下（见表14－4）：即期交易有200万美元的多头，远期交易有400万美元的空头，综合头寸为200万美元的空头。该银行要承担美元升值可能带来的亏损风险。另外，该银行的每一笔远期外汇交易都有固定的期限，存在买进和卖出金额相同但交割期限不一致的问题。

表14－4　某银行进行风险管理前的头寸　单位：万美元

	买　进	卖　出	头　寸
即期	300	100	200
远期	100	500	－400
综合	400	600	－200

该银行决定通过银行间市场的外币买卖，使外汇头寸为零，进行敞口头寸管理。它可以采取上述即期、远期头寸分别管理方法：即期卖出200万美元，远期买进400万美元，使即期与远期头寸分别为零。

通常达成远期交易比即期交易需要更多的时间，为了防止在达成远期交易前汇率波动可能带来的风险，银行最常用的管理方法是，首先即期买进200万美元，使综合头寸为零；紧接着买进同额的远期美元，卖出同额的即期美元，即采取掉期交易的方法。在这种方法下，该银行仍然持有一定金额的即期和远期头寸（见表14－5），但是综合头寸为零。

表14－5　某银行进行风险管理后的头寸　单位：万美元

	买进	卖出	综合头寸
远期与即期			－200
1. 即期买进	200		0
2. 远期买进	200		
即期卖出		200	0

对外汇敞口头寸究竟是采用哪一种方法进行管理，银行需要考虑以下三个因素：（1）银行的外币和本币资金过剩或不足的状况；（2）达成金额和交割日期都符合银行要求的远期交易的难易程度；（3）汇率的变动状况如何。

对于各币种敞口加总轧差后形成的外汇总敞口，通常按某一外汇如美元的汇率进行换算，并采取对应的买卖策略进行平衡。假如各币种敞口加总轧差后形成的外汇总敞口是多头头寸，则卖出按汇率折算的对应数量的美元；反之，如果各币种敞口加总轧差后形成的外汇总敞口是空头头寸，则买进按汇率折算的对应数量的美元。

三、外汇资产负债配对管理

外汇资产负债配对管理的汇率风险是指因银行外汇资产与负债不平衡而形成的风

险。所谓配对管理，就是通过对外汇资产负债在币种、到期日、利率、期限结构等方面的配对，尽量减少经营外汇存贷款业务和投资业务等的汇率风险。以下是配对管理的主要内容。

（一）币种配对

银行在办理外汇存贷业务时应保持存贷币种的一致性。外汇存贷款通常以美元、英镑、日元、欧元等为借贷货币。商业银行在办理外汇存贷业务时，应遵循筹到什么货币即借出什么货币，贷款到期时收到什么货币即筹资合同到期时付出什么货币的原则，从而保证银行在借出货币和收回货币时都无须进行外汇买卖业务，直接与贷款的来源、贷款的账面余额进行配对，使其避免受到汇率波动的影响。

（二）利率配对

利率配对不是指外汇资产负债利率的简单对应，而是选择最有利于银行防范利率风险、稳定甚至扩大收益的利率配对策略。如果银行借入的现汇是以伦敦银行同业拆放利率计算利息的，在国内发放外汇贷款的利率通常也应按浮动利率计收利息，并不定期公布利率调整情况，尽可能减少外汇资产和负债之间的利率基础差异，以规避利率风险。

（三）远期头寸的到期日配对

在未来的任一时点，都尽可能使到期的资产能够并且恰好抵付到期负债。银行应该按不同币种分别统计资产负债的头寸，检查搭配情况，对账户进行现金流量管理，发现资产和负债不搭配时，应为不足负债部分进行融资（包括直接借入或以本币购进），或为不足资产部分寻求与对应负债具有相同期限的投资或放贷方式。

（四）期限结构配对

长期外汇资产与长期外汇负债、短期外汇资产与短期外汇负债的分别配对。但是银行在日常经营中时常出现外汇资产和负债的期限结构不配对的情况。当出现短期外汇负债长期运用时，说明长期外汇负债不够，而长期外汇资产比重过大，银行应适当增加长期存款、压缩长期外汇贷款，活化沉淀资金，提高资金的流动性；当出现长期外汇负债短期运用时，说明短期外汇负债不够，而短期外汇资产比重过大，此时银行不宜盲目扩大长期外汇贷款而机械地追求期限对称，必须调整负债结构，增加短期负债，可以通过增量的调节来改变存款结构。

（五）确定外汇交易限额

这是指银行应控制外汇交易额度，防止因为交易额度过大而增加汇率风险。具体来说，银行需要确定三个方面的限额。第一个交易限额是总的外汇账面价值限额，银行在一定时期内对顾客的即期外汇交易和远期外汇交易的买卖总额应在这个限额内，防止过多的交易活动，将总风险限制在合理的范围内。第二个交易限额是全部到期日未抵补头寸的总和，包括全部未被不同货币抵消的外汇超买和超卖的头寸。第三个交易限额是不对称头寸的限额，特别是控制期限较长的不对称头寸。当出现不对称头寸时，可按照期限结构配对的方法予以处理。

四、外汇衍生品交易管理

银行通过在外汇市场进行衍生品的保值交易转移和分散汇率风险。所谓保值交易，就是用外汇衍生品交易代替外汇现货交易，以抵消外汇现货交易中实际存在的或预期存在的汇率风险带来的损失。外汇市场主要交易方式有远期交易、期货交易、期权交易、掉期交易及互换交易。

（一）远期外汇交易

远期外汇交易是指外汇买卖双方签订合同，约定在将来一定时期内，按照约定的汇率、币种、金额、日期和地点进行交割的外汇业务活动。

远期外汇交易是适应国际贸易、国际借贷和国际投资等避免汇率风险的需要而产生的衍生交易方式。无论是从事国际贸易的进出口商，还是从事外汇业务的银行，都可以通过远期外汇交易来避免汇率风险。远期外汇交易的基本思路是：当银行有远期净外汇债权时，将承受由于本币升值（外汇贬值）而引起以本币衡量的收入减少的风险，签订卖出远期外汇合约可以规避风险；当银行有远期净外汇债务时，将承受由于本币贬值（外币升值）而引起本币支出增加的风险，签订买入远期外汇合约可以避险。

例如，某银行6个月后将有100万美元的应收账款到账，已知外汇市场行情为

即期汇率：$1 = ¥7.74

6个月后远期汇率：$1 = ¥7.58

因美元汇率下跌，银行应签订卖出远期美元合约。表14－6给出到期日三种汇率下的现金流，从中可知，不论未来的即期汇率如何变化，银行都可以锁定以本币衡量的未来收益，即758万元人民币。

表14－6　用远期外汇交易进行套期保值的可能结果　单位：万元人民币

6个月后的即期汇率	原应收账款本币值	远期交易的损益	总现金流
$1 = ¥7.74	774	－16	758
$1 = ¥7.58	758	0	758
$1 = ¥7.42	742	16	758

在远期外汇交易中，如果合约中的结算日期尚未确定，还可以选择远期择期外汇买卖。

（二）外汇期货交易

外汇期货交易是指买卖双方分别交付保证金和佣金，通过经纪人在交易所内采取公开竞价方式买卖外汇期货合约的行为。外汇期货合约是指具有法律约束力的标准化外汇远期购销合约。该合约具有标准格式，包括规范的交易单位、指定的交割月份、每日结算及独特的交割方式。

外汇期货交易的基本思路与远期外汇交易是相同的，即当银行持有净外汇债权时，将承受由于本币升值（外汇贬值）而引起以本币衡量的收入减少的风险，应卖出外汇期货合约；而当银行持有净外汇债务时，将承受由于本币贬值（外汇升值）而引起本币支付增加的风险，应买入外汇期货合约。

例如，某银行贷出一笔50万瑞士法郎的短期贷款，3个月后偿还，贷款利率为3.275%。为防止将来资金归还时因瑞士法郎对人民币的汇率下跌而蒙受损失，该银行

决定对汇率进行套期保值。具体做法是卖出 4 张瑞士法郎的期货合约，每张合约的标准金额为 12.5 瑞士法郎。交易情况如表 14－7 所示：

表 14－7　　现货交易与期货交易的比较

现货市场	期货市场
3 月 1 日	3 月 1 日
贷出 50 万瑞士法郎	卖出 4 份 6 月份瑞士法郎期货合约
汇率：6.3551 元人民币/瑞士法郎	汇率：6.3250 元人民币/瑞士法郎
总价值：317.755 万元	总价值：316.25 万元
6 月 1 日	6 月 1 日
本息回收 50.41 万瑞士法郎［50×（1＋3.275%÷4）］	买进 4 份 6 月份瑞士法郎期货合约
汇率：6.2339 元人民币/瑞士法郎	汇率：6.2510 元人民币/瑞士法郎
总价值：314.247 万元	总价值：312.55 万元
结果：亏损 3.51 万元	结果：盈利 3.70 万元

可见，如果银行未利用外汇期货进行套期保值，仅贷款本息换算成人民币将损失 3.51 万元，而银行在外汇期货市场上的交易因瑞士法郎汇率的下跌而盈利 3.70 万元。两项相加，银行实现了对瑞士法郎的保值目标。

外汇期货交易和远期外汇交易在交易原理上很接近，买卖双方在成交后都不是立即交割。但是两种交易方式还是存在许多不同：远期外汇市场是一个无形市场，交易通过电讯手段，尤其是电传和电话进行，交易价格由双方协定，通常不需要交纳交易保证金，且合约的规模由双方协商。外汇期货交易在规定的交易所集中进行，交易价格是由买卖双方报价竞争来确定的，双方都必须交纳交易保证金，且外汇期货合约是标准格式合约，除了价格，其余条款都不能更改。不过，正是因为双方都必须交纳保证金，使得外汇期货交易的信用风险降至最低。这是它和远期外汇交易相比而言最大的优势。

但是，外汇期货交易存在着一定的局限性。因为外汇期货合约是标准化合约，对交易币种、交易单位和交割日期都实行标准化，如果受险货币不在交易货币之列，或者受险金额不是每份期货合约交易单位的整数倍，或者受险时间与期货合约的标准日期不吻合，就很难利用外汇期货交易来控制外汇交易风险。此外，利用期货合约避险还要考虑其基差风险（期货市场价格与即期市场价格变动幅度不一致的风险）。

（三）外汇期权交易

所谓外汇期权是指外汇期权合约的持有人即买方在合约期满日或到期之前，可以选择放弃或按规定的价格购买或销售一定数额某种外汇的权利。期权合约的卖方有义务在买方要求履约时卖出或者买进该种外汇。期权的买方需要向期权的卖方支付一笔费用，这笔费用即期权费，它是期权买卖的价格。无论合约最终是否履行，卖方将拥有这笔费用。如果期权交易在交易所成交，买卖双方还需向经纪人交纳手续费。

外汇期权根据合约执行时间的灵活性可分为欧式期权和美式期权。欧式期权只能在期权到期日执行，美式期权可在期权有效期内的任何一天执行。由于美式期权赋予买方更大的灵活性，所以其期权费通常比欧式期权的期权费要高一些。根据赋予买方的权利的不同，外汇期权可以分为买入期权（Call Option）和卖出期权（Put Option）。买入期权又称为看涨期权，指买方支付期权费后，在规定期间内按执行价格向期权卖方购买一定数量某种货币的权利；卖出期权又称为看跌期权，指买方支付期权费后，在规定期间按执行价格向期权卖方卖出一定数量某种货币的权利。

外汇期权交易的基本思路是：当银行持有净外汇债权时，将承受由于本币升值（外币贬值）而引起以本币衡量的收入减少的风险，应购买卖出期权合约；当银行持有净外汇债务时，将承受由于本币贬值（外汇升值）而引起本币支出增加的风险，应购买买入期权合约。

例如，日本某银行预计3个月后收回一笔40万美元的短期贷款，由于担心美元贬值，该银行做了一笔卖出40万美元的期权交易。合约价格为1美元=139.00日元；美元对日元的即期价格为1美元=141.00日元，期权费为0.1日元/美元。所以，银行卖出美元的实际汇率为：139.00－0.10=138.90（日元）。

3个月后合约到期时，银行面临两种可能的选择：如果外汇市场上美元对日元的即期汇率低于138.90日元，则银行行权，卖出40万美元，换取日元。此时可避免汇率波动而造成的损失。

如果美元对日元的即期汇率上涨超过138.90日元，期权价值为零，银行放弃行权，而在现货市场直接兑换美元。不过期权费不能退还，共4万日元（40万美元×0.1日元/美元）。

利用外汇期权交易进行保值的不足在于，期权是一种标准化合约，有些风险头寸可能不能完全由标准合约来抵补。并且，由于期权合约一般以美元标定，对非美元的两种货币进行交易时需要相应做两笔期权交易，这就提高了交易难度，保值成本也相应提高。

（四）掉期交易

掉期交易是指同时将不同交割期限的同一笔外汇买进和卖出，实际上是即期交易与远期交易或远期交易与远期交易的结合。在掉期交易中，对某种货币的买和卖同时进行，且金额相同，仅交割期限不同。换言之，通过掉期交易，未改变交易者的外汇持有额，只是改变了货币的交割期限。最常见的掉期交易是即期对远期的掉期。

例如，日本某银行6月底一笔300万新加坡元的外币贷款到期，由于预期3个月内新加坡元对日元将要贬值，于是该银行做了一笔卖出300万新加坡元的远期交易，到期日在6月底，远期汇率为1新加坡元=84.24日元。5月底，借款人提前偿还借款。设5月底新加坡元对日元的即期汇率牌价为84.22日元，1个月远期汇率为84.20日元。

该银行5月底在即期市场卖出已经收回的300万新加坡元，价格为1新加坡元=84.22日元，同时按1新加坡元=84.20日元买入300万6月底到期的远期新加坡元。6月底，两笔远期交易均到期，一笔是以84.24日元的价格卖出新加坡元，另一笔是以

84.20 日元的价格买入新加坡元，净汇率差为

$$84.24 - 84.20 = 0.04\ (\text{日元})$$

即到6月底时，该银行远期交易每1新加坡元收入0.04日元，相当于5月底卖出的新加坡元的价格为84.26日元（84.22+0.04），锁住了外汇风险。

（五）货币互换

货币互换是指在一定时期内，具有相同身份（均为债务人或均为债权人）的互换双方按照某一不变汇率，直接或间接交换不同货币表示的债务或债权。货币互换合约一般有如下规定：在合约生效日以约定汇率交换等值本金，合约到期后，依原汇率再换回本金。货币互换可以规避汇率风险，也可用于降低融资成本。

例如，A银行需要筹措5年期的欧元资金，但是它发行固定利率美元债券可筹措较便宜的资金。B银行发行5年期固定利率欧元可筹到较便宜的资金，但它现时却需要美元。

于是两家银行达成货币互换协议。这样，A银行发行固定利率美元债券，B银行就发行固定利率欧元债券，将所得的资金按协定签订时的汇率（如1美元=1.12欧元）互相卖给对方。当5年期满时，A银行、B银行做反方向交换，即A银行向B银行出售欧元，B银行向A银行出售等额美元。这样，尽管不同货币利率不同，支付的利息也不相同，但仍可按5年前的不变汇率互售货币。结果双方都以较低成本筹到了所需的资金，也避免了汇率风险。

本章小结

1. 商业银行的利率风险是指市场利率的波动和结构变化通过存款、贷款和拆借等业务影响商业银行经营成本和收益的可能性。常见的利率风险管理方法有利率敏感性缺口管理、久期缺口管理和采用远期利率协议、利率互换和利率期权等衍生工具交易方式进行管理。

2. 商业银行的汇率风险是指商业银行在经营外汇业务的活动中，由于各国货币之间汇率的波动而使银行的资产在持有或运用过程中蒙受意外损失，或者获取额外收益的可能性。汇率风险的一般表现为交易风险、折算风险、经济风险、结算风险和国家风险。交易风险是指商业银行在对客户进行外汇买卖业务或在以外币进行贷款、投资以及随之而来的外汇兑换活动中，因汇率变动可能遭受损失的风险。商业银行管理交易风险的主要方法是敞口头寸管理、外汇资产负债配对管理以及通过外汇衍生品的保值交易进行管理。

本章重要概念

利率　利率风险　汇率　汇率风险　利率敏感性缺口　久期缺口　远期利率协议
利率互换　利率期权　外汇风险敞口　远期外汇交易　外汇期货交易
外汇期权交易　掉期交易　货币互换

本章思考题

1. 商业银行的利率风险是如何产生的?
2. 在管理利率风险时，利率敏感性缺口管理和久期缺口管理有何不同?
3. 试述远期利率协议、利率互换和利率期权的交易原理。
4. 简述外汇风险敞口的计算方法。
5. 远期外汇交易、外汇期货交易、外汇期权交易各有何不同?
6. 简述掉期交易和货币互换的交易原理。

本章参考书

[1] 倪献忠等:《现代商业银行风险管理》，北京，中国金融出版社，2004。

[2] 林后春、蒋三庚、成小洲等:《金融风险及其防范》，北京，中国发展出版社，2000。

[3] 孟生旺、袁卫:《利息理论及其应用》，北京，中国人民大学出版社，2001。

[4] [美] 安东尼·G. 科因、罗伯特·A. 克兰、杰斯·莱德曼:《利率风险的控制与管理》，中文版，北京，经济科学出版社，1999。

[5] [美] 约翰·马歇尔、维普尔·班赛尔:《金融工程》，中文版，北京，清华大学出版社，1998。

[6] 任正晓:《外汇理论与风险防范》，北京，中国经济出版社，2006。

第十五章

操作风险管理

操作风险是银行业面临的最古老的风险之一，往往给银行带来严重的经济损失。但是对操作风险的认识、研究和管理却远落后于信用风险和市场风险。直至《巴塞尔新资本协议》将操作风险纳入风险管理框架，要求金融机构为操作风险配置相应的资本金水平，操作风险才日益引起国际金融界的密切关注，对操作风险的管理也有了基本框架和明确要求。

第一节　操作风险概述

操作风险与信用风险、市场风险存在巨大的区别。信用风险和市场风险是投机性风险，既包含潜在的损失，也意味着潜在的盈利机会，是银行以及其他金融机构的利润来源，金融机构必须通过承担信用风险和市场风险，在风险中谋取利润。操作风险是纯风险，银行承担操作风险不会增加利润，只会增加损失。

一、操作风险的定义

国际金融界对操作风险尚未形成统一的认识，因而对于操作风险的定义也是林林总总，总体看对操作风险的定义有两种方式，即间接定义和直接定义。间接定义方式把信用风险、市场风险以外的其他风险都定义为操作风险，直接定义方式则把操作风险的内涵和外延进行清晰界定。以下几种定义具有代表性。

（一）全球风险专业人员协会的定义

全球风险专业人员协会（Global Association of Risk Professionals，GARP）将操作风险定义为与业务操作相联系的风险，包括两个部分：操作失败风险和操作战略风险。其中操作失败风险即操作业务过程中由于人为因素、流程或技术失败、外部因素等原因而发生失败的可能性；操作战略风险即由于竞争对手对业务流程更新、相关政治和监管制度发生变化等因素而使本单位发生损失的可能性。

为了更好地监控操作风险，GARP 将上述两种操作风险细分为十六个方面的风险（见表 15－1）。

表 15－1　　GARP 关于操作风险的界定

风险	产生原因
控制性风险	缺乏有效的控制机制或控制机制运行低效
流程风险	业务运作过程低效率
名誉风险	由于名誉受损导致股价下跌、营业收入减少
人力资源风险	雇员的结构不合理或雇员解聘导致损失
法律风险	索赔诉讼、新产品不被法律认可、过于复杂的法律协议导致部分现金流未纳入核算或清算系统、区域间不同法律规定导致金融产品不能自由流通
收购风险	收购行为不经济
营销风险	产品营销误导或错误的营销策略
技术风险	不能及时更新技术或新技术使用不当
税收变更风险	因税收政策变更导致某一项目或业务无利可图
监管变更风险	外部监管变化对银行业务及效益造成巨大影响
营运能力风险	整个运营中的人力资源及 IT 基础等营运能力难以支撑业务的进一步拓展
安全性风险	内部或外部人员的犯罪行为
项目风险	一些重大项目的失败可能导致重大损失
供应商风险	第三方的运作可能对银行的经营产生重要影响
自然灾害风险	大规模的山崩、泥石流、地震或风暴等自然灾害
人为灾害风险	由于经营的社会环境恶劣造成的风险

资料来源：张吉光：《商业银行操作风险识别与管理》，北京，中国人民大学出版社，2005。

GARP 认为操作风险不仅仅存在于金融行业中，也存在于其他行业中，因而该协会界定操作风险时侧重于从一般企业角度，而非仅仅基于商业银行。

（二）英国银行家协会的定义

英国银行家协会（British Bankers Association，BBA）认为操作风险是由于内部程序、人员、系统的不完善或失误，或外部事件造成直接或间接损失的风险。

BBA 根据操作风险定义中的四个来源对操作风险进行了系统、直观的界定，见表15－2。

表 15－2　　BBA 关于操作风险的界定

第一级：因素	第二级：定义	第三级：详细
人	雇员欺诈/犯罪	共谋犯罪、挪用客户资产、蓄意破坏银行声誉、洗钱、偷窃实物财产或知识产权
	越权行为/欺诈交易	滥用授权
	操作失误	夸大交易量、市场操纵、影响价格的不当行为、与未授权的对手进行交易、使用未授权的产品、超过限额、错误使用内部模型、超越交易规则、违法销售、忽视/缩减操作流程
	违反用工法	非法终止合同、歧视政策或差别对待、虐待员工、违反其他雇工法、违反健康与安全规定
	劳动力中断	罢工等劳工行动
	关键人员流失或缺乏	关键人员流失、合适人员流失

续表

第一级：因素	第二级：定义	第三级：详细
流程	支付清算/传输风险	失败的/不适当的内部支付清算流程、和解失败的损失、证券交付错误、超越权限、人员/系统处理资料能力不足
	文件/合同风险	文件残缺、合同条款残缺、不合适合同条款、交易记录不全
	估价/定价风险	模型风险、输入错误
	内部/外部报告风险	不适当的异常报告、会计记录错误/数据缺乏、风险管理报告不充分、不适当的调整报告、财务报表不充分、税款报告不充分、股票交易/证券报告不充分、违反数据保护法/隐私保护及相关法规
	执行	违反内部规章/流程、违反外部流程
	策略风险/管理变动	不适当的策略/计划建议、不合适的新产品流程、超出计划
	出售风险	产品选择不当、产品设计过于复杂、低水平的建议
系统	科技投资风险	不适当的体系、战略风险（平台设计/供应商选择）、业务需求的不当解释、与现有系统不兼容、硬件老化、软件老化
	系统开发和执行	项目管理不当、超过时间/成本预算、程序设计错误、整合/移入/移出现有系统失败、系统与业务需求不符
	系统功能	功能规划缺乏、软件功能不全
	系统失败	网络失败、系统依赖风险、接口失败、硬件失败、软件失败、内部通信失败
	系统安全	外部系统安全、内部系统安全、计算机病毒、第三方程序欺诈
外部事件	法律/公共责任	违反环境管理、违背信托/代理责任、法律解释、流言
	犯罪	外部欺诈/支票诈骗/伪造、客户开立账户诈骗、冒充银行分支机构、勒索、抢劫、洗钱、恐怖/爆炸、外部因素引起的业务中断、有形财产损失、纵火
	外部采购/供应商风险	供应商破产、违背职责、合同不当、违背服务协议、供应商/交货风险、供应商/服务提供者的不当管理
	外部开发风险	为第三方提供外部开发风险
	灾难/基础设施	火灾、洪水、其他自然灾害、全国性灾难、交通事故、能源不足、外部通信中断、建筑物
	政策调整	行业/国家政策的改变
	政治/政府风险	战争、财产征用、业务封锁、税制改革、法律上的其他改变

资料来源：www. bba. org. uk。

BBA 对操作风险的定义较为完整，得到了国际金融界的广泛认可，在新资本协议制定中，巴塞尔委员会充分借鉴了 BBA 的这一定义。

（三）巴塞尔委员会的定义

《巴塞尔新资本协议》中规定，操作风险是指由不完善或有问题的内部程序及系统或外部事件所造成的风险。该定义包括法律风险，但不包括策略风险和声誉风险。根据《巴塞尔新资本协议》的内容，操作风险事件包括表 15－3 所列的七项内容。

表 15－3 操作风险损失事件分类详表

事件类型	定义	业务举例	
内部欺诈	故意骗取、盗用财产或违反监管规章、法律或公司政策导致的损失，此类事件至少涉及内部一方，但不包括性别/种族歧视事件	未经授权的活动	交易不报告（故意）、交易品种未经授权（存在资金损失）、头寸计价错误（故意）
		盗窃和欺诈	欺诈/信贷欺诈/假存款、盗窃/勒索/挪用公款/抢劫、盗用资产、恶意损毁资产、伪造、多户头支票欺诈、走私、窃取账户资金/假冒开户等等、贿赂/回扣、内幕交易（不用企业账户）
外部欺诈	第三方故意骗取、盗用财产或逃避法律导致的损失	盗窃和欺诈	盗窃/抢劫、伪造、多户头支票欺诈
		系统安全性	黑客攻击损失、盗窃信息（存在资金损失）
就业政策和工作场所安全性	违反就业、健康或安全方面的法律或协议，个人工伤赔付或因性别/种族歧视事件导致的损失	劳资关系	薪酬、福利、雇用合同终止后的安排
		安全性环境	有组织的劳工行动、一般责任、违反员工健康及安全规定事件、工人的劳保开支
		性别及种族歧视事件	所有涉及歧视的事件
客户、产品及业务操作	因疏忽未对特定客户履行分内义务（如信托责任和适当要求）或产品性质或设计缺陷导致的损失	适当性、披露和信托责任	违背信托责任/违反规章制度、适当性/披露问题（了解你的客户等）、泄露私密、冒险销售、为多收手续费反复操作客户账户、保密信息使用不当、贷款人责任
		不良的业务或市场行为	反垄断、不良交易/市场行为、操纵市场、内幕交易（不用企业的账户）、未经当局批准的业务活动、洗钱
		产品瑕疵	产品缺陷（未经授权等）、模型误差
		客户选择，业务提起和风险暴露	未按规定审查客户、超过客户的风险限额
		咨询业务	咨询业务产生的纠纷
实体资产损坏	实体资产因自然灾害或其他事件丢失或毁坏导致的损失	灾害和其他事件	自然灾害损失、外部原因（恐怖袭击、故意破坏）造成的人员伤亡
业务中断和系统失败	业务中断或系统失败导致的损失	系统	硬件、软件、电信、动力输送损耗/中断
执行、交割及流程管理	交易处理或流程管理失败和因交易对手及外部销售商关系导致的损失	交易认定、执行和维持	错误传送信息、数据录入/维护或登载错误、超过最后期限或未履行义务、模型/系统误操作、会计错误/交易方认定记录错误、其他任务履行失误、交割失败、担保品管理失败、交易相关数据维护
		监控和报告	未履行强制报告职责、外部报告失准（导致损失）

续表

事件类型	定义	业务举例	
执行、交割及流程管理	交易处理或流程管理失败和因交易对手及外部销售商关系导致的损失	招揽客户和文件记录	客户许可/免责声明缺失、法律文件缺失/不完备
		个人/企业客户账户管理	未经批准登录账户、客户记录错误（导致损失）、（客户资产因疏忽导致的损失或毁坏）
		交易对手方	非客户对手方的失误、与非客户对手方的纠纷
		外部销售商和供应商	外包、与外部销售商的纠纷

资料来源：www. bba. org. uk。

从《巴塞尔新资本协议》的《损失事件分类详表》可知，巴塞尔委员会关于操作风险的定义基本上涵盖了商业银行的所有业务线，特别是突出强调了银行内部人员操作和业务系统因素所导致的操作风险。随着《巴塞尔新资本协议》成为越来越多的国家的监管标准，由该协议提出的定义也就越来越受到重视。

（四）中国银监会的定义

中国银监会于2007年颁布了《商业银行操作风险管理指引》，该指引将操作风险定义为由不完善或有问题的内部程序、员工和信息科技系统以及外部事件所造成损失的风险。该定义所指的操作风险包括法律风险，但不包括策略风险和声誉风险。

《商业银行操作风险管理指引》将导致操作风险的事件分为七种类型，即：内部欺诈，外部欺诈，就业制度和工作场所安全，客户、产品和业务活动，实物资产的损坏，营业中断和信息技术系统瘫痪，执行、交割和流程管理。

上述四种定义的核心内容是一致的，都是围绕人、流程、系统和事件等因素来展开，但侧重点有所不同。GARP对操作风险的定义建立在对多种类型企业（银行只是其中之一）的操作风险进行总结分析的基础上，覆盖面比较广，有些内容并不适合于商业银行；BBA对操作风险的界定主要是从商业银行对操作风险进行管理的角度来进行的，所以界定比较详细，分类也比较清晰，有利于商业银行对操作风险进行识别和管理；巴塞尔委员会则充分借鉴了BBA对操作风险的定义，并侧重于从银行操作风险监管的角度对操作风险下定义，所以特别强调资料和数据的易得性、可监控性和可计量性；中国银监会则在考虑中国商业银行与国外商业银行在经营管理方面及面临的经济环境和社会环境等条件的差异的基础上，借鉴《巴塞尔新资本协议》的规定对操作风险进行定义。由于中国银监会的监管工作正在和《巴塞尔新资本协议》接轨，并逐步按巴塞尔委员会提出的要求进行监管，因此，参照巴塞尔委员会的规定给操作风险下定义，有利于我国银监会参照巴塞尔委员会的要求进行监管，提高监管水平。

二、操作风险的来源

在存款及柜台业务、会计业务、信贷业务、资金业务、中间业务、计算机信息系统等各条业务线中，都可能发生操作风险。

（一）存款及柜台业务中的操作风险

存款业务及柜台业务是直接面对储户和普通客户的零售业务，单笔业务也许不大，但业务总量很大，是银行操作风险发生较为集中的地方，尤其是在印、押、证管理和空白凭证管理中，常有因为管理工作不到位或操作员粗心大意而发生操作风险的现象。具体来说，以下几个方面是容易产生操作风险的环节。

账户的开立、变更和撤销。根据规定，银行对账户的开立、变更和撤销业务应设立复核、审批制度，以防范内部人利用客户账户作案。如果银行未建立起复核、审批制度，或虽然建立了复核、审批制度但未认真执行，流于形式，则可能发生操作风险。

大额存款单的签发及大额存款支取。银行对大额存单签发和大额存款支取应实行分级授权与双签制度，以防范内部人挪用客户资金。如果银行未设立分级授权和双签制度或虽然有制度但执行不严，则容易发生操作风险。

对开销户登记簿、验印系统、印鉴卡等重要物品的管理。重要物品应当专人管理，并实行定期检查核对，特别是印鉴卡的保管，如果存在保管漏洞，容易成为内部人用以制造操作风险的对象。如2005年2月，建设银行吉林分行工作人员张雨杰，利用银行印鉴卡管理上存在的漏洞，轻易取得某企业印鉴，伪造企业公章，将该企业的资金转出银行，造成3.2亿元存款人间蒸发。

账户异常变动监控。账户异常变动很可能是操作风险发生的信号，加强对账户异常变动的监控，有利于及时发现操作风险。但是如果粗心大意，疏于监控，银行将很难及时发现这类事件。

重要空白凭证管理。重要凭证管理制度不健全有可能造成凭证流失，进而可能成为不法分子的作案工具。

印、押、证管理。印、押、证实行三分管，有利于在相关岗位之间形成有效制约和监督。如果印、押、证实行集中管理，则对三者的调用将失去约束和监督，容易酿成操作风险。

操作系统。操作系统的漏洞可能会被不法分子所利用。

柜台人员名章、操作密码、身份识别卡等物品的管理。柜台人员应注意保管这些物品，防止因保管方面的疏漏为作案分子提供可乘之机。

营业终了的账务管理。账务管理不善也会造成风险隐患，在缺乏定期、严格的对账制度的情况下，银行会很难防范内部人员作案。

（二）会计业务中的操作风险

会计业务是操作风险的易发领域。下面几个方面是会计业务中容易发生操作风险的环节。

会计岗位的设置。包括重要会计岗位和普通会计岗位。重要会计岗位包括会计主管、会计负责人、联行、同城票据交换以及出纳等岗位。这类岗位如果不实行定期轮换，容易发生内部勾结或内外勾结作案。对普通会计岗位的设置，如果没有实行责任分离、相互制约，存在一人兼任非相容的岗位或独自完成会计过程的业务操作现象，就存在会计人员制造操作风险的可能性。

授权。各级会计部门、会计人员均应有明确的权限，不能越权从事会计业务。如果授权不清，则责权不明，发生事故无人担责，就会成为某些别有用心的人图谋不轨的漏洞。

对账。银行账务应定期核对，确保账账、账据、账款、账实、账表和内外账等六项相符，并对账务处理、核对实行必要的监督。如果对账制度不健全、对账周期过长、对账日期长期固定，内部人员可以根据对账规律钻空子，则对账制度就容易失去监督效力。

（三）信贷业务中的操作风险

从近年来国内商业银行发生的操作风险来看，信贷业务是操作风险的集中高发领域，由于信贷业务的规模常常比较大，所以一旦发生操作风险，给银行带来的损失远比存款及柜台业务中的操作风险所造成的损失大。信贷业务中发生操作风险的环节比较多，大致包括十一个方面。

岗位分设。银行授信岗位设置应当坚持审贷分离、业务经办与会计账务处理分离的原则，做到分工合理、职责明确，岗位之间相互配合、相互制约。审贷合一容易造成信贷资产质量低下，业务经办与会计账务处理的合一则为内部人作案或内外勾结作案提供了便利。

集体审查制度。银行信贷审批坚持集体审查制度，在一定程度上解决了权力寻租和道德风险问题。但是这一制度看似人人负责，实际上却是无人负责，因而在实行过程中可能出现偏差。贷款审批委员会（贷审会）的部分成员因为怕承担责任，在表决时不敢表述真实想法，造成贷审会的审议不充分，对风险的有效防范不够。

审查、审批权限和工作程序。信贷审查人及审批人权限不明、工作程序混乱、监督机制缺乏，往往会导致某些别有用心的信贷员绕开审查人和审批人的监督，引发操作风险。

集团客户授信。银行对集团客户应当实行统一授信管理，将同一集团内各企业的授信纳入统一的授信额度内，核定集团总的授信额度。如果银行对集团客户未实行统一授信管理，集团客户可能会利用下属公司多头开户、多头贷款和多头互保套取银行资金。

贷款“三查”。即贷前调查、贷时审查和贷后检查。贷前调查不尽职，未实行双人实地调查，资料虚假，对客户已经存在的经营性风险视而不见，对担保情况未予以核实，对财务风险和非财务风险及还款能力缺乏正确的分析和评估，授信前调查报告流于形式，调查人员的道德风险等等，都会导致贷前调查失去效力。此外，贷时审查欠公正，未审查资料的完整性，不能准确、全面地揭示业务风险，贷后检查流于形式，或故意隐瞒问题，到期或逾期催收不及时，授信档案管理不规范，授信后工作交接不合规，都可能触发操作风险。

授信管理办法。授信管理办法不完善，在一些细节方面缺乏明确规定，往往会留下风险隐患，如对利率水平、收费标准、担保要求、申报资料、贷后管理等内容的规定含糊不清，造成不同人员的操作方式存在很大差异，甚至发生违规操作。

授信审批程序。授信审批程序存在缺陷或执行不严，可能引发逆程序操作、放宽授信标准、发放行政干预贷款和人情贷款等操作风险。

关系人授信。如果银行对关系人授信时未能坚持公开、公平和公正的原则，就可能引发违规行为。

借款用途的审查和监控。银行对借款用途的审查和监控不严，贷款资金就很可能被挪作他用，甚至借款人会故意隐匿贷款用途，骗取银行资金，拒不偿还。

借款人资料审查。如果银行对借款人资料审查不严，对其资格合法性、融资背景和申请材料的真实性和借款合同的完备性缺乏足够的审查，就会为某些人编造虚假证件材料以诈骗银行贷款的行为提供可乘之机。

合同文本。银行的合同文本格式不统一、条款不齐全，容易引发法律风险。此外，签订合同和修改合同未认真审查，对虚假签章和签字、伪造签章授权书、非法人代表签章、倒签章、签章遗漏等现象不能及时发现，法律文本修改不具有法律效力，修改后减轻或免除了债务人、担保人的义务和责任，都可能引发操作风险。

（四）资金业务中的操作风险

资金业务作为国内银行开展的新业务，为银行的利润增长提供了重要的帮助。但是，该业务中隐藏的风险，特别是操作风险，还没有得到足够的重视。在资金业务中，以下五个方面是容易产生操作风险的环节。

岗位分设。前台交易与后台结算应当分离，业务操作与风险监控应当分离。如果这两个分离不能做到，就难以防止交易员从事越权交易、欺诈行为和违规操作。

资金的调入和调出。无实际业务背景的资金调入和调出往往隐藏着某种违规甚至违法行为。

授权。银行应根据交易的风险程度和交易员的管理能力等对交易员进行授权，且授权时应该就交易品种、交易金额、交易止损位、单笔业务规模、累积最大交易限额、累积最大交易损失限额等作出具体规定，并严格适时监督交易员的交易仓位和盈亏状况。如果授权不清，监督不及时，可能发生越权交易、超越限额交易、损失超过累积最大交易损失限额、损失隐瞒不报等操作风险。

交易头寸。交易头寸过大带来的风险也大，特别是市场出现不利的走势时尤其如此。

极端情况的应对措施。这是指外部事件造成银行操作风险的情况，如市场出现极端的价格变动、市场流动性迅速降低、主要交易对手倒闭等，往往会使商业银行遭受重创。

（五）中间业务中的操作风险

中间业务中的操作风险主要来源于以下方面：

支付结算业务。银行办理支付结算业务时，持票人提交的票据或结算凭证要素不齐全，或提交变造、伪造的票据或结算凭证，委托收、付款指令不正确或超过有效期限以及银行员工操作失误，都会带来操作风险。

代理业务。银行办理代理业务时，如果未设立专户完善核算代理资金的拨付、回收，造成代理资金被挤占挪用，或者为了保持与客户的代理关系，为客户垫款，介入客户与其他人的交易纠纷，都可能形成操作风险。

贷记卡。在贷记卡的发放过程中，对申请人的资料审查不严格，会留下风险隐患；此外，贷记卡持卡人恶意透支，或利用贷记卡进行违法活动等等，都会给银行造成不必要的损失。

咨询顾问业务。银行在咨询业务中如果不能对客户履行分内义务（如及时提示风险、为客户保密等）或服务设计存在缺陷，会导致客户流失、客户与银行产生纠纷、银行声誉受损。

保管箱业务。银行在办理保管箱业务过程中的操作风险主要表现为：场地设备或处理软件不符合国家标准，导致倒塌或损坏，并毁坏客户保管的财物；对设备的操作处置不当造成客户财物损毁；某些客户利用银行场地保管非法物品。

（六）计算机信息系统操作中的操作风险

计算机信息系统的安全性、漏洞和病毒等都会引起操作风险。从系统开发、机器采购到机器的日常运行，都有可能产生操作风险。具体来看，由计算机信息系统引发的操作风险可以分为九个方面。

岗位分离。计算机信息系统的开发、管理和操作应该实行分离岗位，以形成相互制约的关系。如果三类岗位未实行有效分离，或虽然分离，但是因为三类岗位人员相互串通，内部工作人员恶意窜改系统信息内容，给银行造成损失的风险将无法避免。

系统开发。系统开发环节是在计算机信息系统操作中容易产生操作风险的第一个关键点。在信息系统的项目立项、开发、验收、运行和维护的整个过程中，银行都必须全程严格管理，防止出现系统缺陷或开发人员的恶意设置。

外部采购。银行在采购软件、硬件设备时，应当严格审查供应商的资料条件，坚持新软件、新设备在投入使用前充分进行安全测试，确保安全性。同时，采购合同必须明确供应商在产品使用期间应当承担的责任。

网络管理系统。完善的网络管理系统可以对网络安全、故障、性能、配置等进行有效管理，以确保接入互联网的安全性。

用户和密码管理。银行应该对用户的创建、变更、删除和密码的长度、时效等设置实行严格的控制，同时禁止员工相互转让用户名和权限卡，员工离岗后应及时更换密码和密码信息，防止内部人员作案。

病毒入侵。病毒入侵是所有使用互联网系统的部门共同面临的问题，为了防止系统遭受病毒入侵的损害，银行必须定期更新系统安全设置、及时升级杀毒软件、查补系统漏洞，并通过认证、加密、内容过滤、入侵监测等技术手段，完善和加强安全控制措施。

数据信息管理。银行如果对数据的操作以及数据备份介质的存放、转移和销毁等未进行严格管理，丢失客户信息，不但有损客户资产安全，也损害银行声誉。

网上银行。安全性是网上银行业务面临的最大障碍。在开展网上银行业务的过程中，银行必须对客户身份识别、安全认证等设置严格的识别认证程序，防止发生泄密事件。

应急系统（灾难备份）。应急系统是防止计算机信息系统出现故障而发生操作风险的最后一道屏障。银行必须保证应急系统本身的安全可靠性，如制订详细可行的应急方案，定期进行修订和演练，并在异地建立数据备份中心。

第二节　操作风险的管理

各种操作风险的源头基本上在银行内部，为了确保对操作风险进行及时有效的监督和管理，防范操作风险的发生，必须发挥银行和银行监管部门的积极作用。监管部门提出原则性框架，指导银行建立适合自身业务特征的操作风险监控体系和防范机制；银行应该将已经出现的操作风险及时向监管部门汇报，防止风险向其他银行部门进一步蔓延和扩大。

一、操作风险管理的组织框架

商业银行应当建立起恰当的操作风险管理体系，这一管理体系的特征是它是在董事会监控下，由高级管理层直接领导的操作风险管理的专门部门。

（一）董事会的管理职责

商业银行操作风险管理的最终责任应由董事会承担，董事会对本银行的产品、业务过程和相关风险应有全面的了解，把操作风险作为一种必须管理的主要风险类别，核准并定期审核本行的操作风险管理系统。董事会关于操作风险管理的策略和总体政策必须由银行高级管理层负责领导，操作风险管理部门贯彻执行。

董事会在操作风险管理方面的主要职责包括：（1）制定与本行战略目标相一致且适用于全行的操作风险管理战略和总体政策；（2）通过审批及检查高级管理层有关操作风险的职责、权限及报告制度，确保全行操作风险管理决策体系的有效性，并尽可能地确保将本行各项业务所面临的操作风险控制在可以承受的范围内；（3）定期审阅高级管理层提交的操作风险报告，充分了解本行操作风险管理的总体情况、高级管理层处理重大操作风险事件的有效性以及监控和评价日常操作风险管理的有效性；（4）确保高级管理层采取必要的措施有效地识别、评估、监测和控制/缓释操作风险；（5）确保本行操作风险管理体系接受内审部门的有效审查与监督；（6）制定适当的奖惩制度，在全行范围有效地推动操作风险管理体系的建设。

（二）高级管理层的管理职责

高级管理层负责操作风险管理实施过程中的授权和日常决策工作，同时确保操作风险管理过程正常运行。高级管理层还应定期检查操作风险报告，以确定其对操作风险管理的要求得到了满足。

具体来说，高级管理层的主要职责包括：（1）在操作风险的日常管理方面，对董事会负最终责任；（2）根据董事会制定的操作风险管理战略及总体政策，负责制定、定期审查和监督执行操作风险管理的政策、程序和具体的操作规程，并定期向董事会提交操作风险总体情况的报告；（3）全面掌握本行操作风险管理的总体状况，特别是各项重大的操作风险事件或项目；（4）明确界定各部门的操作风险管理职责以及操作风险报告的路径、频率、内容，督促各部门切实履行操作风险管理职责，以确保操作风险管理体系的正常运行；（5）为操作风险管理配备适当的资源，包括但不限于提供必要的经费、设置必要的岗位、配备合格的人员、为操作风险管理人员提供培训、赋予操作风险管理人员履行职务所必需的权限等；（6）及时对操作风险管理体系进行检查和修订，以便有效地应对内部程序、产品、业务活动、信息科技系统、员工及外部事件和其他因素发生变化所造成的操作风险损失事件。

（三）业务部门的管理职责

操作风险管理部门是一个与其他部门相对独立的部门，其任务是辅助高级管理层完成其操作风险管理任务。这一任务通过两方面的活动完成，一方面是评估、监控和报告银行整体的操作风险，另一方面是评定风险管理活动是否已按照操作风险管理战略和政策执行。具体来说，操作风险管理部门的工作既包括建立操作风险管理体系，也包括实施和执行既定的操作风险管理策略，以检查风险管理绩效。

操作风险管理部门在体系建设方面的主要职责包括：（1）拟定本行操作风险管理政策、程序和具体的操作规程，提交高级管理层和董事会审批；（2）协助其他部门识别、评估、监测、控制及缓释操作风险；（3）建立并组织实施操作风险识别、评估、缓释（包括内部控制措施）和监测方法以及全行的操作风险报告程序；（4）建立适用于全行的操作风险基本控制标准，并指导和协调全行范围内的操作风险管理；（5）为各部门提供操作风险管理方面的培训，协助各部门提高操作风险管理水平、履行操作风险管理的各项职责；（6）定期检查并分析业务部门和其他部门操作风险的管理情况并向高级管理层提交操作风险报告。

操作风险管理部门在执行既定的操作风险管理策略、检查风险管理绩效方面的主要职责包括：（1）指定专人负责操作风险管理，其中包括遵守操作风险管理的政策、程序和具体的操作规程；（2）根据本行统一的操作风险管理评估方法识别、评估本部门的操作风险，建立持续有效的操作风险监测、控制/缓释及报告程序并组织实施；（3）在制定本部门业务流程和相关业务政策时，充分考虑操作风险管理和内部控制的要求，应保证各级操作风险管理人员参与各项重要的程序、控制措施和政策的审批，以确保与操作风险管理总体政策的一致性；（4）监测关键风险指标，定期向负责操作风险管理的部门或牵头部门通报本部门操作风险管理的总体状况，并及时通报重大操作风险事件。

二、操作风险管理程序

商业银行必须建立规范可行的操作风险评估程序，对所有重要产品、活动、流程和系统中固有的操作风险有充分的识别和评估，尤其在引进或推广新产品、新活动、新程序、新系统之前，对其中固有的操作风险有足够的评估。为了满足高级管理层和操作风险管理部门的要求，操作风险管理的程序一般包括以下几个关键过程。

（一）风险识别

风险识别包括对当前风险和未来的潜在风险的认知。这个过程需要考虑六个方面的因素：第一，潜在操作风险的整体情况；第二，银行运行所处的内外部环境；第三，银行的战略目标；第四，银行提供的产品和服务；第五，银行的独特环境因素；第六，内外部的变化以及变化的速度。识别操作风险必须考虑可能引起风险的所有潜在原因，如交易过程、销售活动、管理过程、人力资源、卖方、技术、外部环境、灾害、越权、非法行为等。

（二）风险评估与计量

风险评估与计量的目的在于根据操作风险的具体情况，有针对性地采取管理措施。对银行不能接收或超过机构风险偏好的那些风险敞口，银行应选择合适的缓释机制并对需要缓释的风险进行优先排序。

银行在评估操作风险时，必须考察风险的产生原因、风险发生的概率，以及在不考虑控制战略影响的情况下风险可能造成的影响。操作风险的影响不仅是经济上的直接影响，还包括对公司声誉、公司目标实现的影响。

银行用于识别、评估操作风险的工具大致包括四类：第一类，自我风险评估。银行必须充分评估业务流程和管理体系中存在的潜在风险，采取经常开列清单和使用工作组的形式来识别可能触发操作风险的工作环节。第二类，风险对应关系。操作风险有多种类别，并分散于银行的各部门和业务流程全程。将风险类别与各职能部门、业务流程各环节建立起对应关系，有利于加强操作风险管理力度，提高操作风险管理效率。第三类，风险指标　这是指用来考察银行操作风险状况的统计数据和指标，包括失败交易的次数、员工流动的比率、错误与遗漏的频率和严重程度等。第四类，计量。一些银行已经开始采用许多方法量化操作风险程度，如通过积累历史损失记录数据，可以用于帮助评估银行蒙受操作风险的程度以及开发控制缓解风险的政策。

（三）风险缓释

设计并实施具有成本效益的风险缓释工具，把操作风险降低到能够接受的水平，对银行而言具有重要意义。适当的缓释措施需要考虑从以下几个方面着手：外部责任（如外部监管、法律或其他要求），变革管理，新的交易对手和客户，内部控制，责任界定，协调，信息系统管理，对附属或参股的第三方提供服务，专业人员和人力资源，业务连续性规划，内部审计和风险管理职能部门的责任，保险。

巴塞尔委员会尤其强调的是，应当将内部审计从以平级审计为主转向以自上而下的垂直审计为主，并且审计部门出具的结果应该直接向董事会汇报并落实相应的改进措施。此外，管理层还需要从降低一项特定操作风险概率的效果以及降低一项风险发生时带来影响的效果两方面来评估措施的充足性。

（四）风险监控

风险监控有利于快速发现并纠正管理操作风险的政策、程序和步骤中的缺陷，减少损失事件的频率和严重性。银行高级管理层应该建立起一套操作风险监控程序，以实现下列目标：对银行面临的所有类型的操作风险的定性或定量评估结果进行监控；评估缓释活动是否有效、适当，包括风险能在多大程度上被转移至银行外部；确保风险管理系统正常运行。

银行要建立风险衡量标准或关键风险指标，确保重大风险事件的相关信息被传递至适当的管理层级。监控的频率根据业务流程各环节所包含的风险及操作环境变化的频率和性质而确定。

（五）风险报告

风险报告的内容包括银行面临的关键操作风险或潜在操作风险、风险事件、补救措施、已实施措施的有效性、管理风险敞口的详细计划、预期操作风险即将发生的压力领域、为管理操作风险而采取步骤的状态等，并且这些信息应该满足下列要求：使高级管理层和经营者能够确定风险管理经理的委派是有效的，并且他们对操作风险管理的要求得到了满足；使整体风险预测能够与银行的风险战略和偏好相比较并得到评定；使关键风险指标得到监控，可以判断采取措施的必要性；使业务单元能够确定对关键风险的控制已成功地实施，有关信息得到了传递；避免风险管理过程的重复。

（六）制订应急和连续营业方案

某些超出银行控制的严重事件，如银行的物资、电讯和信息技术基础受损等，可能导致银行不能履行部分或全部职责。所以银行必须建立灾难恢复和业务连续方案，方案既要考虑银行可能遭受的各种可能的情况，还应该适应银行经营的规模和复杂性。

银行应该定期检查灾难恢复和业务连续方案，保证能与目前的经营和战略相吻合，确保在实施这些方案时能有效地应对灾难，保证业务连续性，避免发生操作风险。

本章小结

1. 国际金融业对操作风险的定义不尽相同，其中最具代表性的是《巴塞尔新资本协议》的定义：操作风险是指由不完善或有问题的内部程序及系统或外部事件所造成的风险。该定义包括法律风险，但不包括策略风险和声誉风险。

2. 在商业银行管理和业务流程的各个环节都可能发生操作风险，各职能部门和各种业务中的操作风险形式不一，影响不同。

3. 为了有效管理操作风险，银行必须建立起在董事会监控下的由高级管理层直接领导的操作风险管理的专门部门。董事会、高级管理层和专门部门各负其责，实现对银行操作风险的全程管理。

本章重要概念

操作风险　风险识别　风险释放　风险监控

本章思考题

1. 试比较全球风险专业人员协会、英国银行家协会、巴塞尔委员会和中国银监会关于操作风险的定义。

2. 在本章分析的操作风险来源中，你能根据风险发生后可能造成损失的大小进行排序吗？

3. 国内银行业对操作风险的重视和管理才刚刚起步，你能根据《巴塞尔新资本协议》的要求为我国商业银行建立操作风险管理体系提出某些建议吗?

4. 简述商业银行操作风险的管理程序。

本章参考书

[1] 张吉光:《商业银行操作风险识别与管理》,北京,中国人民大学出版社,2005。

[2] [美] 菲利普·乔瑞:《金融风险管理师手册》,中文版,北京,中国人民大学出版社,2004。

[3] 付正辉:《商业银行资本管理与风险控制》,北京,经济日报出版社,2005。

[4] 梁春满、陈静:《现代银行内控》,北京,中国金融出版社,2000。

[5] 巴塞尔银行监管委员会:《巴塞尔银行监管委员会文献汇编》,中文版,北京,中国金融出版社,2002。

[6] 巴塞尔银行监管委员会:《统一资本计量和资本标准的国际协议:修订框架》,中文版,北京,中国金融出版社,2004。

21 世纪高等学校金融学系列教材

一、货币银行学子系列

书名	作者		定价	出版时间
金融学 （国家精品课程教材·2008）	朱新蓉	主编	35.00 元	2005.06 出版
金融学学习指导	朱新蓉	主编	33.00 元	2006.06 出版
货币金融学 （国家精品课程教材·2006）	张　强　乔海曙	主编	32.00 元	2007.05 出版
货币银行学（第二版）	夏德仁　李念斋	主编	27.50 元	2005.05 出版
货币银行学原理（第二版） （教育部经济类专业主干课程推荐教材）	周　骏　王学青	主编	26.50 元	2002.04 出版
货币银行学原理（第六版）	郑道平　张贵乐	主编	39.00 元	2009.07 出版
金融理论教程	孔祥毅	主编	39.00 元	2003.02 出版
西方货币金融理论	伍海华	编著	38.80 元	2002.06 出版
现代货币金融学	汪祖杰	主编	30.00 元	2003.08 出版
行为金融学教程	苏同华	主编	25.50 元	2006.06 出版
中央银行通论（第三版）	孔祥毅	主编	40.00 元	2009.02 出版
中央银行通论学习指导（修订版）	孔祥毅	主编	38.00 元	2009.02 出版
商业银行经营管理	朱新蓉　宋清华	主编	46.00 元	2009.03 出版
商业银行管理学（第二版） （普通高等教育“十一五”国家级规划教材/国家精品课程教材·2007）	彭建刚	主编	44.00 元	2009.04 出版
商业银行管理学（附课件） （普通高等教育“十一五”国家级规划教材/国家精品课程教材·2009）	李志辉	主编	45.00 元	2006.12 出版
商业银行管理学习题集 （普通高等教育“十一五”国家级规划教材辅助教材）	李志辉	主编	20.00 元	2006.12 出版
商业银行管理	刘惠好	主编	27.00 元	2009.10 出版
现代商业银行管理学基础	王先玉	主编	41.00 元	2006.07 出版
金融市场学	杜金富	主编	34.50 元	2007.05 出版
现代金融市场学（第二版）（附课件）	张亦春	主编	46.00 元	2007.08 出版
中国金融简史（第二版） （普通高等教育“十一五”国家级规划教材）	袁远福	主编	25.00 元	2005.09 出版
货币与金融统计学（第二版） （附习题光盘）（普通高等教育“十一五”国家级规划教材/国家统计局优秀教材）	杜金富	主编	37.00 元	2006.09 出版
金融信托与租赁（第二版） （普通高等教育“十一五”国家级规划教材）	王淑敏　齐佩金	主编	32.50 元	2006.09 出版
金融信托与租赁案例与习题 （普通高等教育“十一五”国家级规划教材辅助教材）	王淑敏　齐佩金	主编	25.00 元	2006.09 出版

书名	作者		价格	出版时间
现代信用管理学				
金融营销学	万后芬	主编	31.00元	2003.03出版
金融风险管理	宋清华 李志辉	主编	33.50元	2003.01出版
金融信息系统				
网络银行	孙 森	主编	28.50元	2004.02出版
房地产金融				
银行会计学	于希文 王允平	主编	30.00元	2003.04出版

二、国际金融子系列

书名	作者		价格	出版时间
国际金融学	潘英丽 马君潞	主编	31.50元	2002.05出版
国际金融概论（第二版） （普通高等教育"十一五"国家级规划教材/国家精品课程教材·2009）	王爱俭	主编	25.00元	2005.09出版
国际金融	刘惠好	主编	30.00元	2007.04出版
国际金融管理学	张碧琼	编著	36.00元	2007.09出版
国际金融与结算（附课件）	徐荣贞	主编	35.00元	2005.09出版
外汇理论与交易原理	杨胜刚 姚小义	主编	36.60元	2002.10出版
国际结算（第三版） （普通高等教育"十一五"国家级规划教材）	苏宗祥 景乃权等	编著	40.00元	2004.06出版
国际结算辅导与练习 （普通高等教育"十一五"国家级规划教材辅助教材）	苏宗祥	主编	20.50元	2006.02出版
国际结算（第四版） （普通高等教育"十一五"国家级规划教材）	苏宗祥 徐 捷	编著	58.00元	2008.11出版
国际资本市场				
各国金融体制比较（第二版）	白钦先等	编著	43.50元	2008.07出版

三、投资学子系列

书名	作者		价格	出版时间
投资学	张元萍	主编	45.00元	2007.09出版
证券投资学	吴晓求 季冬生	主编	24.00元	2004.03出版
现代证券投资学	李国义	主编	39.00元	2009.03出版
投资银行学教程	郑 鸣 王 聪	著	33.00元	2005.04出版
证券投资分析	赵锡军 李向科	主编	30.50元	2003.06出版
组合投资与投资基金管理	陈伟忠	主编	15.50元	2004.07出版
风险资本与风险投资				
投资项目评估				
项目融资（第三版）	蒋先玲	编著	36.00元	2008.10出版

四、金融工程子系列

书名	作者		价格	出版时间
金融经济学教程	陈伟忠	主编	35.00元	2008.09出版
金融工程学				
金融工程案例				
固定收益证券				

衍生金融工具	叶永刚	主编	28.00 元	2004.01 出版
公司金融（第二版）	陈琦伟	主编	28.00 元	2003.06 出版
公司金融案例				
现代公司金融学	马亚明　田存志	主编	44.00 元	2009.06 出版
金融计量学	张宗新	主编	42.50 元	2008.09 出版
数理金融	张元萍	编著	29.80 元	2004.08 出版

五、金融法子系列

金融法	甘功仁　黄　欣	主编	34.50 元	2003.03 出版
金融法教程（第二版） （普通高等教育“十一五”国家级规划教材/司法部优秀教材）	刘定华	主编	31.50 元	2004.02 出版
保险法学（第二版） （教育部法学专业主干课程推荐教材）	魏华林	主编	31.50 元	2007.09 出版
证券法学	符启林	主编	31.00 元	2003.08 出版
票据法教程	刘定华	主编	30.00 元	2008.05 出版
信托法学 （北京市高等教育精品教材）	徐孟洲	主编	27.00 元	2004.01 出版

六、金融英语子系列

金融英语阅读教程（第二版） （北京高等学校市级精品课程教材）	沈素萍	主编	38.50 元	2006.02 出版
金融英语阅读教程导读（第二版） （北京高等学校市级精品课程辅助教材）	沈素萍	主编	16.00 元	2007.02 出版
金融英语教程				
保险英语教程				
保险专业英语	张栓林	编著	22.00 元	2004.02 出版
财经英语教程				
金融英语函电				

21 世纪高等学校保险学系列教材

书名	作者		方式	定价	出版时间
保险学	胡炳志	刘子操	主编	20.00 元	2002.10 出版
保险精算(第二版)	李秀芳	曾庆五	主编	28.50 元	2005.01 出版
人身保险(第二版)	陈朝先	陶存文	主编	20.00 元	2002.09 出版
财产保险(第三版)	郑功成	许飞琼	主编	36.50 元	2005.03 出版
财产保险案例分析	许飞琼		编著	32.50 元	2004.08 出版
海上保险学	郭颂平	袁建华	编著	34.00 元	2009.10 出版
责任保险	许飞琼		编著	40.00 元	2007.11 出版
再保险(第二版)	胡炳志	陈之楚	主编	30.50 元	2006.02 出版
(普通高等教育"十一五"国家级规划教材)					
保险经营与管理(第二版)					
保险营销学(第二版)	郭颂平	赵春梅	主编	28.00 元	2007.09 出版
(教育部经济类专业主干课程推荐教材)					
保险营销学(第二版)	刘子操	郭颂平	主编	25.00 元	2003.01 出版
风险管理(第三版)	许谨良		主编	24.00 元	2006.08 出版
(普通高等教育"十一五"国家级规划教材)					
利息理论					
保险会计学					
保险产品设计原理与实务	石　兴		著	24.50 元	2006.09 出版
社会保险(第二版)	林　义		主编	25.00 元	2003.01 出版